KB202960

개구리의 죽음을 슬퍼하노라

개구리의 죽음을 슬퍼하노라

| 온전한 그리스도인 김교신 글모음 |

김교신 지음 | 노치준·민혜숙 편역

동연

함석헌의 『김교신 저작집』 간행사

여기 『김교신 저작집』을 낸다. 이 어려운 때에 갖은 무리를 하며 그 것을 왜 내는가? 그것은 말씀이 그리워서다. 사람이 무엇인가? 말을 하고 글을 쓸 줄 아는 것이 사람이다. 말이 없고 글이 없다면 사람이 아니요, 삶이 아니다. 죽어도 말은 해야 한다. 내 입으로 못하겠거든 남의 입, 산 입이 했던 것을 읽어도 좋고, 내 손으로 못하겠거든 남의 손이 했던 것을 옮겨보아도 좋다.

사실 내 입 남의 입이 어디 따로 있으며, 남의 손 내 손이 어디 따로 있는가? 말도 한 말이요, 글도 한 글이다. 그것은 마음이 본래 네 마음 따로 내 마음 따로가 아니요, 한 마음이기 때문이다. 우리가 이제 『김교 신 저작집』을 내는 것은 이래서이다. 그는 말을 할 줄 알고 글을 쓸 줄 알았던 사람이다. 한 입과 한 손을 가졌던 한 마음의 한 사람이었다. 그런 데 그는 일찍 갔다. 마치 일찍 갈 것을 알고 미리 말을 하고 미리 글을 남긴 것 같았다. 노래하고 음악하는 사람이 그 뜻을 다시 더 할 수 없는 끝장에 오르면 울대가 막히고 줄을 끊음으로써 끝을 내지 않던가?

그랬기 때문에 해방이 되자마자 생각 있는 친구들이 무엇보다 먼저 그의 글을 세상에 내놓으려 했던 것이다. 그것이 을유문화사에서 냈던 『신앙과 인생』이다. 이제 거꾸로, 흐를 수 없는 역사가 거꾸로 흐르는 듯하여 아주 사나운 여울목에 다다랐다. 길은 점점 더 좁고 물결은 점 점 더 높고 거품은 점점 더 많다. 울음소리는 높다 높다 못해 꽉 막혀 끊어졌다. 앞서간 사람의 글을 펴놓고 조용히 읽을 때이다.

우리가 그를 생각함이 해방 당시보다 더하다. 이제 우리가 그분에 대해 말해 보자. 저작집은 이래서 나오게 되었다. 김교신은 아는 사람은 안다. 그 소리가 무슨 소리인가? 그렇게 아까운 사람이건만 아는 이가 적다는 말이다. 그러므로 일하는 이들이 걱정하여, 일찍이 같이 노닐었다 해서 나더러 한 마디 써서 저작집 첫머리에 붙이게 하라 한다. 그러나 친구의 덕에 손상이나 끼칠 내가 감히 무슨 말을 하리오?

그러나 걱정할 것이 없다. 산이 높지 않아도 신선이 있으면 영산이요, 물이 깊지 않아도 용이 있으면 신령한 곳이다.[1] 사람의 크기가 어찌 그 닦은 학문이나 이룬 사업에 있으며 학문과 사업의 값이 어찌 그 부피에 있느냐? 도(道)를 품었나 못 품었나에 달렸다. 그는 분명히 도를 가진 사람이었다. 그러므로 말을 했고, 그러므로 글을 썼다.

새삼 여러 말 할 것 없고, 『신앙과 인생』을 낼 때 책머리에 써 붙였던 글을 그대로 다시 거두어 저작집 간행의 말씀으로 삼는다.

세월은 흘러갔고 일은 회오리바람을 치는데, 말씀은 더욱 살았고 사람은 더욱 그립다. 앞선 이의 말을 들으려 귀를 기울이는 동안에 열사흘 달이 서쪽 하늘에 기울었구나.

(아래는 1947년에 함석헌이 쓴 간행사이다)

1945년 8월 15일 해방의 소식이 들려왔을 때, 나 자신 가장 먼저 염두에 떠오른 것이 '김형이 있었다면' 하는 생각이었고, 주위 사람들

---

[1] 山不在高 有仙則靈 水不在深 有龍則神 (중국 당나라 시인(詩人) 유우석(劉禹錫)의 시 문집(詩文集) 『누실명』(陋室銘) 중에서).

의 첫인사도 '김 선생 생각나시지요?' 하는 말이었다. 자타가 다 그렇게 생각하는 것은 우리들의 교분도 교분이지만, 그보다도 기다리면서도 그렇게 뜻밖에 올 줄 몰랐던 해방의 그날이 왔기 때문이었다. '김교신'이라면 '성서조선'을 생각하고, '성서조선'이라면 문자 그대로 '성서'와 '조선'이다. 그는 일생을 이 말 못된 나라의 생명을 참으로 살려 보고자 힘쓰고 애쓴 사람의 하나이다. 얽매인 겨레가 풀려나는 날이 오기를 얼마나 기다리고, 또 그것을 위해 얼마나 힘썼을꼬. 그러나 그 마음 내가 알고, 내 마음 그가 안다고 생각하는 처지에 기쁨과 슬픔을 같이 나누는 것이 자연의 정이라면, 해방의 그날에 그의 생각이 나는 것은 당연한 일이었다. 참 간절한 생각이 있었다. 그가 살아 있어서 오늘을 좀 보았더라면 하는 마음에서이다.

오늘에 와서는 그를 생각함이 더 간절하다. 그날에는 단순히 기쁜 생각에 그랬지만 오늘에 그를 그리는 생각은 그 의미가 다르다. 오늘에는 사람이 그리워서이다. 이 나라를 위해 산 사람이 그리워서이다. 기쁨의 날이 지난 이후 2년에 소위 해방이 되었다는 이 나라가 미치는 꼴을 보고 썩은 꼴을 보자니 생명의 말씀을 가진 참 산 인물이 그리워서이다. "저로 하여금 오늘날 이 나라에 있게 하라. 있어서 말씀하게 하라."

글은 왜 쓰며, 말은 왜 하며, 생각은 왜 하는 것이며, 제가 쓰지도 않고 말하지도 못하고 생각도 못한 남의 글, 남의 말을 떠옮기고 출판은 왜 하는 것인가? 생명 죽은 걸 생각이라 하고, 생각 죽은 걸 말이라 하고, 말 죽은 걸 글이라 해서, 그 죽은 생명의 시체가 신문에 실리고 잡지에 실리어 거리에 난무하고 골목에 들쌓여 썩어서 발을 옮겨 놓을 수 없고 코를 들 수 없는데, 그리하여 미치는 놈 미치고 마르는 놈 마르

고 썩는 놈 썩어, 말 때문에 글 때문에 가뜩이나 몇천 년을 두고 발산만
되어 말라버린 빈약한 생명의 저수지에 제방의 대(大) 궤결(潰決: 둑이
터져 물이 흐르는 것)이 일어나서 아주 고갈되어 버리고 말려는데 또 출
판을 한다고. 그러나 그렇기 때문에 글 아닌 참말, 말이 아닌 참 말씀이
있기를 바란다. 더러운 영을 쫓아내는 성령을 기다린다.

유달영 형은 참을 사랑하는 사람이다. 나라를 걱정하는 뜻이 깊어
성의로서 이것을 편찬하고 나더러 서문을 쓰라고 하기에 처음에는 많
이 주저하였으나, 이 시대를 위하여 말씀을 기다리는 생각은 날로 더
하여 갔다. 다행히 이 말씀이 말 아닌 말과 글 아닌 글에 질식되고 마비
되는 이 나라에서 그 모든 불순하고 불결한 것을 몰아내어 청산하고,
약동하는 생명을 살리기 바라는 마음으로 감히 느낌 몇 마디를 써 책
머리에 붙이게 하는 바이다.

지금은 인생이 버림을 당한 때이다. 정치가는 방에 들어앉고, 애국
자는 당에 올라서고, 과학자와 지도자는 뜰에 가득하여도 인생은 길거
리를 방황하고 쓰레기통에 들어 있다. 사람들이 다 활동은 하려 하고
명예와 이익에는 미치려 하되, 인생을 깊이 살아 보려는 노력을 도무
지 하지 않는다. 그러나 과연 인생을 몰아내고 건국할 수 있으며, 인생
을 잊어버리고 문화를 건설할 수 있으며, 인생을 업수이본 민중이 생
존하고 번영할 수 있는가? 생명의 법칙이 이를 허락하지 않는다. 역사
는 무엇이라 말하나? 아테네 4세기에 쌓은 문화는 그대로 남아 있어도
스파르타의 군국주의는 간 곳이 없고, 춘추 전국시대 시류의 물결에
쫓겨 다니며 한 치 사람의 마음을 개척하는 데 힘쓴 소수인이 밝혀 놓
은 사상과 철학의 이치는 오늘날까지 동양 문화의 근간이 되었어도,

진시황의 대제국, 아시아 대륙의 남쪽에 걸쳤던 대제국은 밀물같이 흘러가고 말았다. 나라는 망해도 인생은 살고, 제도는 없어져도 생활은 남는다. 정치가 인생을 낳는 것이 아니라 인생이 정치를 하는 것이요, 제도가 생활을 세우는 것이 아니라 생활이 제도를 짜는 것이다. 진실한 인생 없이는 문화나 국가가 있을 리 없다. 물론 때에 따라 급한 의무가 있는 것을 모르는 바 아니다. 그러나 급한 고로 더욱더 인생의 근본에 철저함이 필요하다. 할 일은 태산 같은데 그 일은 누가 할 것인가. 날마다 구석마다에서 오는 보도는 인물의 결핍 외에 다른 것이 없지 않은가. 이것도 인물 없어 실패, 저것도 사람 잘못 만나 실패. 인생의 원리를 모르는, 원리 같은 것을 생각지도 않는 동물에게 정치 기관과 교육 기관을 맡겨서 어떻게 하겠다는 것인가. 우리가 이 나라를 미쳤다고 하고 이 시대를 썩었다고 하는 것은 이 때문이다. 이제라도 진실한 인물이 역사 행진의 선두에 서지 않는 한, 전복과 파멸이 있음은 자명한 일이다.

정치의 도와 문화의 도가 다른 길이 아니며, 산업의 도와 도덕의 도가 서로 다른 것이 아니다. 그것이 서로 다른 것인 줄 알고, 서로 분리하는 것이 발달인 줄 알았던 것이 현대 문명의 침체 원인이다. 그 문명이 막다른 골목에 든 사실이 밖으로 드러난 것이 저 세계대전이며 미국과 소련의 대립인데, 이제 새로 건국을 한다고 하고 신세대의 주인으로 탄생하겠다는 우리가 남들이 벗어 버린 묵은 곡식을 쓰자는 것은 무엇이며, 남들이 쫓겨나는 불난 집 속으로 기어들겠다는 것은 무엇인가? 참신한 인생철학이 서 있지 않으면 안 되며, 투철한 역사관을 붙잡지 않으면 안 되고, 고원한 인생 종교의 신앙을 가지지 않으면 안 된다.

돈이면 그만이라는, 선전이면 그만이라는, 무력이면 그만이라는 이런 따위의 낡은 정치 이념을 가지고는 이 새 시대의 역사적 임무를 다하지 못한다.

김교신에게서 조선을 빼면 의미가 없다. 조선을 생각함이 간절하기에 갖은 고생을 하며 「성서조선」을 간행하였다. 그러나 그것이 신음하는 조선에 있어서도 사회에 널리 알려지지 않았다. 또 자신이 그러려고도 하지 않았다. 그것이 무엇 때문인가? 다른 것 때문이 아니요, 그 생각이 보통 일반 속류와 같지 않았기 때문이다. 저는 나라를 사랑하였다. 그러나 그 사랑이란 보통 세상에 유행하는 소위 애국이 아니었다. 그는 산 조선은 산 인생에만 가능한 줄을 알았다. 그런 고로 성서와 조선을 따로 떼지 못해 성서적 신앙 안에 새 조선을 살려 보고자 애썼던 것이다. 그러나 그 신앙이라는 것도 세상에서 소위 기독교라는 것과 반드시 같지 않았다. 진실을 사랑하는 그는 한 조각의 형식으로 화한 교회 신앙에 그대로 있을 수 없었다. 그의 글을 보면 알겠지만, 그는 본래 유소년 때부터 도덕적으로 대단히 민감하였다. 공자와 맹자의 교훈을 일언반구 남기지 말고 실행해 보자고 했던 그다. 그러다가 그 고민이 전기가 되어 일본의 우치무라 간조 선생에게 접하여 성서적인 순수한 신앙에 일단 눈을 떴다. 일단 눈이 뜨임에 그리로 매진하게 되었으니 썩은 세태를 보고 그냥 있을 수가 없었고, 뜨겁지도 않고 차갑지도 않은 세속화한 사이비 신앙을 그대로 용인할 수가 없었다. 그리하여 그의 필봉이 매양 날카로웠다.

양정학교에서 교편을 잡고 있던 때에 학생 사이에서 별호를 '양칼'이라고 했다는 것은 그의 면모를 잘 전하는 일이라 할 수 있다. 그리하여 고립을 원하는 것은 아니지만 따르는 이가 적었고, 애국의 정이 누구보다 못한 것은 아니지만 세간 일반과 손을 잡으려 하지 않았다. 그 뜻이 높고 그 생각이 참된 것 때문이요, 그 믿는 바가 분명했기 때문이다. 물론 거기에 부족이 없는 것이 아니요, 지나침이 없는 것도 아니다. 자신도 말년에는 너무 날카로운 점을 완화할 필요를 느낀다고 말하기도 했다. 그러나 김교신의 김교신다운 이유는 허위나 불의라고 생각되는 일에 대해서는 용서하지 않는 데 있다. 그는 인생을 참으로 살고자 했고 나라를 참 사랑하고자 했으며, 인생을 참으로 사는 것이 가장 참으로 나라를 사랑하는 것이요, 신앙에 사는 인생이 참 인생이라고 생각했다. 그것이 그의 말이요, 글이요, 그렇게 살고자 노력한 것이 그의 생애이다. 우리가 오늘날 그와 같은 인물을 그리워함은 이 때문이다. 오늘날에 그가 있다면 말하는 바가 있을 것이다.

그렇다. 그로 하여금 말하게 하라. 그렇다. 그는 말한다. 인생이 무엇이냐? 한마디하고 가자는 것이다. 몇 년을 살았든지, 무슨 사업을 했든지, 얼마나 많은 저작을 했든지 요컨대 말씀 한마디를 남기고 가자는 것이다. 일생을 통해 말씀 한마디를 남기는 것이 없다면 그 개인은 공허한 인생이요, 말씀 한마디 모르는 인간들이 날뛰는 사회라면 그것은 백 가지 요괴들이 밤에 뛰다가 아침 햇빛과 함께 안개가 스러지듯 사라지는 것 같은 공허한 세상이다. 우리 형제 김교신은 말씀을 가진 사람이다. 옳은 말씀, 참 말씀은 언제나 살아서 말씀하는 것이다. 한때만 소용되고 그때가 지난 후엔 쓸데없는 말은 말씀이 아니다. 이 책의 글은 보는 자가 보는 눈을 가지기만 하면 언제나 가르치는 바가 있을 말씀을 가진 글이다. 자기 속으로 깨닫는 바에 따라, 혹은 밖에서 오는 사물에 접하여 또는 시세가 돌아가는 데 응하여 말한 이 말들은 그 입힌 옷이 비록 시공의 제약을 받을 수밖에 없더라도, 그 내포하는 뜻은 인생의 깊은 근저와 신앙의 변함없는 진리에서 나온 것이니 읽는 자가 마땅히 자세하게 씹고 깊이 맛볼 만한 것이요, 도도한 탁류에 흘러드는 사회를 건지기에 쓸 만한 말이다. 무엇이 근저라 하며, 무엇이 변함없단 말인가? 말은 많아도 말씀은 한마디뿐이다. 그 하는 말씀은 결국 한 마디이니 바로 믿음이다. 영원의 하나님을 믿음으로써만 이 인생은 살 것이요, 이 나라는 설 것이다. 바라건대 천하의 인생을 아까워하고 나라를 사랑하는 모든 동지는 글 속에 가려 있고 말 밑에 숨어 있는 말씀을 더듬어 얻기 바란다.

삼팔선을 넘어 아직 숨도 내쉬지 못한 유달영 형이 찾아와서 이 책 발행의 뜻을 말하고 약전(略傳)과 서문을 쓰라 명하므로 가벼이 승낙하였다가, 그 후 정작 생각해 보니 마음만 급하고 붓은 들리지 않아 사절하였더니 기어이 청하므로 부득이 약전은 중지하고, 고인의 서재를 찾아 그가 앉았던 그 자리에 앉아 「성서조선」을 창간호부터 다시 들추어 보니 실로 감회가 깊다. 창밖에는 청초한 코스모스가 맑은 가을볕에 향기가 높고, 집 뒤에는 단풍이 차차 물드는 북한산의 검푸른 봉우리가 백운대를 등 뒤에 두고 섰으니 고인의 면목을 접하는 듯하다. 이로써 되지 못한 말을 써서 권두에 붙이니, 아아!

1964년 7월 22일

함석헌

머 리 말

20대 중반 대학원 시절 김교신과 「성서조선」을 만난 후 40년이 넘는 세월이 흘렀다. 그 사이 20여 년 동안 대학에서 학생들을 가르치는 일을 하다가 목회의 길로 가서 20년 넘게 교회와 성도를 섬기는 일을 하고 있다. 교수 시절 연구실에 김교신 선생의 사진을 액자에 걸어놓고 늘 바라보면서 참 교육자의 푯대로 삼았다. 목회의 길을 가면서도 김교신 선생의 사진을 목양실에 걸어놓고 참 신앙인의 길을 밝혀 주는 등대로 삼았다. 2001년 목회의 길에 막 들어섰을 때 김교신 선생의 글을 모은 『조와』(弔蛙)를 편역하여 교우들과 함께 읽기도 하였다. 참 교육자, 온전한 신앙인 김교신 선생은 필자의 길을 일평생 이끌어 준 빛과 같은 분이셨다.

교수 시절에는 "김교신의 기독교 사회사상 연구"라는 제목의 논문을 쓰기도 하고 「복음과 상황」 잡지에 김교신의 사상을 소개하는 글을 연재하기도 하였다. 그러나 목회자의 길로 들어가, 상당한 규모 교회의 담임목사로 섬기면서 논문을 쓰고 연구 활동을 하는 것이 거의 중단되었다. 그러나 "한국교회와 한국 사회 속의 김교신 선생"에 대한 관심과 연구는 꾸준히 이어졌다.

1972년 노평구 선생의 수고로『김교신 전집』(전7권)이 출간된 후 김정환 선생의『김교신』(1980), 의사 신정식 선생의『김교신과 문둥아』(1989), 양현혜 교수의『윤치호와 김교신』(1994) 등이 발간되었다. 21세기의 문턱을 넘은 후에도 서정민 교수의『겨레사랑 성서사랑 김교신 선생』(2002), 한국고등신학연구원(KIATS)에서 한국 기독교 지도자 강단 설교 시리즈 가운데 하나로 편집한『김교신』(2008), 박찬규 선생이 편집한『김교신, 거대한 뿌리』(2011), 니이호리 구니지가 쓰고 선생의 딸 김정옥 여사가 번역한『김교신의 신앙과 저항』(2012), 전인수 교수의『김교신 평전』(2012) 등이 나왔다.

무엇보다도 2014년 김교신 선생 기념사업회가 창립되었고, 이 모임에서 발간한『김교신 한국사회의 길을 묻다』(2016)와『김교신 일보』(2016)가 출간되었다. 그 후 백소영 교수의『버리지 마라 생명이다 – 다시 김교신을 만나다』(2016), 씨익북스에서 출간한『김교신』일제강점기 한국문학전집 6(2016), 김학균 교수가 편집한『김교신 수필선집』(2017) 등이 발간되었다. 최근 들어서도 근현대 한국문학 읽기 441번으로 나온『김교신 수필 모음』(2021), 최경식 목사의『21세기 펜데믹 시대의 교회 — 김교신의 무교회주의와 제도교회의 조화』(2022) 등이 출간되었다. 이 외에도 필자가 다 검토하지 못한 김교신 선생 관련한 여러 논문과 글들이 많이 있을 것이다.

2000년대 이후에도 김교신 선생의 글을 편집한 책이나 그에 관한 연구 서적이 꾸준히 나온다는 것은 선생이 일제강점기 한국 역사에서 중요한 인물임을 보여주는 것이다. 또한 그의 글은 고전으로서의 가치를 가진다는 것을 말한다. 선생은 한국사, 한국 교회사, 한국 문학사의 보배와 같은 인물이다. 그러나 선생의 글을 편집한 책들을 보면 한편으로 감사하고 기쁜 마음이 들지만 아쉬움도 없지 않았다. 「성서조선」에 나오는 선생의 글을 그대로 옮겨 놓았거나 아니면 한자 말을 한글로 바꾸어 놓은 정도에 그쳐, 젊은 세대가 읽기에는 높은 장벽이 느껴졌다.

이런 상황에서 주님의 뜻하지 않은 은혜가 임하셨다. 그동안 섬기던 교회를 정년보다 몇 년 일찍 은퇴하게 되었다. 그 결과 공부하고 저술을 할 수 있는 건강과 시간을 얻었다. 70 나이를 바라보면서 인생을 정리하는 마음으로 글쓰기에 몰두하였다. 그래서 30년 전에 출간되었다가 절판된 에밀 뒤르켐의 『종교생활의 원초적 형태』(2020)를 100쪽이 넘는 해제를 달면서 다시 번역하여 출간하였고, 21세기 한국 교회의 구조적 특성을 분석한 『평신도 시대, 평신도 교회』(2021)를 저술하였다. 그리고 오래전부터 관심 가져온 기독교 죽음학 책, 『죽음을 연습하라』(2022)를 출간하게 되었다. 이러한 과정에서 동연출판사 김영호 장로님을 만났고, 장로님의 요청에 따라 김교신 선생의 글을 다시 소개하는 책을 만들게 되었다.

이 책의 목적은 한문(漢文)은 고사하고 한자(漢字)에도 익숙하지 못한 젊은 세대가 앞으로 30년 동안 선생의 글을 읽으면서 그의 온전한 믿음과 고귀한 삶을 배울 수 있도록 함이다. 이 목적을 이루기 위해서는 선생의 글을 21세기 한국어로 옮겨야만 했다. "번역은 반역이다"라는 말이 있듯이 이 작업은 참으로 어려운 작업이다. 선생의 글을 21세기 젊은 세대가 읽을 수 있으려면 쉬운 현대어가 되어야 한다. 그러나 선생의 글을 쉬운 현대어로 바꾸다 보면 한국 문학사에도 이름을 남길 만한 문장의 아름다움과 선생 특유의 힘 있는 문체가 훼손될 수밖에 없다. 김교신 선생의 품격 있는 문장을 할 수 있는 한 보전하면서 현재의 젊은 세대가 읽을 수 있는 글로 표현하는 것은 어려운 작업이다. 이 작업을 소설 작가이고 문학박사인 민혜숙 목사가 맡아서 최선을 다해 수행하였다.

이 책을 편집하면서 선생의 문장이나 표현의 문제와 아울러 떠오르는 또 하나의 의문이 있었다. 21세기 인공지능의 시대를 살고 있는 젊은 세대가 선생의 글을 읽으면서 그의 마음과 믿음을 이해하고 배울 수 있을까? 〈입신의 동기〉, 〈인도와 신도〉, 〈망하면 망하리라〉, 〈광고지〉, 〈포플라나무 예찬〉, 〈친소유별〉, 〈제소와 패소〉, 〈한양의 딸들아〉, 〈조선지리 소고〉, 〈손기정 군의 세계 마라톤 제패〉, 〈조와〉 등 주옥같은 글을 읽고 젊은 세대도 감동을 받을까? 필자 세대의 사람이 읽으면서 가슴이 뛰고 눈물을 흘렸던 글을 우리 후손들도 같은 마음으로 읽을 수 있을까? 이런 의문들이 생겼다.

그래서 김교신 선생의 삶과 신앙과 글에 대한 해제를 썼다. 그리고 이 책에 수록된 글 모두에 대한 간단한 해설 혹은 감상의 글을 써서 각 장의 뒤에 붙였다. 〈조와〉의 경우 할 말이 많아서 선생의 글보다 해설이 더 길어지고 말았다. 한편으로 이러한 해설이 사족(蛇足)이 되지 않을까 염려했지만, 현재의 젊은 세대들이 이 책을 읽을 때 조금이라도 도움이 되기를 바라는 마음 가득하다.

한국교회는 힘든 시대를 당하여 큰 어려움 가운데 있다. 「뉴스엔조이」(2021. 10. 7.)에서 정리한 자료에 따르면 2011년 880만 명의 성도 수가 2020년 704만 명으로 180만 명 가까이 줄었다. 세속화, 대학입시, 취업 경쟁의 직격탄을 맞은 젊은 세대는 기성세대보다 더 많이 교회를 떠났다. 이러한 시대를 맞아 이 땅 젊은이들이 현재보다 더 힘들고, 억압적이고, 가난하였던 일제강점기를 믿음과 소망으로 살았던 김교신 선생의 글을 통해 위로와 새 힘을 얻고 믿음이 회복되기를 간절히 기도한다. 온전한 믿음의 사람 김교신 선생과 그의 글을 우리에게 허락하신 주님께 감사하고 선생을 연구하고 알리기 위해 애써 수고하는 주의 종들에게 감사한다. 어려운 시절 기적처럼 견디면서 좋은 책, 믿음의 책 만들기 위해 수고하는 동연출판사 김영호 장로님과 모든 직원에게 위로와 격려와 감사의 마음을 전한다.

편역자를 대표하여

노치준 씀

차 례

제1장 ‖ 믿음의 고백

제2장 ‖ 믿음의 자세

제3장 ┃ 생활과 삶

제4장 ┃ 교회와 신앙 공동체

제5장 ┃ 교육과 도덕

제6장 | 성서조선

제7장 | 이웃과 사회

제8장 | 역사와 민족

제
1
장

믿음의 고백

입신의 동기

한 사람이 회개하고 나사렛 예수를 주 그리스도라 믿고 따르게 되기까지는 반드시 성령의 많은 감화가 있었을 것임은 물론이다. 그와 동시에 많은 사람 편에서는 각기 개성과 주위 환경에 따라 특이한 소원과 동기가 있었을 것이다.

메이지 유신의 새로운 기운을 입은 일본 청년 50여 명이 구국 정신에 불타 혈서로 약속하고 기독교에 입신하였다는 것을 들을 때마다 그 기개가 장하였음을 부러워했다. 또한 인생의 향락을 태반이나 누리다가 인생 최고봉인 마흔, 쉰의 나이를 지난 뒤에 바야흐로 이전의 잘못과 후일의 복 받을 것을 생각하여 진심으로 기독교에 참배하는 예가 통계상 많은 것을 볼 때, 그 사정에 동정을 금하기 어려운 바 있었다.

그러나 나 자신에게는 50년 전 일본 청년들이 품었던 것 같은 고상한 야심이 주요한 동기가 아니었다. 그뿐만 아니라 세속에서 상처받은 전과를 씻고 행여 후생에 극락세계에 들어가기를 애원할 필요도 없었다. 나의 관심사는 죽은 다음에 성불(成佛)하는 것이 아니라 철두철미하게 현세의 문제에 대한 것이었다. 죽은 뒤에 천사가 되거나 혹은 지옥 불 속에서 태워지거나, 이것이 내 마음 깊은 곳에 근거한 가장 긴급한 문제는 아니었다. 나의 육체와 심정을 이대로 지닌 채 어떻게 하면 현재의 생활에서 하루라도 완전한 경지에 도달할 수 있을까, 이것이 나의 최대 관심사였다.

"나이 열다섯에 학문에 뜻을 두었고, 서른에 뜻을 세웠고, 마흔에 혹함이 없게 되었으며, 쉰에 하늘의 뜻을 알게 되고, 예순에 사물의 이치를 들어 저절로 알게 되고, 일흔에는 마음대로 행하여도 도에 어그러짐이 없었다"[1]라는 구절을 논어에서 학습하였다. 그때 이것이야말로 나의 일생의 과정표요, 공자보다는 10년을 단축하여 예순에 마음대로 행하여도 도에 어그러짐이 없는 종심소욕불유구(從心所欲不踰矩) 단계에 도달하리라고 마음속에 기약하고 하루저녁을 잠 못 이루고 초조해하였다. 그러나 마음을 쓰면 쓸수록 덕은 닦아지지 않고 학문은 익혀지지 않는 것이 나의 근심임을 깨달았다. 예순은 고사하고 여든에도 그러한 영역을 밟을 희망이 보이지 않아 자못 절망의 구렁에 빠지려는 순간, 나에게 다시 새로운 희망과 용기를 주어 일어서게 한 것은 청년 전도사를 통하여 온 기독교 복음의 소리였다.

그는 간증하기를 비단 일흔이 지난 뒤에 달성할 것이 문제가 아니라, 지금 당장 스무 살의 청년이라도 신앙에 들어가는 즉시로 이루지 못할 소원이 없다고 하였다. 그러므로 이야말로 나의 일생 소원인 '종심소욕불유구'에 도달하는 유일한 길로 이해하고 매우 기뻐하며 뛰고 또 뛰었다.

그때부터 다시 한번 노력하기 시작하였다. 마음의 소원인바, 유교의 도덕을 기독교 전도사가 설명하는 성령의 권능에 의지하여 속히 이루어 보려는 노력이었다. 그뿐만 아니라 "의를 보고도 행치 않음은 용

---

[1] 吾十有五而志于學 三十而立 四十而不惑 五十而知天命 六十而耳順 七十而從心所欲不踰矩(『논어』「위정편」).

기가 없음이라"[2]는 공자의 말씀과 "의를 보고 행하지 아니함은 죄니라"
는 그리스도의 말씀에는 심각한 정도로 큰 차이가 있음을 보았다. "정
직함으로 원한을 갚고 덕으로 덕을 갚으라"[3]는 인간적인 교훈과 "원
수를 사랑하며, 오른뺨을 치는 자에게 왼뺨을 내주어라"는 초인적인
교훈을 비교해 보니 마치 연못의 넓이와 대양의 넓이를 견주는 것 같
았다.

　"네가 원하지 않는 것을 남에게 베풀지 말라"[4]와 "네가 원하는 것을
남에게 주라"는 두 구절 등을 생각할 때, 기독교 전반(全般)이 무엇인
지 알지 못하면서도 도덕률로만 보아도 기독교의 교훈에는 유교의 교
훈보다 훨씬 깊고 멀고 높고 큰 무엇이 있다는 것을 알게 되었다. 원대
한 도덕률을 발견할수록 기독교에 대한 나의 열심은 점점 높아지고 간
절해졌다. 그리하여 산상수훈의 아름다운 구절을 일점일획까지 남김
없이 이루어 보리라고 자신할 때 도덕의 봉우리를 향하는 나의 순례의
앞길은 양양함이 있었다.

　그때 신뢰할 만한 기독 교사의 산상수훈 해설을 청강하고는 나의
기독교관이 그 근저부터 동요하게 되었다. 공자의 언행보다도 더 완전
하고 아름답고 장엄한 기독교 도덕률을 "신자 각자가 살아생전에 실행
하고 크게 이루는 데에 기독교의 기독교다운 이유가 있는 줄로 믿는
다"라고 나는 말했다. 이 말을 들은 교사는 솔직하고 대담하게 이것을
부정하고 '성서'에 그러한 근거가 없다고 지적하였다. 나의 실망이 상

---

[2] 見義不爲無勇也(『논어』「위정편」).

[3] 以直報怨 以德報德(『논어』「헌문편」).

[4] 己所不欲 勿施於人(『논어』「위령공편」).

당히 심각한 것을 염려하여, 친절한 선생은 내세에 성화(聖化)의 약속이 있다고 나를 위로하려고 했다. 그러나 '죽은 다음' 혹은 '다음 세상' 운운하는 말은 나를 위로하지 못할 뿐만 아니라 실망이 아니면 분개(憤慨)를 더할 뿐이었다.

떡을 달라는 자에게 돌을 던져 주니 무슨 만족이 있으며, 고기를 구하는 자에게 뱀을 주니 어찌 위안이 되랴. 내가 원하는 것은 죽은 다음의 성화가 아니고, 다음 세상의 약속도 아니다. 이 육신 이대로 살아생전에 1년이라도 혹은 하루라도 완전한 경지에 도달하는 것이 나의 소원이다. 이 이상의 것을 내가 필요로 하지 않으며, 이 이하의 것에 내가 만족지 못하였다. 기독교가 만일 이 요구에 응하지 못한다면 나는 더 오래 기독교에 머물러 있을 필요가 없었다. 그러나 공자에게로 돌아가는 일은 심각한 절망을 다시 한번 반복할 것뿐임을 알았다. 아, 나의 구도 생활은 여기에 이르러 진퇴유곡이었다.

노력에서 절망으로, 번민에서 포기로 떨어지려 할 즈음에 나는 다시 한번 자아를 굽어보았다. 전에는 "의를 보고 행치 못함은 용기가 없음이라"는 구절을 봤을 때 과연 지금의 나는 용기가 적은 인간이지만 점차 수양하고 단련하면 나중에는 큰 용기의 사람이 될 수 있으리라고 생각하였다. 용기란 무엇인가? 전에 가졌던 개념대로 한다면, 나도 잘 수련하면 보불 전쟁[5]이 발발하던 당시의 프랑스 함대를 인천만에서 일거에 격퇴하고[6] 의기양양하였던 대원군의 용기만큼은 발전할

---

[5] 1870~1871년 프로이센을 중심으로 한 독일계 여러 나라와 프랑스 사이의 전쟁.
[6] 병인양요(1966년): 대원군의 병인박해를 구실로 프랑스 함대가 침략한 사건.

소질을 지닌 줄로 알았다. 그러나 모세와 이사야, 예레미야의 용기를 배우고, 스데반과 사도 바울의 용기를 들으며, 예수 그리스도의 용기를 우러러볼 때 이러한 종류의 용기라고는 나의 천성(天性)에 추호도 없음을 발견하였다.

"한 사람이 두 주인을 섬기지 못할 것이라"(마태복음 6:24) 함은 명백한 도리이나 이를 실행하고자 하면 보름스 의회[7]에 선 루터의 결심이 필요하며, 이스라엘을 인솔하고 홍해를 건너던 모세의 의기가 필요하건만 아, 내 안에서 어찌 이러한 용기를 발견할꼬!

> "그러므로 목숨을 위하여 무엇을 먹을까 무엇을 마실까 몸을 위하여 무엇을 입을까 염려하지 말라. ⋯ 공중의 새를 보라. ⋯ 들의 백합화가 어떻게 자라는가 생각하여 보라. ⋯ 너희는 먼저 그의 나라와 그의 의를 구하라"(마태복음 6:25-33).

구구절절이 지당한 도리이다. 그러나 이와 같은 지당한 도리를 실천하기 위해서는 비상한 용기가 필요하다. 이러한 용기의 그림자도 내 안에 없음을 고백하지 않을 수 없으니 통탄한들 흡족하랴. 그러나 나에게는 사실이다. 다른 사람은 모르거니와 나는 과연 두 주인, 세 주인을 섬기며 생활하는 사람이다. 내가 목숨을 위하여 초조해하고 염려하며 두려워하는 것은 개나 말의 본능과 다를 바가 없다.

---

[7] 1521년 3월 신성로마제국 황제 카를 5세가 보름스에서 제국의회를 소집하고 종교개혁가 마르틴 루터를 소환해 그의 견해를 심의한 후 그 주장을 철회할 것을 요구하였으나, 루터는 목숨을 걸고 자신의 주장을 철회하지 않았다.

나는 과연 공중에 나는 새보다도 못하고, 들에 자라는 백합화보다도 부족한 자임을 알게 되었다. 내가 먼저 구하는 것은 그의 도가 아니요, 그 나라도 아니고 오직 탐욕의 덩어리임을 보고 놀랐다. 내가 의를 보고 행치 못함은 용기가 없고 약하기 때문이 아니라 의에 응할 만한 용기가 전혀 없는 이유임을 발견하였다. 전에는 성선설을 믿고 천품의 선한 부분을 발달하여 키움으로써 어리고 약할 때 뜻을 세워 늙어서 크게 완성할 것을 기약하여 보았다. 그러나 나를 좀 더 명확히 알게 되자 선한 성품이라고는 하나도 없고 또 선을 보고도 이를 감히 실행할 만한 용기가 전혀 없는 가련한 죄악 덩어리임을 깨닫게 되었다. 자기를 수양하여 완전한 단계에 도달해 보리라 하던 야심은 아주 포기하지 않을 수 없었다.

"오호라, 나는 곤고한 사람이로다. 누가 나를 이 사망의 몸에서 구원하여 줄까!"

나는 조급함을 호소하게 되었다. 전에는 내가 태평양 저쪽에 서서 어찌어찌하면 피안의 신천지까지 헤엄쳐 보리라고 큰소리를 치며 교만했다. 그러나 지금은 내 몸이 노한 파도에 부대끼어 생명이 경각에 있음을 보고 놀라 구원을 간청하게 되었다.

"대개 내 속(곧 내 육체 속)에 선한 것이 하나도 없음을 아노니 선을 행하기 원하는 마음은 내게 있으나 그대로 이루는 것은 없느니라"[8]라

---

[8] "내 속 곧 내 육신에 선한 것이 거하지 아니하는 줄을 아노니 원함은 내게 있으나 선을

는 비통한 고백을 하고서 지극히 천하고 약한 죄인 중의 죄인 하나가 지극히 거룩하시고 전능하신 왕 중의 왕 앞에 엎드린 것, 자아의 수련 발전이 아니라 자아를 부정하고 포기하여 자살할 지경에 이른 것이 내가 신앙에 들어간 동기였다. 도덕적인 수양에서 기진하고, 파산 상태의 수습에서 지친 한 인간이 "건강한 자에게는 의사가 쓸데없고 병든 자에게 쓸 데 있으니, 내가 의인을 부르러 온 것이 아니요, 죄인을 부르러 왔노라"(마태복음 9:12-13)고 선언하신 이에게 달음박질하여 간 것이 내가 예수께로 따라간 걸음이었다.　　　　　　　**(1928년 11월)**

행하는 것은 없노라"(로마서 7:18).

인정(人情)과 도리

모압 땅에서 정처 없이 떠돌던 나오미가 설상가상으로 그녀의 남편 엘리멜렉과 두 아들까지 사망한 후에 부끄러움을 무릅쓰고 고향 유다로 향하여 길을 떠나려고 할 때, 두 과부 며느리가 따르려고 하였다. 그때 나오미는 "너희는 각각 친정으로 돌아가라. 원컨대 너희가 이미 죽은 자와 나를 대접한 것같이 여호와께서 너희에게 은혜 베푸시기를 원하옵고, 너희로 하여금 각자 남편을 얻어 그 집에서 평안함을 얻기를 바라노라"(룻기 1장)라고 하면서 입 맞추고 작별하려 하였다.

그러나 두 며느리가 그 의로운 결심을 쉽게 단념하지 않자, 나오미는 다시 온갖 이유를 들어서 각각 개가하기를 권하였다. 나중에는 "내가 너희로 인하여 괴로움이 심하도다" 하면서 기어코 자기의 인정으로 젊은 과부의 도리를 꺾으려 하였다. 윤리적 표준의 높고 낮음과 신조의 옳고 그름은 그만두고, 이 동양의 가정에 있을 법한 살아 있는 그림은 그 도리의 명백함과 그 인정의 순수하고 두터움에 탄복하며 칭찬하는 눈물 없이 지나칠 수 없는 것이 사실이다.

돌이켜 신앙의 세계를 살펴볼 때 누가 능히 명백한 진리의 큰길과 간장을 녹이는 인정의 갈등에 마음의 큰 고통이 없을 수 있을까? 예수는 "사람이 젊어서 그 창조주를 기억하는 것이 옳다"고 가르친다. 하지만 젊은 인간이 그 창조주 여호와를 알고 주 그리스도를 믿고 따라가는 길이 여간 어려운 일이 아님을 알게 되면, 우리는 경솔히 권유할 생각이 흩어져 없어진다. 오히려 그리스도를 버리고 "각각 남편을 얻어 그 집에서 평안함을 얻게 하여 주옵소서"라고 타이르고 싶은 생각조차 들 때가 종종 있다. 신앙이 뜨겁지 못한 까닭이라는 비방을 면치 못할지는 모르나 현실의 생애를 보라. 그리스도를 따르는 이의 손실은 거대하고 고통은 심각하다. 그에 반하여 세상에는 얼마나 많은 청년이 물고기가 물속에서 노니는 것처럼 이리저리 인생을 향락하는가. 그들은 다른 궤도를 필요로 하지 않고, 일찍 심각한 번뇌를 맛본 적이 없다. 하지만 항상 그 마음에 원한 것보다 소득이 넘치므로 그 눈이 독수리의 눈보다 더 솟아나지 않았는가?

그러므로 인정으로 보아서는 나의 사랑하는 형제에게 도저히 그리스도 믿기를 권할 수 없는 것이 나의 진정이요 실상이다. 인생의 목적이 행복을 추구하며 안일을 탐하는 것이라면 "나의 친애하는 동포들아, 그리스도를 믿지 말라"고 담대하게 대놓고 말할 것이다. 그러나 '뜻을 결정하여 함께 가고자 하는' 룻을 본받아 의(義)의 궤도를 행하고자 하는 이가 있으면, 우리도 쓰라린 가슴을 억누르면서 그리스도를 좇는 자의 용기를 경축하는 바이다. 인정은 인정으로서 아름답다. 그러나 진리는 진리로서 더욱 아름답고 고귀하고 영원하다. **(1932년 8월)**

환란이 온다!

일찍이 마음속에 깊은 번민을 느낀 일이 없고 밖으로 궁핍과 환란이 없이 평탄하고 순조로운 생애를 보내는 자가 있어, 장래에도 또한 그와 같은 생활의 연장이 보증된다면, 우리는 구태여 쓸데없는 경종을 마구 울려 행인의 신경을 소란하게 하려는 자들이 아니다. 대개 건강한 자에게 의약(醫藥)이 필요하지 않은 것과 같이 땅에 만족한 자는 다시 하늘을 바라지 않을 것이요, 환란의 고통이 없는 자에게 그리스도가 필요하지 않을 것을 알기 때문이다.

그러나 심한 내적 번민에 괴로운 형제여, 죄의 무게에 피곤한 형제여, 와 보라! 그리스도를(요한복음 1:46). 그는 "곧 길이요, 진리요, 생명이니라"(마태복음 11:29).

전대미문의 큰 경제적 공황과 파산의 회오리에 휩쓸린 형제여, 공연히 힘을 잃고 초조해하지 말고 긴 꿈을 깨고 현실을 똑바로 보라. "네가 어찌 하무한 것에 주목하겠느냐. 정녕히 재물은 스스로 날개를 내어 하늘을 나는 독수리처럼 날아가리라"(잠언 23:5)라는 말씀은 인생의 사실이 아니었던가? 그러므로 "믿을 수 없는 재물에 소망을 두지 말고, 오직 우리에게 모든 것을 후히 주사 누리게 하시는 하나님께 소망을 두라"(디모데전서 6:17)는 바울 사도의 충고를 경청할지어다. "사람의 구원은 헛됨이니이다"(시편 60:11).

불치의 병으로 신음하며, 시시때때로 죽음의 위협에 떨고 있는 친구여, 학식과 지위 그리고 인간, 이 모든 것의 진정한 가치가 병상에서 가장 명확하게 드러나지 않았던가? "사람은 그가 든든히 서 있는 때에도 진실로 모두가 허사뿐이니다"(시편 39:5)라는 시인의 통찰에 추호의 에누리가 있었던가? 친구의 위로와 모든 인간적 세력이란 것이 죽음에 직면한 자에 대하여 무슨 능력을 발휘하였던가? "과연 진실로 천한 자도 헛되고 높은 자도 거짓되니 저울에 달면 입김보다 가볍도다"(시편 62:9). 그러므로 친구여, 현실에 돌아오라. 죽음을 정복한 자, 예수에게 '와 보라!'

인간으로 나서 인간 특유의 번뇌에 처하여 빈궁과 질병, 환란을 당하는 것은 참 인간이 되기 위한 첫 입구에 선 것이다. 그 자리 그대로가 하나님께 뵈는 지성소가 아닌가. 다만 그리스도와 함께하라. "환란은 인내를, 인내는 연단을, 연단은 소망을 이루는 줄 앎이니라"(로마서 5:3-4). 환란에 처한 형제여, 그리스도에게 와서 위안을 얻고 능력을 얻으라고 권하지 않을 수가 없도다. **(1932년 9월)**

절대한 감사

이새의 아들 목동 다윗이 신기한 섭리로 사울의 뒤를 이어 유대의 왕이 되니 국내로는 남북이 통일되었다. 만백성이 다윗을 정통 군주로 우러러 사모할 뿐 아니라 국외로 위세를 선양하니 귀화하는 장정(壯丁)이 날로 더하게 되어 남북으로 홍해로부터 레바논산 너머까지, 동서로는 유프라테스 강변으로부터 이집트 국경까지 이스라엘 역사상 가장 큰 토지를 통치하는 대왕이 되었다. 이는 인간의 일생 중에 일어날 수 있는 최대의 변화였다. 양 떼에 침범하는 사자와 곰을 돌팔매질로 때려잡던 당시의 자신을 회고해 보면 다윗은 과연 꿈같은 현실에 스스로 놀라지 않을 수 없었을 것이다. 그뿐인가. 성전 건설 문제로 하나님의 경륜에는 다윗의 자손까지 계속적인 은총 속에 둘 것이 약속되어 있다는 것을 알게 되었다. 이때 다윗은 입을 벌려 여호와께 감사하였다.

"주 여호와여 나는 누구이오며 내 집은 무엇이기에 나를 여기까지 이르게 하셨나이까. 주 여호와여 주께서 이것을 오히려 적게 여기시고 또 종의 집에 있을 먼 장래의 일까지도 말씀하셨나이다. 주 여호와여 이것이 사람의 법이니이다"(사무엘하 7:18-19).

이것을 글로 표현하려다 보니 이렇게 된 것이지, 실상 이 경우 다윗의 감사는 한마디의 말과 글이 아니었다. 다만 크고 긴 한마디 소리였을 것이다. 입으로 말한다면 만 입이 있어도 부족하였을 것이요, 전신이 입이라도 모두 표현할 수 없는 감사였다. 그러므로 이 다윗의 감사를 '절대한 감사'라고 칭한다. 전 존재를 저울에 거는 감사였다. 당시의 다윗에게만 가능한 감사였다.

그런데 또한 기이한 것은 다윗처럼 영화의 극에 달해 보지도 못하고, 영토를 소유함도 없으며, 가난하고 쓸쓸함에서 혹은 병상에서 신음하는 자이면서도 이 다윗과 꼭 같은 감사 또는 그 이상 위대한 감사를 분수처럼 토로하면서 생활하는 자가 있다. 이는 그리스도로 인하여 구속(救贖)받은 체험을 가진 자만이 가능한 일이다. 타는 듯한 더위에 김을 매는 농부여, 공장에서 고무신을 만드는 자매여, 이 소식에 간증하라.

구원을 얻는 일이란 여호와를 향한 무량한 감사 중에 자기와 우주를 새로 발견하는 일이다. 교회에 출입하고 세례를 받았다 하여도 이 절대한 감사를 맛보지 못하고는 아직 구원에 참여한 것이 아니다. 다윗의 감사는 컸다. 그러나 크리스천의 감사는 더 높고 더 깊다. 다윗도 위대하였다. 그러나 기독 신자는 더 위대하다. 감사로다, 절대한 감사로다!

(1933년 8월)

나의 신앙의 본색

　교회가 의식하거나 말거나 세상에서는 기독교회를 사교 기관의 하나로 보고자 하며 또한 교회 자신도 어디까지나 이 사교 기능을 이용하여 전도 기회를 만들고자 애쓰는 것이 사실이다. 그러나 이러한 사교에서 우리 영혼의 깊은 곳이 오래 만족할 수 없다는 것은 너나없이 경험하는 바이다. 인간의 영혼은 좀 더 깊은 것을 요구하는 것 같다.

　먹고 입을 것이 충분하고 나서야 예의를 안다고 함은 고금을 통한 이치이다. 굶주린 백성에게 우선 양식을 주고자 하는 모든 종류의 산업 운동이 기독 신자인 우리에게도 흥미가 없을 리 없다. 그러므로 농촌 진흥을 계획할 때, 소비조합을 상의할 때, 우리는 일대 사회 개량업자인 것처럼 남에게 보일 수도 있다. 그러나 역량에 넘치는 멍에를 메고 허덕거리며 해는 지는데 가야 할 길이 먼 것을 탄식할 때 비로소 신앙의 본령이 사회사업에 있지 않음을 깨닫게 된다. 산업 운동은 필요한 일인 줄 알면서도, 또 지금도 할 만한 일이요 장차 하고자 하면서도, 그래도 영혼의 안식은 달리 구하여야겠고, 우선 안식해야겠다고 갈급해진다.

　아는 것이 힘이다. 과학이 곧 힘이라고 한다면 문맹 퇴치 운동이 좋은 것이요, 기독교적 과학(크리스천 사이언스)이 흥미 없는 것이 아니나, 인간이 식자우환(識者憂患)이라는 공리를 벗어나서 식자(識者)가 될 수 있겠는가. 합리적 성서 해석에 성공했다 하여도 영혼의 안식은 지식에서 생겨날 수 없는 것이다.

그때 성서를 펴 놓고 나의 신앙의 본색을 찾아본다. 가령 시편 62편
이 펴졌다고 가정하라. 주석을 보지 말고 다만 높은 소리로 낭독하면,
"나의 영혼이 잠잠히 하나님만 바람이여. 나의 구원이 그에게서 나오
는도다. 오직 그만이 나의 반석이시오 나의 구원이시오 나의 요새이시
니 내가 크게 흔들리지 아니하리로다." 참말 나의 영혼의 본색은 부르
짖어 외치는 데 있지 않고 잠잠히 주를 기다리고 바라는 일에만 있도
다.

사업도 아니요, 운동도 아니다. 열성도 아니요, 분발도 아니다. 실
패도 두려울 것이 없고, 미약함도 염려할 것이 없다. '한 사람을 죽이려
는 무리'는 일제히 덤비라. 입으로 복을 빌고 속으로 저주하며, 거짓말
로 사람의 지위를 박탈하려는 무리는 날뛰고 싶은 대로 날뛰라. 우리
는 '하나님 앞에 우리의 진정을 쏟아부을 것'이니 하나님은 우리의 피
난처이다. 무위무능(無爲無能), 오직 묵묵히 하나님을 바라보니 거기
는 나의 소망의 출처로다. 나의 구원과 나의 영화도 거기에만 있도다.
한없이 너그러운 안식의 자리, 반석의 성, 여기가 나의 신앙의 본 성전
이로다.

(1934년 8월)

말씀의 권위

어떤 외국에서 살고 있는 형제와 약속을 정할 일이 있어서 무척 실
례인 듯하지만, 다음과 같이 조회하였다.

형이 귀국한다는 소식을 반가운 마음으로 기다리는 중인데, 지난번
엽서보다 또 늦추어져 다음 달이 또 9월로 연기된 것도 섭섭합니다.
일단 공표한 이상 기어이 '백 가지 어려움을 무릅쓰고'라도 실행해
야 할 줄 아는데 귀하의 뜻은 어떠하신지요? 만일 알 수 없는 일이
거든 공표하지 말고 그대로 두는 것이 좋은 줄 압니다. 기독 신자
중에서도 '거룩한 뜻'이니 '계시'니 하면서 공표한 일도 지키지 않기
가 다반사이니 유감천만입니다, 운운.

즉, 앞뒤를 분별하여 한 번 작정하고 자기 이외의 사람과 약속한 이
상에는 이해득실의 관계는 물론이요 비록 하나님이 중지하라고 계시
(啓示)하시더라도 약속한 일을 시행할 각오가 있느냐 없느냐고 따진
것이다. 그러한 각오가 있어야 비로소 그 장단에 맞추어서 이편에서도
춤출 수 있다는 것이다. 이렇게 문답하는 우리가 얼마나 '불신'(不信)에
처하였는가 하는 두려움이 없는 것은 아니다. 그러나 이렇게 문답하는
우리가 '불신' 행위를 감행치 않도록 하기 위함이다.
애초부터 실행할 의사도 없이 거짓말하는 상습자를 향해서 "왜 약

속대로 안 했느냐?"고 추궁하면 깔깔 웃음으로 넘겨 버리고 마니, 마치 공중을 치는 격이라 분노가 맺어지지 못하고 만다. 시행코자 초조해하고 노력하였으나 다하지 못한 사람을 대하면, 책망하기 전에 벌써 얼굴을 붉히고 심히 참회하니 이 역시 인간의 흔한 일이라서 일흔 번이라도 가히 용서할 수 있는 일이다. 다만 문제는 제3종의 인간이다. 저들은 흔히 신자라기보다 기독교도 중에서 발견할 수 있는 철면피의 인간들이다. 그리고 그 신앙의 정도가 평범함을 넘어설수록 그 태연성도 상상 이상이 된다. 그 작정한 일을 버리고 약속한 일을 돌아보지 않는 사람들이야말로 무시로 하나님과 교통하는 중에 '거룩한 뜻'을 받아 행한다는 자들이다. 그 속에 '산 신앙'이 있는 까닭이라고 말한다. 그러므로 그들은 자기를 회한(悔恨)하기보다 그러한 초월 세계를 호흡하지 못하는 미숙한 신도와 세속 사람들을 불쌍히 여기고자 한다.

이와 같은 신앙은 일컫는 바와 같이 고등 신앙일 것이다. 확실히 구름 위의 신앙이지, 인간 세상에 통용될 신앙은 아닐 것이다. 그러므로 우리는 기독 신자를 대할 때, 특히 독실한 신자를 대할 때는 반드시 땅 위의 일반적인 규약을 먼저 교육한다. '거룩한 뜻'이니 '산 신앙'이니 하는 것으로 핑계를 댈 수 없는 우리의 관습을 알린 뒤에 모든 일을 약속하게 된다.

생각이 여기에 이르니 "천지는 없어질지언정 내 말은 없어지지 아니하리라"(마태복음 24:35)고 선언하신 예수 그리스도가 한없이 그리워진다. 다른 기사(奇事)와 이적을 제쳐 놓고라도 이 한마디의 발언권을 부끄러움 없이 행사하실 이, 그는 미친 사람이 아니면 여호와의 독생자인 것이 분명하도다. 신실한 성도의 언행에 차이가 있을지라도 우리는 있는 힘을 다해 추궁할 힘도 없고 낙심할 필요도 없다. 오직 말씀이 곧 행위였던 그리스도를 우러러보고 예배할 뿐이다.　(1934년 8월)

인도(人道)와 신도(神道)

누가복음 15장 후반에 실린 탕자의 비유는 동서고금 풍습의 구별과 시대의 차이를 막론하고 인간의 가장 깊은 데를 건드리며 진동시키는 유명한 말씀이다. 성서의 다른 부분이 없어진다 해도 이 비유의 예화 하나만 남으면 족히 하나님의 우주 구원의 큰 뜻을 다시 보일 수 있다고까지 극단적으로 말하기도 한다. 이 장을 상세히 논하고자 하는 것은, 곧 창세기에서부터 요한계시록까지 언급해야 할 일이니 지금은 생략하고 다만 그 일부분에 담긴 진리를 음미하고자 한다.

탕자가 깨달음을 얻고 "내 아버지에게는 품꾼이 많고 그 양식이 넉넉하여 남는데 나는 굶어 죽겠구나. … 내가 하늘과 아버지께 죄를 얻었사오니, 지금부터는 감히 아들이라 부르지 못하리니 나를 품꾼의 하나로 보소서"라고 사죄하기로 결심하고 돌아왔다. 그때 아버지는 "거리가 아직 먼데 그를 보고 측은히 여겨 달음질하여 가서 목을 안고 입 맞추었다"고 한다. 또 종들에게 명하여 "제일 좋은 옷을 내어다가 입히고 손에 가락지를 끼우고, 또 살진 송아지를 끌어다가 잡으라. 우리가 먹고 즐기리라"고 하며 무리와 함께 즐거워하였다.

그러나 탕자의 형은 근실하게 노동하던 일터에서 하루 노동을 마치고 귀가하다가 그 광경을 보고 부친께 대하여 "내가 여러 해 동안 아버지를 섬겨 명령을 어김이 없었어도 염소 새끼 한 마리를 나에게 주시어 나와 내 친구로 더불어 즐기게 하신 일이 한 번도 없더니, 오직 이 아들은 방탕함으로 아버지의 재산을 다 허비하였거늘 그가 오니 살진 송아지를 잡으셨나이다"라고 항의했다. 여기에서 부친의 자애(慈愛)와 형님의 의열(義烈)이 분명히 대립되었음을 누구나 다 엿볼 수 있다.

그러나 많은 설교자의 습관처럼 부친의 애정, 즉 하나님의 자비를 찬양하기에 급급함은 결코 본문을 충분히 음미하는 일이 아니다. 부친의 큼으로 인하여 맏형이 심히 작은 듯이 보이고, 심지어 악한 아들같이 보이나 결코 그는 소인도 아니요, 물론 악인도 아니었다. 그가 항의하는 취지에도 명백히 드러나는 바와 같이 자기 자신은 엄한 아버지 곁에서 혼정신성[9]하면서 아들의 도리를 다하였다. 조상 전래의 유업을 계승하여 한 집안의 성쇠와 영광 및 치욕의 책임을 양어깨에 지고 서려는 의식이 강렬한 인물이다. 동시에 그 동생은 아버지가 쌓은 공적과 인간의 도리를 낭비하고 유린하여 늙은 아버지의 마음을 크게 상하게 한 자였다. 이러한 자는 용서할 여지가 없다고 생각하는 윤리적 준칙이 강렬한 지사적 성격을 가진 인물이었다. 그는 함부로 화내지 않거니와 일단 화를 낸 이상에는 좀처럼 풀 수 없는 장부의 심지를 소유한 위인이었다. 소인이 아닐 뿐 아니라 가히 경외할 맏형이었다. 이렇게 맏형의 진가를 여실히 인정할 때라야 그 부친의 큼이 비상(非常)한 것임을 안다. 형은 바르고 옳다. 그러나 어버이는 크고 높다. 형은 땅이고 아버지는 하늘이다. 아버지의 도는 하나님의 도요, 형의 도는 인간의 도에 불과하다. 하늘의 도는 얼마나 큰가! **(1934년 12월)**

---

[9] 혼정신성(昏定晨省): 밤에는 부모의 잠자리를 보아 드리고 이른 아침에는 부모의 밤새 안부를 묻는다는 뜻으로 부모를 잘 섬기고 효성을 다함을 이르는 말이다.

기쁨의 생애

"예수를 믿는 사람의 생활은 하루하루가 기쁨이 넘치는 삶이요, 일평생 싫증이 생기지 아니하는 달콤한 생애이다. 세상 사람들은 장수하기를 간절히 원하지만, 정직한 선배들이 고백하는 말을 들으면 40세가 넘어 50세에 가까울 때부터는 도무지 더 살고 싶은 욕심이 없어지고 인생에 대한 흥미가 소멸한다고 한다. 그렇다고 자살이라도 해버리면 좋을 듯하지만, 그렇게는 차마 못 하니 이를테면 오래 살기를 그다지 소원하는 바가 아니다. 그러나 이 세상에서 사는 날까지는—그것이 20세 전이든지 3, 40줄이거나 혹은 6, 70 고개를 넘은 후일지라도 — 마치 갈증 난 사람이 달콤한 샘물을 삼킬 때의 그 맛처럼 한 모금 한 모금이 모두 맛나고 시원하며 만족하고 달콤하기를 바란다. 이 희락과 환희의 맛을 세상 사람들이 알지 못하고 모래 밥 씹는 듯이 무미건조한 후반생을 살아가는 모습이 너무나도 안타깝다"라고 말한 적이 있다. 그러자 이 말을 들은 고등보통학교[10] 3학년 학생이—그는 이른바 불량 학생이라 하여 그 부형의 간청으로 우리 집에 하숙하고 있다— 그 감상을 기록한 일기의 한 부분이 이러하다.

"… 오늘은 이상한 말씀을 들었다. 예수교도라고 하면 죽은 뒤에 천국 가기 위하여 모든 것을 희생하는 줄 알았다. 즉, 담배도 술도 끊고,

---

[10] 고등보통학교는 5년제 중고등학교에 해당한다.

하모니카와 유행가도 못 부르게 하며, 극장이나 카페, 기타 세상의 재미스러운 일을 일절 금하여 끊는 것도 훗날 천국 가기 위하여 억지로 참고 견디는 줄로만 알았다. 그런데 예수 믿는 생활이 오히려 재미있고 기쁨이 넘치는 삶이라고 한다. 예수쟁이들이 가련하고 동정할 인간들인 줄 알았더니 도리어 부러워할 만한 생이라고 하신다. 처음 듣는 말이다…"라고 운운(云云)하였다.

이 학생이 짐작하였던 바와 같이 예수 믿는 일이 후일 천국의 행복문을 위하여 이 세상의 환락을 억지로 참고 견디는 일이라고 한다면, 남들은 알 수 없으나 우리는 결코 하루도 예수를 믿을 수 없는 자라는 것을 고백하지 않을 수 없다. 우리가 예수를 믿는 것은 예수와 함께 하루를 살고 보니 거기는 달콤한 꿀이 흐르는 곳이요, 어머니의 풍족한 유방이 있는 곳이요, 무진장한 보화가 쌓인 창고이기 때문이다. 또한 어둠을 헤치는 광명이요, 죽음을 다시 살리는 능력이요, 내가 당하는 사변(事變)을 환희와 찬송으로 변화시키는 누룩 덩어리가 있는 곳이기 때문이다. 그러므로 우리가 예수를 믿는 것은 억지로 참고 견디는 것이 아니라 마치 지구의 큰 자기에 이끌리는 것처럼 어찌할 수 없이 붙잡힌 것이요, 설령 천국으로 가지 못하고 지옥에 떨어진다고 해도 크리스천이 되지 않을 수 없어 믿는 것이다. 마시고 마셔도 무진장으로 솟아나는 샘물을 발견한 자의 기쁨은 크도다.　　　**(1935년 7월)**

보는 눈, 듣는 귀

세포학을 공부할 때는 생물학용 현미경을 사용해야 하며, 광물학을 실험할 때는 니콜 장치를 한 광물학용 현미경을 통해야 한다. 천체를 관찰할 때는 망원경의 뛰어난 힘을 빌려야 볼 수 있으니, 타고난 육안은 결코 만능 기관이 아니다. 아주 작은 것과 멀리 있는 것을 보려면 각기 용도에 맞는 기구를 써서 생래(生來)의 기관을 보조하여야 그 목적을 이룰 수 있다. 세상 사람들이 색안경을 기피하나 이는 자연 과학적 교양이 없는 탓이다. 염색술의 기능 없이는 미생물학이나 세포학이 일보도 진전할 수 없고, 니콜 장치 없는 현미경으로는 안산암 한 조각도 감정할 수 없으며, 분광기와 사진기의 효능에 의지하지 않고는 우주의 소식을 탐지할 방도가 없으니, 이는 다 색안경의 공력이다.

이처럼 물질계의 탐구를 위해서도 안경을 써야 하며, 색안경의 힘을 빌려야 한다. 하물며 영계의 오묘한 이치와 생명의 신비한 기능을 보고자 할 때 안경 없이 될 것인가? 영계의 색안경이란 곧 신앙이다. 이 신앙을 멸시하면서 인생을 살고자 하는 자는 현미경과 망원경을 무시하면서 자연계를 연구하고자 힘쓰는 학자와 마찬가지이니, 그 노력의 큰 데에 반해 소득이 전혀 없을 것은 불을 보듯 명확한 사실이다. 그러므로 신앙이라는 안경을 쓰라.

현미경이나 망원경의 효능이 크기는 하지만, 누구든지 현미경에 눈을 대면 세포의 내용이 다 보이고, 아무나 망원경을 투시하기만 하면 우주 천체의 운행이 다 알려지는 것은 결코 아니다. 우리가 몇 시간 혹은 며칠을 두고 찾아도 볼 수 없던 것이, 고명하고 신뢰하는 교수가 "여기 있다, 저기 있을 것이다"라고 지시하여 준 뒤에야 비로소 "염색체가 보이네 핵이 보이네, 각섬석(角閃石)이 보이네, 사장석(斜長石)이 보이네, 위성이 보이네, 성운(星雲)이 보이네" 하고 경탄을 토하는 것은 흔히 경험하는 바가 아닌가? 즉, 보아서 보이는 것이 아니라 알고 보아야 보이는 것을 우리가 자연 과학에서 경험한다. 그러므로 교수가 필요하며, 천재가 있어야 한다.

신앙이라는 것은 마치 현미경이나 망원경 같은 것이다. 그중에는 좋은 것도 있고, 궂은 것도 있다. 고급한 것도 있고, 저급한 것도 있다. 우리가 만일 "나는 길이요 진리요 생명이라"는 최고 유일한 영계(靈界)의 천재인 예수의 가르침에 의하여, 즉 예수를 구주 그리스도로 믿는 색안경을 통하여 우주와 인생을 관찰한다면 우리의 눈은 우주의 가장 미묘한 것과 제일 먼 것까지 살필 수 있을 것이다. 또한 우리의 귀는 인생의 가장 아름다운 음파와 영계의 가늘고 고요한 소식을 들을 수 있는 기관이 될 것이다. 이른바 '보는 눈, 듣는 귀'는 예수 그리스도의 가르침에 순종하는 데서 생긴다.

불국사 다보탑과 석굴암 불상의 아름다움을 고등보통학교 3학년 학생에게 누누이 설명하여도 소위 '소귀에 경 읽기'(牛耳讀經)의 탄식을 금할 수 없으니, 이는 아직 어린 학생들에게는 눈이 있으나 보지 못하며, 귀가 달렸으나 듣지 못하는 까닭이다. 서화(書畫)와 음악·조각·연극을 관찰하고 감상하기에도 '보는 눈, 듣는 귀'를 수련해야 하거늘, 하물며 천국의 소식을 들으며 생명의 기묘를 파악하려는 자가 신앙 훈련 없이 될 것인가? 겸손하게 낮아진 심정으로 예수 그리스도의 가르침을 기다려 '보는 눈과 듣는 귀'를 소유할 일이다. **(1935년 11월)**

기독교 신앙의 기반, 부활

복음서를 읽은 사람은 예수 그리스도가 완전히 패배한 일생을 산, 동정할 만한 일개 청년이었던 것을 쉽게 알아차릴 것이다. 예수의 30세 이전의 행적은 복음서에도 자세하지 않으니 30세 이후의 공생애만을 관찰해 보라. 예수의 교훈은 학자들의 교훈과 달라서 권위가 있었고 능력 있는 이적을 많이 행하였다. 그러나 그런 것들은 그 고향 사람들과 당시의 학자들, 종교가들의 찬탄을 받지 못하였을 뿐 아니라 도리어 조롱과 멸시 거리가 되었다. 우선 그의 고향인 나사렛 사람들은 다음과 같이 말하였다.

"많은 사람이 듣고 놀라 이르되 이 사람이 어디서 이런 것을 얻었느냐, 이 사람이 받은 지혜와 그 손으로 이루어지는 이런 권능이 어찌됨이냐, 이 사람이 마리아의 아들 목수가 아니냐, 야고보와 요셉과 유다와 시몬의 형제가 아니냐, 그 누이들이 우리와 함께 여기 있지 아니하냐"(마가복음 6:2-3)라고 배척하였다. 또 당시의 종교계 중심에서는 "네가 무슨 권위로 이를 행하며, 또 누가 이 권위를 주었느냐?"(마태복음 21:23)라고 트집을 잡아서 따지다가, 나중에 십자가에 달고서는 "저가 다른 사람은 구원하였으나 제 몸은 구원치 못하는 자"(마가복음 15:31)라고 조롱하였다. 친척과 친우에게서는 미친 사람 취급을 받았고, 고향 사람들의 무시함도 마찬가지였다.

중앙 교계의 조롱이 이러하였거니와 예수의 언행에 취한 듯이 따라

다니던 제자들은 어쩌하였던가? 4천 혹은 5천의 군중이 호수의 이편에서 저편까지 침식(寢食)을 잊고 따라다닌 일이 없지 않았으나 이런 무리는 소위 "이적을 보고 따르는 것이요, 떡을 먹고 배부른 맛에 따라다니는 자들이었으니" 말할 바가 못 된다. 3년을 두고 특별한 지도를 받은 열두 사도가 있었으나 그 가운데 하나인 가룟 유다가 배반하였을 뿐 아니라 겟세마네 동산의 기도에서도 깨어 지키는 자가 한 명도 없었다. 적들에게 잡힌 뒤로는 겨우 베드로만 멀리 뒤따라서 예수께서 지상에 남긴 그 무엇인가가 있는 듯이 보였으나 그 역시 닭 울음을 기다리지 못하여 세 차례 예수를 부인하고 자기를 위하여 도망가 버렸다. 십자가 위의 예수는 "엘리, 엘리…"라고 외치심으로 하나님과의 교섭 이외의 온갖 지상의 관계를 완전히 청산하고 말았다.

예수는 당세(當世) 대가의 문하에서 배워서 이력서를 장식할 만한 학문이 없었다. 당대 중앙 교계의 승인을 얻을 만한 종교적 권위를 받은 것도 없었으며, 그가 사는 마을에 돌아오면 그 평가가 일개 목수에 지나지 못하였다. 사회에 나가서는 부러워할 만한 현명한 제자를 훈도한 업적도 없었고, 후세에 자랑할 만한 철학적 사상의 체계를 남긴 것도 없이 30여 세의 청년으로 요절(夭折)하였다. 우리는 과연 요절하였다고 말한다. 행여나 예수에게도 일흔에 종심소욕불유구(從心所慾不踰矩)하던 공자의 장수를 허락하거나 혹은 석가의 수명을 빌리거나 하다못해 독배를 마실 때의 소크라테스의 춘추(春秋)라도 허락되었더라면 어쩌했을까? 인간된 입장으로서 볼 만한 성공을 후세에 남겼으리라 생각하니 슬픔과 탄식이 나온다. 인간적으로 볼 때 예수는 과연 요절이요 실패요 전멸(全滅)이었다.

예수의 생존 기간, 특히 그 3년간의 공생애는 마치 철퇴를 돌에 칠 때의 섬광(閃光) 같은 모습이었다. 그러나 한순간 번쩍이다 사라진 섬광이었다. 섬광이 지난 다음에는 아무 건더기도 잡을 수 없었다. 예수의 십자가 이후에는 친척도 친우도 없고, 향당(鄕黨: 고향 사람들)도 없었으며, 사상 체계도 남은 것이 없었고, 제자도 사도도 없었다. 다만 남은 것은 "엘리 엘리 라마 사박다니"(나의 하나님 나의 하나님 어찌하여 나를 버리셨나이까)라는 비애(悲哀)의 음파가 공기를 진동한 것뿐이었다. 예수는 죽어 없어진 것이요, 기독교는 유산된 태아처럼 햇빛을 보기 전에 영원히 없어져 버리고 말았다. 예로부터 지금까지 완전히 패배한 일생이 있었다면 예수의 일생이 아니고 무엇이랴!

이처럼 완전히 패배하여 멸망되었던 예수와 기독교를 역사 이래의 최대 영웅인 나폴레옹은 찬탄하였다. 그는 헬레나 섬 유배 당시에 날이 갈수록 점점 강성해 가는 나사렛 예수의 절대 승리를 보면서 찬탄하였다. 무슨 까닭인가? 이는 예수가 죽은 지 사흘 만에 부활하였다는 사실밖에는 설명할 열쇠가 없는 만고의 수수께끼이다. 우선 목자 없는 양 떼처럼 사방으로 흩어졌던 제자와 사도들이 열흘도 되지 못해 예루살렘에 모여들었다. 그리고 솔로몬 행각에서 "하나님 앞에서 사람의 말을 듣는 것이 하나님의 말씀을 듣는 것보다 좋은가 결단하라"고 외치며 당시 종교 지도자들의 제지(制止)에 맞서는 강한 자로 변화하였다. 이것은 큰 사변 없이는 생각할 수 없는 일이다.

그러면 사변(事變)이란 무엇인가? 즉, 예수의 부활을 목격한 사변이었다. 또한 다소의 사울, 즉 스데반의 순교를 당연하게 여기고 모든 예수의 무리를 없애는 데 쾌감을 느끼면서 동분서주하던 사울이 십자가의 복음을 전하기 위하여 당시 문화 세계의 수도인 로마에까지 포로의 몸으로 끌려다니기를 자원하였다. 이런 일대 변혁이 일어나게 된 것은 다메섹 도상에서 부활하신 예수를 만나 본 체험 때문이었다. 예수는 생전에 학파도 없었고, 문벌도 없었으며, 사회와 항쟁할 만한 단체를 조직함도 없었다. 그는 후사를 의탁할 만한 제자도 양성한 것 없이 30세의 청년으로 요절하여 아침 이슬같이 철저히 패배하였다. 그러나 예수가 십자가에 달린 뒤 불과 1세기에 벌써 당시의 문명세계인 로마 제국을 정복하였고, 불과 20세기인 오늘날에는 전 세계에 군림하여 일찍이 자신이 예언한 대로 만왕의 왕으로 영계(靈界)를 다스리게 되었다. 이는 부활이라는 열쇠가 아니고는 해명할 수 없는 만고의 비밀이다.

신자든지 불신자든지 기독교는 이론이나 사색으로 조직된 것이 아니요, 부활이라는 사실 위에 세워진 종교임을 인식할 것이다. 그러므로 기독교의 기반은 부활이라는 '사실'이다. (1936년 4월 21일 부활절에 씀.)

(1936년 5월)

악한 부름인가, 선한 부름인가

지금부터 5년 전에 어린 학생들을 담임하여 오늘까지 지나오는 동안 대개 저들은 육체로 건장한 장부가 되었을 뿐 아니라 지식과 인격이 놀라울 만한 진취를 이룬 것이 현저하게 보인다. 저들이 입학하던 입학식장에서—여러 선생과 다수의 학부형이 서 있는 가운데— 나는 담임 선생으로서의 교육 방침과 포부를 설명한 후에 어조를 높였다. "입학한 학교에 대하여서는 물론이려니와, 전생의 인연인지 모르지만 5년간 담임하게 된 선생에 대하여서도 천하에 다시없는 선생인 줄 알고 배우라!" 운운하는 말로 연설을 맺었다.

단을 내려오면서 나 스스로 의심하였다. '내가 미친 사람인가? 스스로 천하에 만나기 어려운 훌륭한 선생이라고 광고하였다니!' 물론 내 담임 학과를 조선에서 제일 혹은 세계 제일의 교사답게 가르치리라는 것은 아니었다. 다만 열성만은 최고로 가지겠다는 주관적 결심이 있었다. 그보다도 우리가 우리 자신을 가르칠 것이 아니라 우리 배후에 있는 예수 그리스도를 드러내리라는 바람이 있었던 까닭이다. 당시 입학한 학생, 곧 5년간 담임 반 학생이었으며, 그중 3학년부터는 3년간 성서연구회에 참석했던 한 학생이 보낸 편지 한 구절은 다음과 같다.

(전략) 귀가할 때까지 저는 희망에 차 있었습니다. 저의 집안을 성서적 기반 위에 세우고 참된 생활로 가족을 인도하고자 했습니다.

그러나 그것은 완전히 실패했습니다. 온 가족이 반대하며, 배워 오라는 공부는 잘 못하고 예수교가 다 무엇이냐, 조상을 몰라보고 제사도 드리지 않는 예수교는 용납할 수 없다면서, 어디에서인지 동으로 만든 불상을 사다 모셔 놓고 반대합니다. 저의 집은 대대로 불교를 믿어 온 집도 아닙니다. 식사 때는 제가 기도드리는 것을 원수같이 여기고 부친은 함께 식사하는 것을 피하시는 듯합니다.

저는 이러한 것은 꿈에도 상상하지 못하였습니다. 선생님 댁의 그 평화스럽고 화목하고 즐거운 광경을 연상하고 우리 집도 꼭 그렇게 될 줄만 알았습니다. 집안이 도리어 이렇게 불화하게 될 줄은 몰랐습니다. 전에는 소위 세상에서 말하는 즐겁고 평화스러운 가정이었습니다. 아직 굳어지지도 못한 약한 믿음으로 이 핍박을 도저히 견뎌내지 못하겠습니다. 외부인이라면 모르오나 핍박자는 혈육을 나눈 가족입니다. 밤이 깊어진 뒤에 저는 선생님을 몇 번이나 원망했는지 모르겠습니다. 저로 하여금 예수를 알게 하신 선생님을 원망했습니다.

차라리 내가 예수를 몰랐더라면 이러한 영적 고통은 없었을 것을. 예수를 몰랐던 그전에는 지금보다는 영적 고통도 없었고 미움도 안 받고 훨씬 행복했습니다. 입신출세하여 조선을 위하여 청사(靑史)에, 만고(萬古)에 빛나는 이름을 남겨 볼까 하고 희망에 넘쳤습니다. 그러나 지금은 예수를 알고 난 후, 세상을 이렇게 살고 간 사람도 있었다고 하는 것을 배운 뒤로는 그러한 생각은 간데없이 자취를 감추었습니다. "어찌하면 의로운 생활을 보낼 수 있을까, 어찌하면 깨끗하고 죄를 범치 않는 생활을 할 수 있을까" 하는 소극적

인간이 되고 만 것 같습니다.

"아, 예수를 몰랐더라면! 예수를 몰랐더라면!" 하고 탄식한 적도 한두 번이 아니었습니다. 저는 단지 '성서'의 '아우트라인'만을 배우고 수박 겉핥기와 같이 1천만 분의 1도 알지 못한 처지입니다. 그러나 "선생님께서 강요하시는 의로운 생애란 이러한 것이다"라는 일념을 알게 되었습니다. 그리고 '나도 한번 의로운 생애를 걷자' 하고 결심했습니다. 약한 믿음이오나 예수를 믿노라 한 후에 저의 만사가 180도 전환한 것만은 사실입니다. 뿌리가 깊지 못한 연약한 초목에 너무나 폭풍이 심하여 언제 뿌리째 뽑히어 날아갈는지요. 다만 주 예수께 전부를 맡길 따름입니다. 방학 중에는 『산상수훈연구』와 『레미제라블』 그리고 『독일 국민에게 고함』 등을 읽을 작정으로 전력을 다하여 시간표를 짜 놓고 읽고 있습니다. (하략)

교사의 책임! 학부형의 실망과 원한을 추측해 볼 때 굴이라도 파고 도망갈까, 소위 할복이라도 해서 학부형의 기대에 어긋난 교사의 책임을 면할 수 있을까 하는 가책도 엄습하였다. 그러나 다시 생각해 보면 자녀는 부모의 사유물이 아니요, 한 국가나 사회 사조(思潮)의 전유물도 아니다. 실로 자녀는 '사람의 자녀'요, 우주의 일원이다. 인자(人子)가 인자의 걸어야 할 길로 돌아왔다면 이는 담임교사의 책임이 아니요, 실로 우주의 책임이요, 우주의 주재자이자 인자이신 그리스도 자신의 책임인 것이 분명하다. 주 예수께서는 다음과 같이 말씀하셨다.

"내가 세상에 화평을 주러 온 줄로 생각하지 말라. 화평이 아니요 검을 주러 왔노라. 내가 온 것은 사람이 그 아버지와, 딸이 어머니와, 며느리가 시어머니와 불화하게 하려 함이니 사람의 원수가 자기 집 안 식구리라. 아버지나 어머니를 나보다 더 사랑하는 자는 내게 합당하지 아니하고 아들이나 딸을 나보다 더 사랑하는 자도 내게 합당하지 아니하며 또 자기 십자가를 지고 나를 따르지 않는 자도 내게 합당하지 아니하니라. 자기 목숨을 얻는 자는 잃을 것이요 나를 위하여 자기 목숨을 잃는 자는 얻으리라"(마태복음 10:34-39).

담임교사가 져야 할 책임의 절반 이상 아니 전부를 모조리 그리스도가 부담해 주셔야 할 것이다. 또 우리를 기성 교회 헐뜯는 것을 업으로 하는 자로 오해하는 이들이 적지 않다. 그러나 이는 우리가 어디서 무슨 일에 흥미를 가지고 있는 사람들인지 알지 못하는 까닭이다. 우리는 교회들끼리 교인을 약탈하는 것 같은 일에는 아무 흥미도 갖지 못한 자들이며, 이미 성도 된 자의 영혼에 대하여 주제넘게 관심을 두는 척하는 짓은 힘써 피하고자 한다. 다만 예수와는 하등 인연 없는 자리에서 예수라는 누룩으로 그 심령의 밑바닥에서부터 발효 작용이 일어나 드디어 개종이라는, 하늘이 울리고 땅이 움직이는 대변동이 생기는 일을 구경하는 데 가장 흥미가 끌린다.

그러나 이는 적어도 3년 이상에 한 번 보는 광경이요, 5년에 한두 명 혹은 10년에 두세 명 있거나 말거나 한 일이다. 이 비례로 간다면 환갑까지 전도한다 해도 평생토록 10명의 동지를 얻기 어려울 터이니 어떤 새로운 교파를 조성하는 듯 우리를 염려하는 이들은 그것이 기우에 불과함을 알고 크게 안심하기 바란다. **(1938년 2월)**

십자가의 도(道)

"십자가의 도가 멸망하는 자들에게는 미련한 것이요, 구원을 받는 우리에게는 하나님의 능력이라"(고린도전서 1:18). '십자가의 도'라고 하면 세상의 믿지 않는 사람들까지도 대개 무슨 의미인지 짐작하리만큼 널리 유포된 말이다. 따라서 신자라 하면 물론 누구나 그 뜻을 알 것이며 또한 스스로 아는 줄로 자처하는 이가 상당히 많다. 그 의미를 안다고 할 뿐 아니라, 그 사상 내용을 동경하며 막연하나마 자기도 십자가의 도를 걷고자 하는 이도 세상에 적지 않다. 그러나 '십자가의 도'가 과연 무엇인 줄 알지 못하고 세베대의 아들들 같은 야심을 부리는 자들도 적지 않다. 저들은 그리스도의 잔이라도 받을 각오가 있다고 뽐낸다.

'십자가의 도'라고 번역한 본문을 원어의 순서대로 배치하면 '그(호, the) 말씀(로고스, word) 참으로(가르, indeed) 그(호, the) 십자가의(톤 스트라우론, of Cross)'가 된다. 그런즉 '십자가의 도'라 함은 골고다로 가는 길이라는 뜻이 아님은 물론 '십자가에 관한 우리의 설명', '우리의 십자가 주석' 등의 의미가 있다.

'십자가'라는 말은 특히 바울이 사용한 말인데, '그리스도가 생애와 사업에서 당한 모든 고난의 모양'을 통틀어 말한 것이다. 다시 말하면 그리스도의 전 생애를 궤도로 하고, 그것을 목적지로 삼고서 따라가려는 사도의 설교이다. 결코 쉬운 일은 아니다. 그 철저히 겸비한 그리스도의 고난의 생애는 모든 통상적 인간의 사상과는 정반대되는 일이다. 그 십자가의 도를 개개인이 사모한다, 믿는다고 하면서 너나없이 찬동하는 듯이 보이는 것은 현대인들의 일대 착각이다.

우리는 어떤 필요로 인해 이러한 의견을 교환하고서 서로 놀랐다. 갑이 "오늘날 같은 환란의 세대에 처하여 그리스도를 믿으려면 한 가족의 각 개인이 골고루 확고한 각오를 지녀야 한다. 더욱이 주부(主婦)된 자는 신앙 때문에 위험과 해가 가장의 일신에 미치는 날에는 일가의 노인과 어린아이 부양할 책임을 부담하고서 굳세게 신앙의 길을 지켜 나갈 준비가 있어야 한다"라고 한다. 그 말에 대한 을의 답은 "살림살이는 힘껏 해나가려니와 신자의 가정이 각기 그렇게 참담하게 된다면 도리어 그리스도에게 욕되지 않을까, 전도가 막히지 않을까?" 하고 걱정한다. 이는 십자가의 도와는 180도로 다른 생각이다. 그러나 이것이 오늘날 대부분 신자의 사상 관념을 대언한 고백이며 또 우리 각자의 신앙 속에 저도 모르게 자리 잡은 신조이니 놀라지 않을 수 없고, 비통하지 않을 수 없다.

신앙생활이라고 하면 병약하던 사람이 건장해지고, 없이 살던 사람은 부유해지고, 실직했던 사람은 취직되며, 지위 낮던 사람이 승진되는 것으로 생각하는 사람이 있다. 또한 신앙생활을 잘하면 자녀가 없던 가정에는 옥동자가 생기고, 불화하던 식구는 화목해지는 줄로 알아서, 어떤 전도자는 이런 모든 조건을 전도의 미끼로까지 이용하려 한다. 이렇게 되는 것이 하나님의 축복이라 하나 과연 이것이 십자가의 도일까?

예수 그리스도는 자기를 따르려는 이들에게 분명히 이르셨다.

"인자가 많은 고난을 받고 장로들과 대제사장들과 서기관들에게 버린 바 되어 죽임을 당하고 사흘 만에 살아나야 할 것을 비로소 그들에게 가르치시되 드러내 놓고 이 말씀을 하시니, 베드로가 예수를 붙들고 항변하매 예수께서 돌이키사 제자들을 보시며 베드로를 꾸짖어 이르시되 사탄아 내 뒤로 물러가라 네가 하나님의 일을 생각하지 아니하고 도리어 사람의 일을 생각하는도다 하시고, 무리와 제자들을 불러 이르시되 누구든지 나를 따라오려거든 자기를 부인하고 자기 십자가를 지고 나를 따를 것이니라. 누구든지 자기 목숨을 구원하고자 하면 잃을 것이요 누구든지 나와 복음을 위하여 자기 목숨을 잃으면 구원하리라. 사람이 만일 온 천하를 얻고도 자기 목숨을 잃으면 무엇이 유익하리요. 사람이 무엇을 주고 자기 목숨과 바꾸겠느냐. 누구든지 이 음란하고 죄 많은 세대에서 나와 내 말을 부끄러워하면 인자도 아버지의 영광으로 거룩한 천사들과 함께 올 때에 그 사람을 부끄러워하리라"(마가복음 8:31-38).

또 십자가의 도를 해명하신 말씀에,

"내가 불을 땅에 던지러 왔노니 이 불이 이미 붙었으면 내가 무엇을 원하리오. 내가 받을 세례가 있으니 그것이 이루어지기까지 나의 답답함이 어떠하겠느냐. 내가 세상에 화평을 주려고 온 줄로 아느냐. 내가 너희에게 이르노니 아니라 도리어 분쟁하게 하려 함이로라. 이후부터 한 집에 다섯 사람이 있어 분쟁하되 셋이 둘과, 둘이 셋과 하리니, 아버지가 아들과, 아들이 아버지와, 어머니가 딸과, 딸이 어머니와, 시어머니가 며느리와, 며느리가 시어머니와 분쟁하리라 하시니라"(누가복음 12:49-53).

이처럼 명백한 신도 모집 광고문이 있었음에도 불구하고 우리는 누구에게 속아서 예수를 따르면서 평화 단란한 가정 살림을 갈구하며, 각자의 십자가를 지지 않는 십자가의 도를 걷고자 하는가? 십자가의 도, 십자가의 말씀, 십자가를 지고 가신 예수님의 자기 낮춤과 고난, 전 생애를 원리 그대로 생활하심, 이는 거듭나지 않은 천연산 인간으로서는 도저히 원할 수 없는 길이다. 희망해서는 안 되는 길이다. 비극을 전제로 한 길이다. 인간 본연의 생각과는 본질적으로 거스르는 길이다.

보라. 유대인들이 메시아, 즉 그리스도를 기다린 역사가 유구하였다. 그러나 반드시 수도 왕실의 보좌에서 황홀한 영광 중에 탄강(誕降)하실 줄 기대하였다. 그러나 그리스도께서 나사렛 목수의 아들로 여관의 구유에 떨어진 때부터 인간의 도와 십자가의 도가 하늘과 땅으로 대립되었다. 예수가 택한 제자와 친구, 예수가 용납한 세리와 음녀, 예수가 질책한 종교가와 학자 등으로부터 하나님의 독생자 신분에 합당치 못하게 십자가 위에 참담한 시체로 죽으심에 이르기까지, 아아, 어느 것이 우리의 예상 밖의 일이 아닌 것이 있었던가? 십자가의 도, 십자가의 도! 아, 과연 알고 따르려는가? **(1938년 6월)**

성탄절

크리스마스 축하가 불신 사회에까지 연중행사의 하나로 된 이때 세속을 따르는 느낌도 없지 않으나 그래도 생각할수록 예수의 탄생은 고맙고 기쁘다. 시대의 암흑이 심할수록 성탄절을 경축하고 싶다. 왜 기쁜가?

"그(그리스도)는 근본 하나님의 본체시나 하나님과 동등됨을 취할 것으로 여기지 아니하시고 오히려 자기를 비워 종의 형체를 가지사 사람들과 같이 되셨고, 사람의 모양으로 나타나사 자기를 낮추시고 죽기까지 복종하셨으니 곧 십자가에 죽으심이라. 이러므로 하나님이 그를 지극히 높여 모든 이름 위에 뛰어난 이름을 주사 하늘에 있는 자들과 땅에 있는 자들과 땅 아래에 있는 자들로 모든 무릎을 예수의 이름에 꿇게 하시고 모든 입으로 예수 그리스도를 주라 시인하여 하나님 아버지께 영광을 돌리게 하셨느니라"(빌립보서 2:6-11).

성탄절은 무한히 높았던 이가 자진하여 가장 낮은 자리로 오신 날이다. 그는 세상의 양반이나 귀족이나 제왕이라는 것도 아니요, 실로 하나님과 동등한 분이었다. 인생이 능히 헤아릴 수 없는 최고 지존의 분이시었다. 그이가 하늘로부터 땅에 내려오셨다. 땅에 오셨으되 당시의 로마 제국이나 오늘의 영국·미국·독일·프랑스 같은 부와 무력을 갖춘 강대국에 오신 것도 아니요, 이미 국가의 위엄이 쓰러지고 쇠약하였던 유대 땅에 나셨다. 유대 중에서도 가난한 목수 요셉의 집에, 그것도 여관의 말구유에 탄강하셨다. 그가 성장하매 귀족과 학자보다 어부와 농민이 그 친구였고, 도덕가인 바리새인보다 세리·창기와 식탁을 함께하셨다. 건장한 자는 청하지 않았으되 병자와 과부와 고아에게는 위로를 아끼지 않으셨다.

세상 사람들이 미꾸라지처럼 유영술(遊泳術)을 부려 상층으로 사교를 넓히고 지위를 높이며 세력을 펼칠 때도 예수만은 하수도로만 향하였다. 거기서 병들고 상한 자와 패하고 퇴락한 자의 한숨을 들어 주시고 눈물을 씻어 주셨다. 거기서 "가난한 자는 복이 있나니 천국이 저의 것이니라. 온유한 자는 복이 있나니 땅을 차지할 것이니라"라고 일러 주셨다. 그리고 나중에는 자신의 몸을 십자가에 달아 비천과 치욕의 끝까지 내려가셨다.

그리스도의 탄강(誕降)은 만물이 역전하기 시작한 날로 기념할 날이요, 그래서 반가운 날이다. 하늘에서 땅으로, 귀족에서 평민으로, 부유에서 빈곤으로, 강함에서 온유로 역전하기 시작한 날이다. 우리에게 과연 그리스도의 탄강을 경축할 만한 준비가 있나, 없나? 스스로의 가슴에 손을 얹고 생각해 볼 것이다. (이 글은 시기로 하면 12월호에 실릴 것이었으나 실감 나게 1월호에 실으려던 것인데, 부득이한 사정으로 이번 호로 밀리게 되었다.)

(1939년 2월)

여시아신(如是我信) : 나는 이와 같이 믿는다

한 해가 바뀌어서인가, 요즈음에 하나님을 무시하고 진리를 거역하는 생활에서 스스로 떠나서 친히 터득한 진리를 고백하며 자기를 부정하고 하나님을 높이는 소리를 듣는 일이 한두 번이 아닌(非一非再) 것은 기이한 광경이다. 저들도 상당히 교만하고 유식하고 완고했지만, 그래도 하나님 편이 더 상수(上手)이고, 진리 편이 더 견고했던 모양이다. 하나님께서 기어이 배역자(背逆者)들을 분쇄하시니 나와 남을 위하여 과연 통쾌한 일이다.

언젠가 어떤 이가 일부러 찾아와서 고백하는 말이, "나는 이제 세상에서 자살할 것밖에 할 일이 남지 않은 사람이오. 나의 과거 생활을 묻지 마시오. 성서에서 죄라, 죄라 읽기는 했어도 그것이 추상적이요, 비유적인 일종의 그림에 지나지 않는 줄로 짐작했더니 죄라는 실체가 과연 있거든요. 죄의 결과는 시간과 에너지가 무한히 소모되는 일, 즉 죽음이지요. 죄인 줄 알면서도 좀처럼 빠져나올 수 없는 것이 그 특색이지요. 아, 과거 수년간 소모된 시간과 정력, 이제는 그 생활에 아주 진저리가 났습니다. 어제까지 두었던 복음의 힘으로 하나님이 찾으시는 것을 때때로 느꼈으나 지금 정신을 차리지 않으면 아주 버리실 것만 같습니다. 나의 죄악된 생활로 말미암아 나의 주위의 무고한 사람들에게까지 미치게 된 죄의 결과의 참상을 생각하면…" 운운하면서 그는 전신을 떨었다.

이를 전후하여 다음과 같은 긴 편지를 받았으니, 이것도 또한 의외의 때에 의외의 사람에게서 받은 것이다. 의외라 함은 저들의 고집이 만리장성보다 더 튼튼한 것처럼 보였는데 불과 순식간에 진리의 폭격을 맞아 여지없이 분쇄되어 항복하였기 때문이다. 아래의 몇 조항으로 이런 체험을 통한 진리의 증거를 밝히고자 한다.

선생님! 선생님이 저를 잘 아시다시피 저는 너무도 교만한 자였어요. 저 역시 자아의 결점을 전연 모르는 바는 아니었어요. 몇 분의 몇이라도 의식하고 그것을 고쳐 보려고 애도 써 보았지요. 그러나 부지중 무슨 사건에서든지 이 결점이 돌발하고 맙니다(물론 결점이 한두 가지가 아니지만). 그런 뒤에는 일종의 '자포자기'(自暴自棄)에 이르는 심리로 기울어지지요. 이런 행동이 지금껏 선생님을 좀 더 따르지 못한 까닭이었고, 또한 방종에 가까운 '아류(亞流) 신앙'의 태도를 갖게 되었던 이유였습니다. 이런 교만한 심리에서 미끄러져 자포자기랄까 오만방자한 걸음이 지난 ○○집회 이후로 ○기까지 이르도록 소위 선생님들과 상종을 끊다시피 한 것이었지요. 그동안 제 심령의 암흑은 이루 형언할 수 없이 비참했어요. 시시때때로 내 영의 호소는 "이런 것들은 다 교만한 죄이니 어서 마음을 비우고 성도들과 교통하여, 말라 죽어가는 내 생명을 살리리라"는 부르짖음이 끊이지 않았어요. 그러나 한편으로 고집도 해보았고, 또는 약간의 뜨거운 눈물로 참회도 해보았으나 이내 결행할 용기를 얻지 못하고 있다가 겨우 지난여름에 한없이 긍휼히 여기시는 주님의 강한 채찍에 죽어가던 심령이 힘을 얻어, 참회의 눈물을 흘리며 기도할 기회를 얻었습니다.

잡초 무성한 마음 밭이 충분히 제초 받았다는 기쁨에서 다시 가벼운 마음으로, 빈 마음으로 선생님 집회의 청중의 한 사람으로 나갈 수 있는 기운을 가졌던 것입니다. 그때 저는 아무것도 없이 오직 기쁨으로 참여하였습니다. 끊임없이 마음의 고막을 울리는 것은 선생님께서 그렇게 비장하게 선언하신 바와 같은 말씀이며, 또 저와 같은 결점 덩어리가 실수해서 성회를 모욕하는 일이 있으면 어찌하나 하는 두려운 생각이 큰 불안이었어요.

선생님의 기도가 꼭 저만을 위하여 하시는 것 같이 느껴져서 '아멘, 아멘' 하며 뼛속 깊이 저도 함께 곱씹어 보기도 하였지요. 이 기도 말씀입니다. "우리로 하여금 마귀의 유혹을 면케 하여 주소서. 모든 시험과 유혹에 빠지기 쉬운 저희를 불쌍히 보사 건져 주소서" 등의 의미로 기도하시던 말씀은 제 폐부를 찔렀으며 감격하여 견딜 수 없었나이다. 기도의 구절구절마다 제 속 깊은 곳[간장(肝腸)]에서 나오는 "아멘, 아멘"을 연발하였습니다. 저의 심령은 하나님을 뵈옵고 마음으로 축사하기를 "오, 자비하신 아버지! 이 연약한 것, 이 무력해 빠진 것을 불쌍히 여기시고 제 힘 아닌 무소불능하신 당신 권능이 저를 붙드소서. 이번부터는 이 성회를 모독지 않고 끝까지 성실한 회원이 될 수 있게 모든 유혹·시험·실수·나태와 연약함에서 구원하소서"라고 기원하였답니다.

이런 기도를 제 딴으로는 꽤 진실한 생각, 간절한 마음으로 계속했지요. 그런데 겨우 사흘 만에, 아 울고 싶어요. 토요일 밤에 돌발 사건으로 부득이하게 출타하게 되었지요. 미리 통지할 여유도 없었기 때문에 오는 주일에는 가서 사유를 말씀드리려고, 울고 싶도록 원통한 일이지만 부득이한 연유를 말씀드리려고 스스로를 위로하면서 1주일을 보냈지요. 웬일인지 마귀의 시험은 다방면으로 연이어 폭격하는군요. 희미하게나마 제게 느껴지는 것은 물론 저의 불신의 모든 죄악을 종아리를 쳐서라도 가르치시려는 하늘 아버님께서 이런 종류의 여러 가지 환란으로 매를 치심을 눈물로 감수하려는 것입니다.

초가을부터군요, 아이들이 모두 앓아 누었습니다. 몹쓸 병 ○○○○랍니다. 저하고 젖먹이만 빼고 전부 앓았답니다. 이웃에 여름에 그 병들이 유행했답니다. 학교에 다니는 큰딸은 달포를 고통당하다가 요새야 겨우 병에서 벗어난 것 같아요. 무죄한 아이들이 심하게 고통받는 것을 볼 때 꼭 저의 불신의 죄과로 인해 아이들을 대신 때려 이 우둔한 자로 하여금 깨닫게 하시는 것만 같아서 두 눈이 뜨거운 때도 적지 않았어요.

지난 주일에도 이럭저럭하다가 빨리 간다고 간 것이 정각 3분이 지연되었지요. 염치없이 어찌 집회를 문란(紊亂)하게 하겠습니까? 울며 돌아섰지요. 오며 곰곰이 생각할수록 저 같은 부족한 인간이 어찌 그 거룩한 회원의 일원이 될 수 있나? 그야말로 완전히 자격이 부족하다는 것을 절실히 느꼈어요. 그래서 애당초 일찍이 떨어져 나오는 것이 하나님의 뜻인 것만 같아서 저는 아주 단념했어요. 그래서 하나님이 허락하시는 대로 잠잠한 중에 아주 잠잠하게 집사람들과 같이 기도하며 예배하면서 주일을 감사히 지낼 수 있을까? 하는 생각뿐이옵니다.

한 가지 감히 바라옵기는 상에서 떨어지는 부스러기를 개도 주워 먹을 수 있는 것같이, 집회에는 참석지 못하오나 혹 부스러기라도 남음이 있거든 저버리시지 마시옵기를 감히 엎드려 바라나이다. 그리하옵고 부족한 것이오나 성조지(聖朝誌)를 대단히 애독하는 자랍니다. 성조지와 인연을 끊을 수는 없던 자라서 보내 주지 않으신 뒤에는 서점에서 계속 구독했어요. 절뚝발이 같은 것이오나 한 독자로 간주해 주셔서, 혹 간행을 중단하셔도 간간이 뉴스가 있으시거든 잊지 말아 주셨으면 대단히 감사하겠나이다. (하략)

12월 13일 ○○○ 재배

1. 하나님의 사랑은 깊고, 한 번 택하신 자는 쉽사리 방임하시지 않는다. 일시적으로는 영리한 인간에게 멸시를 당하는 듯, 실제로 존재하지 않는 듯이 보이나 결국은 자기 사랑으로 부르신 자를 어루만지고, 주무르며, 때리며, 달래며, 찾아내고, 깨워 일으켜서 여호와 자기 스스로를 나타내시어 멸시하던 자로 하여금 자신의 입으로 하나님의 존재하심을 증거하게 하고야 만다. 누가 여호와보다 더 강한 자일까, 누가 하나님보다 더 현존자(現存者)일까.

2. 죄의 결과는 청산하지 않고 말소되는 법이 없다. 죄란 과연 실존한다. 그것을 범한 자를 어디까지든지 추궁하여 항복하게 하시는 것이 여호와의 성격이신 듯하다. 범죄자 자신에게 그 청산을 강요하실 때는 오히려 참을 수도 있으나, 무고한 가족·친척·친우에게 그 대속의 요구가 임한 것을 볼 때 아무리 암흑의 권세에 사로잡힌 죄인의 눈에서라

도 참회의 눈물이 없을 수 없다. 그리고 하나님은 즐겨 그런 방법을 취하시는 듯하다. 한 집안의 호주, 민족의 주춧돌을 치시는 일을.

3. 믿지 않으면 차라리 모르거니와 믿으려거든 신앙을 제일주의로 믿고 살아야겠다는 것이 실제로 증명된다. 신앙은 신앙의 법대로, 장사는 상업 이익의 법대로 한다면서, 신앙으로 상업 혹은 그 밖의 직업을 삼키지 못할진대, 공연한 고민이 저에게서 떠나지 않을 뿐 아니라 도리어 저에게 화가 미치는 듯하다. 그러므로 이스라엘 백성들이 맏아들, 첫 추수, 그 밖의 가장 귀한 것을 하나님께 헌납하였던 것처럼 우리도 크거나 작은 일에 모조리 신앙 제일주의의 생활 체제를 확립해야 겠다.

주일에 성서연구회에 참석지 못한 원인이 토요일 저녁의 세상일에 있었거든, 적어도 토요일 오후부터는 성역으로 정해 놓고 죽기를 각오하고라도 속된 일에 물들지 말기를 경계할 것이다. 일요일을 아무렇게 보내고도, 대부분은 유흥 기분에 취해서 보내고도 자유 신앙이 성립되는 줄로 아는 것은 철없는 청소년이나 품는 사상이요, 꿈이다. 희생 없이 되는 가치 있는 일은 세상에 없다. 신앙으로 세상을 살고자 선택하였다면 속된 유행을 단절하여 버리지 않고는 안 된다. 일요일을 영(靈)의 일에, 생명의 일에, 영원한 일에 거룩하게 구별하고자 하면 토요일을 예비해야 하겠고, 토요일의 예비를 완전히 하려면 나날의 생활을 신앙 제일주의로 돌진해야 한다.

4. 우리의 집회를 매우 거룩한 것으로 알고서 조금만 실수해도 다

시 참석할 수 없는 자리인 줄로 알아주는 것은 한편으로는 매우 고마운 일이다. 우리는 엄격한 규약을 정해 놓고서 그것을 지키기에 적잖은 노력을 해 왔다. 끊기 어려운 것도 거절했고, 행하기 괴로운 일도 단행했다. 그러므로 우리 집회를 함부로 하지 못할 것으로 안 것은 잘 알았다. 그러나 이것은 진리의 가치를 보전하기 위하여 진리에 대하여 오만한 자, 이리의 무리 같은 자들을 물리치고 참된 양 떼를 옹호하고자 하여 마지못해 시행한 일이요, 우리의 진심은 그렇게 가혹한 것도 아니고 그렇게 거룩한 것도 아니다.

그 마음에 고집이 있고 그 행위가 방약무인한 자들에 대하여서는 우리도 어디까지든지 강경하게 가혹하지 않을 수 없으나, "마음에는 원이로되 육신의 약함으로 인하여" 시각에 늦었고 법도에 어그러지고서 그 가슴에 고통과 회한을 금치 못함이 확실한 사람은 언제든지 좋으니 우리에게 다시 오라. 강한 자들과 의인들은 우리에게 오지 않아도 좋다. 스스로 약한 줄 알고서 비탄하는 자, 스스로 추한 줄 알고서 부끄러워하는 자, 스스로 '할 수 없는 자, 수선할 여지 없는 깨진 그릇으로' 알고서 자살까지 결심한 자, 그들은 꼭 한번 만나고 싶다. 우리 집회는 원컨대 이러한 인생행로에서 피곤한 자들이 숨 쉬는 곳이 되고자 한다.

5. 유혹이란 확실히 있고 또 위험한 것이다. 천만 의외의 사람들이, 신앙의 용사로 자타가 승인하던 이들이 쉽사리 거꾸러지며 자업자득에까지 이르는 사실이 하나둘이 아님을 볼 때 "시험에 들지 않게 하옵소서"라는 한 구절을 주기도문 중에 넣어 주신 주 예수의 주도면밀하

심과 자애하심에 감동하여 눈물을 흘리지 않을 수 없다. 가장 독실한 신자인 형제자매여, 제일 굳센 십자군인 형제자매여, 오늘도 기도합시다. "시험에 들지 말게 하옵시고 다만 악에서 구하옵소서" 하고.

(1940년 1월)

나는 복음을 부끄러워하지 않는다

사도 바울은 그 옛날 로마인들에게 편지를 보냈을 때, 먼저 "나는 복음을 부끄러워하지 않는다"(로마서 1:16)라고 쓰기 시작했다. 이 말씀만큼 신자에게 힘을 주는 것이 없는 동시에 이 말씀만큼 우리를 당황케 하는 것도 없다. 적어도 나에게는 그렇게 생각되었다 — 복음이 부끄럽다는 경험이 무럭무럭 상기되기 때문이다. 나의 불신을 책망하는 사람들은 잠시 가슴에 손을 얹고 생각해 보시라. 왜 복음이 부끄러운가? 부끄러운 이유가 산더미처럼 많다.

우리는 눈에 보이지 않는 여호와 하나님께 말하고 또 구하는 것인데, 눈에 보이는 것만을 확실하다고 말하는 세상 사람들로부터는 식사 전의 감사 기도조차 부끄러움을 초래하는 것이었다. 스스로 덕을 닦아 인격 완성을 해보겠다고 용감히 뛰어가 인생의 여로를 출발한 젊은이가 오직 그리스도의 십자가 그늘에서 구원을 희구하는 자가 되어 모든 도덕적 무장을 해제당하고 절대 항복의 쓴 경험을 맛본 자가 되었으니 의지인(意志人)으로서, 도덕인으로서의 부끄러움은 골수에 사무쳤다.

십자가의 피에 자기의 죄가 속해지는 것, 한 번 죽어서 부활하는 것, 마지막 날에 그리스도가 다시 오시는 것 등 이것이 모두 현대 과학 교육을 받은 자로서 부끄러워할 충분한 이유를 갖는 신조들뿐이다. 복음은 실로 부끄러워해야 할 것이다.

그러나 이런 모든 부끄러운 이유를 다 알면서도 복음을 믿고 후퇴하지 않을 뿐 아니라, 이를 위해서 언제나 생명을 바치려는 명령을 기다리고 있으니 이상한 일이다. 이것은 복음이 이론도 아니고 학문도 아니고 겉모양 꾸밈〔수식(修飾)〕도 아니며 생명 자체, 능력 자체이기 때문이다. 이 복음은 유대인을 위시하여 그리스인이나 모든 믿는 자에게 구원을 주시는 하나님의 힘이기 때문이다(로마서 1:16 후반).

이 힘을 체험한 자에게는 "나는 복음을 부끄러워하지 않는다"라는 바울의 말이 결코 용기 없는 자의 말이 아님을 알 수 있다. 이 한마디에 기독교로 하여금 일약 세계 인류의 종교가 되게 한 그리스 시대의 영웅호걸 다소 사람 바울의 위대한 기백이 스며 있는 것이다. 그의 전 인격, 전 생애가 이 한마디에 걸려 있다. 나의 사전에 '불가능'이란 말이 없다고 대언장담(大言壯談)한 영웅 나폴레옹은 결국 불가능 안에 갇혀 근심과 걱정을 하다 사라졌다. 그러나 일견 수줍은 청년인 듯, 겁이 많은 젊은이인 듯, 무학(無學)을 부끄러워하는 자인 듯 "나는 복음을 부끄러워하지 않는다"라고 겨우 말한 사나이는 드디어 "누가 우리를 대적하리오"라고 도전한다. "그러나 이 모든 일에 있어서 우리를 사랑하시는 이에 의하여 이기고 남음이 있느니라"(로마서 8:37)라고 개가를 올린 것이다. 원하기는 우리에게도 바울의 이 한마디가 그의 경우와 마찬가지로 힘차게 부풀어 터지는 내용을 가지게 되는 것이다.

(1940년 10월)

미해결의 해결

    정리도 하고 경영도 해놓고 남에게 폐를 끼치지 않고자 하면서 발 밑을 내려다보면, 언제까지든지 해결되지 않은 안건이 연달아 그치지 않는다. 인간적인 생각으로 할진대 이 일에 일생을 바치는 것도 결코 가치 없는 일은 아닌 것 같다.

    그러나 부름을 받아 떠나는 자의 뒷일을 손가락질하지 마라. 비록 그 뒤에 어지러운 것이 남았고 다하지 못한 의무가 있다고 할지라도 떠나는 자에게는 부르심에 응하여 "예" 하고 나서는 그 일이 모든 일의 해결이요, 가능한 일의 전부이다. 나서는 자로 하여금 뒤돌아보지 말게 하라. 머지않아 다 함께 산더미 같은 미해결의 문제를 두고 갈 신세인 까닭이다.   **(1941년 8월)**

본문 해설

"입신의 동기"는 김교신이 신앙인이 되는 과정을 정신과 내면의 변화하는 모습을 통해서 잘 보여주고 있다. 청년 김교신의 꿈은 공자님의 생애의 단계에서 70세에 이르렀다고 하는 '종심소욕불유구'의 단계(마음의 욕구대로 행하여도 도에서 벗어남이 없는 단계)에 이르는 것이었다. 그의 이러한 소원은 시간이 흐를수록 이루기 어렵다는 것을 깨닫게 되었다. 그때 전도를 받고 성령의 능력과 예수님의 교훈에 힘입어 공자님이 도달했던 최고의 정신적, 영적 경지에 도달하고자 했다. 그러나 그는 이러한 도덕적 완성이 기독교 신앙의 궁극적 목표가 아니라는 사실을 깨달았고, 자기 자신의 내면을 성찰하였을 때 인격과 도덕의 최고 경지에 도달할 만한 성품도 없음을 깨달았다. 그리하여 자신의 인생 목적과 삶의 의미가 무너지는 충격에 빠지고 말았다.

이때 "오호라, 나는 곤고한 사람이로다. 누가 나를 이 사망의 몸에서 구원하여 줄까!" 하는 바울 사도의 고백이 자신의 고백임을 깨달아 알게 되었다. 그리고 "내가 의인을 부르러 온 것이 아니요, 죄인을 부르러 왔노라"(마태복음 9:12-13)라고 선언하신 이에게 달음박질하여 간 것이 그가 예수계로 따라간 걸음이었다.

김교신의 이러한 신앙 고백은 유교적 도덕과 인격 완성을 목표로 하다가 자신의 한계를 알고 은혜로우신 하나님 아버지와 십자가의 그리스도 앞으로 나온 선비적 그리스도인의 탄생 과정을 잘 보여준다. 김교신의 이러한 신앙 고백은 신앙을 도덕과 인격의 완성을 위한 수단으로 생각하는 도덕주의 혹은 율법주의적 신앙인을 바른길로 이끄는 데 크게 도움이 될 것이다. 이 글은 로마서 8장의 바울 사도의 고백과 키에르케고르의 실존의 3단계, 즉 미적 단계, 윤리적 단계, 종교적 단계가 떠오르게 한다. 한국교회에는 수많은 회심의 이야기가 있다.[11] 이 글은 그 가운데 가장 뛰어난 어거스틴의 고백록에 버금가는 한국교회의 위대한 회심 고백문이다.

"인정(人情)과 도리"는 룻기 성경 말씀을 통해서 인정을 따라 권면하는 시어머니 나오미와 의와 진리를 따라 자신의 삶을 결단하는 며느리 룻을 인정과 도리로 대비시켜 읽는다. 그리고 인간적으로 인정의 아름다움을 부인할 수 없지만 의와 도리와 진리를 따르는 것이 믿음의 길임을 선포한다. 룻기를 인정과 도리의 길로 대비시켜 읽는 뛰어난 신앙의 안목을 볼 수 있다. 그뿐 아니라 선생의 삶 가운데서 인정과 도리가 부딪치면서 경험했던 아픔과 결단을 은유적으로 말하고 있다.

"환란이 온다!"는 만주사변 이후 아시아 땅에서도 침략 전쟁이 일어나고 서구에서는 대공황의 파도가 높아지는 시대의 환란과 개인적으로 빈궁, 질병, 죽음의 환란 앞에 서 있는 인생들을 향한 구원의 선포이다. 선생은 환란 가운데 있는 동족을 향해 "길이요 진리요 생명이신 그리스도에게 오라. 그리스도에게 와서 위안을 얻고 능력을 얻으라"고 권면한다. "수고하고 무거운 짐진 자들아 다 내게로 오라" 하신 주님의 부르심과 은혜를 환란 가운데 있는 동족들에게 선포하고 있다.

인생길에서 개인적인 혹은 사회 역사적인 이유로 환란 당하는 것을 피할 수 없는 경우가 많다. 이러한 환란을 이기는 힘은 은혜이다. 위로하시는 은혜, 보호하시는 은혜, 구원하시는 은혜, 회복시키시는 은혜가 임할

---

11 이덕주, 『새로 쓴 한국 기독교인들의 개종이야기』 (한국기독교역사연구소, 2003).

때 환란을 이길 수 있다. 환란 가운데 있는 형제여 주님의 은혜를 구하라!

"절대한 감사"는 다윗의 감사를 통해 감사의 의미를 전해준다. 목동에서 왕이 된 다윗이 하나님의 전을 세우고자 할 때 여호와 하나님께서 그에게 크고 놀라운 축복을 약속하셨다. 그의 왕위가 영원히 계속될 것이라고 하셨다. 이 놀라운 은혜를 받고 크게 감격한 다윗은 자신의 전 존재를 걸고 감사하였다. 큰 업적을 남긴 위대한 인물은 자신의 업적을 자신의 공으로 돌리는 것이 일반적인 모습이다. 그러나 다윗은 자신의 큰 업적을 하나님의 은혜로 알고 '절대한 감사'를 하였다. 이것이 다윗의 신앙이요 참된 위대함이다.

절대한 감사는 하나님의 은혜를 아는 위대한 인물에게만 있는 것이 아니다. 지극히 평범한 인생, 가난과 병상에서 신음하는 인생이라 해도 예수 그리스도로 인하여 구속받은 체험을 가진 사람에게도 나타난다. 이러한 기독 신자는 영적인 세계에서 다윗의 위대함보다 더 큰 위대함을 가진 자이다. 감사의 깊이와 넓이가 한 사람의 위대함을 결정하기 때문이다.

"나의 신앙의 본색"에서 신앙의 삶이란 친교, 사업, 운동이 아니라고 한다. 열성, 분발, 부르짖음도 아니라고 한다. 오직 묵묵히 하나님만 바라보는 것이 소망의 출처이며, 그곳에 구원과 영화와 안식이 있다고 하였다. 신앙은 삶의 깊이이지 넓이가 아니다. 주님께서는 깊은 곳에 그물을 던지라 말씀하셨다. 고요함 속에서 존재의 깊은 곳으로 가는 길을 발견할 수 있다.

한국교회는 지난 1980년대 이래 수많은 행사와 프로그램과 사업, 훈련과 운동에 몰두하였다. 그 결과 세계적인 대형교회가 등장하고, 큰 부흥의 역사를 맛보았다. 그러나 얕고 넓은 신앙은 늘 한계에 부딪힌다. 지금은 그것이 독이 되어 한국교회의 분열과 다툼의 원인이 되었고 쇠락과 침체를 가져왔다. 이러한 시대에 무위무능(無爲無能), 오직 묵묵히 하나님을 바라보는 것이 나의 신앙의 본색이라는 선생의 고백은 큰 울림을 준다.

"말씀의 권위"는 신앙과 신비한 깨달음이라는 이름으로 약속을 쉽게 번복하면서도 전혀 가책도 문제의식도 없는 사람을 통렬하게 비판하는 글이다. 김교신은 "천지는 없어질지언정 내 말은 없어지지 아니하리라"(마태복음 24:35)고 선언하신 예수 그리스도를 그리워한다. 오직 말씀이 곧 행위였던 그리스도를 우러러보고 예배한다고 하였다.

온 국민 앞에서 선포한 약속을 손바닥 뒤집듯이 번복하면서도 전혀 부끄러움을 모르는 정치 지도자, 거짓 뉴스와 근거 없는 주장을 무차별로 쏟아내는 언론과 유튜버, SNS 인플루언서, 교단 헌법을 어기고도 자신이 옳다고 주장하는 교계 지도자 등이 횡행하는 세상이다. 이러한 세상을 향해 김교신은 자신의 입에서 나온 말과 약속을 예수님처럼 무겁게 여기라고 외치고 있다.

"인도(人道)와 신도(神道)"는 누가복음 15장에 나오는 탕자의 비유에 대한 신앙적 해석이다. 아버지 곁을 지키며 신실하게 자기 일을 다 한 형은 인도를 대표한다. 형은 소인도 아니요, 악인도 아니다. 윤리와 의혈을 가진 지사적 인물이다. 이렇게 형의 인도를 높이 평가할 때 더 크고 위대한 아버지의 신도를 이해할 수 있다. "형은 바르고 옳다. 그러나 어버이는 크고 높다. 형은 땅이요, 어버이는 하늘이다. 아버지의 도는 하나님의 도요, 형의 도는 인간의 도에 불과하다. 하늘의 도는 얼마나 큰가!"라고 하였다.

신앙의 이름으로 인도의 가치와 그 소중한 의미를 폄훼하는 사람들을 때때로 만난다. 신앙제일주의라는 그럴듯한 이름을 내세우면서 인간적인 도덕이나 의무를 무시하는 사람도 있다. 이것이 극에 달하면 구원과 이단에서 볼 수 있는바 도덕 폐기론에 빠질 수도 있다. 그러나 인도를 바르게 지키는 것이 얼마나 힘들고 어려운 일이며 또한 소중한 일인가를 알 때 신도, 즉 하나님의 사랑과 은혜의 가치를 온전히 알 수 있다. 그리고 참 신앙의 길을 바르게 갈 수 있다.

"기쁨의 생애"는 예수를 믿는 사람의 생활은 하루하루가 기쁨이 넘치는 삶이요, 일평생 싫증이 생기지 아니하는 달콤한 생애임을 주장한 글이다. 예수 믿는 일은 후일 천국의 행복을 위하여 이 세상의 환락을 억지로 참고 견디는 일이 아니다. 매일매일을 예수님과 함께 살면서 어떤 어려움과 환란 속에서도 말할 수 없는 행복과 기쁨을 느끼는 것이 믿음의 삶이다. 기쁨은 믿는 이에게 주신 하나님의 선물이요 성령의 열매이다. 육신적인 환락을 찾아다니지만, 결국은 환멸에 빠지는 인생들과 참된 영혼의 기쁨을 잃어버린 우리 세대를 향하여 선생은 그리스도 안에서 참된 기쁨을 누리라고 선포한다.

"보는 눈, 듣는 귀"는 신앙을 현미경과 망원경에 비유하여 설명한다. 인간이 작은 세균이나 세포를 보려면 현미경이 필요하고 우주 너머의 빛나는 별을 보려면 망원경이 필요하다. 이와 마찬가지로 영적인 세계, 신적인 세계를 보려면 신앙이라는 안경이 필요하다. 현미경과 망원경으로 어떤 물체를 볼 때 혼자 힘으로 보려고 하면 보이지 않지만, 그 방면에 능숙한 스승의 가르침에 따라 보면 더 쉽고 더 정확하게 볼 수 있다. 이와 마찬가지로 "최고 유일한 영계(靈界)의 천재인 예수의 가르침에 의하여… 우주와 인생을 관찰할진대 우리의 눈은 우주의 가장 미묘한 것과 제일 먼 것까지 살필 수 있을 것이다." 우리는 경험과학이라는 하나의 안경만으로 모든 존재를 이해하려는 과학주의 세상을 살고 있으며, 그 결과 인생의 가장 소중한 것과 영원한 것에 눈이 멀고 말았다. 이런 시대에 선생의 지혜에 귀 기울여 참되고 영원한 진리를 볼 수 있고 들을 수 있는 눈과 귀를 가져야 하겠다.

"기독교 신앙의 기반, 부활"은 예수님의 십자가와 부활을 통해 기독교 신앙의 기초가 무엇인가를 말한다. 예수님의 짧은 공생애와 십자가만 본다면 그의 생애와 죽음은 실패와 좌절로 끝난 것이었다. 기껏해야 철퇴를 돌에 칠 때 일어나는 섬광과 같은 것이었다. 그러나 이러한 실패와 좌절의 십자가 사건 후에 제자들은 변했고, 1세기 만에 복음이 로마를 장악하였고, 불과 20세기 만에 전 세계에 퍼져나가게 되었다. 이 놀라운 역사가 어떻게 가능하였던가? 그것은 그리스도의 부활 때문이었다. 기독교는 이론이나 사색으로 조직된 것이 아니요, 부활이라는 사실 위에 세워졌다. 기독교의 기반은 부활이다.

우리는 지금 교회의 위기, 신앙의 위기를 말하는 시대를 살고 있다. 이러한 시대를 뚫고 나갈 수 있는 길은 부활 신앙임을 잊지 말아야 할 것이다. 이 시대의 모든 사람은 죽음의 공포 가운데 살아가고 있다. 부활 신앙은 죽음의 공포를 물리치고 죽음 이후의 세계까지 바라보고 소망할 수 있는 능력이다.

"악한 부름인가, 선한 부름인가"는 스승의 신앙을 본받아 신앙생활을 시작한 제자의 이야기를 통해서 참 신앙의 길이 무엇인가를 말한다. 그 제자는 신앙생활로 인하여 부모 형제 가족들에게 심한 핍박을 받았고, 집안은 분란 가운데 빠지고 말았다. 그러나 제자는 인간적인 괴로움에 스승을 원망한 적도 있지만, 스승이 말한 의로운 생애를 걷겠다고 결심한다.

이 말을 들은 선생은 인간적인 동정과 책임감이 일어났지만, 그 책임은 그리스도 자신이 질 것임을 선포한다. 예수님을 따르는 길이 가정의 불화를 가져올 수 있지만, 그것이 의의 길이기에 주께서 책임져 주신다. 믿음의 길을 걸어갈 때 가정과 일터와 사회에서 고통과 핍박을 당하는 경우가 많다. 그러나 예수님이 책임지신다. 이 믿음을 가지고 믿음의 길 끝까지 잘 가야 하겠다.

"십자가의 도(道)"는 참된 믿음 생활이 무엇인가를 가르쳐 준다. 십자가의 도란 "십자가를 지고 가신 예수님의 겸비와 고난, 전 생애를 원리 그대로 생활"하셨던 그 길을 의미한다. "하나님의 독생자 신분에 합당치 못하게 십자가 위에 참담한 시체로 죽으셨던" 그 길을 말한다. 온 인류를 구원하기 위해서 예수님이 걸었던 십자가의 길은 이렇게 힘들고 고통스러운 길이었다. 그 길을 따라가는 것 역시 동일한 고난을 각오해야만 한다.

우리 시대는 십자가의 길을 너무 가볍게 여긴다. 예수님을 따라가면 이 세상에서 모든 좋은 것을 누릴 수 있는 것처럼 생각하는 사람도 있다. 번영 신앙과 기복신앙에 심취한 성도들은 자기 십자가를 지고 따르는 길을 너무 쉽고 가볍게 여긴다. 이러한 이들을 향해 선생은 십자가의 길이 무엇인지 알고서 믿음의 길을 가느냐고 엄중히 질문하고 있다. 이 질문은 십자가 없는 영광만을 바라는 지금 우리 시대 모든 교역자와 성도들을 향한 질문이요 책망이다.

"성탄절"은 그리스도 탄생의 참된 의미를 말한다. 그리스도 탄생은 "하늘에서 땅으로, 귀족에서 평민으로, 부유에서 빈곤으로, 강함에서 온유로 역전하기 시작한 날이다." 이 세상 사람들은 위로 올라가고, 높아지고, 세력을 가지려고 한다. 이러한 세상의 흐름에 반대의 길을 가신 것이 그리스도이시요, 그 시작이 성탄의 사건이다. 해마다 돌아오는 성탄절을 축하하려면 예수님이 가셨던 그 길을 따라갈 준비가 되어 있어야 한다.

우리 시대 성도들은 세상 풍조를 거스르기보다 세상 풍조를 앞서서 따라가려는 경향이 있다. 이러한 성향을 가지면 성탄절을 맞이할 수 없다. 이 세상을 따라가서는 이 세상을 이길 수도 없고, 이 세상을 구원할 수도 없다. 하늘에서 땅으로 내려오신 예수님을 따라 이 세상과 반대의 길을 가는 것이 성탄의 참된 의미를 이루는 길이다.

"여시아신(如是我信): 나는 이와 같이 믿는다"는 김교신이 만난 두 사람의 이야기에 근거해서 믿음이란 어떤 것인가를 이야기한다. ① 하나님의 섭리의 손길은 다양한 모습으로 나타나면서 하나님의 현존을, 때로 하나님을 거부하던 자들의 입을 통해서까지 증거하신다. ② 죄의 결과는 반드시 나타난다. 그 결과가 범죄자 자신이 아니라 그의 가장 가까운 가족에게 나타남으로 범죄자를 회개하게 하시는 경우도 많다. ③ 믿음을 가지려면 신앙제일주의로 살아야 한다. ④ 유혹은 확실히 존재하며 또한 가장 위험한 것이기도 하다.

우리는 지금 계명이 무너진 시대, 죄를 가볍게 여기는 시대를 살고 있다. 심지어는 죄를 자랑하는 사람들도 있다. 그러나 죄는 죄다. 죄는 반드시 대가를 치러야만 한다. 예수 그리스도의 십자가 공로로 죄 사함을 받고 구원을 받을 수 있지만 죄의 대가를 치르지 않을 수는 없다. 그러니 죄를 무서워하고 죄를 피해야 한다. 죄를 가볍게 여기는 시대를 향하여 선생은 지금도 하나님을 경외하고 죄와 유혹을 멀리하는 삶을 살라고 강권한다.

"나는 복음을 부끄러워하지 않는다"는 성도의 힘찬 승리의 고백이다. 과학적 지식으로 무장하고 도덕적 완성을 추구하는 사람에게 십자가의 죄 사함을 말하는 복음은 부끄러운 것으로 여겨질 수 있다. 그러나 복음 속에는 구원의 능력, 생명의 능력이 들어 있다. 그래서 복음을 부끄러워하지 않는 사람은 그 복음으로 세상을 이기는 힘을 얻게 된다.

지금 우리 시대는 복음의 소식을 듣기만 했을 뿐 그 능력을 체험하지 못했다. 그래서 복음을 부끄러워하고 자신이 신앙인임을 숨기려고 한다. 복음의 능력을 알고 경험하자. 그리하여 복음을 부끄러워하는 것이 아니라 십자가만을 자랑하고, 복음으로 절망의 세상을 구원하는 자가 되어야 하겠다.

"미해결의 해결"은 김교신의 예언적 신앙 고백이다. 1940년 양정고보를 사임하고, 경기중학교로 갔다가 6개월 만에 사임하고, 송도고보로 갔다. 「성서조선」은 언제든지 폐간될 수 있는 상황이 전개되었다. 결국 그는 '조와' 필화 사건으로 송도고보를 사임해야 했고, 「성서조선」도 폐간되었으며, 옥고를 치르면서 1년 가까이 가족들을 떠나야 했다. 출옥 후 2년이 지난 후 해방을 맞이하기 직전 가족과 직장과 학교와 나라의 수많은 문제를 뒤에 두고 "정리도, 경영도" 없이 세상을 떠나야만 했다. 그는 떠남의 운명을 느끼면서 "부르심에 응하여 예하고 나서는 그 일이 모든 일의 해결이요, 가능한 일의 전부"라고 하였다. 이것이 어찌 김교신의 길이겠는가? 모든 인생의 길이요, 특별히 직장을 은퇴하고 인생의 후반기를 맞은 사람에게는 더욱 절실하게 다가오는 길이다.

제
2
장

믿음의 자세

제자 된 자의 만족

우리에게서 윤리와 도덕의 재료가 될 만한 말과 글이 나오지 않는다고 불만스러워하는 이가 한편에 있다. 그와 동시에 다른 한편으로 천둥과 벼락 소리와 같은 '오직 영적인' 기독교의 출현을 기대하다가 자못 실망하고 탄식하는 형제도 있는 것을 안다. 또 물질을 등한시한다고 충고하는 이도 있다.

이에 대하여 우리는 여러 가지 모양과 능력으로 모든 사람에게 각기 각양의 요구를 모두 충족시키지 못하는 자임을 슬퍼할 뿐이며 많은 변론을 하고자 하지 않는다. 생각건대 우리는 윤리 교사도 아니요, 또 구름 위에 솟아올라 영계의 특수한 신비를 끄집어내려다가 이상하고 기이한 주장을 부르짖는 소위 천재적 종교가도 아니다. 첫째로 '종교가'가 아니요 평신도이다. 길가의 돌이다. 종교라 하면 이상(異像)을 보는 자, 묵시를 받는 자, 술법(術法)을 말하고, 열광하고, 질타를 일삼는 자라야만 담론을 벌일 것이라는 생각을 고집하는 이는 섭섭하겠지만 우리와는 할 말이 없는 분이다.

여기에는 현대 보통의 교양을 지닌 평범한 남자가 예수를 스승으로 모시고 기독교를 세상에 전파하기보다도 예수를 배움에, 예수를 먹고 마시기에 몰두하는 자가 있다. 평안이 없는 때에 "평안하다, 평안하다" 하면서 남을 위로하기보다도 우선 자신부터 넘치는 위안의 감사한 눈물을 머금고자 한다. 상식 있고 정상적인 태도를 지닌 사람, 변태 아닌 사람에게 명백한 인생의 도리를 기회가 있으면 전하려는 것뿐이다. 우리는 다음의 한 구절을 읽고 예수를 높이고 그를 따르고자 소원한다. 제자 된 자가 그 스승을 바라보는 것보다 더 큰 만족과 환희가 또 어디 있으랴?

> "비유하건대 아이들이 장터에 앉아 서로 불러 이르되 우리가 너희를 향하여 피리를 불어도 너희가 춤추지 않고 우리가 곡하여도 너희가 울지 아니하였다 함과 같도다. 세례 요한이 와서 떡도 먹지 아니하며 포도주도 마시지 아니하매 너희 말이 귀신이 들렸다 하더니, 인자는 와서 먹고 마시매 너희 말이 보라 먹기를 탐하고 포도주를 즐기는 사람이요 세리와 죄인의 친구로다 하니 지혜는 자기의 모든 자녀로 인하여 옳다 함을 얻느니라"(누가복음 7:32-35).

제자 된 자는 주 예수가 당한 대접을 당하면 그것이 만족의 극치요, 예수가 받은 오해와 비슷한 오해를 받으면 그 영예가 이에 지날 것이 없다.

혹 친절한 선배들은 우리를 향하여 사업 경영의 비결을 가르쳐 주려고 한다. "그러한 방식으로는 조선에 부적합하니 실패하리라. 이러이러하면 땅 짚고 헤엄치기로 성공은 확실하다. 운운." 이러한 말을 수십 년간의 교계 경력을 지닌 목사님들에게서 듣게 됨이 한두 번이 아니므로 우리는 실망하지 않을 수 없었다. '우리를 인천에서 미두[1]'나 하

---

[1] 미두(米豆): 현물 없이 거래하는 일, 즉 곡식의 시세를 이용한 일종의 투기 행위.

는 줄로 지목하였는가?' 하고 생각하면 분한 마음이 든다. 그러나 그 태도의 친절함을 보아 호의(好意)임이 분명해서 논박하기에 주저하였다. 꺼지는 등불이라도 끄지 말기로 하고, 다만 속으로 이와 같이 생각하였다. 당나귀는 생식기만 발달하고 여윈 개가 겨(糠)를 탐낸다던가! 조선에 기독교가 들어온 지 반세기가 되는데 처음부터 끝까지 염려한 것은 '성공' 두 글자였다. 자기네들끼리 염려하다 못해 길가의 돌덩이 같은 평신도까지 붙잡고 성공, 성공 또 성공이다. 이럴 때 성서의 진리성이 절절히 감동으로 와 닿는다.

"너희 중에 누가 염려함으로 그 키를 한 자라도 더할 수 있겠느냐"
(마태복음 6:27).

"'누가 능히 염려함으로써 성공을 획득하였는고?' 하고 물으니 말씀이 있으되 '맹인이 맹인을 인도할 수 있느냐? 둘이 다 구덩이에 빠지지 아니하겠느냐!'"(누가복음 6:39).

우리도 맹인일는지 모른다. 그러나 우리를 인도하려는 그들이 분명 맹인이라는 것은 확실히 안다. 그들을 따라가면 둘 다 구덩이에 빠지고 말 것이다. 과거와 같은 40년을 차후에 연장하여 '실패 80년'을 조선 기독교 역사에 남겨 두고, 지하에서 거룩한 교훈이 적절히 부합되기를 손 모아 기원할 것이다.

다음에 생각할 것은 '성공이란 대체 무엇인가?' 하는 것이다. 잡지의 발행 부수가 수백 혹은 수천 부에 달하고 웅대한 회관을 짓고 대중

집회를 인도하는 것이 성공이라면 과연 성공했다 할 사람이 몇 명이나 있을까? 성공주의자의 면목으로 볼진대 "주 예수여, 내 영혼을 받으소서, 주여, 이 죄를 저들에게 돌리지 마옵소서"(사도행전 7:60)라는 말을 마치고 눈을 감은 스데반의 일생도 가련한 실패의 생애였을 것이다. 그러나 우리는 성공한 1백 명, 1천 명의 전도자보다도 실패한 스데반 한 명이 이 백성 중에 출현하기를 소원한다.

대사도 바울의 일생에도 소위 성공이란 것은 전혀 없었다. 트로이에서 마케도니아 사람 하나가 간청하는 비전을 볼 때까지 소아시아에서는 위로받을 만한 성공을 이루지 못하고 부득이 다른 대륙으로 건너가게 되었다. 마케도니아 첫 성 빌립보에서는 소란죄로 투옥당하였다. 로마에서도 "그 말을 믿는 사람도 있고 믿지 아니하는 사람도 있어 서로 맞지 아니하여 흩어져" 가는 것을 보고, 이사야의 말을 인용하여 그 백성을 탄식하였다(사도행전 16장 이하). 그에게 볼 만한 성공이 없었다. 대사도인 바울의 말년은 극히 적막한 것이었다. 세상의 관점에서 바울의 생애는 다시 논의할 것도 없이 실패의 일생이었다. 그러나 바울 자신은 결코 실패라고 생각지 않았다. 아니, 실패 그것을 성공으로 계산하였다. 그러므로 오히려 그의 말년에 개선장군의 기개와 환희가 있었다.

"나는 선한 싸움을 싸우고 나의 달려갈 길을 마치고 믿음을 지켰으니, 이제 후로는 나를 위하여 의의 면류관이 예비되었으므로 주 곧 의로우신 재판장이 그 날에 내게 주실 것이며, 내게만 아니라 주의 나타나심을 사모하는 모든 자에게도니라"(디모데후서 4:7-8).

이것이 실패자의 비명인가! 바울은 이 승리를 획득하기 위하여 "모든 것을 잃어버리고 배설물로 여겼다"(빌립보서 3:8). 이 바울의 성공을 성공으로 알지 못하고, 이와 반대의 것을 성공이라 일컬어 우리에게 권면하거나 혹은 지도하려는 자가 있다고 하자. 그가 어떠한 학식을 가졌든지, 그에게 몇십 년의 무슨 경력이 있든지, 그가 얼마나 큰 정분(情分)으로 친절히 충고하든지 상관없이, 우리는 단연코 "사탄아, 물러가라!"(마가복음 8:33)는 예수님의 말씀을 되풀이하지 않을 수 없다. 만일 책상 위에 잉크병이 놓였다면, 당연히 저의 입술을 향하여 던져져야 할 것이다.

성공이란 무엇인가? 예수가 이것을 가르쳤고, 바울이 이것을 향하여 달음박질하였으며, 스데반이 이것을 얻고자 순교의 길을 갔다. 창세기로부터 요한계시록까지 인생의 성공을 이처럼 명백히 보여 주었건만, 그처럼 깨닫지 못하는 세대가 어디 있으랴. 바로 알고서도 행할 능력이 없다면 동정이나 하려니와 왜 임의로 진리를 할인하는가? 왜 자기류의 처방으로 가미탕(加味湯)을 만들어 세상을 미혹하고 다른 맹인까지 구덩이에 떨어뜨리는고?

너무도 명백한 도리이므로 이를 다시 성구로 증명하는 수고를 생략하고, 동양에 주의 도를 예비하며 그 길을 곧게 하려고 왔던 현자의 교훈에서 배움을 얻고자 한다. 양나라 혜왕이 맹자에게 "천 리 길을 멀다 않고 오시었으니, 장차 우리나라에 어떤 이로운 일이 있겠습니까?"(叟不遠千里而來 亦獎有以利吾國乎) 하고 물었다. 이때 맹자의 대답은 웬만한 조선인은 거의 다 알 것이며 또 알아두어야 할 것이다. 왕에게 답하여 가로되 "왜 하필 이익인가, 인의도 있는데"(對曰王 何必曰利 亦有仁義

而己矣)라고 하였다. 내 나라를 내 교파로 생각해 보라. 왜 하필 유익이고 성공인가?

"아침에 도를 들으면 저녁에 죽어도 좋다"[2]라는 구절을 입술에 붙여 암송한 지가 수십 년인가, 수백 년인가? 독사의 종류들아, 왜 하필 이익인가, 왜 하필 성공인가? 30년, 50년의 신앙생활을 회고하면서 "내가 어려서부터 늙기까지 의인이 버림을 당하거나 그의 자손이 걸식함을 보지 못하였도다"(시편 37:25)라고 후진을 장려하는 노인은 조선 땅의 2천만 명 중 하나도 없단 말인가. 묻지도 않고 청하지도 않는데 왜 하필 이익인가, 왜 하필 성공의 비책인가? 조선 청년에게는 의에 대한 감응력과 진리를 향한 노력이 완전히 없어졌는가? 하필 성공의 미끼로 청년을 꾀려 하는고.

기독교는 믿지 않는다 할지라도 맹자의 교훈에는 감탄할 것이다. 그러므로 성공의 비전에 그처럼 큰 흥미를 가지지 못함을 용납하라. 우리는 스데반의 뜻밖의 죽음에서 성공을 본다. 사도 바울의 적막한 생애에서 승리의 면류관을 본다. 여우도 굴이 있고 공중에 나는 새도 집이 있으되, 오직 인자는 머리 둘 곳이 없다 하시고, 나중에 십자가 위에서 참패의 죽음을 당하신 예수 그리스도 안에서 '성공의 열매'를 보고 우주 정복의 진리를 보았다. 첫째도 진리, 둘째도 진리, 셋째도 진리이다. 진리를 배우고 진리에 살아가면 실패도 성공이요, 십자가도 성공이다. 예수께서 주간한 잡지가 수천 부의 독자를 가졌던가? 예수께서 소속하였던 교파의 교세가 수십만을 세었던가?

---

2 朝聞道而 夕死可矣(조문도이 석사가의) (『논어』「이인편」).

우리는 식견이 좁아 알지 못한다. 예수 이외의 길을 구하지 않고 스승보다 나은 성공을 원치 아니하니 제자의 만족이 여기에 있노라.

(1930년 3월)

벗에게 고함

　"나보다 못한 자와 벗하지 말라"[3]라는 교훈을 한 번 받은 뒤로 나는 친구를 사귀는 데 곤란 겪을 일을 염려하였다. 만일 세상 사람들이 이러한 성현의 교훈을 정확히 실행한다면, 나와 같이 지식이 천박하고 덕이 부족한 자는 일평생 한 명의 친구도 얻을 수 없을 것이 분명한 까닭이다. 어쩌면 현재 나에게는 사실 한 명의 친구도 없는지 모른다.

　그러나 다행히 넓은 세상에는 이러한 현자의 교훈을 문자대로 이행하지 않는 이도 있는 듯하다. 소수이지만 덕에 높고 학문에 깊은 이도 나와 같은 자에게 우정을 허락하려 하며, 특히 「성서조선」을 통하여 그리스도의 십자가를 통해 우정을 교환할 수 있게 된 일은 내 과거의 헛된 걱정을 없애 주었다. 그뿐만 아니라 이 소수의 친구야말로 나의 지상 생애의 모든 소유이자 모든 영광이요, 모든 위로이다.

　그리스도를 위하여 친척에게 버림받고 신앙으로 인하여 교회의 조롱거리가 될 때 지상에서 힘이 될 것은 오직 이 소수 친구들의 통찰뿐이다. 친구들아, 나의 냉정함을 책망하기 전에 우선 나의 주위를 살펴보라. 나는 결코 우정을 가볍게 생각해도 좋을 만한 처지에 있는 자가 아니다.

---

3 無友不如己者 過則勿憚改(무우불여기자 과즉물탄개): 자기만 못한 자를 사귀지 말며, 허물이 있다면 고치기를 꺼려하지 말라(『논어』, 「학이편」).

그러나 실제로 나는 우정에 심히 냉정하고 박한 자라는 것을 스스로 인정할 수밖에 없으니 이것이 비통한 사실이다. 친구들이 지난달의 우의, 지난해의 우의 혹은 10년 전의 우정으로 나를 대할 때도 나는 몇 달 전의 우의를 기억하지 못할 뿐 아니라 어제까지의 자아도 신뢰하지 못한다. 나는 날마다 자기를 향하여 절교를 선언하는 자요, 매월 성조지(聖朝誌)를 발송할 때는 절연장(絶緣狀)을 보내는 셈으로 발송한다. 실로 비통한 일이지만 어쩔 수 없이 그렇게 한다.

지난달까지 찬성하던 사람이 이번 달에도 찬성하는 사람일 것을 나는 기대하지 않는다. 나는 성경 구절을 해석할 때 친구들의 신앙에 조화되도록 하거나 혹은 사회에 미칠 영향을 고려할 여유가 없다. 다만 표적을 향하여 발사해 볼 뿐이다. 그런데 놀라운 것은 이렇게 하여도 달이 가고 해가 지난 뒤에 끊어지지 않은 친구 몇 명이 남는 일이다. 나는 이 일을 기적으로 경탄한다. 지금부터도 나는 나 자신을 향하여 또 경애하는 친우·형제·자매를 향하여 가장 가혹한 절연장을 연발하려 한다. 원컨대 이 일을 행함에 용감하고 진실하기를 또한 원컨대 절연장으로도 끊어지지 않는 우의를, 진리로 맺어진 우정을, 그리스도의 십자가에 달린 우의만을 보전하여 주시기를 바란다. 우정에 후하지 못한 자인 것을 이에 통고하는 바이다.

(1932년 10월)

1934년

　지난 한 해 믿어야 할 것을 믿지 못하였고, 해야 할 것을 다 하지 못하였고, 읽어야 할 것을 읽지 못하였으며, 한없는 사랑을 받기만 하고 한 잔 냉수도 주지 못하였다. 이 모든 일을 생각하면 여호수아의 이적을 빌려서 1933년 섣달그믐날 지는 해에 소원을 빌어 내 할 일을 다 할 때까지 기다려 달라고 청하고 싶은 것이 진정이다. 묵은해에 갚지 못한 무형·유형의 무거운 짐, 즉 형제와 하나님께 대한 부채의 짐을 다 벗고 청산한 후에, 자랄 대로 다 자라고 충실할 대로 충실한 때 1933년 제야의 종소리로 송구영신하면 얼마나 이 어깨가 상쾌하며 마음이 기쁘랴!

　그러나 이적(異蹟)도 임의로 할 수 없거니와 설령 1933년 섣달그믐날과 1934년 초하룻날 사이에, 다시 365일의 시간을 빌려준다 해도 또다시 준비의 반도 되지 않았을 때 제야의 종소리는 인정사정없이 울려오리라. 차라리 오라, 1934년이여! 이룬 성과도 없고 배워 얻은 바도 없이 연전연패(連戰連敗)의 기억을 가지고 새해를 맞으려 함은 기쁘기보다 부끄러움이요, 상쾌하기보다 죽을 노릇이다. 그러나 이는 나 스스로를 보는 일이요, 그리스도를 잊어버린 일이다.

　지난해가 아무리 실패의 연속이라 할지라도 돌아보건대 그중에 한두 가지 일평생 풀지 말자던 원한이 풀린 일, 부끄러움을 자진하여 당할 수 있었던 일들은 육(肉)으로 난 대로의 내가 한 일이 아님이 분명하다. 실패는 실패였다. 과연 참패였다. 추태였다. 그러나 이 참담한 생활 중에 그리스도의 은총이 날과 씨가 되어 얽힌 사실을 볼 수 있다.

그렇다. 관점을 그리스도께 둘 때 지난 패배의 1년도 감사요 승리요 성공이었다. 오는 새해 1년도 나의 수업(修業)으로 볼 때는 해가 갈수록 더 심한 실망에 빠질 것이나 눈을 주 그리스도에게 향하고 몸을 하나님의 경륜에 맡길 때 승부는 벌써 새해 초기에 결정되었다. 안으로 육 척이 안 되는 나의 영육(靈肉)이 부딪히고 밖으로 세계열강이 좌충우돌하는 형세 가운데 있다. 이러한 때 전능하신 이의 의지대로 거룩한 경륜이 이루어져 감을 보고자 하면 참을 수 없는 찬송이 영의 입술을 뚫고 터짐을 깨닫는다. 1934년이여, 어서 오라. 이 해에 나는 더욱 낮아지고, 주는 더욱 높아지리로다.

(1934년 1월)

제1만 2천 일의 감상

1934년 2월 23일 (금) 맑음. 지구의 자전에 따라 태양 광선을 바라보기가 제1만 2천 회, 에디슨이 수만 번 실험하여 백열전구를 발명하는 데 성공했다면, 1만 2천 회의 생애도 헛되어서는 안 되겠다. 하루는 일생(一生)이요, 일생은 일일(一日)이다. 우리는 때로 자아의 무력한 생애에 절망하며 새로운 인생을 살고 싶은 마음이 간절하다. 그러나 1만 2천 회의 기회를 모두 실패로 돌리고 말았다면 이보다 더 슬픈 일은 다시없을 것이다. 인간 일생에 1만 2천 일은 결코 적은 숫자가 아니다. 여기에 2배 하면 소위 '고희'(古稀: 일흔 살)가 된다.

유아가 성장할 때 칠일·삼칠일을 계산하면서 백일을 축하함은 그 성장이 눈에 띄어 보이며, 따라서 일취월장하는 데 큰 흥미를 느끼는 까닭이다. 그러나 10세 이후로는 점차 이 흥미가 식고, 다음에는 아주 무관심해지거나 오히려 시일 가는 것을 비탄으로 맞이하게 되는 것은 하등 성장함 없이 정지와 위축만을 보이는 까닭이다. 인생이 하루하루 가는 것을 기쁨으로 맞이하지 못하고 비탄과 공포로 보내게 된다면 이보다 비참한 일이 없을 것이다.

이날 새벽에 보통 때와 같이 가정 예배가 있어 함께 읽을 말씀을 펴니, 차례가 바로 출애굽기 20장이다. 모세가 이스라엘 백성 2백만 대중을 거느리고 육(肉)의 나라 애굽을 출발하여 홍해를 건너고, 광야를 지나 시내산에서 십계명을 받아 전하는 광경에 이른 것이다. 출애굽한 이스라엘 백성이 다시 애굽의 고기를 연모하던 것처럼, 육과 세상을 초탈하였을 터인 나의 영이 다시 육과 세상의 포로가 되는 패망을 회고하면 회한의 눈물을 스스로 억누를 길이 없고, 이 못난 죄인에게 내린 은총을 다시금 기억하면 감사의 눈물이 섞여 흐르지 않을 수 없다.

때마침 오전 우편배달부는 이계신 군의 별세를 전하여 주고, 다음 배달은 나의 경외하는 친구가 의와 그 나라를 구하여 살고자 하다가 온갖 오해와 조소를 받아 학교를 사직해야 한다는 소식을 전하고 있다. 모두 우연이라면 우연이나 나에게는 우연한 우연은 없다. 생각할 수는 있어도 말할 수 없고, 쓸 수는 더욱 없는 것이 이런 경우라 할 것이다.

예수 믿은 일 외에는 아무 사업도 한 것 없이 이 군은 1만 일도 차지 않는 일생으로 별세하였다. 수명은 비교적이고 상대적이다. 9천 일도 안 되는 자에 비하면 1만 2천 일을 생존한 자는 매우 장수하였다 할 수 있다. 9천 일 이전에도 죽는 사람이 있으니, 1만 일 이후에 죽는 것은 더욱 가능한 일이다. 이치는 간단하다. 아니 이치만은 매우 간단하다. 오호라, 어리석은 나의 영이여!

현대는 상하대소(上下大小)의 구별 없이 모두 '이권'(利權) 관계로 맺어져 있다. 나라와 나라 사이도 이권으로 다투고, 이권으로 친화하며, 높은 자리(大臣)와 교장 및 그 밖의 온갖 유리한 지위도 이권화하지 않고 남은 것은 없다. 조선 같은 척박한 나라에서 월급 1백여 원을 받는 교직이라면 이 또한 상당한 이권으로 취급되는 현상이다. 그런 사회에서 다른 실책이 있어서가 아니요, 경거망동도 아니요, 무슨 유리한 사업을 탐해서도 아니요, 오로지 좀 더 정직한 살림, 좀 더 단순한 살림, 곧 예수의 생활 원칙대로 살려는 소원 때문에 할 수 없이 부득이하게 직장을 포기하고 도를 붙들기로 결심하였다. 양으로는 적은 일이나 질로는 큰일이라 아니할 수 없다. 기독교회의 선교 사업까지도 이권화해 버린 이때 여기서 우리는 참 신자(信者)를 보았다. 큰 가뭄에 빗방울인가, 장마에 햇볕인가?

하나님이 모세를 부르실 때 불붙는 가시덤불을 보이셨고, 예레미야를 부르실 때는 끓는 솥과 살구나무 가지를 보이셨다. 저들은 눈으로 본 평이한 광경 중에서 위대한 진리를 헤아려 알았다. 1만 2천 일을 당한 아둔한 죄인에게 출애굽기 20장을 읽게 하고, 젊은 친구의 죽음을 고하며, 참 인간의 생명적인 약동을 전하시니 이 모든 것이 무엇을 가르치려 하심인가? 우리는 무감각한 생활, 관례에 의하여 어제와 똑같은 생활, 경이를 느낄 수 없이 둔화된 생애를 버리지만, 그렇다고 기괴망측하고 패역한 해석을 장하게 여기지도 않는다. 별안간에 특별한 사명이 내렸다거나 급작스럽게 무슨 활동을 개시하고자 하는 것도 아니다. 다만 평범하게 과거 1만 2천 일의 생활에서 회개, 즉 '전향'하여 주 그리스도와 평행한 방향으로 손잡이(핸들)를 틀어 놓고, "1만 2천 일에 하루의 생명을 더 허락하시거든 단 하루라도 족하오니 제발 생명의 약동이 있게 하옵소서. 과실이 없기를 기대하지 못하오나 생활 원칙, 생명의 본질만은 제발 주님의 것으로 살게 하시옵소서"라는 기원으로 이날을 맞이한다.

"사람이 앞으로 올 일에 대해 깊이 헤아리지 않으면, 반드시 가까운 근심이 있다"⁴고 하나 우리는 너무 '먼 미래에 대한 염려'(遠慮)가 많아서 하루의 생명도 완전치 못한 것을 한탄하지 않을 수 없다. 주는 확실히 그 나라와 그 의만을 구하라 하시고, 내일 일을 염려하지 말라 하셨다. 이제는 오래 살려고 염려하던 일을 중지하고 이룬 것 없이 시일을 낭비한 것을 회개하고 싶다. 비범한 재주를 구하다가 탄식하지 말고, 그날에 온전한 충성을 다하지 못하는 것만을 통회하고 싶다. 사회의 구제를 위하여 슬프고 분한 마음을 가지다가 낙망하지 말고, 나 스스로가 구원받은 자리에서 그 자리의 참맛을 본 자로 살고 싶다. 양의 세계에서 질의 세계로, 지식의 테두리 안에서 생활의(사랑의) 세계로, 보이는 세계에서 보이지 않는 세계로 나아가고 싶다.

내가 1만 1천9백99회의 패배에 머리 숙일 때 다시 하루를 허락하여 주시니, 이는 아주 먼 옛날부터 먼 장래에도 다시 만날 수 없는 기회로다. 이날 하루라도 전력을 다하여 싸워 하나님이 만드신 본래의 인간답게 곧 하나님답게, 그리스도답게, 인색함이나 두려움 없이 또 옹졸함이나 비굴함 없이 부지런히 사랑을 라듐 광선처럼 발산하면서 의롭게 믿음으로 살았다고 한다면 후에 무슨 미련이 남을까. 만일 이날까지도 비겁하고 불의하게 다만 육체의 생명을 연장하는 데 그친다면, 내 영혼아, 내일 다시 햇빛이 비치기 전에 이 썩을 고깃덩이〔육괴(肉塊)〕에서 떠나가라.

(1934년 3월)

---

⁴ 人無遠慮 必有近憂(인무원려 필유근우) (『논어』, 「위령공편」).

망하면 망하리라

　유대인의 고아, 그 숙부(叔父)를 따라 정처 없이 방랑하던 소녀 에스더가 천만 뜻밖으로 당시의 대국 페르시아 왕의 왕비로 선정된 후 얼마 안 된 때의 일이다. 하만의 간교한 계략으로 2백여만의 이스라엘 백성이 하루아침에 진멸 당할 운명이 처마 끝에 급박하였다. 이때 연약한 손으로 능히 한 민족의 비운(悲運)을 전환한 것은, 과연 에스더의 "망하면 망하리라"는 한마디의 힘이었다. 에스더가 무릅쓴 모험이 얼마나 위험한 일이었는지는 페르시아 궁실 전범을 보면 알 수 있다. 에스더는 적어도 '죽음'을 모험한 것이다. 아메리카 대륙을 발견한 콜럼버스, 보름스 회의에 임한 루터, 남북 전쟁을 선언한 링컨, 암흑대륙을 탐험한 리빙스턴 등은 모두 에스더처럼 "망하면 망하리라"는 신조로 생활한 자들이었다. 그 신조 외에 남보다 별다른 것이 없었으나 바로 그것이 귀한 것이었다.

　현대인들이—신자·불신자의 구별 없이— 가장 원하는 것은 '땅 짚고 헤엄치는 일'이다. 은급(恩給) 제도와 보험 제도는 물론이고 자식의 교육, 회사의 경영, 종교에 귀의 등은 결국 개인적으로나 단체적으로 '땅 짚고 헤엄치자'는 목적을 달성하려는 과정일 뿐이다. 그러나 우리가 실제로 수영한다면, 땅 짚고 수영할 동안은 수영의 참맛을 영구히 알 수 없다. 빠지면 익사할 위험이 있는 깊은 물에서라야 비로소 수영의 상쾌한 맛이 난다. 생물이 그 생명을 발육하며 종족을 보존함에는

'땅 짚고 헤엄치는' 주의가 안전하기는 안전할 것이다. 그러나 거기서는 기계가 돌아가는 마찰 소리는 들릴망정 생명이 약동하는 기쁨의 노래는 나올 수 없다. 물고기가 맑은 물을 따라 거슬러 올라감과 잉어가 폭포를 거슬러 뛰어오르는 일들은 위험하다면 실로 위험한 일이나, 이는 어쩔 수 없는 생명의 본질이다. 생명이 강성할수록 저는 폭포를 만났을 때 비약하지 않고는 참지 못한다.

기독교의 신앙생활을 요약하면, 그 실상은 "망하면 망하리라"는 생활이 그 전부이다. 아브라함이 독자 이삭을 제단에 바칠 때, 모세가 이스라엘의 어리석은 군중을 거느리고 출애굽 할 때, 그들은 후세에 우리가 읽는 바와 같은 신기한 이적이 으레 있을 것을 미리 알고 행한 것이 아니었다. 다만 알기로는 망하면 망하더라도 절대명령에 순종한 것뿐이었다. 다니엘과 하나냐, 미사엘과 아사랴 등의 유대 소년들은 당대 바벨론의 느부갓네살왕의 위풍에 복종하지 않았다. 이것은 저들이 무슨 술법이나 꿈으로나 혹은 성령으로, 사자 굴에서도 안전히 살아 돌아오며, 철 용광로에서도 무사히 구출될 것을 미리 보장받은 후에 감행한 일이 아니었다. 다만 망하면 망할지라도 의에 합당한 것, 하나님의 뜻에 합한 일이면 감행하고, 땅 짚고 헤엄치듯이 안전한 일이라도 불의한 것은 거절한 것뿐이다. 그렇게 행한 결과에 하나님 편에서 특별한 능력으로 저희를 구출하였다. 신앙생활이라 하여 점쟁이 무당처럼 길흉화복을 예측하거나 특별한 청탁으로 하나님의 총애를 편취하는 것을 능사로 아는 것은 대단한 오해이다. 신앙생활은 기이한 기술이 아니라 천하의 큰 도와 공의가 활보하는 생활이다. "망하면 망하리라"는 각오로써.

(1934년 4월)

시작이 절반

1백 리를 가는 사람에게 90리를 절반으로 삼으라고 하는 것은 인생 처세(處世)에 빠질 수 없는 실제적인 교훈이다. 그러나 이와는 정반대로 '시작이 절반'이라는 격언이 성립될 수 있음은 기이한 현상이라 할 수밖에 없다. '시작이 절반'이라는 격언은 성립되는 것으로 그칠 뿐만 아니라, 멀리 그리스·로마로부터 근대 신구 대륙의 열강에 이르기까지 여러 국민에게 공통적으로 전해 오는 말이다. "시작은 전체의 절반이다"(Arche de toi hemisu pantos), "시작한 사람은 이미 절반 행한 것이다"(Dimidium facti, qui coepit, habet), "시작이 절반이다"(Well begun is half done) 등은 다 같은 뜻이다. 즉, 시대의 고금(古今)과 지역의 동서 구별 없이 공통된 사실임을 입증하는 말이다.

돌이켜 실제 현장에 비추어 보자. 우리 개인이 일상생활에서 하루 일을 마치고 저녁 종소리에 따라 휴식처에 돌아오려 할 때마다 지난 하루 일을 회고하면, 누구나 '시작이 절반'임을 느끼지 않을 수 없다. 널리 사회 현상에 비추어 본다면, 중국 국민당이 혁명에 성공한 공적의 많은 부분을 손문의 시작에 돌릴 수 있다. 또한 러시아 혁명을 보면 그 공과(功課)의 태반을 그 혁명을 시작한 소수의 사람에게 돌릴 수 있으며, 오늘날 미합중국이 융성함의 원인을 청교도들의 메이플라워호 출범에 돌리지 않을 수 없다. 오늘날 문명 가운데 인간에게 가장 크고 고마운 은혜와 혜택을 주는 조명과 전등에 대한 공로의 과반을 에디슨이 실험을 시작한 것으로 돌린들 누가 시비(是非)하랴. 수에즈와 파나마 2대 운하의 은택(恩澤) 대부분을 프랑스인 레셉스(Lesseps) 씨가 처음 괭이질을 시작한 데에 돌린들 무슨 억울함이 있겠는가.

생각할수록 세상만사가 시작이 절반이라 함은 에누리 없는 사실이다. 만일 농사에 참여하여 봄날에 씨 뿌리고 때때로 풀을 뽑으면서 그 자라나는 모양을 관찰하는 행복을 지닌 사람이면, 그는 각별히 느끼는 바가 있을 것이다. 씨를 뿌리고 물을 주고 제초하는 것은 농부가 하거니와, 과연 양육하는 것은 하나님이심을 절실히 깨달을 것이다. 농사도 '시작이 절반'임을 가르쳐 준다.

그러나 이 모든 현상에 초월하여 가장 정확하고 현저하게 '시작이 절반'임을 보여 주는 일은 신앙생활이다. 영계(靈界)의 법칙에서이다. 주도면밀하고 영리하며 민활한 사람은 뒷날의 실책과 조소를 예방하기 위하여 우선 지식적으로 성서와 신학에 능통하고 도덕적으로 상당한 군자로 자타가 승인한 후에 크리스천이 되겠다고 뒤로 주저앉고 있으나, 이는 평생 황하의 흙탕물이 맑아지기를 기다리는 일과 같다. 도는 가깝다. 마음에 그리스도를 믿고 입으로 고백하면 그는 벌써 구원에 참여한 것이다(로마서 10:10). '시작이 절반'일 뿐만 아니라 과연 '시작이 전부'이다. 단지 믿기만 시작하면 학설과 품행 등은 따라서 처리된다. 우리가 최소한도의 일을 시작한다면 하나님은 최대한도의 일을 성취하여 주신다. 감사하지 않은가, '시작이 절반'이라 하니. 피곤한 형제여! 다시 일어서라, 또 한 번.

(1934년 7월)

신앙의 보통과 특등

서울 가는 철도의 객차에 보통실과 특등실의 구별이 있고, 국유 철도의 객차에는 1, 2, 3등실의 구별이 있는 것이 보통이다. 귀한 이나 부유한 이 혹은 덕이 높고 박식한 대(大) 선생들이 보통실 혹은 삼등실에 타면 그들의 겸손을 찬양하는 동기도 된다. 이와 마찬가지로 신자가 서로 자기의 불신을 탄식하면서도 평범한 신앙 혹은 보통 신앙, 예를 들면 작년과 금년이 같은 신앙에 만족하기도 한다. 그러면서도 그것이 마치 신앙적 겸허의 덕을 배양하는 일이라고 생각할 수가 있다. 유교적 설명을 기다릴 것도 없이 일견 아름다운 덕행인 듯하다.

그러나 반찬 없는 밥을 먹을지라도 과일은 차라리 상품(上品)의 과일을 먹을 것이라는 호사가의 말에도 일리(一理)가 있을 뿐 아니라, 십리(十理)가 있고 백리(百理)가 있음을 실험하여 보면 알 수 있다. 다 같은 포도라도 머루 같은 찌꺼기 포도는 포도가 아니요, 다 같은 복숭아라도 돌배같이 단단하고 덜 익은 복숭아는 복숭아가 아니다. 보기만 하여도 그 빛과 향기가 침샘을 자극하며, 만지면 흐무러질 것 같고 먹기에 턱뼈가 어그러질 것 같은 상품 과일이라야 그것이 참말로 과일이라 할 것이다.

과일을 먹으려거든 단 한 개라도 좋으니 이러한 상품을 택할 것이요, 신앙을 택하려거든 즉 믿으려거든 극상품의 신앙을 택할 것이다. 주일마다 달마다 정해진 액수의 연보를 바치고, 술·담배 끊고 이(李)

서방과 비겨도 못한 것이 없고 최(崔) 서방과 겨루어도 부끄러울 것이 없다고 자족하는 신앙은 보통실의 신앙, 즉 삼등 열차의 믿음이다. 목사와 장로·교사·학자들의 자녀 중에 그 어버이의 덕망을 이어가지 못하는 자[불초(不肖)한 자]가 많다고 하는 것은 쓰라린 사실이다. 그중에는 공무에 너무 바쁜 결과로 사적 성찰의 여유를 얻지 못하여 자식교육에 전심할 수 없었다는 동정할 만한 처지도 적지 않을 것이다. 그러나 많은 경우에 그 자식의 불신과 불량의 책임은 직접 그 부모의 불신에서 기인하므로 반성해야 하는 것은 당연한 일이다. 어떤 보통학교 상급생이 된 어린아이와 그 할아버지의 대화에 이런 것이 있었다.

> 손자: (아이들끼리) 하나님이니 예수니 하지만… 있긴 뭐가 있다고 다 거짓말이야.
>
> 조부: 이놈, 그게 무슨 말이냐? 네 아비는 공부도 할 만큼 했고, 남과 비교해도 빠질 것 없는 사람인데도 예수 믿지 않느냐? 네가 무엇을 안다고 하나님이 없다고 해. 나도 하나님이 계시는지 안 계시는지는 알 수 없다마는 네 아비가 믿으니 나도 믿는 거야.

라고 운운하면서, 이 한학자인 할아버지는 전도 받은 일이 없어도 예수 믿기에 정진한다고 전한다. 이 경우에 그 중간 대(代) 되는 아버지의 믿음은 우리가 일컫는바 특등 신앙이다. 무엇인지는 알 수 없으나 그 일이 장난으로 하는 일이 아니요, 범상한 일이 아니라고 여겨질 만큼 진실성을 띠는 데에 신앙생활이 있다. 평균선에서 배회하는 신앙은 폐물이요 주검이다. 오직 한 명의 신자를 표적으로 삼고 비약 돌진하는 데라야 그 자리가 특등 신앙인 동시에 실상은 '보통 신앙'에 도달한 것이다. '겨자씨'만 한 신앙이다. 자제의 교육이 여의치 못한 때 우리는 신앙을 위하여 얼마나 손해 본 일이 있었으며, 얼마나 창피한 꼴을 당해 보았던가 깊이 반성해야 할 것이다.　　　　　　　**(1934년 10월)**

질그릇에 담은 보화

다른 종교에서는 10년 혹은 수십 년 동안 업을 닦고 수양에 힘쓰면 나중에는 도를 통한다든지 또는 마음에 원하는 대로 행하여도 법도에 어그러지지 않는 거룩한 지경에 도달할 수가 있다고 하나, 기독교에 있어서는—우리가 아는 바로는— 처음부터 나중까지 '질그릇에 보화를 담은 것'에 불과하다.

그리스도인이란 제 것으로 자랑할 수 있는 수양과 노력으로 쌓은 상아탑도 없고, 기르고 발전시켜서 대성·완숙하였다고 자긍할 만한 특별한 소질도 없는 사람들이다. 과연 질그릇과 같이 모양도 흉하고 광채도 없으며 부서지기 쉬운 인생이지만, 오직 보화를 담은 까닭에 그 모양까지도 좋아 보이고, 광채도 찬란하며, 튼튼하기도 강철보다 더하여진다.

삼손은 힘이 센 사람이었으나 이방의 역사(力士)나 장수와는 달랐다. 성령이 임한 때에라야 힘이 났고, 성령이 떠났을 때는 보통 사람과 다름이 없었다. 곧 삼손의 힘이 아니요, 일시 빌려주신 힘이었다. 삼손은 질그릇이요, 그 힘은 거기 담긴 보화였다.

구약성서의 여호수아를 읽는 자마다 이스라엘 군대의 용기와 전략이 뛰어남에 놀라지만, 자세히 보면 또한 이스라엘 군대처럼 용렬하고 겁이 많으며 책략이 없는 군대는 다시없는 듯하다. 저들이 힘을 얻어 용맹하게 전진할 때는 수십 또는 수백 명으로 수천 또는 수만 명의 적

군을 격파하였고, 흐르는 요단강도 육지같이 걸어서 건너기도 하였다. 그러나 만일 부당한 전리품을 감춘 사람이 있거나 여호와께 대한 신뢰의 마음이 약해졌을 때는 이와 반대로 수십 명 적군에게 수천 명 대군이 참살당한 부끄러운 역사도 있었다. 즉, 이스라엘 군대가 본래부터 천하 강병이라는 것이 아니라, 질그릇 같은 이스라엘 백성이지만 지극히 거룩하신 여호와 하나님이 그 그릇에 담겨 있는 동안은 철석같은 성곽이라도 고함을 질러서 무너뜨릴 수 있고, 그렇지 못할 때는 쫓는 자가 없이도 겁이 나서 도망치는 백성들이었다.

예수께서 잡혀가시던 저녁에 천국의 문 열쇠를 받은 사도 베드로가 닭 울기 전에 세 번씩이나 그 주를 부인하였다. 아무리 동정하여 본다고 해도 오늘날 비밀 결사에 참여하는 청년들보다 몇 계단이나 떨어지는 인물임이 분명하다. 그릇 중에도 질그릇이요, 깨어진 그릇 조각이다. 그러나 거기에 보화가 담겼을 때 능히 바다 위를 걷기도 하였고, 목숨이 풍전등화 같은 위험한 자리에서도 그 주 예수의 십자가를 담대히 증거했으며, 보는 자들로 하여금 "본래 무식한 촌민(村民)들인데 어찌 저렇게 되었느냐"고 놀라게 하였다. 우리는 질그릇 된 것을 염려할 것이 아니라 보화 담을 일에 힘쓸 것이다. **(1935년 8월)**

러시아인의 교양

병상에 있는 형제를 위로하기 위하여 우리는 그 병이 무의미한 일이 아닐 것이라고 설명해 보았다. 그 영을 깊게 하기 위함이라, 깨끗이 하기 위함이라, 내세(來世)의 소식을 확연히 하기 위함이라 하면서 참으라고, 감사하라고. 그러나 "하나님의 뜻에 마땅하시면 하루속히 회복하여 주소서"라는 것이 우리의 더 절실한 기원이었다. 하물며 병자 자신의 초조한 생각이야 더 말해 무엇 하랴. 특히 해를 바꾸고 다시 바꾸는 긴 세월 동안 병에 잡혀 있는 지루한 병자를 위로할 힘이 우리에게 모자람을 느낄 때가 한두 번이 아니었다.

가난에 시달린 형제를 향하여 "가난한 자가 복이 있다"라고 설교도 해보았고, "가난이 너를 옥과 같이 다듬어 완성하느니라"라는 격언으로 위로하고자 힘써 보기도 하였다. 그러나 "일용할 물자나 아끼지 말고 주옵소서. 저런 진실한 성도에게, 저와 같은 재능 있는 인물에게"라고 여호와를 원망한 때도 없지 않았다. 교만한 자의 교만을 꺾기 위함이라든가, 탐욕스러운 자의 회개를 요구하심이라면 모르거니와 이미 토기처럼 부스러진 자를 저다지 참혹하게 대접하시는 것은 무슨 까닭인가 하고. 우리 마음이 이러함에 경솔히 위로하기보다 병자와 가난한 자의 무거운 번뇌를 나누어 지자고 할 뿐이었다.

요새 세상을 요란케 한 러시아 투하쳅스키 원수[5]에 대한 보도를 접하며 우리는 평일에 무겁던 어깨가 가볍게 된 것을 느꼈으며, 곤궁에 처한 형제에게 전할 뉴스를 찾은 듯한 기쁨을 느꼈다. 듣건대 투하쳅스키 원수는 당년 44세로 러시아뿐 아니라 전 세계에서 가장 젊은 원수라 하며, 그가 국방차장으로 재임 중에 서쪽으로 독일, 동쪽으로 일본을 동시에 대적하여 전쟁할 만큼 원대한 무력 계획을 수립했다 한다.

그런데 투하쳅스키 원수가 오늘의 큰 성공을 한 최대의 동력은 그가 독일군의 포로가 되었을 동안 삶과 죽음을 예측할 수 없는 생활 중에서 명상과 독서를 일삼았던 것이라고 한다. 그 밖에 레닌과 스탈린 등 러시아의 큰 인물들의 성공도 모조리 옥중 생활, 유형(流刑), 처벌 중에 독서와 사색에 깊이 잠겼던 덕이라고 한다. 러시아 거인들이 교양을 습득한 장소는 대학이 아니요, 포로수용소와 감옥, 시베리아의 유형장이었다.

광야를 통한 교양만이 참 의미의 대학 교육이다. 인간의 계산으로는 누가 능히 포로로 투옥되기를 원하랴. 하지만 하나님의 교양으로서는 그것이 요구되었다. 예수와 바울의 광야, 모세의 미디안 생활이 하나님의 교안(敎案)에는 필요했던 것처럼. 사람의 감정과 지식을 가지고 누가 병과 가난을 좋아하겠는가. 그러나 병과 가난에 함께 몰리는 형제여, 주님의 교안을 멸시하지 말라.　　　　　(1937년 7월)

---

5 미하일 니콜라예비치 투하쳅스키(Михаи́л Никола́евич Тухаче́вский, 1893~1937)는 폴란드 귀족 출신의 소련 군인이다. 소련군의 총참모장을 역임했고 계급은 원수였다. 그는 1930년대 스탈린의 대숙청에 희생된 가장 유능한 군인 중 하나였다.

헬렌 켈러

　1937년 7월 13일, 경성 부민관(府民館)에서 열린 헬렌 켈러의 강연회에 참석하였다. 강연회라고 하지만 사상의 발표라기보다는 생후 19개월 만에 일시에 눈멀고 귀먹고 말 못 하는 3중 장애에 걸린 인간이 어떻게 하여 보고 듣고 말하게 되었는지를 설명하고 실제로 보여 주는 일이었다. 맹아와 농아 교육의 실제를 보고 또한 헬렌 켈러 전집을 통하여 그 생애의 고심의 정도를 대강 살펴본 자에게는 별로 신기한 느낌을 주기보다 도리어 범상하고 당연한 일 같은 느낌도 없지 않았다.

　그 체격의 건실함, 표정의 명랑함, 거동의 경쾌함, 지혜의 광휘 등은 보는 자를 놀라게 하였다. 3중의 불구자로 58년간 고투한 사람이라는 비애와 절망의 흔적은 찾아보기 어려웠다. 능란한 화술과 완벽에 가까운 발음, 비상하게 발달한 촉각 등은 도리어 여사가 몹시 애쓰고 정성을 들인 덕과 설리번 선생이 애쓴 공을 무시하게 만드는 바가 있었다. 그러나 돌이켜 생각할수록 맹·농아의 무덤 앞 망두석 같은 헬렌 켈러도 저렇게 교육하며 수양할 수 있다면, 우리가 지금까지 맡아 지도하던 학생에게 대한 단려속단(短慮速斷: 소견이 짧아 미리 판단함)과 우리 자녀에 대한 성의 없는 헛된 욕심, 우리 자신에 대해 애태우고 급히 비관한 것을 모두 참회하지 않을 수 없다. 형제를 미련한 자라고 단언하는 자에게 중벌이 있으리라 하신 하나님의 말씀이 강하게 나를 심판하였다. 오관(五官)을 구비한 인간을 둔해서 교육할 수 없다고 하는 교사와 오관을 구비하고도 소질을 운운하며 자포자기하는 자들에게 천벌이 내릴 것만 같다.

헬렌 켈러의 이번 세계 여행은 50년간 그녀를 지도하여 주고 작년에 별세한 은사 설리번 선생님을 '추모'하기 위해 출발한 것이라 한다. 선생께 대하여 하늘에 닿을 은혜를 최대한 갚을 길은 오직 전 세계 장애인들의 행복 증진을 위해 노력하는 길인 줄 알고 떠났다고 한다. 그러므로 그녀의 호소에는 한마디 말, 한마디 단어에도 항거할 수 없는 힘이 들어찼다. 그녀는 "나의 유일한 소원은 세계 평화와 동포애"라고 하며, "하나님이 나의 앞에 계시니 내가 두려워할 것이 없고, 모든 일이 거룩하신 뜻대로 되어갑니다"라고 신앙을 고백하였다. 또한 "나를 불구자라고 가엾이 보는 이들이 많으나 실상 가엾은 것은 내가 아니요, 눈 뜨고도 바른 대로 볼 줄 모르는 사람들입니다"라고 하면서 자신은 감사가 넘쳤다. 눈 뜬 건강한 자들을 향하여 "여러분의 눈에 광명을 주시고, 여러분의 귀에 아름다운 소리를 주시는 하나님께 감사하는 것은 어둠과 암흑의 길을 더듬고 있는 저들을 돕는 것이요, 그것이 더없이 고귀한 일입니다"라고 설교한다.

그리스도의 생명에 사는 자에게는 모든 것이 그 영광을 위하여 불가결인 듯하다. 농아만 해도 불구요, 맹인만 되어도 한탄할 터인데, 그녀에게는 3중의 불구가 오히려 영광의 재료인 듯하다. 연약한 여성으로 태어났던 것도 주님의 영광을 드러내기에 무방할뿐더러 오히려 필요했던 것같이 보인다. 그리스도를 중심에 두고 볼 때 만사가 다 선하다. 만사가 아멘이다. 할렐루야. **(1937년 8월)**

송구영신

연말을 맞이한즉 각기 부류(部類)에 따라 모여 망년회로 하룻밤 혹은 며칠 밤을 즐기며 보낸다. 그 기뻐함이 과거 1년간의 환희를 한꺼번에 모아서 기뻐하는 것인가 혹은 과거 1년간의 비애와 번뇌를 하룻밤의 환락으로 바꾸어 말살해 버리려는 앙탈인가 다 알 수 없거니와, 이러한 표면적인 열락과 허황된 환희에 우리가 충심으로 어울릴 수 없는 것은 물론이다.

종교 잡지, 특히 기독교 잡지들은 판에 박은 듯이 지난해에 대해서는 감사, 감사로 보내고 신년을 향해서는 희망, 희망의 문자를 나열하여 새해를 맞는다. 무엇이 감사요, 무엇을 희망한다는 것인가? 지난 1년을 회고하면서 아직 질식당한 숨을 돌리지 못하며, 앞에 오는 1년을 향하면서 도리어 여호와 하나님의 존재까지도 의심하는 마음이 드는 것은 유독 우리의 이상한 취미란 말인가? 아니면 우리의 불신의 소치란 말인가? 그러나 나타나 보이는 세계에 관한 한, 우리는 감사할 것도 희망을 가질 것도 없다.

옛 전도서의 기자 코헤레스(전도자)가 이미 다 말한 것처럼 "헛되고 헛되니 모든 것이 헛되도다. 사람이 해 아래서 수고하는 모든 수고가 자기에게 무엇이 유익한고? 한 세대는 가고 오되 땅은 영원히 있도다. 해는 떴다가 지며 그 떴던 곳으로 빨리 돌아가고, 바람은 남으로 불다가 북으로 돌이키며, 이리저리 돌아 불던 곳으로 돌아가고… 만물의 피곤함을 사람이 말로 다 할 수 없나니 눈은 보아도 족함이 없고 귀는 들어도 차지 아니하도다. 이미 있던 것이 후에 다시 있겠고 이미 한 일을 후에 다시 할지라. 해 아래는 새것이 없나니, 무엇을 가리켜 이르기를 '보라, 이것이 새것이라' 할 것이 있으랴. 우리 오래전 세대에도 이미 있었느니라."

현상의 세계를 살펴보면 과연 허무한 것뿐이요, 맹랑한 일뿐이고, 억울한 것뿐이다. 그러나 우리의 시선을 '겉으로 나타난 현상'(皮相)의 세계에서 돌려 겉으로 나타난 현상 저편 한 껍질 속을 투시하여 보면, 작년 같은 1년에도 감사 재료가 없지 않았고, 새해의 전망에도 새로운 희망을 막을 수 없음을 깨닫는다. 사도 바울이 이른바 "겉 사람은 낡아지나 속사람은 날로 새로워진다." 육(肉)에 속한 것, 형태로 나타난 것은 낡고 새롭지 못한 것이나, 영(靈)에 속한 것, 형태로 보이지 않는 것은 새로운 것이요, 영원한 것이다.

비록 새해에도 우리 눈앞에서 질식할 일이 근절되지 않고, 의로운 자가 환란을 피하지 못한다고 할지라도 이는 가벼운 일이요, 잠시의 일이다. "우리를 위하여 지극히 크고 영원한 영광의 중한 것을 성취케 하는" 일에 비길 바가 아니다. 그러므로 우리가 "주목하는 것은 보이는 것이 아니요 보이지 않는 것이니 보이는 것은 잠깐이요 보이지 않는 것은 영원함이라"(고린도후서 4:18)는 말씀을 우리의 표적으로 삼으리라.

(1938년 1월)

사실이라면

선생님, 그간에도 안녕하시며 하시는 일도 잘되시는지요. 19일에 주신 글월을 오늘에야 읽고 선생님의 친절하심에 너무도 감사하여 이 마음 무엇이라 말할 수 없습니다. 아버님께서는 4월 22일 오전 9시 25분에 영원한 나라로 떠나시고 말았습니다. 아버님 떠나시기 전에 선생님께서 보내 주신 편지를 받았습니다.

고통 중에 늘 걱정하시기를, 너무 심한 고통이기 때문에 이기기 어렵겠다고 하시더니 22일 오전 6시경 "아아, 이제는 다 이겼다"고 아주 만족하시고 감사하셨습니다. 평안과 희열에 넘치는 엄숙하신 음성으로 기도하시고 찬송하시면서, 〈시편〉 23편과 25편을 낭독하시고 자녀와 손주에게 최후의 훈화와 축복기도를 하셨습니다. 그리고 하나님의 뜻대로 살아야 한다고 부탁하셨습니다. 그리고 "이제는 평안하다" 하시면서 기쁨에 넘치는 만족한 얼굴로 "다 되었다"고 말씀하신 후 "조용하라"고 하시더니 가시고 말았습니다. 한 번 가시더니 도무지 돌아오지 않고 평안하고 곱게 세상과 고통을 잊어버리시고 영영 떠나셨습니다.

아버님의 최후를 모든 사람에게 보이고 싶었습니다. 실로 확신과 평안, 희열과 승리에 넘친 장엄하였던 최후를 선생님께 보이고 싶었습니다. 생전에 늘 말씀하시기를 참 그리스도인은 김교신 선생이요, 참 조선인은 선생님이라고 자주 말씀하셨습니다. 기회만 있으면 선생님을 뵈러 상경(上京)하시겠다는 말씀도 하시고, 라디오 방송을 하셨을 때 그 고통 중에서도 고통을 견디시며 끝까지 들으셨답니다.

제가 집에 오니 선생님께 대한 찬사가 대단합니다. 그래서 저도 선생님을 한번 뵈옵고자 합니다. 어머님에게 「성서조선」을 읽어 드리시고 일일이 설명하셨습니다. 생전에 가장 사랑하시던 책은 「성서조선」이고, 존경하고 애착을 가지신 이도 선생님이십니다. 아버님께서 선생님의 방문을 받으셨다면 얼마나 기뻐하셨겠습니까? 참으로 말할 수 없는 기쁨이었을 것입니다. 그러나 지금 아버님의 영(靈)은 선생님의 뜻을 잘 알고 감사를 올릴 줄로 확신합니다.

선생님, 아버님은 떠나시고 안 계시지만 다른 식구들이 다 선생님을 뵈옵고자 하오니 남도 심방을 한번 하여 주시기 바랍니다. 이곳 교회가 왜 이다지도 마음들이 좁은지 참 한심한 일입니다. 교육부터 충실히 해야 이곳의 심령들도 좀 높은 곳을 향할 줄 아옵니다. 선생님, 이곳 청년들을 선생님께 소개해 드리고 싶습니다. 선생님을 이해하는 이들이 점점 많아집니다. ○○교회 청년 몇 명은 은근히 선생님을 뵙고자 하오며, 선생님의 강의를 듣고자 하는 분도 있습니다. 선생님께서 심방하셔도 조금도 해될 것이 없고 두려워하지 않습니다. ○○교회에 청년 목사님이 계시옵니다. 많은 이해를 가지고 계시오며, 우치무라(內村) 선생의 책을 많이 보는 목사이옵니다. 현재는 얼마간의 진보가 있어 높은 곳을 향하는 심정을 가진 사람이 많은 줄 압니다. 선생님, 한번 방문하여 주시기 바랍니다.

이 편지 중에 필자에 대한 과분한 찬사는 물론 부당한 것이다. 그러나 '인장거기언야가'(人將去其言也可)라고 이 세상을 떠나는 임종 가까운 때에 말한 것이 사실이라면, 우리는 여기에 감격하지 않을 수 없는 이유가 있다.

이 편지의 주인공은 최근에 별세한 모 교회의 유력한 장로였다(본지 112호 4월 19일 일기 참조). 그 지방에서는 문둥병자가 병실에서 「성서조선」을 읽는 것도 금지했을뿐더러 강력하게 핍박을 가한 곳이다. 그런 지방의 교회 중진 장로가 한번 면담한 일도 없고 특별한 인연도 없는데, 「성서조선」과 그 주필을 이처럼 사랑했다는 사실이 놀라울 뿐이다. 그가 지상을 떠난 뒤에야 이러한 보고를 받고 보니 우리의 입술에서 "사실이라면" 하는 말이 자주 곱씹어진다. "이런 일도 있을까" 하는 기이한 느낌이 크게 일어난다. '사실이라면', 진실한 한 영혼의 벗이 되고 위로가 된 것만으로도 「성서조선」의 존재가 무의미한 것은 아니었다.

그러나 그보다 더 크게 심히 놀란 것은 이 장로가 고난을 이기고 하늘로 올라가는〔개선승천(凱旋昇天)〕 광경이다. 고투가 심각함에 따라 과연 이겨낼까 하고 근심과 걱정을 하였다 한다. 이는 정직하고 순결하며, 진지하고 용감한 영혼이 죽음이라는 강적을 대면한 때에 일어나는 공통된 탄성이다. 그 믿음이 헛되고 그 성품이 나약한 까닭인 듯 보이기 쉬우나 결코 그렇지 않다. 죽음은 매우 강포(强暴)한 자이다. 어떤 용감한 자라도 위축시킬 만한 위세를 소유한 자이다. 그리고 강적을 대하여 싸우고자 할 때 먼저 자기의 약소함을 느끼는 것은 예로부터 명장(名將)들이 보여준 모습이었다. 특히 영적인 세계에서 스스로 약함을 깨닫는 것은 약한 중에 하나님의 강함이 나타나기 위한 단계이다(고린도후서 12:10).

때가 이르러 이제 격렬한 육박전도 지나가고, 승리를 확보하고, 오전 9시 25분에 운명할 사람이 오전 6시, 곧 세 시간여의 생명을 남겨둔 때에 어떤 모습이었던가! "아, 이제는 다 이겼다" 하고 만족과 감사를 연발하시면서 평안과 희열에 넘치는 엄숙한 음성으로 기도하시고 찬송하셨다. 그리고 시편 23편과 25편을 낭독하시고 자녀와 손주에게 최후의 훈화와 축복기도와 하나님의 뜻대로 살아야 한다고 부탁하셨다 한다. 그리고 "이제는 평안하다" 하시면서 기쁨에 넘치는 만족한 얼굴로 "다 되었다", "조용하라" 하시고 가셨다니, 이래도 죽음이랴, 망(亡)이랴? 멸(滅)이라는 글자로 형용할 수 있는가. 이것이야말로 새로운 여행의 출발이 아니고 무엇인가. 죽음에 대하여 이렇게 침착하고 이렇게 승리하고서 생명과 평안과 기쁨의 나라로 출발할 수 있다면 얼마나 좋을까.

이 일이 사실이라면 이제 저 선발대인 장로 같은 신앙을 가지고 믿고 따르려는 우리에게 걱정될 것이 무엇이며, 두려울 것이 무엇인가? 주저할 것이 무엇이며, 구차하게 살려고 할 것이 무엇인가? 그러므로 우리도 바울같이 지혜로운 방책과 아름다운 언사를 쓰지 않고 예수 그리스도와 그 십자가의 사실밖에는 알지 않기로 작정하리라. 학식의 부족을 겁낼 것 없고, 덕성의 부족을 한탄할 것 없으며, 시대의 거친 파도에 떨 것이 없다. 오직 하나님 앞에서 각 사람의 양심에 대하여 우리 친구가 경험한 사실을 증거하리라. 의아해하는 이는 사실을 와서 보라. 참 그리스도인이요, 참 조선인인 이 장로가 승리로 개선한 사실을 와서 보라. 보고 믿는 이는 전진하라. 이 일이 사실이라면 무엇을 주저하랴.

 * 이 당시에 「성서조선」은 휴간되었다가 속간하면서 다음 호를 기약할 수 없는 형편에 놓여 있었다. 그 전시 중에 음향관제와 등화관제는 물론이고, 여러 가지 검열로 많은 잡지가 폐간되고 있었다. 신사 참배로 인하여 학교들이 문을 닫게 되고, 정치나 경제 상황은 물론이고 신앙에 관해서도 할 말을 못 하는 시대였다. 그래서 선생은 늘 행간을 읽어 달라고 부탁하였다. 이 글에서 선생은 죽음을 이기는 장로의 신앙을 개선장군의 승리에 비유하면서 우리 민족 혹은 신앙인은 아무것도 겁내지 말고 전진할 것을 독려하고 있다.

제2장 _ 믿음의 자세 | 119

우리의 할 일

우리 기독 신자가 이 세상에서 하고 가야 할 일이 무엇이냐? 때로는 중대한 사명이 있는 것 같기도 해서 자부심을 갖기도 하고, 잘난 체하기도 하나 때로는 유해무익(有害無益)한 폐물인 것 같기도 해서 초조한 마음과 우울한 감회도 없지 않다. 과연 기독 신도로서 할 일이 있는가, 없는가? 있다면 무엇인가? 요즈음 어떤 성도가 취직하기를 권유받은 데 대한 다음의 회답문은 이 문제에 대한 확고하고 적절한 해결을 우리에게 보여 주었다. 와서 보라, 여기 기독 신자의 실물(實物)이 하나 있다.

(전략) 책을 보라시면 볼 것이요, 땅을 파라시면 팔 것이요, 허락되는 것을 되는 때까지는 다하는 것이 일이요, 그것이 막히는 때는 또 천연스럽게 다른 길을 갈 것입니다. 교사를 하게 되면 교단에 있다가, 농사를 해야 되겠다면 밭으로 가고, 무직이어야겠다면 또 손을 묶고 앉아 있을 것입니다. 오라 하시는 날이면 '네, 그럼 가겠습니다' 하고 선뜻 일어설 것이 우리의 일입니다. 그런데 내 속에 무슨 아까운 것이 있는 듯해서, 내 손으로 할 만한 것을 못 하는 것 같아서, 이런가 저런가 고개를 기웃거리는 나 자신의 모습이 부끄럽고 죄송스럽습니다.

(중략) 아무렇게나 헛된 생을 살아서는 안 되겠는데! 주님 보시

기에 실속 있게 살아야겠는데. 우리 할 일이 무엇이냐? 증거할 것, 주님의 증인이 되는 것, 땅끝까지 가서 그의 증인이 되는 것, 사람의 할 일은 이것만인 듯합니다. 하나님이 계신 것, 그가 사랑이신 것, 예수가 거짓말쟁이가 아닌 것을 세상에 증거해야겠는데 또 그것을 하기만 하면 어디에 있든지 무엇을 하든지 좋겠지요. 그런데도 무엇을 못 얻은 듯, 무엇을 밑지는 듯 여기면서 염려하는지 모르겠습니다. 복음을 전하는 것, 예수를 증거하는 것, 이것을 못 하면 우리는 말쟁이요, 협잡꾼이요, 주와 세상 양편에 다 충실치 못한 가장 더럽고 악한 자들이 됩니다. 죽으면 며칠이 못 가서 썩어 부모 형제도 가까이 아니하려는 이 육신을 가지고 왜 아까움 없이 시원하게 빛나게 쓰지 못하는가, 이렇게 생각하고 뉘우칩니다.

일생 농사를 짓겠다고 결심한 것은 아닙니다. 지금은 이것을 하도록 형편이 되니 그것을 명하시는 뜻인 줄 믿어서 하고 있습니다. 가다가 다른 무엇을 해야 한다는 명령을 내리시는 날이면 내놓고 일어설 마음의 준비는 지금도 있습니다. 다만 연구의 길로 가라는 것이 반드시 그 명령이신지 아닌지 확연히 알지 못해 그러지요.

(중략) 그러므로 명확한 명령이 있기 전에 조급히 굴 것은 없습니다. 그 대신 형(兄)들이라도 확신되시는 것이 있으면 주저 없이 기탄없이 분명히 말씀하여 주시기 바랍니다. 사업의 이상(理想)으로 저는 신앙에 의한 시골〔촌숙(村塾)〕에서의 교육을 가장 많이 생각하고 있습니다. 모든 조건을 허락하여 주시면 한번 시험해 볼 생각입니다. 그러나 지금의 일로는 주님이 제게 명하시는 것은 우선 독립인 것 같습니다. 신앙의 독립, 생활의 독립, 사업의 독립. 다른 사람

을 의지하면서 하늘까지 가는 일이 있다고 해도 그렇게 할 수는 없습니다. 이 시대에 하나님만을 의지하는 독립의 사람이 되어 봅시다. 그것을 위하여 버리라면 모든 것을 다 버리고라도. 어이구, 무서운 말을 또 해 놓았습니다. 그것을 실행할 힘을 하나님이 주신다면 할 수 있습니다. (하략)

이 사람을 월급으로 유인하려던 계획은 다 틀어지고 말았다. 이 사람에게 혹은 모든 기독 신자에게 해야 할 사업이 없다는 것은 아니다. 그러나 모든 사업보다도 신앙을 따르는 것이 그에게는 제일 큰 사업이다.   **(1939년 7월)**

성도의 릴레이

히브리서 11장과 12장을 읽는 이는 누구나 큰 경기장을 연상하지 않을 수 없을 것이다. 경기 중에도 최후의 총괄적 승부를 다투는 릴레이 경기와 흡사함을 알 것이다. 스타트를 맡았던 아벨은 바통을 에녹에게 주었고, 에녹은 노아에게, 노아는 아브라함과 사라에게, 아브라함은 이삭에게, 이삭은 야곱에게, 야곱은 요셉에게, 요셉은 모세에게… 연이은 믿음의 선수들은 각자의 '당한' '코스'를 힘껏 잘 뛰었다. 그러고는 맡았던 바통을 다음 선수에게 실수 없이 넘겼다. 이제는 우리가 '바통'을 받을 차례가 되었다. 내가 뛰어야 할 차례이다.

"이러므로 우리에게 구름 같이 둘러싼 허다한 증인들이 있으니 모든 무거운 것과 얽매이기 쉬운 죄를 벗어 버리고 인내로써 우리 앞에 당한 경주를 하며, 믿음의 주요 또 온전하게 하시는 이인 예수를 바라보자"(히브리서 12:1-2)라는 소리가 들린다.

나의 뒤에도 뛸 선수가 남았을는지 모르고 혹은 내가 '마지막 주자'로 뛰는 것인지도 알 수 없다. 릴레이의 승부는 나중에 뛰는 사람일수록 그 책임이 더한 법이다. 과연 우리가 이 큰 책임을 다할 수 있을까? 오직 허다한 증인들이 구름같이 둘러서서 동정과 응원의 함성을 크게 외치고 있으니 우리는 힘껏 뛸 수 있으리라.

(1939년 2월)

계단적 생애

공자는 인간의 일생을 다음과 같이 단계별로 나누었다. 15세에 학문에 뜻을 두고(志學), 30세에 뜻을 세우며(而立), 40세에 미혹되지 아니하고(不惑), 50세에 하늘의 뜻을 알며(知天命), 60세에 사물의 이치를 들어 저절로 알게 되고(耳順), 70세에는 마음 가는 대로 행하여도 도에 어그러짐이 없는(從心) 여섯 단계로 나누었다. 과연 어떠한 근거로 이와 같이 구획을 지은 것인지는 알 수 없으나 인생의 사실에 일치하는 바가 적지 않다.

근대의 생리학상 또는 심리학상으로 보아도 인간의 성장에는 확실히 단계가 있는 것만은 사실인 듯하다. 개성의 차이와 남녀 성별에 따라 약간의 차이는 있으나 키만 급히 자라는 나이가 있고, 외적 성장은 정지한 듯하나 내부 기관이 충실해지는 시기도 있다. 외부 지체가 비상한 속도로 성장하지만, 내부 장기(臟器)의 성장이 그에 비례하여 따르지 못하는 시기가 있다. 즉, 18, 19세 때에 남녀의 사망률이 높은데, 이것도 하나의 단계이다. 또한 심리학자는 심장이 특히 발육하는 시기에는 연모의 정도 동시에 발동한다고 하니, 이는 이른바 이팔청춘의 시기이다. 인생이 마흔에 이르면 생리적으로나 심리적으로나 일대 변동을 일으키는 것 같다. 마흔 전후를 속세에서 운세가 좋지 못한 액년(厄年)이라 하여 기피하는 것도 이 생리상의 난관을 통과하는 까닭일 것이다. 도를 닦는 학자들이 이때를 자고로 불혹(不惑)의 해라 하면서 이를 한 계단으로 딛고 올라서고자 함은 심령상의 현저한 성숙기로 이를 체험하는 까닭일 것이다.

모세의 생애를 대개 3단계로 나눌 수 있다. 그가 동족을 생각하는 정을 깨달은 것은 40세 때의 일이다. 그때까지 그는 이집트 왕실에서 호화로운 생활을 하는 귀인(貴人)이었다. 그동안에 뼈가 성숙하였고, 학식을 완비하였으며, 인간 사회의 세정(世情) 풍습을 습득하였다. 즉, 인간적인 준비는 40세까지로 끝나 제1기의 단계를 마쳤다. 제2기 40년을 모세는 미디안 광야에서 목자 노릇을 하며 보냈다. 이 기간은 오로지 하나님의 수련을 받으면서 인내하며 따르는 계단이었다. 그리고 연세 80에 이르러서 이스라엘 백성을 거느리고 애굽을 떠나 홍해를 건너 시내 광야를 통과하는 최후의 계단 40년을 출발하였다.

빨리 성숙하고 빨리 늙는 조선인 중에는 40대에 벌써 근로의 실생활에서 은퇴하는 풍습이 있었음을 우리는 원통히 여겼으나 이것도 생각하기에 따라서는 좋은 일이다. 학자의 연구에 따르면, 제대로 된 사회에서는 의식주를 위해 사람마다 매일 2, 3시간씩 근로하면 족하리라 한다. 피땀 흘려 노동한 자가 40세 이후에는 은퇴하여 의식주 이외의 일에 헌신할 수 있어야 할 것이다. 대학 교수는 60세로 정년 제도를 두는 곳도 있다고 하는데, 크리스천의 세속 근로 정년을 40세로 제한하고 나머지 생을 온전히 천국 사역에 바친다면 어떠할까? **(1940년 4월)**

* 김교신 선생 자신도 이러한 생각을 가졌기에 40세에 양정고보를 사직하고 전도 활동에 매진하였다. 그러나 현실은 이상과 매우 달랐으므로 다시 잠시 경기고로 복귀하였다가 송도로 떠났다.

지족(知足)

어떤 이가 죽어 저승에 간즉 염라대왕이 "네 소원이 무엇이냐?"고 묻더라고 한다. 대답하되, "한 번 이승에 도로 나가 남향 초당에 만 권 서책을 쌓아 놓고 독서하는 살림을 허락해 주소서"라고. 염라대왕이 노려보며 책망하되, "그것은 삼대가 선을 쌓고서도 얻기 어려운 자리 인데, 만일 그런 자리가 있다면 네게 허락하기보다 먼저 나 자신이 차지할 것이라" 운운하더라고.

이미 염라대왕의 소원까지 이루고서 또 다른 만족지 못한 욕망으로 번뇌한다면 그는 어리석은 자일 따름이다. 그리고 각 사람은 모두 염라대왕도 얻지 못한 것을 이미 얻은 것이 있다. 반드시 있다. 행복은 새로운 것을 탐하는 데서 생기는 것이 아니라, 이미 얻은 것을 인식하며 만족하는 데에 있다. 그러므로 바울 사도가 이르되, "이것이 내게서 떠나가게 하기 위하여 내가 세 번 주께 간구하였더니, 나에게 이르시기를 내 은혜가 네게 족하도다. 이는 내 능력이 약한 데서 온전하여짐이라 하신지라. 그러므로 도리어 크게 기뻐함으로 나의 여러 약한 것들에 대하여 자랑하리니 이는 그리스도의 능력이 내게 머물게 하려 함이라. 그러므로 내가 그리스도를 위하여 약한 것들과 능욕과 궁핍과 박해와 곤고를 기뻐하노니 이는 내가 약한 그 때에 강함이라"(고린도후서 12:8-10).

이 바울 같은 종류의 사람은 소위 '무한궤도'에 올라탄 사람이다. 어디로 가든지 무엇이든지 돌파·돌진하되 어디서든지 무엇이든지 만족하는 장소요, 감사의 재료로 소화해 버린다. 한갓 만족에 그치는 것이 아니라, 나아가 기뻐하며 찬송한다. 세상의 지위나 명예와 이익을 구하지 않는 인간은 처치(處置)하기 곤란하다 하였다. 하물며 여기서 한 걸음 더 나가 약한 것과 능욕(陵辱)과 궁핍까지도 만족하며 감사하는 인간이야말로 손댈 수 없는 인간이다.

바울은 개선가를 불러 이르되, "다만 이뿐 아니라 우리가 환란 중에도 즐거워하나니 이는 환란은 인내를, 인내는 연단을, 연단은 소망을 이루는 줄 앎이로다"(로마서 5:3-4). 그리스도를 믿는 신앙의 발효(醱酵) 작용을 거치면 환란도 오히려 이렇게 달콤한 것으로 변화할 수 있다. 하물며 각자의 받은 것을 의식하지 못하면서 한없는 탐심에 예속되어야 할 것인가. 족함을 알아야 할 것이다. **(1941년 1월)**

이성 존중

주로 감정에 호소하는 종교는 그 전파가 넓고 빠르며, 주로 이성을 깨우려는 종교는 그 전파가 심히 좁고 더디다. 그러나 전자는 옅은 것이 그 특색이요, 후자는 깊은 것이 그 품격이다.

우리의 신앙은 본래 이성에 치우친다는 평을 들었으나 오늘날 교회 안팎에 무당 같은 성신(聖神) 내린 무리가 횡행하며, 이성의 규범을 이탈한 신사 숙녀의 언설(言說)이 디글디글한 때를 당하여 우리는 더욱 이성 존중으로 치우치고자 한다. 기독 신자가 되기 전에 우선 이성의 정상과 교양 함양에 힘쓸 것이다. 이성이 왜곡된 곳에는 신앙도 구원도 없느니라.

(1942년 1월)

본문 해설

　"제자 된 자의 만족"은 성공하는 삶이 아니라 예수님을 따르는 삶이 참된 제자의 길임을 말한다. 외형의 크고 화려함이 성공이라면 스데반도, 바울 사도도 성공한 사람이 아니었다. 스데반은 돌에 맞아 젊은 나이에 순교하였고, 바울 사도는 말년에 옥중에서 쓸쓸한 시간을 보냈다. 그러나 바울 사도는 "나는 선한 싸움을 싸우고 나의 달려갈 길을 마치고 믿음을 지켰으니, 이제 후로는 나를 위하여 의의 면류관이 예비"되었노라 하면서 승리의 찬가를 불렀다. 참된 성공이란 순교의 길을 간다고 해도 하나님의 나라와 의를 이루는 일이다. 진리를 배우고 진리에 살아가면 실패도 성공이요, 십자가도 성공이다."

　우리는 지금 외적이고 물질적인 화려함과 높음과 부요함과 영광을 추구하는 세상을 살고 있다. 성도와 교회 역시 이 흐름에서 벗어나지 못하는 경우가 많다. 그 결과 한때 교회가 크게 융성하는 것 같았으나, 지금은 외적인 성공과 화려함에 환멸을 느낀 백성들이 교회로부터 고개를 돌리고 있다. 믿는 이들 가운데서도 신앙은 가지고 있으면서도 교회는 출석하지 않는 이른바 '가나안 교인'이 증가하고 있다. 이러한 시대에 선생의 음성은 큰 울림으로 다가온다. 예수님처럼 십자가의 길을 가고 바울 사도처럼 말년에 감옥에서 쓸쓸한 죽음을 기다린다 해도 진리를 따르고 하나님 나라와 그 의를 이루는 것이 참된 성공이요 제자 된 자의 만족이다.

　"벗에게 고함"은 진리 안에서의 친교와 인간관계를 말하는 글이다. 그는 하나님의 말씀을 묵상하고 증거할 때 친우들의 신앙에 조화하고 그들의 기대에 맞추는 일을 하지 않았다. 그것이 "경애하는 친우· 형제· 자매를 향하여 가장 가혹한 절연장"이 된다 해도 오직 진리의 표적을 향하여 발사할 뿐이었다.

우리는 지금 인간관계에 얽힌 세상을 살고 있다. 인간관계와 조직의 필요성과 효용성을 완전히 부인할 필요는 없을 것이다. 그러나 그 인간관계 때문에 바른길 가지 못하고 잘못된 길로 빠지는 어리석음을 범하지 않아야 한다. 선하고 좋은 일도 인간관계를 통해서 나타나지만, 악하고 나쁜 일도 인간관계를 통해 다가온다. 그러므로 복 있는 사람은 악인들의 꾀를 따르지 아니하며 죄인들의 길에 서지 아니하며 오만한 자들의 자리에 앉지 아니하는 법이다.

"1934년"은 한 해를 마무리하고 새해를 맞이하면서 하나님의 은총에 감사하고 그를 온전히 의지하는 신앙인의 온전한 믿음을 잘 보여 준다. 지난 한 해가 실패의 연속이요 부끄러운 일로 가득 차 있다고 해도 그 참담한 생활 중에 그리스도의 은총이 날과 씨가 되어 얽혀진 사실을 볼 수 있다.

우리 역시 뒤돌아보면 실패와 좌절의 아픔이요, 앞을 보면 두려움과 절망이 가득한 삶을 살고 있다. 이러한 때 나 스스로를 보지 말고 그리스도를 바라보아야 한다. 그러면 실패와 좌절의 과거 속에서 하나님의 은혜의 손길을 볼 수 있다. 암담하기만 한 미래 속에서 하늘로부터 임하는 소망을 간직할 수 있다. 그리고 매일의 따분하고 힘든 일상의 삶 속에서 참된 기쁨과 감사를 느끼게 된다.

"제1만 2천 일의 감상"은 하루하루의 삶을 최선을 다해, 거룩하게, 아름답게, 진리를 따라 살아야 함을 말하는 글이다. 선생은 태어난 지 1만 2천 일 되는 날 아직 젊은 제자의 부음을 들었고, 신실한 친구가 바르게 살기

위해 교직을 내려놓았다는 소식을 들었다. 그리고 출애굽기 20장 모세가
율법을 받는 장면을 읽었다.

이러한 경험을 통해 하루의 생명이 얼마나 소중한가를 깨달았고, 단 하
루라도 생명의 본질을 붙잡는 삶이 되기를 기도하였다. 지난 11,999일의
날이 패배의 날이었다 해도 주어진 단 하루를 "하나님이 만드신 본래의
인간답게 곧 하나님답게, 그리스도답게, 인색함이나 두려움 없이 또 옹졸
함이나 비굴함 없이, 부지런히 사랑을 라듐 광선처럼 발산하면서 의롭게
믿음으로 살았다고 한다면 후에 무슨 미련이" 없다고 하였다. "아침에 도
를 들으면 저녁에 죽어도 가하다"(朝聞道 夕死可矣)는 공자님의 말씀이 생
각나는 고백이다.

"망하면 망하리라"는 신앙인의 삶의 자세를 한마디로 잘 표현한 글이
다. 성경의 모든 위대한 인물들은 "망하면 망하리라"는 각오로 하나님의
거룩한 뜻과 진리의 깊은 바다에 몸을 던졌다. 동족의 생명을 구하기 위해
목숨을 건 페르시아의 왕비 에스더, 일가친척 고향 땅을 떠난 아브라함,
지팡이 하나를 들고 이스라엘 백성들을 출애굽의 길로 인도한 모세, 모든
"망하면 망하리라"는 일념으로 하나님의 손길을 믿고 의지하며 몸을 던졌
다. 콜럼버스, 루터, 링컨, 리빙스턴 등도 "망하면 망하리라"는 일념으로
역사에 몸을 던졌다.

"다만 망하면 망할지라도 의에 합당한 것, 하나님의 뜻에 합한 일이면
감행하고, 땅 짚고 헤엄치듯이 안전한 일이라도 불의한 것은 거절하는
것", 이것이 성도의 삶이요, 믿음의 길이다. 세상이 복잡하고 급변하다 보
니 꿈 많은 젊은이들도 안전한 길을 찾는다. 이 나라의 모든 똑똑한 아이
들이 모두 의사, 약사가 되려고 한다. 성도들도 신앙의 모험 정신을 잃었

다. 이러한 시대에 선생의 "망하면 망하리라"는 외침은 우리의 잠자는 심령을 흔들어 깨운다.

"시작이 절반"은 신앙의 시작과 결단이 중요하다는 것을 가르쳐주는 글이다. 동서고금을 막론하고 시작이 절반이라는 말을 쉽게 찾을 수 있다. 위대한 역사가 이루어지는 것은 위대한 첫걸음이 있었기 때문이다. 시작이 절반이라는 것은 신앙생활에서 더욱 중요한 원리이다. "마음에 그리스도를 믿고 입으로 고백하면 그는 벌써 구원에 참여한 것이다(로마서 10:10). '시작이 절반'일 뿐만 아니라 과연 '시작이 전부'이다. 우리가 최소한도의 일을 시작한다면 하나님은 최대한도의 일을 성취하여 주신다."
우리는 지금 너무 따지고 계산하는 시대를 살고 있다. 계산해 보아서 조금이라도 손해를 보거나 어려운 일이 있을 것 같으면 애초에 시작조차 하지 않는다. 젊은이들은 연애와 결혼을 시작도 하지 못한다. 영혼 구원을 위한 전도와 하나님 나라와 그 의를 세우는 일을 시작도 하지 않는다. 이러한 시대를 사는 우리에게 시작이 절반이라는 선생의 권고는 우리에게 용기와 소망을 준다.

"신앙의 보통과 특등"은 믿음의 길에 들어선 자는 보통의 신앙, 형식적이고 평범한 신앙에 머물지 말고 최고의 신앙을 가져야 한다고, 권면하고 격려한다. 평일에 각자의 삶의 자리에서 하나님 나라와 그 의를 이루기 위해 피땀 흘리며 수고하는 특등의 신앙을 가진 성도를 찾기 어려운 시대이다. 주일에 교회에 와서 예배드리는 것 하나를 제대로 하지 못하는 보통도 되지 못하는 신앙인이 주변에 가득하다. 자식들의 신앙생활 하는 모습을 보면 "자식의 불신과 불량의 책임은 직접 그 부형의 불신에서 기인하므로 반성해야 한다"는 말에 부끄럽지 않은 사람이 몇 사람이나 되겠는가?

이 글을 읽으면서 나태하고 안일한 우리의 신앙, 보통의 신앙도 되지 못하는 신앙을 돌이켜 반성하게 된다.

"질그릇에 담은 보화"는 우리 성도가 연약하고 보잘것없는 질그릇에 불과하지만, 그 안에 하나님의 영, 예수 그리스도의 은혜라는 보화가 담길 때 강하고 빛나는 그릇이 된다고 하였다. 우리는 지금 부와 지위, 지식과 학벌, 인적 자본, 인기와 명예 등과 같은 그릇에 모든 관심을 기울이며 살고 있다. 이러한 포장과 껍질이 전혀 불필요한 것은 아니다. 그러나 그 속에 참된 믿음, 예수 그리스도의 은혜, 성령의 열매와 같은 보화를 담고 있지 않다면 세월의 흐름에 녹슬어 버리는 헛된 것에 불과하고 말 것이다. 이글의 결론처럼 "우리는 질그릇 된 것을 염려할 것이 아니라 보화 담을 일에 힘"쓰는 자가 되어야 하겠다.

"러시아인의 교양"은 질병과 가난 등으로 극심한 고난에 시달리는 이를 위로하고 격려하는 글이다. 러시아의 위대한 인물들이 옥중 생활과 유형 중에 인격을 도야하고 교양을 쌓아 오늘에 이른 것처럼, 병과 가난에 매인 삶을 주님의 교안으로 알고 잘 이기라고 격려하였다.

지금 우리 시대에도 가난과 질병에 시달리는 이들이 많이 있다. 병과 가난 이외에도 능력주의와 경쟁. 양극화와 불평등의 시대에 수많은 좌절감을 느끼며 절망하는 젊은이들도 많이 있다. 그러나 저들의 어려움이 심히 크고 무겁지만, 착취와 절망의 식민지 시대, 의료보험과 사회보장이 전무한 시대에 질병과 가난에 시달리던 이들과 비교하면 그 형편이 최악인 것은 아니다. 우리 시대의 어려움이 바울의 광야 생활, 모세의 미디안 생활과 같은 하나님의 교안임을 알고 스승 되신 주님을 바라보며 용기를 내어 일어나도록 하자.

"헬렌 켈러"는 1937년 조선 땅을 방문한 헬렌 켈러를 직접 만나 본 감상을 적은 글이다. 우리에게 헬렌 켈러는 "나에게 3일만 볼 수 있다면"이라는 글로 익숙한 인물이며 3중 장애를 극복한 위대한 위인의 반열에 있다. 그러나 김교신과 당시 사람들에게 헬렌 켈러는 살아있는 삶의 현실이었다. 식민지 백성은 가난, 억압, 절망이라는 3중고에 시달리고 있었다. 이러한 때에 식민지 조선을 방문한 헬렌 켈러는 겉으로는 장애인의 위로와 격려가 목적이었지만, 속으로는 식민지 백성들에게 소망을 주는 것이 목적이었다.

선생은 헬렌 켈러의 입을 통해서 자기의 말을 하고 있다. "나의 유일한 소원은 세계 평화와 동포애입니다." "가장 불행한 사람은 눈 뜨고도 바른 대로 볼 줄 모르는 사람입니다." "보고 들을 수 있는 것에 감사하는 것은 하나님께 감사하는 것이요 주님의 영광을 드러내는 일입니다." 경제는 성장하여 3만 불 시대를 살고, 우리가 원하는 지식을 GPT가 불과 몇 분 만에 유려한 문장으로 만들어 주는 세상을 살고 있지만, 영적으로는 눈멀고 귀가 막힌 삶을 사는 이들이여 헬렌 켈러와 선생의 간절한 외침을 들으라!

"송구영신"은 한 해를 마무리하고 새해를 맞이하는 소감을 쓴 글이다. 그는 상투적으로 쏟아내는 지난해의 '감사'와 다가오는 해의 '희망'의 선포를 부정한다. 지난 한 해 회고하면 감사보다는 숨 막히는 한 해였고 새해를 바라보면 하나님의 존재하심을 의심할 만큼 절망감이 든다. 나타나 보이는 세계에 관한 한 감사도 희망도 가질 것이 없다.

그러나 속사람을 보면, 영원한 세계를 바라보면 어떤 상황에서도 감사와 소망을 가질 수 있다. 우리는 지금 겉 사람, 외형, 나타난 현실에만 몰두하는 지극히 세속적이고 물질적인 삶을 살고 있다. 이러한 삶을 사는 한 감사와 희망을 간직할 수 없다. 속사람과 영에 속한 일과 영원한 세상을 바라봄으로 감사로 오늘 하루를 마무리하고 소망으로 새날을 맞이하자.

"사실이라면"은 어느 신실한 장로님의 임종 소식을 듣고 감동 가운데서 쓴 소감문이다. 「성서조선」의 한 독자의 아버지 되시는 장로님께서 당당하고, 두려움 없이, 평안하게, 감사와 희열 가운데 삶을 마치셨다. 이 소식을 들은 선생은 이것이 사실이라면 우리는 세상의 모든 걱정과 근심 두려움을 능히 이길 수 있다고 외친다.

한 신실한 장로의 승리는 육신의 죽음에 대한 승리를 넘어서 영적인 승리요, 세상에 대한 승리이다. 일제 치하의 암울한 현실에 대한 승리이기도 하다. 죽음에 대한 승리는 이 세상 모든 것에 대한 승리이다. 세속화가 극에 이른 세상을 살고 있는 우리는 죽음을 이기고 영생으로 들어가는 길을 잃어버렸다. 이러한 시대를 맞이하여 한 장로님의 죽음에의 승리 이야기는 우리에게 한없는 위로와 소망을 준다.

"우리의 할 일"은 동료요 「성서조선」 독자인 한 친구의 편지를 통해 기독 신도의 직업과 사명에 대해서 말하는 글이다. 이 편지를 쓴 사람은 상당한 교육을 받고 재능을 갖춘 젊은이였다. 그는 지금 본가에서 농사를 짓고 있지만, 자신이 해야 할 일을 찾는 중이다. 그에게 있어서 중요한 것은 신앙과 생활과 사업의 독립을 하는 것이며, 복음을 전하고 예수를 증거하는 일이다. 이것이 가능한 일이라면 농사를 짓든 교사를 하든 그 어떤 일이라도 하겠노라고 하였다.

우리는 지금 특별한 능력도 없으면서 높은 자리, 돈 많이 버는 일에만 관심 기울이는 세상을 살고 있다. 교회가 침체되면서 복음 전하는 길, 목회자의 길로 나서는 젊은이들도 많이 줄어들었다. 이러한 때를 맞이하여 기독 신도의 직업 선택의 기준은 간단하다. 생활의 독립을 이루고 복음을 전할 수 있다면 어디든 가는 것이 성도의 직업관이다.

 "성도의 릴레이"는 히브리서 11-12장에 근거한 믿음의 경주에 대한 글이다. 신앙의 길은 릴레이 경주와 같다. 아벨에서 시작한 경주는 에녹, 노아, 아브라함, 모세 그리고 초대교회 성도들에게까지 계속 이어져 왔다. 그리고 지금 우리도 믿음의 선조들이 전해 준 배턴을 들고 달려가고 있다. 지금 이 글을 쓰는 필자는 나보다 55살 더 나이 먹은 김교신 선생에게 배턴을 물려받아서 나보다 50살 아래의 어린이와 학생들에게 배턴을 전해 주고 있다.

 믿음의 경주는 나 혼자 달리고 끝나는 100미터 단거리 경주가 아니다. 수많은 세대를 이어가는, 인류의 역사와 함께하는 장거리 릴레이 경주이다. 이미 경주를 마친 선조들은 응원석에서 우리를 응원하고 있다. 아직 경기장에 들어오지 않은 수많은 우리의 후손들이 경기장 밖에서 기다리고 있다. 비록 지금까지 잘 달리지는 못했어도 믿음의 배턴을 땅에 떨어뜨리지 않고 우리 후손들에게 잘 전해주어야 하지 않겠는가? 경기장의 환호에 취해 배턴을 전달하는 일에 소홀한 이른바 금메달 선수라 지칭하는 이들의 딱한 모습을 보면 한숨이 나온다. 그들의 금메달은 천국 시상대에서 빛을 잃을 것이다. 그리고 비록 잘 달리지는 못했지만, 믿음의 배턴을 후손에게 잘 전해준 사람은 금메달보다 더욱 값진 은혜의 메달을 받을 것이다.

 "계단적 생애"는 인간의 최고 단계 발달 과업이 복음 전파임을 말한다. 공자님은 나이에 따라 인생의 단계를 말하였고, 인간은 신체의 성장 과정에서 다양한 발달 과정을 겪는다. 모세는 3단계 인생을 살았다. 선생은 크리스천의 세속 정년을 40세로 하고 나머지 기간 동안에는 오직 천국 사역에만 힘쓰며 살기를 제안한다. 지금 우리 시대에 세속 정년을 40세로 하자는 주장은 실행하기 어려울 것이다. 그러나 인생길의 단계를 정하고 출애굽 시대의 모세처럼 마지막 단계는 오직 전도와 복음 사역에만 힘쓰자는 말은 여전히 유효하다.

요즈음 노년의 보람 있는 삶에 대한 논의가 한창이다. 60대 취업자의 수가 20대 취업자 수를 넘어섰다는 소식도 들린다. 성도 수가 줄어들고 교회가 약해지는 시대를 맞아 선생의 주장대로 세속 정년을 60세로 하고, 나머지 기간은 전도자로 사는 것도 귀한 일인 듯하다. 능력 있고 똑똑한 성도들이여, 그동안 받은 은혜 기억하면서 60세부터는 전도자의 길을 가보자. 그러면 젊은 시절부터 세속의 일을 하면서도 평생 전도자로 살다가 세상을 떠난 선생을 천국에서 만날 때 조금이라도 미안한 마음을 내려놓을 수 있을 것이다.

"지족(知足)"은 일제 말 힘들고 어려웠던 시절 선생이 붙들었던 절대 감사와 믿음의 길을 보여주는 글이다. 행복은 새로운 것을 탐하는 데서 생기는 것이 아니라 이미 얻은 것을 인식하며 만족하는 것, 곧 지족에 있다. 바울 사도는 무엇이든지 만족하는 자요, 감사의 재료로 소화하였다. 만족에 그치지 않고 기뻐하며 찬송하였다. 선생은 역사의 어둠이 짙어 눈앞도 보이지 않던 시절 바울 사도를 본받아 지족함으로 환란을 이기고자 하였다.

우리는 지금 부풀어 올라 터지기 직전의 욕망으로 인하여 고통과 좌절을 경험하고 있다. "욕망이라는 이름의 전차"가 멈추지 않으면, 개개인의 삶과 우리 사회가 탈선할 수 있는 위기 가운데 있다. 이런 때를 맞이하여 일제 말의 어둠과 환란을 지족으로 극복하고자 했던 선생의 신앙 태도는 우리 모두를 바르게 이끄는 길잡이가 된다. 절제되지 못하는 욕망은 재갈을 물리지 않은 말과 같아서 결국 파멸하고 만다. 지족으로 욕망을 재갈 물리고 감사함으로 환란 중에서도 기뻐할 수 있는 복된 성도가 되자.

"이성 존중"은 일제 말의 암울한 상황에서 영적으로는 신비주의가 난무하고, 사회적으로는 일제에 부역하며 억지 주장을 펴는 이들을 질책하는 글이다. 구체적인 내용을 밝힐 수 없는 시절이었기 때문에 "이성의 규범을 이탈한 신사 숙녀의 언설이 디글디글"하다는 말로 그쳤다. 그러나 속 내용을 살펴보면, 신사참배의 억지 주장, 학도병 동원 연설, 친일 연설과 문예 활동 등이 다 여기에 해당한다. 이성 존중이라는 말속에는 종교적 신비주의에 대한 경계의 음성도 들어 있지만, 당시의 상황에서 볼 때 지성과 논리가 왜곡되고 타락한 정치와 사회 현실에 대한 비판의 음성이 들어 있다.

우리는 지금 책임은 없고 자유만 있어 방종에 빠져 버린 언론, 내로남불의 팬덤 정치, 진실보다는 조회 수가 더 중요한 유튜브 방송, 혹세무민(惑世誣民)의 이단(異端) 등이 난무하는 세상을 살고 있다. 이러한 시대에 선생의 이성 존중의 신앙이 더욱 필요하다. 전문가의 탈을 쓰고 진리를 훼손하는 지식인, 진보든 보수든 극단의 자리에서 자기편 팬덤의 입맛에 맞는 논리를 펴는 사람들, 거짓 뉴스를 의도적으로 생산하는 사이비 언론인들은 김교신의 '이성 존중'이라는 피 끓는 부르짖음에 귀를 기울여야 할 것이다.

생활과 삶

제 3 장

슬픈 대조

　근래 장안성(서울) 안에 사는 어떤 점잖은 사업가가 그 어머니의 회갑 잔치를 열어 전후(前後) 1주간에 걸쳐 서울과 지방에 사는 각계각층의 사람들을 초청했다고 한다. 20세기 스피드 시대인 오늘, 더구나 비상시 국민으로서 있을 수 없는 사실이라고 의아해하였다. 이 일에 뒤이어 한 학부형이 고희(古稀)의 칠순(七旬) 잔치를 베풀어 자식의 교사들을 초대한 것은 잔치를 연 지 5일째의 순서였고, 교사들 다음에 초청받을 또 다른 그룹의 손님들도 남아 있다고 하였다.

　아무리 보아도 태평 5백 년의 긴 꿈[장한몽(長閑夢)][1]에서 깨지 못한 백의민족 노인들의 망령이신 줄로 여기고자 하였다. 그런데 이번에는 도쿄 유학 중인 어떤 대학생이 여자고등보통학교를 졸업한 신여성과 결혼하는데, 길일을 택한 결과로 5월에 장가들고 9월에 시집갈 터이니 우리도 그 경사에 참석하라는 것이다. 그는 결혼하기 위하여 신학기의 반을 결석하였으니 이왕이면 하계 방학까지 보내고 결혼식의 후

---

[1] 장한몽은 버사 M. 클레이가 쓴 대중소설 Weaker than a Woman을 번안한 일본 작가 오자키 고요의 장편 『곤지키야사』를 번역한 이중 번안소설이다. 조중환이 이수일과 심순애의 사연으로 번안하여 1913년 매일신보에 연재하였다. 학생 신분의 젊은 남녀가 등장하는 새로운 풍속도를 보여주었다. 이 작품은 돈과 사랑의 이분법, 유혹과 배신의 인간상, 욕망에 사로잡힌 인물형 등을 조명하여 근대소설의 선구적인 지위를 차지하였다. 김교신은 이 소설에 등장하는 헛된 욕망과 허례허식의 칠순 잔치를 벌이는 노인의 모습 모두를 비판적으로 바라보고 있다.

반사까지 마친 뒤에 가을바람 선선한 시절에 유유히 다시 학창을 찾을 심산인지는 알 수 없는 일이며 또한 그럴 듯한 일이라고 할 수밖에 없다. 대학에 가서 공부하는 일을 병역에 징집되는 일같이 안다면, 모세율법에 따라 신혼 후 1년간 종군 유예의 특전을 얻을 수도 있을 것이다.

이런 일을 당하여 연상되는 것은 우리 조선 학생들이 많은 신세를 지면서 영어를 수업하던 도쿄 세이소쿠 영어학교(正則英語學敎)의 전직 교장 사이토 히사부로(齋藤秀三郎) 씨의 시간관념에 대한 일이다. 그가 '정확한'(punctual)이라는 단어를 설명할 때는 각별한 열기를 띠었거니와 그 자신의 생활 전체가 그 단어를 잘 설명해 주었다. 말년에 그가 영어 문전(文典)과 대사전의 완성에 힘을 기울이면서 일생을 회고하여 탄식하는 말이 "6명의 자녀 결혼식 때문에 평생에 6일을 허비하였다"였다. 이 위대한 영문법 선생에게서 전치사 연구와 에머슨의 논문집, 칼라일의 『의상철학』 강의를 수년간 들은 것이 과연 지식적으로 얼마나 나에게 남았는지 자세히 모른다. 그러나 그 1분 1초도 쭉정이 없이 귀하고 중하게 살던 자를 가까이서 보았던 일은 영구한 교훈으로 남아 게으른 자를 일으키게 한다.

높고 원대한 이상적 이론이나 심오한 종교적 진리의 문제가 아니더라도 이해할 수 없는 일이 많이 있다. 시간관념 같은 것이 그 하나의 예이다. 환갑잔치에 1주일을 낭비한 인간과 한평생에 6일 허비한 것을 후회하는 학자와는 비록 동시대에 같은 대기를 호흡하고 산다고 해도 저들은 전혀 서로 통할 수 없는 다른 세계에 있는 사람들이다. 선지자는 고향에서 용납되지 않는다고 하나, 그것은 반드시 그가 크게 성공하여 평범한 사람이 그를 이해하지 못한다는 의미는 아니다. 극히 간단한 일, 즉 "시간이 귀중하다"는 이 한마디 말을 이해하는 자가 없어 본의 아니게 선지자가 되고 마는 것이다. 안타까운 일이다!

죽은 시간을 낭비하는 자는 살았어도 죽은 자와 같으니 아무리 친분이 있고 혈연이 있다고 한들 죽은 자와 산 자가 어찌 서로 통할 수 있으랴. 가까워도 그렇고 멀어도 마찬가지로 "너와 내가 무슨 상관이 있느냐"(요한복음 2:4)이다. 현대 청년 남녀들이 무신론(無神論)을 주장함에 용감한 것은 과학적 교양을 쌓아서 그렇다고 하건만, 대학 교육을 받은 청년이 점술가가 택일한 대로 아내를 얻느라 반년을 허송하니, 오호라 과학 지식이여! 그러나 기뻐하는 자와 함께 기뻐할 줄 모르고 참지 못하는 우리가 변덕쟁이인가. 이것도 역시 쓸데없는 흥분인 줄 알건만.

(1934년 6월)

사실이라는 말

10여 년 전 여름 방학 중에 생긴 일이었다. 4, 5인의 친구가 약 5, 6킬로미터 되는 지점까지 동행하기로 결의하고 출발하였다. 특별한 용무가 있는 것은 아니나 신앙의 벗을 심방한다는 것을 공동 목적으로 하고 산보를 겸하여 떠났다. 그러나 여름의 구름이 여러 모양의 봉우리를 이루면서 구름과 안개가 낮게 깔리기 시작하자 일동은 중도에서 다시 상의하게 되었다. 그냥 행진할 것인가 혹은 돌아갈 것인가. 가자는 이와 중지하자는 이가 서로 양보하지 않고 있을 때 그 가운데 한 명이 분명히 말하였다. "일단 작정하고 떠난 걸음인데, 중도에서 가고 안 가고를 다시 논하다니 이것이 믿는 사람의 일이냐"라고. 그러고는 자기 혼자 수풀 속으로 들어가 버리고 말았다. 우리는 그의 고집불통을 비웃으면서도 어딘지 두려운 생각을 금치 못하였다. 그는 신자끼리 농담하는 것도 죄악시하였다. 이제 10여 년을 지나서야 겨우 그의 언행 한 자락이 알려지는 듯하다.

기독교는 사실(事實, fact)의 종교라 함을 듣고 그 뜻을 깨달은 줄로 자긍하였더니, 오늘을 맞아 생각하면 어제까지의 이해가 부족하였던 것을 다시 깨닫게 된다. 흔히 사실을 '엄연한 사실'이라고 말하나 '엄연'이라는 것이 어디까지 '엄연'하다[2]는 뜻인지는 과연 측량할 길이 없다.

---

2 엄연(儼然)하다: 사람의 겉모양이나 언행이 의젓하고 점잖다. 어떠한 사실이나 현상이

이것을 아인슈타인의 상대성 원리에 근거하여 형상적으로 표현하면, 광선보다 더 빠른 우주선을 타고 날아가면서 보면 우리의 출생 후의 일거수일투족까지 역력히 찾아볼 수 있다는 것으로 설명할 수 있을까. 형이상학적으로 보아도 우리의 언행이란 것은 영원무궁토록 소멸되지 못하는 것이라 한다. 하물며 무형한 도덕적 엄연이야 더 말할 여지가 있으랴.

그러므로 인간의 언행은 간단명료하고 솔직할수록 귀한 것이다. 암시적 화술이나 연극적 행동 같은 것은 무릇 엄연한 인생관을 따라서 살고자 하는 이가 취할 바가 아님은 물론이다. 예컨대 친밀한 이와 관계를 끊어야 한다면, 이는 한 국가로 비하면 어전 회의에서 국가의 존망을 결의하는 것과 마찬가지이다. 일단 관계를 끊으면 천추만대(千秋萬代)라도 한 하늘 밑에서 더불어 살 수 없는 이유와 비장한 결심이 갖추어져야 할 것이다. 인간 세상에서 혹시 인연을 끊는 행사도 피치 못할 일이라면 엄연히 행해야만 한다. 그저 함부로 한쪽의 기분에 따라 상종하고 싶으면 청하고, 그렇지 않으면 당분간 절연한다는 식의 인간 유희에 우리는 분노를 금치 못하는 자이다. 한 개인의 체면 문제가 아니라 인생을 농락하는 짓을 차마 볼 수 없다.

예수가 동정녀에게 성령으로 잉태되어 구유에 나서 광야에서 시험받고 십자가에서 죽어 사흘 만에 부활했다 함은 유희가 아니요, 연습이 아니요, 연극이 아니었다. 실전이었다. 세상이 이해하든지 못하든지 엄연한 사실이었다. 요점은 친구와 사귀는 문제가 아니라 기독교를

부인할 수 없을 만큼 뚜렷하다(표준국어대사전).

이해하는 문제이다. 예수의 언행에 농담이 있고 연극이 있었다면 내가 디디고 서 있는 땅이 파멸되는 일이요, 우러러볼 우주가 무너지는 일이다. 이런 까닭에 사실의 엄연을 주장할 때 우리는 목숨을 걸고 하지 않을 수 없다. **(1934년 6월)**

단독(單獨)

새 학년이 돌아올 때마다 약 8백 명의 천진한 아동이 1백 명의 좌석을 놓고 경쟁하는 광경을 목격한다. 서울과 지방을 막론하고 아동의 아버지나 어머니 혹은 형님이나 누님이 한 사람에 한 명씩은 따라왔건만, 수험표를 가슴에 품은 학동(學童)이 갈 곳과 보호의 소임을 맡은 부형(父兄)이 설 곳은 서로 경계가 다르다. 아동은 이중·삼중의 점호와 검열을 마친 뒤에 뛰는 가슴을 진정하면서 인생에서 처음 당하는 입학시험에 합격하려고 격심한 경쟁을 시작하였는데, 교정에 모인 부형들은 오랜 시간 우두커니 서서 기다리며 멀리 관악산을 바라볼 뿐이다.

짐작건대 저들 보호자 중에는 완력으로 되는 일이라면 1백 명, 1천명의 장부를 두려워하지 않을 용사도 있을 터이요, 금력으로 되는 일이라면 천금(千金)도 오히려 많지 않다고 할 부자도 있을 것이다. 그래도 시험만은 어리고 약한 학생 스스로의 힘으로 싸워 7명을 이겨야만 제 운명의 첫 번째 관문을 통과할 수 있다. 아버지의 힘찬 팔뚝과 누나의 뜨거운 가슴도 수험장에 앉은 학생에게 털끝만 한 도움도 줄 수 없다. 실내에서 애써 싸우는 수험생과 실외에서 염려하는 학부형을 대조하여 헤아릴 때, 감독하는 교사의 가슴에 흐르는 감동의 눈물은 강같이 흐른다.

5세 되는 소녀가 사람마다 일생에 한 번씩 당하는 홍역에 걸려 1주일 지날 때부터 열이 더하여 40도를 오르내리며, 맥은 일정치 않고 1백 회가 넘게 되었다. 숨소리가 높은 데다 기침까지 토해내는 광경을 부모가 차마 보고 앉아 있을 수 없다. 의사의 지시에 따라 할 수 있는 조력을 다 하고자 하나, 찬 수건을 머리에 대는 일과 체온과 맥박을 기입하는 일 외에 아이의 숨 한 번 늦추어 줄 수도 없고, 기침 한 번 대신해 줄 수도 없다. 아이의 몸은 불덩이같이 되어 매 순간 격렬한 싸움(激戰)의 연속인데, '속수무책'(束手無策)이라고 한들 이렇게 속수무책일 수 있으랴.

그러나 사람이란 누구나가 일평생에 몇 번씩은 이러한 난관을, 단독으로 싸워야만 하는 난관을 통과하고 살아야만 한다. 인생의 프로그램을 이렇게 작성하신 이의 거룩한 뜻에 생각이 미칠 때, 우리는 무능과 염려를 회한(悔恨)하기보다 인생의 고귀함과 엄숙함 그리고 하나님의 지극하신 사랑의 보좌 앞에 있음을 깨닫게 되었다. 아이의 누운 자리를 지키면서 우리는 속삭였다. "싸워라 아가, 홀로 싸워라. 너는 다시없는 소중한 인생인 까닭이다. 주여, 당신은 크십니다. 진정입니다. 어리고 약한 자도 각기 단독으로만 싸우게 하셨으니 당신은 감사와 찬송을 받으소서."

주 그리스도가 40일 낮과 40일 밤을 광야에서 시험받을 때 단독(單獨)이었고, 그 십자가가 또한 단독이었다. 단독은 원하는 바가 아니나 인생에 단독은 불가피한 듯하며 또한 인생에서 가장 고귀한 것은 단독으로 당하는 일에서만 얻을 수 있는 듯하다. 우리가 병환으로 인하여 친족에게 버림을 당하고, 빈곤으로 인하여 친구를 잃으며, 불리한 사업을 시도하여 협력자의 배반을 당할 때 그 자리가 아니고는 받을 수 없는 진리의 잔이 넘침을 본다. 그리하여 나중 심판의 자리에도 통역 없이, 변호사 없이 오직 중보자인 예수와 함께 단독으로 서리라.

(1934년 7월)

담뱃대〔연죽(煙竹)〕

사실인지 보증하기는 어려우나 어렸을 때 들은 말이다. 러시아인들이 조선인의 담뱃대를 해부하였다는 것이다. 대체로 문명 선진 국민들은 무장한 군대가 앞장선 뒤에 상인이 따라가거나 혹은 개개인이 권총이나 그 밖의 호신용 무기를 몸에 지니고서 외국 영지 특히 시베리아같은 황야에 들어서는 법이다. 그런데 조선인만은 무장한 조직체의 지원과 보호가 없을 뿐만 아니라, 그 몸에 아무런 호신 용구도 지니지 않고 다만 담뱃대 하나씩만 들고 혈혈단신 만주와 시베리아의 넓은 들을 횡단하고 활보하였다. 이 모습을 보고 그 담뱃대 속에는 반드시 비상한 장치가 있을 것이라고 짐작하였다 한다. 평상시에는 담뱃대로 사용하나 일단 위급한 경우에는 그 속에서 6연발 혹은 10연발의 탄환도튀어나올 수 있게 되어 있기에 저 담뱃대 하나만 지팡이처럼 흔들면서송화강을 오르내리고, 바이칼호를 넘나드는 것이 아니냐고 추측했다한다.

서양의 활동사진을 한 번이라도 본 일이 있는 사람은 러시아인들에게 이만한 상상력이 있는 것이 그다지 기특한 일이 아님을 알 수 있다. 그러므로 그들은 예리한 칼로 담뱃대 하나를 해체하여 물뿌리·대·대꼭지의 세 부분을 세밀히 검토하여 보았다. 그러나 예상하였던 발사 장치는 기어이 찾아볼 수 없고, 오직 악취 가득한 니코틴만이 대 속에차 있음을 발견하였을 때 자못 놀라서 얼굴이 하얗게 되었더라고 했다. 듣고 다시 생각하면 과연 백의민족들의 선천적 대담성도 놀랄 만한 점이 있음을 스스로 깨닫게 된다. 우리의 무심한 담뱃대는 오랫동안 러시아인들에게 한 가지 수수께끼가 되었다.

그러나 수수께끼는 담뱃대에 국한된 것이 아니다. 우리의 친구 중에 의식(衣食)을 위하여서가 아니라 의식을 위함이 아니기 때문에 농촌에서 야학 혹은 강습회를 개최하는 이가 있다. 5, 6명을 모아 시작한 것이 50, 60명이 되고, 2, 3백 명의 아동 단체가 되며, 움집 같은 양조업자의 빈방을 빌려서 시작한 것이 두 칸, 세 칸도 좁아서 나중에는 시멘트 가루와 횟가루를 사용한 건물을 건축하는 데까지 피땀의 공으로 성취하여 놓으면 그제야 세상이 주목하고 감독관청이 간섭하기 시작한다.

기본 재산이 날 데 없고, 아동의 부담이 거의 없는데도 이만한 발전이 되어 가는 것은 오직 그 교사의 열성에서 기인하는 것이 분명하다. 경제적 조건이 부족하고 사회적 인식도 향기롭지 못한 일에 그와 같은 열성이 어디에서 나는가? 이는 필연코 무슨 주의를 선언하는 자일 것이고, 그렇다면 그 교사는 '위험인물'이다. 이와 같은 삼단논법으로 러시아인들의 연죽관(煙竹觀)이 곳곳에 횡행한다. 「성서조선」같이 계산이 맞지 않는 사업을 경영하는 것도 역시 많은 사람에게는 백의민족의 담뱃대 같다. 그러나 세밀히 해부한 결과 '십자가를 우러러보는 죄인'이라는 니코틴(신앙)밖에 그 속에 아무것도 없음을 볼 때 러시아인들같이 저들도 대경실색할 것이다. **(1934년 9월)**

포플러나무 예찬

낙락장송의 우거진 모습이 장하지만, 우리가 백설(白雪)이 하늘과 땅에 가득(滿乾坤)할 때 홀로 푸르름을 드러낼(獨也靑靑) 만한 의열(義烈)의 지사가³ 아님을 어찌하랴? 구름 끝에 우뚝 솟은 거대한 은행나무가 좋은 경치이기는 하지만,⁴ 인의(仁義)의 기반을 세운 공자님을 경원하는 생각이 앞서는 것을 어찌하랴? 매화와 대나무가 귀엽지만 시인과 묵객의 취흥을 해칠까 두려우니, 차라리 우리는 시냇가에 줄을 지으며 혹은 고성(古城)에 외로이 솟은 포플러나무를 우러러보고자 하노라.

포플러나무는 하늘을 향하고 산다. 인간 살림에 세력 투쟁이 있고 국가 생활에 영토 확장의 야망이 없을 수 없다. 이와 마찬가지로 무릇 거대한 수목(樹木)은 그 나무의 힘을 널리 옆으로 펼치게 된다. 그리하여 일장공성 백골고(一將功成 百骨枯)⁵라는 셈으로 거대한 나무의 광활한 가지와 잎이 마음대로 무성하게 자라기 위하여 그 전후좌우에 있는

---

3 단종 복위를 꾀하다 39세의 나이로 처형된 사육신 중 한 명인 성삼문의 시조, "이 몸이 죽어가서 무엇이 될꼬 하니 봉래산 제일봉에 낙락장송 되었다가 백설이 만건곤할 제 독야 청청하리라"에서 인용.
4 공자가 은행나무(혹은 살구나무) 아래서 제자들을 가르쳤다는 데서 유래함. 성균관에 은행나무가 있는 연유이다.
5 한 명의 장수가 나기 위해서 1백 명의 군사가 죽는다는 뜻으로, 하나의 거대한 나무가 있기 위해서 주위의 많은 풀이 희생당한다는 의미이다.

만 가지 풀이 고갈을 당하고야 만다.

하지만 오직 포플러나무는 횡(橫), 즉 옆으로 세력을 벌리려 하지 않고, 종(縱)으로 하늘을 향하여 자라고 또 자라기만 한다. 그 곧은 나무줄기 및 수직으로 하늘을 향한 큰 가지와 작은 가지는 호렙산 아래서 축복하는 모세의 손인가, 겟세마네 동산에서 피땀 흘리신 예수의 팔뚝인가? 유한한 횡으로 살지 않고 무한한 종으로, 하늘로 사는 포플러야말로 고귀하도다.

포플러는 비애(悲哀)의 나무이다. 봄볕에 포플러의 새싹처럼 생명의 요동을 우리에게 보여 주는 것이 다시없으니 초봄의 포플러가 물론 좋다. 나무와 풀이 무성하고(綠陰芳草) 꽃이 피는 시절 비가 온 후에 천지를 새롭게 하는 포플러의 시원함이 또한 더없이 훌륭하다. 그러나 포플러의 본색은 아무래도 가을빛에 비통(悲痛)함이 온몸 가득함에 있는 듯하다. 단풍의 붉음은 오히려 요염한 자태를 보이거니와 포플러의 노란 잎은 문자 그대로 처참한 신세를 표시한다.

고성에 외로이 솟은 포플러나무 하나가 비바람에 부대껴 큰 줄기와 가는 가지까지 꺼들렸다가는 풀리고, 휘어졌다가 다시 서는 광경은 또 어떤가! 늦가을(晩秋)의 석양을 노란 잎에 반영하면서 미풍에도 오히려 한 잎씩 떨어져 내리는 자태를 보라. 포플러의 줄기와 가느다란 가지에 온통 비통함을 머금은 것은 우리로 하여금 상복에 싸인 젊은 과부의 처지를 연상케 하거니와 그보다도 오히려 깊고 높고 넓은 비통함이다. 실로 천재 레오나르도 다빈치의 '비애의 사람' 예수의 초상(肖像)을 생각지 않고는 포플러 특유의 처참한 광경을 비기지 못하리라. 눈물의 예언자 예레미야의 한숨 소리 없이는 포플러나무를 차마 보지 못한다. 천하의 비통을 한 몸에 머금은 포플러와 인류의 비애를 한 몸에 걸머진 예수!

포플러나무는 지평선을 깨뜨린다. 호주에는 유칼립투스라는 키가 큰 나무가 있다고 하나 우리 주위에는 1백 척(尺)[6] 내지 1백 50척까지 하늘에 솟은 포플러가 우선 키 큰 나무다. 무릇 시기와 당쟁(黨爭)은 왜소(矮小)함에서 생긴다. 홀로 구름 끝에 두각(頭角)을 두고 미풍(微風)과 번갯불에 온몸을 진동하며 책망하는 이 없어도 스스로 뉘우치며 서 있으니 그 민감함, 그 고결함이여! 놀랍도다.

포플러는 그 줄기나 가지나 다만 곧은 것 외에는 볼 것이 없다. 기기묘묘한 곡절도 없고, 시선을 새롭게 할 만한 색채도 없다. 다만 푸르고 오직 곧고 긴 것뿐이다. 그러므로 수석을 즐기며 분재를 일삼는 이들에게 포플러는 하등의 취할 점이 없으나 우리에게는 오히려 그 취할 데 없는 점이 고귀하다. 곡예와 술책은 모두 다른 나무에게 구하라. 그리고 오직 순수하고 곧고 단순하고 명료한 것만 포플러나무에서 찾으라.

고색창연한 것을 찾는 이는 포플러나무의 새롭고 젊은 것이 못마땅하다 한다. 과연 포플러나무는 한반도에 새로 온 손님이니 그 이름을 양류(洋柳: 서양버들)라고도 하거니와, 포플러나무의 외관은 외래의 풍취가 없지 않고 경박한 가락이 전혀 없는 것은 아니다. 그래도 포플러가 늘어선 제방은 물난리와 바람의 재해를 면하였다는 징조이고, 서양

---

[6] 1척을 미터법으로 환산하면 약 30cm 정도 된다. 그러므로 100척은 30m, 150척은 45m 정도로 볼 수 있다.

버들의 푸른빛이 울타리처럼 둘러싼 동네는 신흥의 기운이 가득하다
는 증거이다.

국수주의(國粹主義)도 좋고, 전통도 귀하다. 그러나 푸른 이끼가 낀
기와 조각과 고분에서 나온 깨진 옥돌은 골동품 수집가나 고고학자에
게 맡기라. 생물은 새로울수록 그 생명이 왕성한 법이다. 소나무를 심
었던 것이 반도 강산이 벌거숭이가 된 하나의 원인인 줄 알았거든 이
제 소나무를 뽑고 세력 강성한 나무를 대신 심을 것이요, 오래된 줄기
가 노쇠하였거든 새싹을 접목하는 일이 지당하지 않은가. 옛것을 숭상
하고 낡은 것을 생각한들 죽은 껍데기만 남은 뒤에야 무슨 소용이 있
으랴.

고색을 자랑하는 불교도 가하고 전통을 숭상하는 유교도 금할 것이
아니나 문제는 생명의 역량이다. 비록 반세기의 역사만을 가졌을지라
도 영혼의 깊은 곳에서부터 생명 건설의 망치 소리가 씩씩하게 자라나
는 그리스도의 산 생명에 부딪혀 볼 때 우리의 눈은 새로 온 포플러나
무의 울창함을 쳐다보게 된다. 부럽도다. 강변에 선 포플러의 새로운
생명, 꾸준한 생명!

포플러는 그 가늘고 긴 자태로 인하여 그저 부드럽고 연약하여 한
갓 여성적인 듯 보이나 이것은 속단이다. 외관과 멀리서 보는 자태가
여성스러워 보이지만, 일단 접근해 보면 그 거대한 줄기가 지축을 뚫
고 나온 듯 위세가 사람을 압도하는 것이 포플러의 특성이다. 높은 나
무는 풍상(風霜)이 많다. 그 가지와 잎이 미세한 바람에도 진동함은 감
상적인 여성보다도 예민하나 대지에 우뚝 버티고 선 그 웅장함은 장부
의 넋 그대로다. 유순할 대로 유순하면서도 성전을 도적의 굴로 만든

무리를 향하여 의분의 채찍을 휘날리지 않을 수 없었던 어린양 예수를 함께 생각하면서 저 포플러나무를 바라보라. 부드럽고도 굳센 것은 포플러나무로다.   (1934년 11, 12월)

제12,345일

　20세기가 시작되던 해 4월 18일(음력 신축년 1901년 2월 30일)부터 금년 2월 3일까지는 12,345일이다. 작년 3월호에 제1만 2천 일의 소감을 쓴 후에 벌써 345일을 더 살았다. 단, 그 하루하루를 정말 살았는가? 깊은 사색가와 열심 있는 학자, 부지런한 활동가는 각자의 직무에 즐거이 빠져들기 때문에 자기의 나이도 망각하는 수가 많다고 하니 이는 위인의 특질이라 하겠다.

　다른 한편 나날이 한결같은 생애가 물레바퀴 돌듯 돌아가면서 어제와 오늘의 의식(意識) 없이 취생몽사(醉生夢死)의 기계 같은 일생을 마치는 자도 적지 않다. 그러나 우리는 일부러 취생몽사를 본받고자 하는 자가 아님은 물론이요, 후일의 위대한 업적을 위하여 하루하루의 삶을 깨닫지 못하기를 원하는 자도 아니다. 차라리 하루의 삶을 의식하고 살며, 참되게 살고자 하는 자이다.

　유아가 성장할 때 칠일, 삼칠일, 백일을 기념하나, 첫돌이 지난 뒤로부터 환갑연을 베풀기까지는 거의 그 삶을 깨닫지 못하는 듯이 보내는 것은 무슨 까닭인가? 특별한 유아 또는 고령 노인이 붓을 휘둘러 글씨를 쓰거나 그림을 그리면 기어이 '7세 어린아이의 글'이라든지 '88세 노인의 글'이라든지 하여 그 연세를 표기한다. 그러나 '30세 혹은 40세 글'이란 표기는 동서고금(東西古今)에 볼 수 없으니, 전자(前者)는 신기한 탓이요 후자(後者)는 평범한 까닭이다. 생기가 넘치고 매일 매일 자라나는 어린 시절은 시시각각으로 기이하고 흥미로우며, 쇠퇴하는 노인의 퇴조기 역시 현저히 눈에 띄는 것이나, 오직 중년의 성숙한 시기는 누구나 감각이 무뎌진 까닭이다. 그러므로 생리적 생명, 눈에 보이는 생명에 관심을 두는 이들이 칠일, 삼칠일, 백일을 축하하고 환갑연을 크게 베푸는 것은 그럴 만하다고 할 것이다.

그러나 기독 신자에게는 확실히 이중의 생명이 있다. 아니, 있어야 한다. 그 생리적 생명은 세상 사람과 마찬가지로 칠일, 삼칠일 하고 계산할 때 빨리 자라고 중년에 지체되다가 환갑 후에 쇠퇴할 것이다. 이는 사도 바울이 이른바 '나날이 낡아지는 겉 사람'이요, 그 '속사람은 나날이 새로워지는' 것(고린도후서 4:16)이라고 한 바로 그것이다. 이 '속사람'의 생명은 유년기보다 장년기에 지체하고 둔해지지 않으며, 노년기에도 쇠퇴하지 않는다. 아니, 칠일보다 삼칠일에, 삼칠일보다 백일에, 백일보다 천만 일에 더 빠른 속도로 활발히 성장하는 생명이다. 그러므로 이 속 생명을 발견한 사람은 태어나서 성장하는(生長) 참맛을 백일잔치로 제한하지 않으며, 쇠퇴의 비애를 환갑연에 연주하지 않는다. 이런 견지(見地)에서 볼 때, 인생의 정오를 걷는 제12,345일의 생애도 단지 그 숫자의 배열이 신기한 것이 아니라 실상은 그 하루의 생명 성장이 놀라운 것이다.

40세의 장년도 그 부모의 눈에는 오히려 유약하여 불안하거든 하물며 하나님 아버지 슬하에서 우리의 나이에 어찌 중년이 있으며 또한 노쇠가 있으랴. 백날 이전의 유아의 성장이 어제와 오늘이 다른 것처럼 우리의 성장도 날마다 눈을 크게 뜨고 보아야 할 것이다. 제12,345일의 속 생명을 경이의 눈으로 의식하고 살아야 할 것이다. 오늘 나의 현상을 볼 때는 머리가 깊이 숙여지는 것뿐이요, 그리스도를 쳐다볼 때만 내가 살도다. 1935년 2월 3일 씀. **(1935년 3월)**

광고지

7세 된 소녀, 아직 보통학교에도 가지 못하는 아이가 이 뜨거운 여름에 몹시도 숨이 차 헐떡이며 뛰어 들어온다. 세 치 폭에 네 치 길이쯤[7] 되는 황색 광고지 한 장을 그 손에 들고! 어디나 마찬가지로 아이들은 광고 전단지(傳單紙) 한 장 얻는 것을 최고의 영광으로 알고 쫓아다니지만, 광고하는 사람은 아이들보다도 글을 읽는 어른들에게 전하고선 달음박질하여 간다. 이 동네에 왔을 때 얻지 못하면 저 동네까지 따라가고, 저 동네에서도 한 장 얻지 못하면 그다음 동네까지 쫓아가곤 하다가 2킬로미터 이상이나 떨어진 아현동 고개에 가서 겨우 한 장을 얻어서, 소위 '하늘의 별이나 따온 것처럼' 기뻐 뛰면서 돌아온 것이다. 의복은 땀에 젖어서.

황색 광고지 한 장! 이 한 장을 얻기 위하여 그 어린 터벙걸음으로 전차·마차와 자동차·자전거 등의 위험을 무릅쓰고, 더위에도 불구하고 괄시도 상관치 않으며! 나는 그 위험에 놀라며 그 무지를 책망하기 전에 나의 가슴에 흐르는 눈물을 느끼지 않을 수 없었다. 나는 소녀를 향하여 "네 아버지에게는 (다른 것은 없을지 몰라도) 종이만은 많다. 보아라. 원고용지만 하여도 저렇게 수천 매가 쌓여 있지 않느냐? 우리 집에

---

[7] 1치는 1/10 척이며, 미터법으로는 3cm 정도 된다. 3치×4치 광고지는 9cm×12cm 크기의 작은 광고지이다.

는 방 안에도 종이요, 마루에도 종이 뭉치요, 부엌에도 종이요, 변소에도 종이가 들들 굴러다니지 않느냐? 네가 네 아버지께 청했더라면 저 광고지보다 더 큰 것을 줄 수도 있고, 더 두꺼운 것을 줄 수도 있지 않느냐"라고 타이르고 싶었으나 음성이 입술을 뚫고 나오기 전에 나의 가슴은 꽉 막혀 버리고 말았다.

내가 자녀를 타이르기 전에 나의 아버지 여호와 하나님의 커다란 음성과 나를 연민으로 돌보시는 주 예수 그리스도의 고요한 음파(音波)가 나의 신경 중추를 엄습한 까닭이다. "너는 과연 한 장의 광고 전단지 이상의 것을 구하고 있느냐? 네가 세상에서 최대 근심하고 있는 것은 무엇이냐?"라고. "너희는 마음에 근심하지 말라. 하나님을 믿으니 또 나를 믿으라. 내 아버지 집에 거할 곳이 많으니 그렇지 않으면 너희에게 일렀으리라. 내가 가서 너희를 위하여 있을 곳을 예비하리라"(요한복음 14:1-2)고. 주님의 음성이 처량하건만 우리 마음에는 어찌 이처럼 많은 근심이 쌓였는가! "너희는 먼저 그 나라와 그 의를 구하라. 그리하면 이 모든 것을 너희에게 더하시리라"고 하셨건만, 어찌하여 우리는 '먼저 저 광고지를 구하고' 그 밖의 것은 아무것도 받지 않으려고 고집을 부리는지.

그것도 안전하고 쉬운 일이라면 모르거니와, 온갖 위험을 무릅쓰고 체면도 돌아보지 않으면서 죽을 둥 살 둥 하며 도의(道義)를 짓밟고 형제를 해치면서 만고(萬古)에 다시없는 일생의 찬스를 허비하여 얻은 것이 단 한 장의 광고지일 줄이야! 철없는 아이들은 자신의 존재를 잊어버리고 날뛴다고 하지만, 그래도 풍요한 것을 저장한 아버지의 가슴에는 비탄이 사무친다.

(1935년 6월)

다소의 흥분

얼마 전에 우리 친구 가운데 한 명을 교사로 초빙할 터이니 주선해 달라는 부탁을 받고 나는 개인 의견으로 여러 가지 조건을 제시하였다. 초빙하려거든 이러이러한 조건으로 하라고. 거기에 대한 회답의 말이 "다소 흥분 중에 쓴 글 같아서 도시 개의(介意)치 않았다"는 의미였다. 나는 이 한마디에 식은땀이 등에 흐름을 깨달았다. 나이로 보아도 이편이 하루라도 더 살았고, 학력으로 보아도 저편이 후배인 처지인데, 저편은 냉정하고 침착하기가 어른 같은데, 이편은 열정이요, 흥분하기가 어린아이 같음이 발각된 까닭이다. 적발되고 보니 과연 '다소의 흥분'이 아니라 다대(多大)한 흥분이었다.

조건에 가로되, "1) 이런 선생님은 세상에 둘도 없는 줄 알라. 2) 식구가 많으니 생활비는 넉넉히 드리라. 3) 독서할 시간을 드리기 위하여 수업 시간은 적게 하고 잡무는 맡기지 말라. 4) 다른 교사와의 균형이 문제 되거든, 교장의 지위를 걸고서라도 이 선생 옹호하기를 각오하라. 5) 기독교 학교의 특색을 발휘하여 일대 영적 근원지가 되기를 힘쓰라 운운"하였으니, 이는 물론 세상의 판에 박은 듯한 보통 소개법은 아니었다.

이에 연상되는 것은 몇 해 전에 도쿄에서 체신부 기사 모 씨가 덴마크 사진을 가지고 왔을 때의 일이다. 동창 학우인 모 중학교장에게 이 강연을 들어 보라고 권했더니 전화통에서 즉시 답하는 첫마디가 "학무국 인가가 있는 강연이냐?"는 것이었다. 이 얼음 같은 한마디에 "학생들에게 유익한가, 아닌가?"라는 기준으로만 판단하려는 나의 '흥분'을 의식하지 않을 수 없었다. 생각건대 출세하려는 인간은 개천의 미꾸라지같이 그 일신의 안전을 유지하기 위해 극히 미약한 음파나 그림자에 대해서까지도 지극히 영리하게, 냉정하게, 민활하게 피신해야 하는 모양이다.

그러나 우리가 흥분하기는 요즈음에 시작된 일이 아니다. 어렸을 때 무지개를 바라보았을 때 흥분하였고, 지금도 흥분, 곧 경이와 감탄 없이는 무지개를 볼 수 없으며, 풀잎에 맺힌 이슬을 보고 아무런 느낌 없이 지나치지 못하는 것이 우리의 위인(爲人: 사람 됨됨이)이다. 학창 시대에 학과보다 성서 공부를 위주로 한 것도 '흥분'이었고, 십수 년 동안 본지를 발간한 것도 역시 장구한 '흥분'이 아니고는 될 수 없는 일이다. 사람을 만날 때 '영적인 의식이 어떠한가?'를 먼저 생각하니, 일마다 흥분이 아닌 것이 없다.

타산적이고 영리하고 냉정한 친구들을 보고 흥분한 자아가 부끄럽기 짝이 없으나 눈을 신약성서에 향할 때 흥분된 친구가 거기는 적지 않아서 위안을 얻는다. 보라, 예수의 한마디에 부모와 어선·도구를 죄다 버리고 따라나선 시몬의 형제와 야고보의 형제, 예수 믿는 날 잔치를 열었던 세리 마태, 그 밖에 스데반·바울 등 어느 누가 흥분하지 않은 사람이 있었던가? 주여, 원컨대 우리의 평생에 흥분치 못할진대 차라리 심장의 고동을 먼저 중지시키옵소서. **(1935년 8월)**

연약하고 고독한 사람 예레미야

나의 빈약한 서재에 존경하고 사모하는 예언자 예레미야의 초상을 걸고 예레미야의 본문과 그에 관한 참고서를 뒤지기 시작한 지가 어느덧 반년이 넘었다. 한 번 읽기보다 두 번째 읽으면 좀 더 안 듯하나, 세 번째 읽어 보면 또 새로운 것이 보인다. 이만큼 하면 써도 괜찮겠거니 하고 펜을 잡고 책상에 앉았다가 한번 예언자의 초상을 쳐다보면 나의 머리가 숙여진 채 쉽게 쳐들어지지 않아서 다음날로 연기한다. 참고서 한 권을 더 읽고 나서 전날의 구상을 다 버리고 다시 기안을 시작하기가 서너 번이나 된다.

내가 알았다고 한들 대예언자의 10만 분의 1이나 알았을까. 또한 어떻게 하면 나의 이해한 것이나마 제대로 다 표현해 낼 수 있을까. 저 얼굴에 넘치는 비애를 무엇으로 다 동정(同情)해 내며, 저 2천 5백여 년 전의 위대한 한숨 소리를 어떻게 하면 우리 조선 동포 2천만의 고막에까지 전달할 수 있을까? 만일 잘못하면 예언자의 초상 속에서 또 긴 한숨 소리가 들릴 것 같아서 펜을 잡았다 놓고, 놓았다 잡는 동안에 반년의 시간이 흘러 버렸다. 그러고 난 후에 된 것은 어떠한가? 뜻을 다하지 못함이 절반뿐이랴. 남은 미련을 못 이겨서 두어 가지만 더 말하고 싶다.

예레미야 전권을 통독한 때의 인상으로는 저와 같이 강경한 인물은 세상에 없었으리라는 것이다. "이 사람이 만일 현대의 러시아에서 태어났다면 스탈린 같았을까? 만일 이탈리아에 났더라면 무솔리니가 되었을까? 또는 독일에 났더라면 히틀러 총통처럼 권력의 화신이 되었을까?" 추측하며 비교해 보기도 하였다. 그러나 강함에도 그 강한 질이 달랐을뿐더러 도리어 우리 예언자는 심히 연약한 사람이었다. 소명을 받았을 때 "주 여호와여 보시옵소서. 나는 어린아이니 말할 줄을 모릅니다"(예레미야 1:6)라고 대답한 것은 나이가 어렸기 때문이라고 하자. 그러나 장성한 후에도 백성을 책망할 일이 있으면 스스로 먼저 번뇌하고, 적과 싸울 일이 앞에 있으면 스스로 먼저 겁을 냈다(예레미야 4:19-28, 8:18-22). 눈물이 잦기가 여성보다도 더하였으니(9:1, 14:17-18), 이는 강한 자의 성품이 아니라 분명히 연약한 자이다. 여성보다도 유약한 성품이었다.

이런 약자를 골라내어 철 기둥보다, 놋 성벽보다 더 강하게 쓰시는 여호와를 우러러볼 때 우리의 못생기고 연약함을 염려할 까닭이 없다. 그뿐 아니라 사람의 약함을 나타내며, 무식한 자를 들어 배운 자를 부끄럽게 하기를 기뻐하시는 하나님께 찬송을 드릴 것이다. 고독은 예레미야의 평생 벗이었다. 선지자는 고향에서 대접받지 못한다고 하나 예레미야처럼 심한 경우가 없었다. 처음부터 우리 예언자의 생명을 살해하려고 한 자는 그 고향 아나돗 주민들이었다. 국민을 위하여 가르치고 이끌면 국민에게 버림을 받고, 제사장과 관원들을 위하여 충고하면 그들의 조롱을 받으며, 왕을 위하여 예언하면 투옥과 극형이 준비되어 있었을 뿐이다. 나중에는 하나님에게까지 버림을 당할까 두려워하였으니, 이 유례없이 고독한 생애는 그보다 6백 년 후의 주 예수 그리스도의 생애와 비슷하였다.

(1935년 8월)

심봉사의 소원

여름도 거의 다 끝나가는 8월 그믐 어느 날 저녁, 라디오 드라마〈심청전〉에 나는 크게 감격하였다. 효성의 표지인 심청의 이름만 들어도 조선인의 마음과 오장육부(五臟六腑)가 몹시 울렁거리거니와 내가 참회의 눈물을 멈추지 못한 것은 특히 심청의 부친 심봉사의 심사(心事)에 대해서였다. 공양미 3백 석을 바치고자 함은 맹인의 눈을 뜨게 한다는 몽운사(夢雲寺) 부처님의 영험한 능력을 믿었던 까닭이었다. 눈 뜬 뒤에 소원이 무엇이었나? 세상을 남들같이 보고자 함일 것이라고도 할 수 있겠으나, 심봉사의 마음을 작자(作者)로서 말하라면 그렇게 막연하고 희미한 소원이 아니었다. 눈을 뜨면 서울 종로통을 구경 간다는 것도 아니요, 물론 창경궁의 벚꽃 구경은 꿈꾸지도 않았을 것이요, 천하의 기이한 구경과 명승지를 유람하자는 것도 아니었다. 다만 하루 한 시각이라도 좋으니 광명을 볼 수 있다면 "내 딸 청이의 얼굴을 보리라"는 것이 유일한 최대 소원이었다. 오직 "내 딸 청이의 얼굴을!"

세상에 미인이 많다 하나 눈먼 남편의 전폭적인 신뢰를 받을 만한 정조 있는 처보다 더 아름다운 이가 어디에 있으랴. 인간 세상에 기이한 광경이 많다지만 지아비를 닮은 아들과 지어미와 비슷한 딸이 출생하여 자라는 것보다 기이한 광경이 어디 있으랴. 한두 살씩 자라갈수록 한 껍질, 두 껍질씩 막이 벗겨져서 아들의 음성은 곧 그 아버지의 음성이요, 딸의 자태는 곧 그 어머니의 자태로 변화하는 일처럼 신기한 것이 또 어디 있으랴. 심청의 음성이 온화하고 그 성격이 예민하며, 그 효성이 극진한 것 등의 무릇 아름다운 소질은 하나 예외 없이 그 어머니에게서 유전된 것임을 의심할 수 없다. 부인이 그리울수록 심봉사는 그 딸이 사랑스러워지는 것이요, 그 딸이 고맙고 놀라울수록 한순간이라도 그 자태(姿態)를 보고 싶었을 것이다. 그 딸에 비하면 금강산 단풍도 소원이 아니고 해와 달과 별들도 보나 마나이다. 오직 '내 딸 청이의 얼굴을' 한번 보고 싶은 데에 심봉사의 소원이 모아졌다. 이 때문에 아무것도 없는 빈손에도 불구하고 공양미 3백 석을 약속했던 것이다.

할 일이 많다는 것은 아직까지 평생의 사명을 발견하지 못한 증거이며, 소원이 많다는 것은 진정한 소원이 없는 까닭이다. 진실성이 결핍된 까닭이다. 보라, 맹인이 아닌 우리에게 각자의 소원이 얼마나 많은가. 손을 가슴에 얹고 생각해 보라. 단일(單一)하지 못한 우리의 소원을 발견한 것이 참회의 시작이다. 성취된 소원이 허다한 것을 감사할 줄 모르는 자아를 발견한 것이 심봉사의 영전에 통한을 제지하지 못하는 까닭이다. 우리 아들딸의 얼굴에서 천하의 기이한 볼거리〔奇觀〕를 발견치 못한다면 우리의 눈은 없어도 좋은 기관(器官)이 아닌가? 우리 자녀의 용모에서 여호와 신의 무한한 은총을 읽어 내지 못한다면 우리는 봉사가 되어 마땅한 자들이 아닌가? 이제 나의 심령에 변화가 없을진대 큰 화가 내 몸에 미칠 줄 알아 나는 라디오 앞에서 울었노라.

(1935년 10월)

산으로 오르라

"소인은 한가하게 거하면 좋지 않은 일을 행한다"[8]라고 하였으나, 신자는 조용히 살거나 또는 고독해야만 지조가 맑아지고, 소망이 원대해지며, 선을 행하는 능력을 파악할 수 있다. 보라, 문화인들의 빈번한 모임과 회합의 어지러운 모습을. 불신 사회의 무도회와 연회석상 및 영화관에서 정결한 것을 기대할 수 없음은 논할 것도 없거니와 소위 경건한 무리의 회합도 오십보백보가 아닌가. 사교로 생명을 삼는 기독교청년회 안에 적극 신앙단이 보금자리를 틀고 앉은 것도 당연한 일이거니와, 오늘날의 노회, 총회와 그 밖의 종교인의 대소 회합, 그 어느 곳에서 우리의 심령이 성결해지며, 우리의 지조가 청정(淸淨)해짐을 기대할 수 있으랴.

사교(社交)적 동물이라는 특별한 명칭을 받은 인간들은 사교 또 사교요, 회합(會合)에 힘쓰는 때이다. 그러나 시시때때(無時)로 군중을 피할 뿐 아니라 가장 친근히 추종하는 제자들까지도 물리치고 산으로 바다로 사막으로 도피한 분이 있으니, 곧 예수 그리스도의 생애가 그러하다. 예수는 세례 후 성령을 넘치게 받았을 때 광야로 달음질하였고, 허다한 군중에게 설교하고 병을 고쳐 주셨을 때 황무지에 거처하였다. 안식일에 기적을 행하고는 바다로 피하셨고, 떡 먹은 5천 명 군

---

[8] 小人閑居 爲不善(소인한거 위불선) (『대학』「성의편」).

중이 왕으로 추대하고자 하면 기도하고자 산으로 오르셨다. 최후 십자가의 시련을 당하여는 겟세마네 동산에 숨어 기도하셨다. 예수는 홀로 거할 때에 모든 능력이 주입(注入)되었던 것이다. 용마(龍馬)가 솟아 뛰기 전에 반드시 뒷걸음질하듯이, 전기 기계를 사용한 후에 다시 충전하듯이 전투를 하기 전이나 한 후에 반드시 홀로 조용한 곳에 피하신 것이 예수의 모든 지혜와 능력의 원천이었다.

인간 세상의 고뇌에 피곤한 형제여, 헛된 사교에서 환희를 만끽할 수 없는 신세를 한탄치 말라. 누워 있는 병상과 한숨 쉬는 그 가난에서 깊이 고독의 샘물을 마심으로써 높이 성결의 은혜를 받고 크게 능력의 실질(實質)을 파악하라. 병과 가난은 산이 아닌가. 교우의 냉대를 한탄하는 이와 세상의 순풍을 자랑하는 이, 학식의 뛰어남을 자긍하는 이와 신앙의 영적 능력을 확신하는 이, 모두 다 같이 산을 향하고 산으로 오르라. 신자는 산에서 조용히 머물 때 그의 영혼에 방부제를 뿌리는 것이며, 영생의 보약을 마시는 것이다. 그의 마음에서 시공간에 제한된 모든 번뇌가 그림자를 감추고 영원무궁한 우주적인 큰 문제만이 남게 된다. 사람의 모든 지혜와 확신, 특히 현세의 헛된 영광을 폐휴지(廢履)같이 버리는 결단이 생긴다. 또한 최후의 적인 사망에 대하여 사망을 이기신 주 그리스도의 태도까지 닮을 수 있으며, 그의 부활에 참여하여 다시 살림을 받을 수 있다. "눈을 들어 산을 보니 도움 어디서 오나?"(시편 121편)라고 우리도 노래할 것이다. 홀로 옳다고 처신하는 것이 아니라, 먼저 자기 한 몸을 온전히 할 필요는 확실히 있다. 먼저 산으로 오르라.

(1936년 6월)

서재(書齋)를 지어 본 소감

우리는 올봄에 서재 한 간을 지었다. 딱 한 간을 증축한 것이니 조성 (造成)이라고 운운할 것도 없다. 그러나 우리 스스로의 미장(美匠)과 노력 그리고 고심(苦心)이 많이 들었으므로 그 건축의 감상만은 적지 않다.

첫째로 미(美)에 대한 무관심이다. 본래 뜻은 있으면서도 실현하지 못한 건축을 이번에 성취한 것은 '창조의 생활'의 주인공 김주항 씨가 잡석과 양회로 지은 주택에서 본(本)을 보았고, 힘을 얻음이 많았다. "그렇게 하여도 집이 된다면 나도 한번 해 볼까" 하는 생각이 들었던 것이다. 건축에 미를 표현하기 위해서는 예술적 재주와 물질적 부를 요구한다. 재주도 물질도 가지지 못한 자는 부득이 미에 대하여 무관심할 수밖에 없었다. 오직 한 가지 미의 표현으로 용마루 남단에 추녀를 붙인 것은 목수가 전문적 기술로 인해 버릇으로 주인 몰래 한 것이요, 주인 된 나는 매우 불만스럽다. 우리는 실용적이면 그만이기 때문이다.

돌로 지었으나 돌집이라기보다 석굴이라고 하는 편이 바른 연상을 줄 것이다. 모양도 없고 격식도 따르지 않은 까닭이다. 창을 크게 하고 여러 개 만든 것은 햇빛과 공기를 넉넉히 받아들이고자 함이요, 출입구를 이중으로 하고 유리창을 두 겹으로 한 것은 집안의 아이들 전쟁 소리, 동네의 과잉 라디오 소리, 유행가 곡조 등 세상의 모든 음파를 거부하려는 심산이었으나 목적을 완전히 달성치는 못하였다. 그러나 하늘에서 오는 것은 주는 대로 받고 인간 세상에서 보내는 것은 모조리 거부하고자 하는 고집이 표현된 것이다.

시멘트와 모래를 1대 3, 1대 4의 비례로 섞는 것과 '샘무리',[9] '덴바'[10] 등의 건축 용어도 신기하였거니와 창과 문을 짤 때의 노심초사는 우리에게 새로운 세계를 발견케 하였다. 내가 양정학교에 근무한 지 10년이건만 우리 집 서재의 문을 짜보고서 비로소 학교 사무실의 출입문을 다시 보았다. 실상인즉 처음 본 셈이었다. "그 '울게미'(문틀)의 높이와 폭은 몇 치? 문 전체의 높이와 폭은? 쓰인 재료는 무엇?" 하면서 더듬어 볼 때 나는 학교 사무실 문을 처음으로 받들어 열고 받들어 닫게 되었다. 그 문 한 짝에 든 금액과 공력, 고안과 애정을 짐작할 수 있게 된 까닭이다. 유리창에 대해서도 마찬가지이다. 나는 박물 준비실 유리창을 몇 번이나 여닫아 보면서 홀로 미소를 지었다. 광선과 공기는 마음대로 들이되 음파와 먼지는 단연코 거절하리라! 이렇게 생각하자 경성시의 관청·은행·백화점 등의 유리창이 내 흥미의 대상이 되었다.

성 같은 석벽 쌓기를 끝내고 지붕을 만들 때 또 한 번 새로운 고안(考案)이 필요하였다. 가장 적은 재목으로 가장 유효하게 버티기 위하여 역학적(力學的) 지식이 요구되었다. 이 때문에 길가에서 벽돌 쌓는 건축장에 멈춰 서기도 여러 번. 우리는 신기한 것과 감사한 것, 찬송의

---

9 샘무리: 건축 용어. 시멘트와 모래, 물을 적절히 배합해 섞어 놓은 것.
10 덴바(天場): 윗면을 뜻하는 일본식 건축 용어.

감정을 억제할 수 없었다. 시간이 여유 있는 자는 누구나 일생에 한 번씩 단 한 간이라도 자기 손으로 짓고 살아 볼 일인 것 같았다.

(1937년 7월)

경모하는 성경의 인물

성서의 인물이라고 하면 아브라함이 있고, 그 아들 이삭 또 그 아들 야곱이 있으며 또 그 아들 12지파의 조상 요셉이 있음을 우리는 잘 안다. 모세와 다윗, 솔로몬 이하로 신약 시대까지 따져 보면 1백 명으로도 오히려 끝을 헤아릴 수 없으니, 지금은 12지파의 조상이 된 야곱의 아들 중에서 골라 보기로 하자. 창세기 44장을 읽으면 팔레스타인에 큰 흉년이 들어 야곱의 아들들이 애굽으로 양식을 구하러 갔다가 어려서 죽여 버린 줄 알았던 동생 요셉을 만나는 광경이 전개된다. 아무리 노력해도 이 이상 더 간결하고 생생하게 묘사할 수는 없으므로 성서 본문대로 몇 줄만 인용하기로 한다.

"유다가 그에게 가까이 가서 이르되 내 주여 원하건대 당신의 종에게 내 주의 귀에 한 말씀을 아뢰게 하소서. 주의 종에게 노하지 마소서. 주는 바로와 같으심이니이다. 이전에 내 주께서 종들에게 물으시되 너희는 아버지가 있느냐 아우가 있느냐 하시기에, 우리가 내 주께 아뢰되 우리에게 아버지가 있으니 노인이요 또 그가 노년에 얻은 아들 청년이 있으니 그의 형은 죽고 그의 어머니가 남긴 것은 그뿐이므로 그의 아버지가 그를 사랑하나이다 하였더니, 주께서 또 종들에게 이르시되 그를 내게로 데리고 내려와서 내가 그를 보게 하라 하시기로 우리가 내 주께 말씀드리기를 그 아이는 그의 아버지를 떠나지 못할지니 떠나면 그의 아버지가 죽겠나이다. … 아버지의 생명과 아이의 생명이 서로 하나로 묶여 있거늘 이제 내가 주의 종 우리 아버지에게 돌아갈 때에 아이가 우리와 함께 가지 아니하면 아버지가 아이의 없음을 보고 죽으리니, 이같이 되면 종들이 주의 종 우리 아버지가 흰 머리로 슬퍼하며 스올로 내려가게 함이니이다. 주의 종이 내 아버지에게 아이를 담보하기를 내가 이를 아버지께로 데리고 돌아오지 아니하면 영영히 아버지께 죄 짐을 지리이다 하였사오니, 이제 주의 종으로 그 아이를 대신하여 머물러 있어 내 주의 종이 되게 하시고 그 아이는 그의 형제들과 함께 올려 보내소서. 그 아이가 나와 함께 가지 아니하면 내가 어찌 내 아버지에게로 올라갈 수 있으리이까. 두렵건대 재해가 내 아버지에게 미침을 보리이다"(창세기 44:18-22, 30-34).

이것은 요셉의 책략에 걸려서 변명할 여지 없이 되었을 때 소박하고 중후한 유다가 사실대로 바로 고한 웅변이요 명문(名文)이다. 요셉의 생애와 그 재주, 덕에 고귀한 바가 없다는 것이 아니나 이 장면에 관한 한 요셉은 책략의 사람이요, 기교의 인사요, 복잡한 심성의 소유자이다. 과거에 유다도 우둔함과 불신의 행동이 없지는 않았지만, 그 아버지 야곱에 대한 맹서를 지키기 위하여 몸을 바쳐 이복동생 베냐민을 구출하고자 하는 신의와 성실은 놀랍기 그지없다. 이때의 유다에게는 책략도 없고 기교나 술수도 없었다. 그는 오직 충성함으로 단순하고 솔직하게 사실대로 일을 처리했다. 인간이 자신의 지략으로 자멸하는 이 세대에 성실하고 기교 없는 사람 유다가 심히 그립다. **(1937년 10월)**

겸허한 심정을

"배우고 때때로 익히면 그 또한 즐겁지 아니한가"[11]라는 한 구절로 자신의 위대함을 드러내고 『논어』의 수천 어구를 대표한 공자는 심히 학습을 즐겨한 어른이었다. 공자 스스로의 말을 빌리자면, "열 가구의 마을에 공자만 한 충실한 사람은 있을지 몰라도 공자만큼 배우기를 좋아하는 사람은 없다"[12]고 하였다.

배우기를 좋아함은 공자가 스스로 말하는 특색이었다. 그리고 학업을 좋아한다 함은 경전(經典)의 겉표지를 7, 8번 교체하는 일로 그치지 않는다. "새뮤얼 존슨 박사[13]에게는 쓸데없는 시간이 없었다" 함도 학문을 좋아하는 일의 한 가지 예이다. 참으로 배우기를 즐겨 하는 자는 서적에서 배울 뿐만 아니라 학문이 없는 농부와 노인에게서도 배울 것을 발견하여 능히 배워 내는 겸허한 인물이다. 선진국에 가서 배울 뿐만 아니라 후진국으로 보이는 데서도 배울 것을 발견하며, 대(大)선생에게서 배울 뿐 아니라 부끄러움을 무릅쓰고 누구에게라도 물어보는 자라야 가히 크게 성공할 자이다.

기독 신자는 본래 겸손이 저들의 생명이요, 겸허하여 배우기를 좋

---

11 學而時習之 不亦說乎(학이시습지 불역열호) (『논어』, 「학이(學而)편」).
12 子曰 十室之邑 必有忠信 如丘者焉 不如丘之好學也(『논어』「공야장편」).
13 Samuel Johnson(1709~1784): 영국의 시인·비평가·수필가·사전편찬자. "위대한 성과는 힘이 아닌 인내의 산물이다"라는 말로 유명함.

아해야 할 사람들이다. 저들은 '스스로 아는 척하는 자는 아직 알아야 할 것도 채 다 알지 못하는 자'임을 배운 자들이다. 또 "너희 중에 누구든지 이 세상에서 지혜 있는 체하는 자는 미련한 자가 되어라. 그리하여야 지혜 있는 사람이 되리라"는 사도 바울의 교훈을 받은 자들이다. 혹시 다른 일에는 결함이 있고 미숙한 것이 있다고 할지라도 배우려는 겸허한 심사에 이르러서는 단연코 크게 다른 점을 발휘해야 할 자들이다. 아직 완성하였다는 것이 아니라 장차 나타날 영광의 날을 향하여 뒤에 것을 잊고 푯대를 향하여 달음질하는 성장의 사람들일 것이다.

그런데 현재 조선 기독교인들의 실황은 어떠한가? 저들은 교파가 다르면 벌써 배울 길이 없고, 가르칠 도리가 없지 않은가. 화석화된 법칙에 구속되고 약자의 억압에나 유능한 노회·총회·연회 등의 결의에 의해 인형의 춤을 추면서 한갓 고집스럽고 편협하게 달음질하고 있지 않은가. 이는 결코 기독교 본연의 자태가 아니다. 돈독한 신자일수록 고집불통의 벽에 빠지는 이가 많다. 우리는 아직 천연(天然)한 인간으로 남아 배울 수 있고, 회개할 수 있고, 성장할 여력이 있는 겸허한 살림을 하기 원한다. 원컨대 동맥경화증보다도 더 두려운 병, 즉 우리 심령이 굳어지지 말게 하시고 끝까지 부드럽고 연한 심령, 배우고 자랄 수 있는 청년으로 두어 주옵소서. **(1937년 10월)**

미력(微力)을 다하자

최근에 「통신」 제48호에서 폐결핵 환자인 우치다(內田) 씨가 미력 (微力)을 다하여 같은 병을 앓고 있는 사람을 위로하고자 한다는 결심 에 움직이어, 그 잡지의 주필도 폐결핵 환자를 위하여 미력을 다하기 로 결심하였노라는 기사를 읽고 적지 않은 감명을 받았다.

미력이요 또 미력이다. 재산도 없고, 학식도 없고, 건강조차 결핵균 에 침범되어 시력까지 완전치 못한 일개 청년 환자가 그래도 남은 힘 을 총동원하여 같은 고통을 겪고 있는 병우들을 도와주고자 작은 정성 과 미력을 다 바치는 때 이를 방관하던 대학 교수 한 사람이 "그 모양인 네가 미력을 다한다고 하니 나 역시 미력을 다하여 보리라"고 결심하 였다. 이렇게 되고 보면 '미력'은 이미 '미력'이 아니다.

이 일을 보고 연상되는 것은 첫째로 독일의 실업 십계명이다. 그 1 조에 말하길, "독일 국민은 독일에서 만든 종이에 독일제의 철필로 독 일 제품 잉크를 찍어 쓰라. 그리고 독일제의 압지를 사용하라"고. 우리 와 같이 신선(神仙) 살림으로 물질에 호탕한 백성들은 이런 사소한 일 을 경시하며 조롱할 것이다. 현재 독일로 하여금 소련과 프랑스의 위 협이 될 뿐 아니라, 실로 전 세계의 큰 장벽(障壁)을 쌓게 한 것은 위와 같은 세미한 일에서 발단한 것이었다. 세상에 두려운 것은 '미력'이다.

둘째로 연상되는 것은 지질학상에서 간헐천을 설명하는 분젠 등 (Bunsen 燈)의 원리이다. 여러 번 구부러진 곡관(曲管)에 물을 채우고 그 하단을 가열하면 그 굴곡이 복잡하고 물기둥이 긴 까닭에 대류작용이 없어서 일시적으로는 가열 효과가 없는 듯이 보이나 계속 가열하면 드디어 곡관 내의 물기둥이 급격히 기화(氣化)하면서 공중으로 폭발한다는 것이 분젠 등의 실험이다. 아이슬란드와 뉴질랜드, 황석공원(黃石公園, Yellowstone National Park) 등의 대간헐천은 이 원리로 설명되었다. 가열하는 일은 보이지 않는 미미한 일이나 나중에 폭발할 때는 열탕의 기둥이 하늘을 뚫고야 말 것 같은 기세를 보인다.

우리 조선에도 '미력'을 요하는 일이 적지 않다. 폐결핵 환자의 수가 40만 혹은 50만에 달하며, 나병 형제가 2만 내지 3만으로 추산된다. 그 밖에 이와 같은 도움을 요구하는 일을 일일이 열거하기 어렵다. 그러나 사람들은 대력(大力)을 기다릴 뿐이요, '적은 힘'을 합한 것이 큰 힘이 되는 줄은 모르는 듯하다. 다소의 선심(善心)으로 공의를 위한 자비심이 동하여 '미력'을 아끼지 않던 이들도 그 결과가 큰 바다의 좁쌀만큼이나 미미한 것을 한탄하면서 좌절하고 마는 것은 통분한 일이다. 무릇 선한 것, 참된 것은 일확천금(一攫千金)식으로 단번에 달성되는 법이 없다. 그러므로 "선을 행하되 포기하지 말라"(갈라디아서 6:9)고 하였다. 적은 것을 쌓고 작은 것을 더하여 쉬지 않아야 한다. 독일의 강함도 거기에 있고, 간헐천의 대분출도 거기서 나오는 것이다. 그 배율(倍率)은 오직 하나님의 축복에 의하여 30배 혹은 60배, 100배에 달할 것이다. 물질계와 영계에 걸쳐 '미력을 다하자'를 새해의 표어로 하고자 한다. 생활 문제도 미력을 다함으로써 자력으로 해결하자. **[1938년 1월]**

사는 일과 가산(家産)

어떤 부자 형제가 유업을 분배해 주기를 청한 때에 예수께서 대답하신 말씀에 "이 사람아 누가 나를 너의 위에 법관과 물건 나누는 자로 삼았느냐" 하시고, 무리더러 이르시되 "삼가 모든 탐심을 물리치라. 사람의 생명이 그 소유의 넉넉한 데 있지 아니하니라" 하셨다(누가복음 12:14-15). 세상 사람들은 재산이 넉넉해야 사는 것 같고 잘사는 줄로 알았지만, 예수님의 생각은 그렇지 않았다.

이 구절을 읽을 때마다 연상되는 한 가정이 있다. 시내 모 신문 배달부의 가정. 부부와 외아들 세 식구. 그 아들이 올봄에 양정고보를 우수한 성적으로 졸업하기까지 보통학교부터 10년간의 학비는 신문 배달로만 지출하여 왔다. 단 중등학교에 입학하였을 때 한꺼번에 지출할 거액을 위하여 전 재산인 1,200원짜리 기와집을 팔아 조그마한 초가집으로 바꾸어 이사했다. 배달하던 신문이 1년 넘게 정간되었을 동안 세 식구의 호구를 위하여 최후의 소유권인 초가마저 팔아 2백여 원의 전셋집에 들고자 사대문 밖으로 나갔다. 이번에 전문학교 입학이 확정되면 전셋돈을 찾아 입학 수속을 할 계획이 서 있다.

이 배달부는 아들에게 금연의 미풍을 가르치기 위하여 자기 스스로 평생의 애연을 단연히 끊어 버렸다. 그 아들의 졸업이 임박한 때에 그의 담임교사를 찾아와 "오늘날까지 언제 중도에 학교를 그만두게 되는지 몰랐고, 그때의 창피한 꼴이 두려워서 찾아뵙지도 못하였으나 이제

는 학비 부족으로 퇴학할 위험은 지나간 듯하여 지금 왔노라"며 4, 5년
분(分)의 감사를 한 번에 깊이 다하였다.

그 집에서 싸움이 있다면 아버지가 아들에게 공부를 과도히 하지
말라는 간섭이요, 그 집에 숨기는 것이 있다면 아버지가 잠들기까지
아들도 자는 체하다가 밤 깊은 뒤에 일어나 등을 가리고 공부하는 일
이다. 얼마 전에 이 늙은 배달부가 배달 감독으로 승진하였다는 소식
을 듣고 우리의 기쁨이 컸던 동시에 마음 한구석에 있던 불안감도 없
어졌다. 이렇게 가난하면서도 이처럼 사는 것같이 사는 가정을 경성시
안에서 우리는 별로 보지 못하였다.

사람이 잘사는 것이 그 집안의 재산이 넉넉한 데 있지 아니하지만,
재산이 빈궁한 것보다 어느 정도로 넉넉한 것은 도움이 될 수도 있을
것이다. 그러나 사는 일과 가산은 별개의 문제이다. 수만의 부를 가진
서울 장안의 상인 가운데서도 집안 식구의 시기와 분쟁, 허영으로 지
리멸렬한 가운데 죽지 못해 연명(延命)하는 사람이 있고, 조석의 끼니
를 염려하는 가난한 배달부도 그날그날을 참되게 사는 가정이 있다.
이 위에 만일 공중의 까마귀와 들의 백합화를 먹이고 입히시는 이를
믿고, 오직 그 의와 그 나라를 구하는 신앙의 살림, 큰 소망의 살림에
입각한다면, 그것은 사는 일의 완성이다.   (1938년 3월)

무제(無題): 나의 시간 계획

나를 비사교적인 인물이라고 평하는 이가 있다. 과연 맞는 말이다. '사교'라는 세상적 의미로 말한다면 나는 정말 '비사교적'이다. 그러나 이것은 모든 교우를 혐오하고 기피한다는 의미는 아니다. 우리도 어지간히 친구와의 담화(談話)를 기뻐한다. 특히 이 산기슭으로 이사 온 후로는 여기까지 찾아오는 그 성의만 해도 대단하게 생각한다. 그러므로 때로 탈선하여 밤을 새면서 환담하는 일도 있었다. 그러나 그것은 원하는 일이 아니요, 유익한 일이 아니었다. 이에 우리 친우들께 미리 양해를 구하고자 하는 바가 있다.

우리는 독립하여 혼자 사는 자가 아니요, 예수 그리스도의 노예이다. 자유롭게 사는 자가 아니요, 부모를 모시고 있는 몸이다. 교사 노릇은 하여도 교육가라는 일가를 이루었다는 것이 아니요, 아직 일개 학도 그것도 일개 고학생(苦學生)에 불과한 자인 것을 알아주기 바란다. 그 밖에 「성서조선」이라는 월간지, 이것은 24면의 작은 잡지이나 글의 자수로 따지면 다른 잡지 약 50면에 해당한다. 이 잡지를 편집, 교정, 발송, 배달, 수금하는 일을 해야만 하고, 일요일마다 한 번 혹은 두 번씩 성서를 강의하는 자인 것을 알고 대하면 피차 섭섭한 일이 없을 것이다.

그리스도의 노예이니 인간의 눈에 들려는 욕심은 당초부터 없으며, 부모를 모신 몸이요 나폴레옹 같은 영웅이 되지 못하므로 잠잘 시간은 충분히 가져야 하며, 고학생이니 무엇보다 시간이 군색하다. 이하 몇 가지로 비사교적인 시간을 고수하는 것은 이러한 사정에서 생겨난 일이다. 방문하려는 친우들이 좋게 양해해 주기를 바라는 이유가 여기에 있다.

매주 토요일: 세상에서는 토요일이 사교일이요, 연회일로 정해진 듯하나 우리는 그렇지 않다. 새로운 한 주간을 싸워 나가려는 준비의 날이다. 이날에 내가 영화(靈化)하고 못 함에 따라 다음날 성서 집회의 성패가 달렸고, 다음 한 주간 생활의 의의가 갈라진다. 그러므로 이날 초청은 으레 거부하는 것이요, 이날에 방문한 이는 비록 접대한다고 하더라도 마음껏 즐거워할 수 없는 터이다. 이날은 모든 사람과 사회와는 절연할수록 좋은 날이다.

매주 일요일: 오후 4시 반 이후 즉 집회를 마친 후에는 환담 자유.

매주 화요일: 이날은 학창 시절에 성서 어학을 공부하던 날이다. 당시의 선생이 과히 엄했다기보다 학우들이 심히 뛰어나고 열성적이어서 조선인의 체면을 걸고 그들을 따르기에 실로 온갖 어려움(千辛萬苦)을 겪었다. 1주일 가운데 수요일 아침은 내 몸이 가장 여유로움을 느끼던 날이요, 목요일부터 하루하루 축소되어 가다가 월요일 지나 화요일 저녁에 이르러는 내 몸뚱이가 한 줌도 못 될 것 같이 긴장하던 그 화요일이다. 그러므로 지금도 화요일 저녁은 홀로 서재에 책상을 대하고 앉았으되 여러 학우와 함께 선생을 모시고 앉은 것 같으니, 이는 스스로 성스럽게 구별한 화요일 저녁이다. 고학생인지라 날마다 많은 시간을 다하지 못할지라도 이 화요일의 저녁만은 세상의 방해받기를 원치

않는다. 화요일을 방해하는 자에게는 화 있을진저!

매주 수요일: 이날 저녁은 가정 예배의 날이다. 나 자신은 꼭 참석해야 하는 것은 아니나 집에 있는 식구들이 모두 모여 예배드리는 것을 규례로 하고 있다. 신앙인은 차라리 이런 날에 와서 함께 은혜를 나누기를 바란다.

매월 초순: 이때는 잡지 발송과 원고 쓰는 일로 분주하다.

매월 하순: 잡지 교정으로 하룻밤을 새우는 때가 종종 있다. 또 초순에 하려던 일이 중순까지 밀리는 경우도 없지 않다.

매월 첫째 월요일 저녁: 삼우당(三友堂) 시계점의 일로 회합하는 날이다. 지난 한 달의 업적을 검토하는 동시에 앞으로 한 달을 신앙적으로 추진해 보고자 힘쓰는 날이다. 이는 삼우당이 신앙적으로 경영될 희망이 있다고 보이는 날까지 참가할 것이다.

방학: 1년 중에 여름 방학과 겨울 방학이 가장 한가할 것 같아도 사실은 휴가 중이 더욱 분망하다. 예컨대 금년 여름 방학은 7월 21일부터 8월 20일까지 한 달이겠지만, 그동안에 7월 하순에는 학교의 명령으로 총독부 주최 강습회에 출석할 터이요, 8월 상순 중 약 1주간은 묘향산으로 박물 채집을 갈 계획이며, 8월 10일부터 총독부 주최 강습회에 또 한 번 출석해야 할 것이다.

이상 대략의 실정을 말하였으나 만일 폭력으로 강요하는 경우에는 계획에 차질이 생길 것이다. 5리를 강요하는 자와 함께 비록 눈물을 뿌리면서라도 10리를 가주어야 할 테니까. 그러나 이상의 형편을 살펴주는 방문객은 심히 감사하겠다. 우리는 자라는 학생이다. **(1938년 7월)**

두더지

두더지는 적응을 잘하기로 이름난 동물이다. 몸뚱이는 쥐만 하나 터널을 뚫고 좁은 굴속으로 왕래하기 때문에 그 털이 앞으로나 뒤로 자연스럽게 눕는다. 터널 속에서 생활하는 고로 태양 광선을 보지 못하니 소경이 되었고, 터널을 파는 살림인 고로 앞발과 발톱이 크게 발달하였다.

이 짐승의 기특한 재주는 그가 늘 상용(常用)하는 식품인 지렁이를 잡아 발톱 사이로 훑어내서 깨끗이 흙을 빼고 먹는 것으로, 일종의 요리법을 안다는 것이다. 그러나 그보다 더 놀라운 것은 먹고 남은 지렁이를 저장하는 법을 연구한 일이다. 남은 지렁이를 그대로 두면 도망치고, 죽여서 두면 썩어 버리니, 지렁이 머리의 한 부분을 발톱으로 잘라낸다. 그리하여 지렁이가 완전히 산 것은 아니지만 죽어서 썩지는 않을 정도로 만들어 두었다가 필요할 때 요리해 먹는다고 한다. 두더지의 정책도 멸시할 수 없는 것임을 알 수 있다.

서울에 언론 기관을 주재하는 신문사가 두셋 있다. 하지만 평일에 마땅히 한마디 있어야 할 일에도 함구하고 말하지 않는 것을 보면 그런 기관들의 존재조차 의심할 지경에 이른다. 그러다가 여름 방학에 문자 보급 운동을 표방할 때와 각 신문사가 수재(水災) 보도를 경쟁할 때만은 그래도 조선에 몇몇 신문사가 있구나 하는 것을 누구든지 느끼지 않을 수 없다. 비록 그 동기가 불순하여 자기 신문사의 광고 선전을 위주로 한 것이라고 할지라도 크게 문제 삼지 않겠다. 우리의 욕심으로 말한다면 어떻게든지 한 명이라도 더 문자를 알도록 하면 좋겠다. 또한 비행기를 빌려서라도 어서 속히 수재민을 구제할 도리만 강구한다면 족할 듯하다. 하지만 이런 유일한 활동기를 당하여 '가갸거겨'를 가르쳐서는 안 된다는 둥, 기부를 받아서는 안 된다는 둥 여러 가지 제재를 가하니, 이것도 생물학상의 원리대로 되는 일이겠지만 한편으로 섭섭하지 않을 수 없다.

신앙은 본래 최대의 투기사업이다. 그 규모가 큰 것이 비단 증권에 비할 바가 아니요, 트라팔가 해전이나 일본해의 해전에 비할 바도 아니다. 신앙적 행동의 손발의 움직임 하나하나(一擧手一投足)는 황국의 흥망이 달려 있을 뿐만 아니라 실로 우주의 존폐가 달려 있는 전쟁과 같다. 그러므로 예부터 신앙의 사람이라고 일컬을 만한 자로서 평온무사한 인간은 없다. 혹시 있었다면 저는 거세한 짐승과 같이 완전한 생물이 아니라 변태(變態)한 가축이다. 신앙의 비결은 뜨겁지 않거든 차라리 차라는 것이다(요한계시록 3:15). 동(東) 아니면 서(西)요, 천국 아니면 지옥이다. 중간을 허락하지 않는다. 얇은 얼음을 밟듯이 조심조심하여 일생을 무사평온하게 마치고, 앉은 무릎이 귀 넘도록 살면서 복 누리기를 한갓 원하는 이는, 특히 그리스도를 믿는 신앙의 가면을 하루바삐 벗어야 하리라.

때는 유물사조(唯物思潮)가 심한 세대를 당하여 신앙의 필요를 설교하는 자가 항간에 많으나 그것은 어떤 신앙인가? 가로되 온전한 신앙, 무슨 특유한 생기가 약동하는 신앙은 위험천만이라 한다. 무신앙도 위험하다. 산 신앙도 불온하다. 곧 살리지도 죽이지도 않는 두더지의 요구와 똑같다. 그것도 영계에 무관심한 위정자들만의 무지라면 덜 창피하지만, 영계를 지도하는 총회와 그 결의 사항도 마찬가지로 두더지의 영역을 벗어나지 못하니 한심한 일이다. **(1938년 8월)**

병상의 담화 한 토막

방문객: 병세가 위독하신 때에 이번만 다시 일어나면 기필코 완성하고 싶다는 소원이 있습니까?

환　자: 예전에 어떤 왕이 장자(莊子)를 찾아가서 나라를 잘 다스릴 방책을 물었더니 대답도 하지 않고 책망하여 보냈다고 합니다. 그 후에 수년이 지나서 다시 방문해 자신이 잘 사는 방침을 가르쳐 달라고 한즉 무릎을 치면서 유쾌히 일어나 대답하더랍니다. 나도 이제는 큰 사업 성취보다 내가 참되게 살아갈 것이 소원이오.

방문객: ….

환　자: 형무소에서 생활하려면 별별 놀라운 일을 많이 봅니다. 아무리 살인강도와 그 밖에 극악한 인물이라도 이편에서 사랑과 성심으로 대하면 그 눈동자에 감응하는 광채가 보입니다. 대체 놀라운 일이 아닙니까. 즉, 저들에게도 아직 구원의 소망이 있더라는 말씀입니다. 그들은 사상범이라면 매우 존경합니다. 그런데 끝끝내 감응이 없고 냉정한 것은 사기범들이올시다. 그들은 지능적 범죄자인 만큼 쉽사리 타인의 말을 듣지 않고 호의에 대해서도 의심으로 응합니다. 예수께서 바리새인들과 서기관들을 통렬하게 공격하신 것은 너무 지나치신 듯한 느낌을 금할 수 없었으나, 그것도 아마 그들이 지능범인 까닭인가 합니다. 다른 죄인은 모두 구함을 받는다 하더라도 지능범만은 영원히 구제받기 어려울까 합니다.

방문객: 과연 그럴 것이올시다.

환　자: 반년 이상 입원 생활을 하다 보니 병원이 내 집 같습니다. 그러나 변소 문을 열어 보아서 너무 추잡하면 문을 닫고 다른 문을 열고 들어갑니다. 그러나 이것이 만일 내 집이라면 어떻게 할까? 또 타인들이 보면 누가 이렇게 어지럽게 하였느냐고 물을 때, 그 마음속에 조선인 외에는 누구를 짐작하겠습니까? 그래서 우리는 간호 청년과 함께 불결한 변소를 만날 때마다 청소하기로 했습니다. 하나는 우리 할일을 하기 위해서, 또 하나는 단 한 번이라도 조선인이 욕먹을 기회를 제거해 주자고 해서.

환자의 사상의 시내는 흐르고 또 흘러서 그칠 바를 알지 못한다. 말씀을 먹고 산다 함은 이런 사람을 가리킨 것인가 싶다. 병상에 있는 일은 이미 동정할 일이다. 그러나 병상에 누워서 생리적 병세의 진퇴 이외에 아무런 사상의 왕래가 없는 자처럼 가련한 인간은 없다. 그는 괴로움을 괴로워하는 것 외에 위로받을 길이 전혀 막힌 사람이다. 몸은 병마에 잡혀 있으나 그 영혼은 항상 시간의 고금을 통하여 비약하며, 그 마음은 언제나 생명의 사랑에 젖어 있을 때 그는 홀로 있어서도 위로에 넘치려니와 위로하고자 오는 객들까지도 도리어 위로하여 보낸다. 걱정할 것은 사상의 고갈이요, 신앙의 흔들림이다! **(1938년 8월)**

친소유별(親疎有別)

　일반 세상에는 친소의 구별이 있음이 당연한 일같이 되었다. 유리한 일은 친밀한 이에게 허락하고 불리한 일은 친하지 않은 이에게 부담시키려 하며, 친한 이에게는 너그럽게 할 일도 친하지 않은 터에는 딱딱하게 구는 것이 통칙이다. 그래야 인정미가 있다고 하며 친지가 고맙다고 한다. 이는 동서고금을 통한 인정의 철칙이기에 혹시 이 법에서 어그러진 자가 있으면 한 동네 혹은 한 가문의 분노를 산다.

　그러나 친소를 구별하는 일이 조장되면 사회의 폐단이 한두 가지가 아니기 때문에 친소의 구별을 하지 말 것을 외쳐 행하는, 인정을 초월하는 인물이 종종 나타난다. 친소를 구별하지 않는 것은 구별하는 일보다 확실히 한 단계 높은 차원이다. 친소의 구별을 두지 않을 때 승차표는 줄을 선 차례대로 사게 되는 것이요, 학교의 입학은 실력대로 되는 것이며, 병원의 진찰 접수는 순차적으로 될 뿐 아니라 빈부귀천의 구분 없이 친절한 진찰을 받을 것이다. 또한 각종 관청의 여러 가지 인허가·증명서 등은 기계로 돌린 듯이 순차 정연하게 나올 것이다. 친소의 구별을 없애는 것은 인간 사회에서 누구 할 것 없이 힘써야 할 일임은 두말할 나위 없다.

　그런데 3번째 단계로 친소의 구별을 두는 일이 있고, 두어야 할 데가 있다. 예컨대 본 잡지를 배부하는 일이 그렇고, 우리 교우의 도가 그래야 한다. 본지는 극빈자와 중환자, 그 밖에 예수가 누구인지 전혀 모르는 이에게는 무료로 배부하는 일도 있었다. 그러나 예수를 알고 그의 복음이 생명인 줄 알며, 본지가 어떻게 발간되며, 그달 그날에 발행되기 위하여 그 주필과 그 밖의 형제들이 며칠 밤씩 새며 몇 끼씩 식사를 잊고서 되는 일인 줄을 잘 아는 친지에 대해서는 선납금이 끊어진 때가 마지막이다. 금전만 알고 친분을 몰라서가 아니라 잘 알기 때문이다. 친소유별인 까닭이다. 중지하는 것이 가장 친한 형제를 가장 존경하는 것이며, 그에게 친절한 행동임을 확신하기 때문이다.

금전을 빌리는 일은 어떤 경우에든지 할 일이 아니지만, 만일 부득이 하려거든 대금업자나 전당포에서 정식으로 수속하고서 쓸 것이다. 서울 장안을 좁다고 돈을 꾸러 다니면서도 돈을 가진 친구에게 꾸어 달라고 감히 청하지 못하는 어른을 보았으니, 이는 그 사이가 극히 친밀한 까닭이다. 3전짜리 우표 한 장을 친구에게 청할 수가 없어서 수일간 우편 발송을 지체했으니, 이것을 한갓 못난 소치로만 돌릴 것이 아니다.

이스라엘 백성에게 고난이 각별했음은 저들에게 여호와 신의 친분이 두터웠던 까닭이요, 의인에게 환란이 많고 귀여운 아이들에게 매가 그치지 않으니, 이것도 친소가 유별인 까닭이다. 이런 의미의 구별을 두지 않고 우리를 이해한다고 하며, 우리의 우정을 요구하려는 자는 그 거짓이 드러나기 전에 어서 물러갈진저! **(1938년 12월)**

성도의 자격

성서는 예수 믿는 사람을 가리켜서 성도(聖徒)라고 부른다. 성현 군자라는 동양적 사상에 습관이 된 우리는 성(聖)이라는 관념과 기독 신자들의 현상 사이에 너무나 간격이 큰 것을 보고서 스스로 성도라고 자처하는 신도들을 조소하기 쉽고 또한 자기 스스로 성도인 것을 고백하기를 주저한다. 그러나 이것은 잘못이다.

성서에서 성도라고 일컬음은 도덕적으로 완전무결한 성현(聖賢)을 가리킨 것은 아니다. 죄인의 괴수였을지라도 하나님의 택하심을 입어 십자가의 예수를 믿음으로써 속죄함을 얻은 사람이면 가하다. 그러한 성도에게 단 한 가지 요구되는 자격이 있으니 그것은 '신실'하라는 것이다. 신실하기가 쉬운 일은 아니지만, 이것만은 아무라도 할 수 있는 것이다.

바울은 말하되 '성도 곧 그리스도 안에서 신실한 형제'(골로새서 1:2)라고 하였다. 성도가 도덕적으로 완전한 자라고 하지 않았고, 성도는 웅변가라거나 문장가라거나 예술적 천재라고도 하지 않았다. 물론 성도가 곧 부자라고도 하지 않았다. 만일 성도를 무슨 비범한 천재를 가진 자라거나 또는 도덕적 완전이나 물질적 부요를 필요로 하는 자라고 했다면 어쩔 뻔하였으랴. 그러나 '성도 곧 그리스도 안에 신실한 형제'라 함은 얼마나 큰 복음인가? 우리 평범한 사람에게 이보다 기쁜 소식이 어디 있는가?

(1939년 2월)

경제생활과 신앙

내가 오늘날까지의 생애에서 만나 본 사람 중에 가장 간교하고 사특하고 비열한 인물이 항상 사용하던 말(표어라 할 만한 게)은 이것이다. "이 사람아. 내가 돈에 관해서는 이렇지만, 그 밖의 일에는 실상 신실한 사람일세" 하면서 자기의 신용 없는 행위를 변명하였다. 이 사람은 일가친척과 친우의 재산을 해칠 수 있는 데까지 해치고서 자기는 염려 없이 살고 있다.

또 한 사람 내가 만나 보던 중에 가장 경이로운 선배의 경제생활상 표어는 이러하다. "주어야 할 자리를 당해서도 옜다 하고 줄 것을 못 가진 사람은 보잘것없는 자니라"고. 즉, 갚아 주어야 할 장소와 때를 당했어도 지불할 돈을 못 가진 사람은 사람 노릇을 할 수 없다는 뜻이었다. 너무 돈에만 치우친 듯하다고 할는지 모르나 나는 이것이 신앙 생활의 극치라고 믿는다고 하면 놀랄 이도 적지 않을 것이다.

또 이 어른이 가로되 "내가 재주 없어서 재주를 부리지 못하는 줄 아오? 실상은 하나님이 두려워서 그렇지…"라고. 사람이 아무리 노둔할지라도 그 나이가 사십 내외에 달하면 남을 속이고 돈벌이할 재주만은 발동하는 법이다. 특히 서울 장안 종로 시정(市井)에서 장성한 사람에게는 이 재주만은 유달리 풍부하다. 조금만 재주를 부리면 돈벌이할 구멍이 여기도 보이고 저기도 있으되 감히 못 하는 것은 '하나님을 모시고' 살기 때문이라 한다. 보라, 이것은 관념적인 유신론(有神論)이 아니다. 하나님을 믿되 이처럼 '믿고 사는 인간'을 우리는 보지 못했다. 이러한 표어로 사는 결과는 어떠한가? 자기를 위해서는 항상 궁핍하되 남을 위해서는 언제든지 원조할 자금이 대기하고 있음이 저의 생활의 특색이다.

우리 신앙을 찬동하고 동경하며 따라오려는 형제에게 경제적 예산 생활의 원칙을 세워 놓고 새 생활을 조성하기를 지도하려다가 우리는 놀랄 만큼 심한 반격을 당해 보았다. 가로되 "내 원, 이렇게 생활까지 추궁을 당해 보기는 생전 처음일세"라고. 이는 영생을 구하던 부자 청년이 율법을 실행하라는 대목까지는 "예, 예" 하고 따라오다가 "네 소유를 다 팔아 가난한 사람에게 주고 나를 따르라"는 데 이르러 단연코 자기의 인생관을 고집했던 것과 마찬가지의 '아류(亞流) 신앙'이다.

스스로 정했거나 혹은 필요에 의하여 제한된 예산 범위 내에서 한 푼이라도 초과하게 되면 타인에게 누를 끼칠 뿐만 아니라, 수입의 문을 넓히고서 청탁(淸濁)을 함께 삼키는 재주를 부려야만 해결될 것은 정한 이치이다. 「성서조선」이 다음 호로 중단된다고 할지라도 그 선납금을 반환할 수 있도록 오늘날까지 그 주필과 가족은 엄격한 예산 생활의 탈을 쓰고 살아왔다. 그 인쇄비나 기타에 1전도 타인에게 누를 끼치지 않은 것과 잡지 대금의 선납금을 반환할 적립금이 준비된 것 등은 결코 작은 일이 아닌 줄 알고 힘써 행하여 온 바이다. 형체가 없는 신앙이 가장 구체적으로 그리고 가장 실질적으로 빈번하게 나타나는 것은 경제생활이다. 그런데 그 경제생활을 제외로 하려는 이들과 신앙을 논하는 일에 우리는 흥미를 갖지 못한다. **(1939년 11월)**

1년의 계획

어떤 크리스천 상인은 12월 24일을 섣달그믐으로 정하고, 모든 사업적 의무와 거래를 그날 끝낸 뒤에 1주간은 고요히 거하여 심신을 가다듬는다. 그리고 섣달그믐날 저녁에는 모든 가족과 고용인들까지 특히 일찍 취침하였다가 일찍 기상하여 제야(除夜)의 종소리를 들으면서 신년 예배 기도회로 새해를 출발한다고 한다. 제야의 종소리를 들은 뒤에 취침하여 정월 초하룻날부터 늦잠 자기를 시작하면 1년 실패의 첫걸음이라 하니 과연 일리 있는 살림이라 할 것이다.

1년의 계획을 새해 첫날(元旦)에 세우려고 하면 벌써 때를 잃는 감이 든다. 1년의 계획은 전해의 1주일 정도를 떼어 바쳐서 천천히, 면밀히, 확고히 수립하고 첫날부터는 계획의 실시에 들어가야 할 것이다.

마찬가지로 하루의 계획을 아침에 시도하려 하면 벌써 늦은 것이다. 하루의 계획은 전날 저녁에 이미 세워두었다가 새벽에 기상하면서부터 씩씩하게 실천의 발걸음을 내디뎌야 할 것이다. 매일 새벽 4시 기상을 실천하는 이가 그 비결을 대답하기를 "저녁 10시 취침을 첫소리 나게 실행해야 합니다"라고 한다. 저녁 취침 시간을 엄수해야만 새벽 기상이 가능하며 자유롭고 오래 지속되는 법이라고. 아무리 비범한 인물이라도 매일 저녁 자정이 넘도록, 닭이 울도록 유흥에 정력을 소모하고서 매일 새벽에 일찍 기상하여 하루의 계획을 실천하는 일은 극히 어려운 일이다. 그러나 아무리 평범한 사람이라도 규모 있고 절제

있는 저녁을 가진 자는 다음날의 계획을 잘 진행할 수 있다. 과연 하루의 계획은 전날 저녁에 있다.

1년의 계획이 이렇고 하루의 계획이 이렇거든 일생의 계획은 어떠할까? 내세에 희망을 가지는 그리스도인에게는 일생은 하루와 같고, 하루는 일생과 같다. 장사 지낸 후에 천국의 계획을 수립하고자 한들 때가 벌써 늦었음을 탄식할 것이다. 하루의 계획이 전날 저녁에 있었던 것처럼 내세의 계획은 이 세상 생애에서 이미 수립되어야 할 것이다.

이론은 어찌되었든지 신앙생활에 일요일을 거룩히 구별하는 것은 절대 필요한 일이다. 이는 사수(死守)해야 할 일이다. 신앙에서 타락하는 사람의 십중팔구는 일요일의 세속화가 그 출발점이다. 그런데 일요일을 거룩히 구별하기 위해서는 토요일을 거룩하게 구별하는 일이 꼭 필요하다. 토요일이 유흥과 사교의 날로 통용되는 우리 불신 사회에서 토요일을 성별하기는 어려운 일이다. 그래도 토요일이 성별되어야만 일요일이 살아나고, 일요일이 살아야 1주간이 살고, 일생이 살아나고, 내생(來生)이 확보된다. 보라, 봄날의 싹은 이미 작년 가을의 낙엽과 함께 준비되었다. 우리의 심령에 일생의 계획, 내생(來生)의 계획은 과연 준비되었는가.

(1940년 1월)

송별의 느낌

감사와 확신: 생각하면 지금부터 10년 전의 봄이었습니다. 그 당시 양정중학교 교직원들 사이에는 일종의 특이한 관습이 있었습니다. 그것은 각자 부모의 생일날에 동료 직원을 식사에 초청하는 일이었습니다. 나의 어머니는 음력 3월 2일생이셨기 때문에 부임하자마자 나는 이 순번을 당하였습니다. 연회에 가서는 물론 술을 안 마실 뿐 아니라 내가 주최하는 연회에서도 술을 사용하지 않았을 것으로 믿고 있었기 때문에, 여기에 난관이 닥쳐왔습니다. 연회의 순번에서 피할 수는 없고 그렇다고 해서 술자리를 펼 수는 절대로 없었습니다.

그래서 나는 사직서를 몸에 품고 연회를 베풀었던 것입니다. 만일 뜻대로 일이 안 되는 경우에는 그 자리에서 그것을 내놓을 생각을 당시 함께 계셨던 분들은 기억하실 것으로 압니다. 그 후 오늘 밤의 이 송별회에 이르기까지 한 잔의 술도 주고받지 않는 이 비사교적인 인간을 몰아내지 않고 그 자리에 두어 주셨다는 것은 오로지 교장 선생님을 위시하여 직원 여러분의 무한한 관용 덕분이라고 깊이 감격하고 있습니다. 그와 동시에 나 같은 비사교적인 인물일지라도 양정학교같이 바다처럼 관대한 사람들 사이에 두면 그래도 10여 년 동안 사회의 일부분의 일을 담당할 수 있을 것이라는 확신을 얻게 되었습니다. 항상 거짓 없는 인간일 수 있느냐 없느냐를 내심 걱정하고 있는 자에게는 이보다 더한 만족은 있을 수 없습니다.

사직과 사별: 다른 선생님들과 달리 나에게는 항상 박물 준비실(과학실)이라는 교실이 주어져 있었습니다. 거기서는 담당한 학과의 일 외에 나 자신의 일터로 개인실 같이 사용하여 왔습니다. 주로 「성서조선」의 편집, 교정, 발송 같은 일과 그 나머지 책들의 정리 등이었습니다.

오늘 그 짐을 운반하고 또 오늘 밤 이 모임에 나와서 나는 일찍이 상상도 못 했던 일을 체험했습니다. 그것은 송별, 곧 한 사회에서 물러난다는 것은 바로 그 사회에서의 사별을 의미한다는 것입니다. 생별(生別)은 사별(死別)의 작은 연습으로 실로 적막함이 몸에 스며드는 것을 느끼는 바입니다. 현재의 직장을 떠나는 사람도 떠나지 않는 사람도 큰 사직을 한 번은 함께 해야 합니다. 나는 오늘 짐을 운반하면서 느꼈습니다. 이번의 짐은 제 손으로 정리할 수 있었지만 다음의 사직, 곧 이 세상을 떠날 때는 짐도 못 꾸리고 귀중한 책도 가지고 갈 수 없다는 것을요.

누구든지 한번은 떠날 때가 오는 것이므로 그때를 위하여 준비가 있어야 합니다. 그러나 나는 지금부터 그리스도를 위하여 새로운 길을 떠나는 것입니다. 그래서 작별의 슬픔의 피안에는 출가하려는 처녀의 가슴 같은 느낌이 없는 바도 아닙니다. 안심하시고 성원해 주시기를 바랍니다.

(1940년 4월)

전공과 기호(상)

지난 호의 "졸업생에게"라는 글에서 각기 한 가지 전공과 한 가지 기호(취미)를 택하여 가질 것을 역설했더니 어떤 목자(牧者)에게 다음과 같은 글이 왔다. "전공은 목축이건마는 이것도 미지근, 기호는 그저 뛰기나 하라면 할지요…"라고.

이 글 속에는 전공도 기호도 갖지 못한 것을 심히 비관하는 뜻이 행간에 넘쳐 있음을 누구나 간과할 수 없을 것이다. 전공이라고 하면 반드시 현대 구미 선진국의 어학 몇 가지를 알고, 그리스어나 라틴어, 그 밖의 고전어학 몇 가지도 능통하며, 될 수만 있으면 상당한 학벌의 배경을 가진 사람이라야만 할 수 있는 일인 줄로 알았고, 기호라고 하면 으레 셰익스피어·단테·호메로스·괴테 등을 택해야 하는 줄로 알았기 때문이다.

그러나 우리가 말하고자 하는 전공과 기호는 결코 이런 것만이 아니다. 물론 외국어와 고전어학을 연마하여 서적을 통한 전공과 취미를 할 수 있는 이는 힘써 해야 할 것이나, 그것이 다는 아니다. 지난 호에 지면이 제한되었던 유감을 이에 보충하도록 하겠다.

위에 기록한 목자는 아무것도 못 되는 것을 스스로 탄식하는 모양이나, 우리는 도리어 이 목자에게 깊은 관심을 가지며 큰 기대를 가지는 바이다. 이 목자는 축산학교를 졸업한 일이 없으되 능히 양을 치며 젖소를 키워서 어루만지는 것이면 안 되는 것이 없다.

이 사람은 전기 장치를 부착한 정교한 부란기가 없을 때는 성냥갑 상자에 석유 등잔을 가지고 수백 개의 계란을 능히 부화시켜서 닭을 길렀다. 따로 양봉학(養蜂學)을 공부한 것이 없지만 어루만지면 벌집을 나누는 일(分蜂)도 쉽게 되었고, 꿀도 풍부하였다. 움을 판 것도 없고, 특별한 시설도 한 것이 없지만 능히 납을 제조하여 판로를 개척하였고, 빵 제조와 두부 장사 등등 못 할 것이 없는 인물이다.

이 목자는 문자대로 일찍 자고 일찍 일어나는데, 저녁은 소와 양이 자리 잡은 때에 잠들고 새벽은 닭 우는 소리와 같이 깬다. 그가 잠드는 것은 마치 큰 나무가 부러지는 것 같다 할까 또는 극장에서 막을 닫는 것 같다 할까. 잔다고 눕자마자 다음 순간에 벌써 잠들었다.

이 광경을 서적에 시달려서 신경만 과민하여 자고자 하되 잠들지 못해서 애쓰고, 잠들되 참 잠을 맛보지 못하고, 깨어도 죽지 못해 깨는 인간들과 비교해 본다면, 이 목자는 잠든다기보다 잠에 떨어진다는 것이 옳은 표현일 듯하다. 곧바로 흘러 3천 척을 떨어지는 폭포[14]라는 구절이 연상되는 것은 일순간에 3천 척이나 깊은 타계로 직하하여 버린 것 같기 때문이다. 소위 문화인들이 잠자는 것을 잠잔다고 표현한다면, 저 사람은 죽었다고 해야 사실적 묘사에 가까울 것이다.

따라서 새벽에 깨는 것은 잠을 자고 깬 것이 아니라 죽었다가 부활한 것이다. 아이슬란드의 간헐천처럼 시간은 기계보다 정확하고 용솟음치는 원기가 생생하여, 씩씩하게 깼을 때는 벌써 일이 그 손에 있다. 일하지 않는 것은 고통이기 때문이다. 저와 같은 인물은 그 성격으로

---

[14] "비류직하 삼천척(飛流直下 三千尺)" (이태백의 시).

보든지, 건강과 재질로 보든지 탱크를 연상케 한다. 무한궤도 위에서 산이나 들을 향해 돌진하여 격파하지 못할 것이 없는 듯하다.

이 목자에게는 전공할 과목이 없거나 재질이 부족한 것이 걱정이 아니요, 너무 광범위하게 재능이 많은 것이 문제이다. 만일 그 목표를 단일하게 하고 그 경험한 바를 기록해 둔다면, 자기를 발전케 할 뿐만 아니라 세상을 크게 유익하게 할 것이다.

경성시 외곽에 빈궁치 않은 한 가정이 있다. 재력으로 보든지 재능으로 보든지 대학까지 졸업할 것을 누구나 기대하던 그 자제들은 모조리 중학교로 그 학교 공부를 중지하였다. 중학교를 졸업한 지 몇 해 안 되는 그 맏아들이 인부들과 함께 지게를 지고 일할 때 그 모친은 아들을 아끼는 생각과 분한 마음으로 일을 중지시키고자 했다. 그러나 그 부친은 "사람이 무식이나 면하면 된다"라고 하면서 지게 지는 일을 힘써 공부하라고 했다 한다.

무식(無識)이라면 글자 모르는 것만이 무식인 줄 알았던 사람들은 이 부자 앞에 깊이 참회해야 마땅할 것이다. 도시에 나와 전차나 버스 갈아타기를 잘 못하는 것, 사교장에서 술을 권하고 받는 것에 민첩하지 못한 것은 도리어 비웃으면서도 메주나 곶감이 어떤 열매인지 모르며, 밀과 보리, 콩과 팥이 이웃하여 자라는 것을 보고도 그 구별할 식견이 없는 것은 오히려 부끄러워할 줄 모르니, 이는 세상이 모두 거꾸로 된 까닭이다.

지금부터 10여 년 전이었던가? 수원에 '고농(高農) 수박'이라는 명산물이 있었다. 그 명산물을 낳은 사람은 고등농림학교 안에 지위가 높지 못한 고용된 늙은 농부였는데, 그는 수박 재배(특히 수원 지방의 기후 풍토에 맞는 수박 재배)에 관한 한 박사나 교수보다도 뛰어난 제일의 권위자였다고 한다. 그는 황혼까지 수박밭에서 한 모종 한 모종을 가꾸어 준다. 새벽에 잠이 깨는 대로 이 닦는 칫솔을 손에 잡고 나서는 먼저 수박밭을 한 바퀴 돌면서 한 포기 한 포기에 아침 인사나 하듯이 들여다보곤 했다. 수박에 미친 사람이라는 별명까지 들으면서 재배한 것이 수원 명산물 '고농 수박'이었다. 그는 학생들이 질문하는 대로 수박 재배의 비결을 말하였다. "수박밭 전체를 일별하고서 그 수박이 잘 되었네, 못 되었네 하는 자는 아직 수박 재배를 담론할 자격도 없는 자이니라. 반드시 수박 모종 한 포기 한 포기에 눈을 대고, 그 색과 광채와 자태를 보고, 그 영양의 과부족과 병충의 유무를 통찰해야 한다"라고 하였다.

한 가지 일에 통달하여 만사에 통한다는 원리가 여기도 있음을 보고 우리는 놀라지 않을 수 없었다. 이스라엘 조상들은 양을 치되 수천 마리라도 각각 그 이름을 붙여서 불렀다. 서적을 사랑하는 학자나 도서관에 종사하는 충실한 직원은 수만 권의 서적이라도 각각 그 위치를 기억한다. 학교 교육의 원리와 교회 목회의 원칙이 또한 여기에 서로 통한다. 한 포기 한 포기의 인식, 개체(個體)와 개성(個性)의 존귀성, 이는 하나님이 만백성을 구제하시는 원리이다.

그러나 한 가지 일에 깊이 통달한 이는 반드시 그 심술이 고약하다 할까, 자신이 지나치다 할까, 어디인지 괴벽이 있는 것도 숨길 수 없는 공통점인 듯하다. 이 늙은 농부가 수박 재배에 관한 한 교수나 박사 등 상관의 명에 복종치 않는다는 죄과로 드디어 파면을 당하고 말았다

하니 가소롭다 할까, 애석하다 할까. 어쨌든 그날 이후로 '고농 수박'의 껍질이 두꺼워져서 다시 '고농 수박'을 찾는 사람이 없었다.

수박 재배에 관하여 약 20년 전의 이야기가 있다. 도쿄 시외에 에도(江渡) 모(某)라는 동경제대 불문학부를 졸업한 문학사가 있었다. 그 부인은 동경고등사범학교 출신이었다. 저들은 상당한 유산을 차지할 수 있는 재산가의 장손이었으나 톨스토이주의를 실천하고자 '출가'하여 남의 집 머슴살이와 소작농 등을 하면서, 때로는 풀뿌리까지 캐어 굶어 죽기를 면하는 처지까지 이르면서 농사를 공부하였다. 우리가 방문했을 때 예와 같이 그 집 규례대로 저녁은 죽으로 내객까지 같이 나누면서 에도 노인은 자기의 농사 공부의 비결을 널리 알렸다. 이르되 "남에게 물어 배우지 않고서 반드시 자기 자신이 실패해 보는 것이 유일한 연구 방침"이라고 하였다. 또 이르되 "수박 재배에 뜻을 두고부터 금년이 16년째인데, 이제는 무사시노(武藏野) 지방의 기후 풍토에서 수박을 재배하는데 겨우 '한 사람 몫'이 되었노라"고 하였다. 즉, 이 일에 관해서는 전 세계에서 제1인자라는 뜻이다.

원산에 통칭 '윤(尹) 주사'라고 사과 재배에 일생을 바친 늙은 농부가 있다. 우리가 견문이 좁은 탓인지 이 농부처럼 연구를 하면서 사과를 재배하여 성공한 이를 조선 안에서 둘도 알지 못한다. 그는 사과 재배에 열심인 끝에 외국인 선교사들이 귀국할 때마다 사과 재배에 관한 신간 서적을 부탁했다. ABC도 모르는 구식 인물이 어찌 외국 원서를 읽느냐고 자타가 의심함도 무리가 아니다. 그러나 몇 쪽에 하나씩 나오는 삽화만 보고서도 대강 전체의 뜻을 통하였고, 구미 열국의 사과 재배 취향을 짐작하였다고 한다. 이 또한 20세기의 일대 기적이라

할 것이다.

함남 지방에는 이 윤 주사의 가지치기(剪定)법이라는 독특한 방식이 확립되었고, 도·군의 당국에서도 윤 주사의 자제들을 초청하여 동업자들에게 강습시키는 형편이다. 즉, 함남 동해안 지대의 기후 풍토에서 사과를 재배하는 일에는 윤 씨 일가가 세계에서 제일인자이다. 박사 학위도 고등관 기사도 이 윤 씨 앞에서는 꼼짝할 수 없다. 이론보다 사실이 증언하는 까닭이다.

본지의 구호(舊號)를 가진 이는 경기도 파주군에 사는 양계의 천재 백(白) 모라는 사람을 우리가 방문했던 기사를 기억할 것이다. 오사카·런던·베를린 부근에서 하는 양계에는 각기 배합 사료도 사용하겠고, 전기나 그 밖의 최신 이화학적 시설도 아낌없이 설비할 것이다. 그러나 조선 경기도 파주군에서 하는 양계는 어떻게 해야 좋은 질의 고기가 나고 생산을 많이 할 수 있을까? 심한 신경쇠약으로 인하여 중학을 중퇴했던 백 청년은 도리어 전화위복하여 큰 이치를 터득하였다.

마찬가지로 본지 지난 호를 읽은 이는 경인선 오류동역 남쪽으로 5킬로미터쯤에 '서기하'라는 청년 농부가 있더라는 기사를 기억할 것이다. 양정중학교에 5년간 다닐 동안 그는 하등 특수한 기능을 보이지 않았었다. 소 같은 면모에 몸까지 둔중하여 학업이나 운동이나 항상 끝에서 몇 번째였을 뿐이었다. 그러던 서 군은 졸업하기 약 1년 전부터 시내 도서관을 섭렵하면서 슬금슬금 농업 축산에 관한 도서를 참고하기 시작하였다. 휴일이 되면 시외에 산재한 농장들을 순방하면서 도시를 배경으로 하는 농장 경영의 실제를 살펴보아 두었다. 그는 조선 농업의 퇴보가 그 기록을 남기지 않았던 인과응보(因果應報)라고 통탄하면서 성공과 실패의 경험을 반드시 기록하기 시작하였다. 조선 농기구는 고대(古代) 신농(神農)씨 유물에서 일보도 전진한 것이 없음을 개탄하였다. 그리하여 건조하고 척박한 조선 풍토에 적합하도록 그 자신이 고안하고 제작한 농기구로 개량(改良)을 시도하였다. 다수확 벼농사 실험은 놀랄 만한 성과를 보였고, 중부 조선의 기후에서 연 4모작 내지 5모작 계획도 착착 성과를 보게 되었다. 학교 성적으로는 별로 우량하지도 못하였던 동식물·광물·물리화학 등 교과서를 졸업 후에 두세 번 읽어서 날로 그 지식을 실제에 응용하였다. 특히 화학적 변화를 비료 배합에 응용함에 이르러서는 무한한 흥미도 느끼려니와 동시에 무궁무진한 화학적 지식의 필요를 절감하노라고 고백했다.

그는 이 갈급한 지식욕을 충당하기 위하여 자기는 어떤 고농의 강의록을 읽기로 하고 동생을 모농업학교에 입학시켰다. 그러나 최후의 일은 죽어서 이룰 수 없었다고 하니 아깝고 슬프다. 이 서 군에게 10년의 수명이 연장되었던들 조선 농업계는 일대 혁신과 진보를 보았을 것인데 오호라, 서 군은 이미 요절(夭折)하고 말았다. 서 군을 생각할수록 군과 같은 고귀한 천재를 수년간 어루만졌어도 그 진가를 인식하지 못했던 교사로서의 어리석고 둔함을 참회하지만, 또한 동시에 아무리 열등생이라도 그 방향을 선택하여 힘쓰도록 권유하기만 하면 모조리 천재로 돌변할 수 있다는 법칙을 발견한 듯해서 스스로 위안을 삼는다.

(1941년 6월)

전공과 기호(하)

지난 호에서 전공과목이라는 것이 반드시 어학이나 서적으로만 할 수 있는 일이 아니라, 농·축산업 중에서도 선택할 만한 과목이 적지 않고 또 이미 그런 방면에서 존경할 만한 성과를 보인 선각자도 많았던 것을 몇 가지 예를 들어 보여 주었다. 우리가 아는 농축에 관한 전공의 결과만 하여도 아직 끝난 것이 아니다. 그 밖에 광업·공업·어업 등의 방면에서도 상당한 업적이 나온다는 소식을 듣고서 우리의 마음이 매우 든든해졌다. 원래 조선인은 기상천외(奇想天外)의 것을 고안하는 재질이 부족한 것이 아니다. 그 점은 도리어 남보다 풍부하다 할 것이나 한 가지 일에 오래오래 전심으로 힘을 다하여 대성(大成)하는 일에 부족할 뿐이다.

그러나 사람의 오랜 관습이란 것은 하루아침에 타파하기 어려운 것이므로 우리 독자 중에도 아직까지 문자를 모르는 것만이 무식인 것같이 생각하며, 도서에 의하는 것만이 전공이라, 기호라 할 만한 가치 있는 것으로 보여서 어찌할 수 없는 사람이 있을 것이다. 우리는 지금 그런 형제들에게 전공의 과목과 기호의 자료를 제공하고자 한다.

그것은 성서를 전공하고 성서를 기호로 택하라는 것이다. 성서라고 하면 "그까짓 것쯤이야 특별히 전공 안 하기로서…" 하는 이도 있을 것이나 그야말로 무식한 사람이다. 성서를 전공하되 구약, 신약 66권을 골고루 균일하게 능통한 장수는 없다. 그러므로 구약 혹은 신약의 어느 한 편을 전공하되 그중에서도 구약 중의 어느 한 권, 신약 중의 어느 한 권을 좁게 파고들어야 한다. 스스로 재능이 우월하다고 믿고 성서쯤은 쉬운 것으로 여기는 이는 이사야 또는 창세기 같은 책을 전공해 보라. 현대 인류의 최고 지능을 가지고도 3백 세 장수하지 못하는 일을 탄식하고야 말 것이다. 우치무라 간조(內村鑑三) 선생의 칠십 평생은 오로지 로마서 한 권의 전공으로 마쳤다고 해도 과언이 아니다.

그러나 다른 한편 성서를 전공하고자 원하지만 어학도 모르고 참고서도 못 가진 신세를 탄식하는 이도 있을 것이나, 이것은 문자대로 어리석은 걱정이다. 세상의 학자가 되기 위해서는 그런 것 저런 것도 필요할 것이다. 그러나 성서의 본뜻만을 실질적으로 연구하기 위해서는 성서 본문과 거기 달린 관주(冠註/reference)를 상고하는 것만으로 족하다. 즉, 성서로써 성서를 해석하는 연구 방법이니 신구약 성서 1권만 소유하면 되는 일이다. 이런 방법으로 어느 정도까지 성서에 통달할 수 있을까 하고 불안을 느끼는 이는 염려 말라. 예수님 정도의 학자될 것은 땅 짚고 헤엄치기이니. 성서를 전공해서 예수님만큼 성서에 능통할 수 있다면 또한 무엇을 부족해 하랴.

가령 전공의 과제는 성서 안에서 택할 수 있다고 하더라도 취미를 어찌 성서 안에서 구해 낼 수 있으랴 하는 생각은 경건한 신도의 공통된 사상이다. 그러나 복음서를 읽어 보라. 소설보다 재미있지 않은가. 세상 사람은 소설이 흥미 있다고 하나 알고 보면 전기(傳記)는 소설 이상의 소설이다. 소설을 인간의 창작이라고 한다면 전기는 바로 하나님의 창작이다. 하늘이 땅보다 높은 것처럼 전기는 소설보다 높은 것이다. 그리고 모든 전기 중에 예수님의 전기처럼 무궁무진한 흥미를 자아내는 전기가 다시없는 것은 한 번 읽어 본 사람마다 증언하는 사실이다. 사복음서를 일시에 가르침을 받기 어렵거든 그중의 한 책만, 예컨대 요한복음만 숙독해 보라. 읽으면 읽을수록, 씹으면 씹을수록 한없는 즐거움을 얻을 것이다.

그러나 좀 더 달콤한 연애 문학이라야 비위에 맞겠다는 사람은 구약성서의 아가를 음미할 것이다. 괴테의 『베르테르의 슬픔』쯤은 여기 비하면 매우 점잖은 편이다. 좀 더 고급의 극시라야 되겠다는 이는 욥기를 찾아볼 것이니, 이는 호메로스·셰익스피어·단테 등등의 모든 시성(詩聖)의 기원이요, 원천이다. 또 만일 구약성서의 시편을 아침저녁으로 1백 번, 1천 번 읽는다면 참 의미의 신사 숙녀의 취미로 이보다 고귀한 것이 어디 있으며, 이보다 심원한 것이 어디 있으랴.

(1941년 7월)

본문 해설

　"슬픈 대조"는 시간관념과 관련된 신앙인의 태도를 말하였다. 선생은 고희 잔치에 1주일을 사용한 노인과 결혼하는 데 반년을 소비한 동경 유학생 그리고 자녀 6명 혼사에 평생 6일을 허비했노라고 탄식한 세이소쿠 영어학교 교장을 대비하여 시간관념을 이야기한다. 선생은 "시간을 낭비하는 자는 살았어도 죽은 자와 같으니 아무리 친분이 있고 혈연이 있다 한들 죽은 자와 산 자가 어찌 서로 통할 수 있으랴" 하면서 그러한 사람과 선을 그었다.

　사회가 발전하고 변화가 심할수록 시간은 더 빨리 흘러간다. 수많은 일을 하다 보면 한 가지 일에 사용할 수 있는 시간은 줄어들 수밖에 없다. 그리고 아무리 능력 있고 많은 것을 소유한 사람이라도 유한한 시간을 산다. 시편 90편 10절 말씀처럼 "우리의 연수가 칠십이요 강건하면 팔십이라도 그 연수의 자랑은 수고와 슬픔뿐이요 신속히 가니 우리가 날아가나이다"라고 고백할 수밖에 없는 인생이다. 이러한 시간을 살면서 우리는 세월을 아껴야 하며 주어진 기회를 잃지 않아야 한다. 먼저 그의 나라와 그의 의를 구하는 삶을 살아야 한다.

　"사실이라는 말"은 신앙과 삶이 흔들리지 않는 터전 위에 있어야 함을 말한다. 한 번 약속한 것은 상황이 변해도 지켜야 한다. 인간관계는 맺고 끊는 것을 분명히 해야 한다. 언행은 간단하고 솔직해야 한다. 신앙은 예수께서 성령으로 잉태하시고, 십자가에 죽으시고, 부활하셨다는 사실 위에 서야 한다. 예수님의 언행에 농담이 있고 연극이 있다면, 우리가 서 있는 땅 그리고 우러러볼 하늘이 무너지고 말 것이다.

우리는 지금 너무나 경박한 세상을 살고 있다. 나라를 이끌어 갈 정치적 이념을 가지고 국민의 선택을 받기 위해 구성한 정당의 이름이 너무나도 자주 바뀌어서 주요 정당의 이름을 외우지 못할 정도가 되었다. 결혼은 가정을 이루는 신랑 신부의 약속인데 그 약속을 너무나도 쉽게 깨버린다. 엄숙한 약속을 요구하는 주례가 부담스러워 주례 없는 결혼식을 행하기도 한다. 믿음의 터전인 교회가 심리 치료와 여가 활동 소그룹이 되었다. IT 계통의 직업에서는 직장을 자주 옮겨야 능력 있는 사람으로 인정받는 시대이다. 우리 모두는 뿌리 없는 인생, 한수산의 유랑곡예단 이야기 '부초'와 같은 인생을 살고 있다. 우리의 믿음, 사랑, 소망, 관계, 사명 등이 모두 반석 같은 사실 위에 서 있어야 하겠다. 그때 우리는 "변함도 없으시고 회전하는 그림자도 없으신 하나님"(야고보서 1:17)을 만나게 될 것이다. 어거스틴의 고백처럼 영원하신 하나님의 품 안에서 요동치지 않고 안식할 수 있을 것이다.

"단독(單獨)"은 혼자 걸어갈 수밖에 없는 인생길의 모습을 통해서 삶의 소중함과 가치를 이야기한다. 당시 중학교 입시 경쟁률이 8:1 정도가 되었다. 초등학교를 막 졸업한 어린 학생이 중학교에 입학하기 위해서는 그 누구의 도움도 없이 시험을 쳐서 그 좁은 문을 통과해야 한다. 홍역에 걸린 아이는 아무 도움도 주지 못하는 부모 앞에서 혼자 고열과 싸워 생명을 보존해야 한다. 사람은 누구라도 일평생에 몇 번씩은 단독으로 싸워야만 하는 난관을 통과해야만 한다. 이러한 사실 앞에서, 우리는 인생의 고귀함과 엄숙함 그리고 하나님의 크신 사랑을 느낄 수가 있다.

그렇다. 우리 인생들에게는 부모의 능력과 재산과 뒷배가 통하지 않는 단독의 길이 있다. 의사도 약도 도움이 되지 못하는 단독의 아픔과 상처가 있다. 그 무엇보다도 죽음은 가장 확실하고 그 누구도 피할 수 없는 단독의 사건이다. 인간은 사회적 동물이어서 함께 생활하지만, 독립적인 자의식을 가진 인간은 때로 오로지 혼자의 힘으로 부딪쳐야 하는 삶의 과업이 있다. 그러나 부모 형제도, 친구도, 스승도 함께하지 못하는 자리에 우리 주님께서는 함께하신다. 단독의 무거운 짐에 억눌린 인생을 일으켜 세우시고 구원해 주신다. 단독의 아픔과 엄숙함과 외로움이 우리의 눈길을 십자가로 향하도록 한다. 그래서 단독은 우리 인생길의 가장 소중한 길잡이이다.

"담뱃대[연죽(煙竹)]"는 한국인의 무모하게 보이는 도전 정신을 논한 글이다. 한국인은 특별한 준비나 안전장치도 없으면서 만주와 시베리아의 넓고 넓은 땅을 횡단하고 활보하였다. 어떤 이는 그 누구의 도움이나 보장도 없이, 자신의 의식주 생활은 아랑곳하지 않고, 농촌에서 아동 5~6명을 모아 야학을 시작하여 2~3백 명의 아동을 가르치는 큰 학교를 만들었다. 김교신 자신은 대책도 없고 수지도 맞지 않는 「성서조선」을 발간하고 있다.

이 모든 일 속에 나타나는 공통점은 한국인의 도전 정신과 열정이다. 이러한 도전 정신과 열정이 있었기에 일제 치하 한국인은 삼일운동의 여파로 세운 해외 망명 임시정부를 해방의 날까지 계속 이어갔다. 일제의 강력한 통치력과 무력 앞에서 연약하기 짝이 없던 한민족이었지만 독립에의 꿈을 포기하지 않았다. 해방 후에도 분단의 아픔과 한계 속에서 민주화와 산업화를 함께 일구어냈다. 세계 최고 무역 국가 한국의 젊은이들은 전 세계 곳곳에서 일하고 있으며, 미국과 함께 가장 많은 선교사를 해외에 파송한 국가이기도 하다. 세계 최고의 대학 진학률을 자랑하고 영화, 드라마, 음악 등의 영역에서 코리아 컬처(K-culture)를 이루어 냈다. 좋은 예는 아니지만 북한은 핵무기까지 만들었다. 이러한 열정과 도전 정신이 오늘의 위대한 한국을 만들었지만, 또한 혼돈과 사회갈등의 그림자를 만들기도 하였다. 한국인의 도전 정신과 에너지가 십자가 신앙의 거룩한 그릇에 담길 때 전 세계를 섬기는 위대한 제사장 나라가 될 수 있을 것이다.

"포플러나무 예찬"은 포플러의 모습과 속성을 통해 성도의 신앙 인격을 묘사한 글로, 그 속에 들어 있는 깊은 사고와 수려한 문체 그리고 뛰어난 비유는 한국 문학사의 한 페이지를 장식할 만하다. 포플러는 큰 나무이지만 하늘을 향해 치솟음으로 주변의 초목이 고사되지 않는 평화와 공존의 나무이다. 가을의 포플러는 온 세상의 죄와 고통을 감당하는 그리스도와 예레미야와 같은 비애의 인격을 보여준다. 높고 곧게 자란 포플러가 미풍에도 몸을 떠는 것은 거룩한 하나님의 사람이 끝없이 스스로를 돌이켜 보며 참회하는 모습이다. 이 땅에 새롭게 들어온 포플러는 성장과 발전의 새 생명이요, 젊음이며, 신흥의 기운이다. 포플러의 가늘고 긴 자태는 멀리서 보면 가녀린 여성의 모습이나 가까이에서 보면 대지에 우뚝 선 장부의 기세이다. 포플러는 부드러움과 강함을 함께 갖춘 어린 양 예수를 닮았다.

성도의 신앙 인격을 포플러나무와 같아야 한다. 세상의 땅을 더 많이 차지하려고 수평으로 퍼져 나가는 것이 아니라 한없이 넓은 공간, 하늘을 향해서 성장해야 한다. 영적인 성장 없이 몸만 키우려다가 벽에 부딪힌 한국교회는 포플러나무를 깊이 묵상해 보아야 한다. 비애의 나무 포플러가 작은 바람에도 참회하듯 몸을 떠는 모습은 성도의 신앙 양심을 일깨운다. 윤동주의 서시처럼 "죽는 날까지 하늘을 우러러 / 한 점 부끄럼이 없기를 / 잎새에 이는 바람에도 / 나는 괴로워했다"는 노래를 불러야 하겠다.

우리는 포플러나무처럼 이 세상에서 고통당하고 눈물 흘리는 이들에게는 한없이 약한 모습으로 다가가고, 포악을 행하는 악한 자들에게는 장부의 기세로 맞서야 하겠다. 서럽고 가슴 아픈 민족의 현실 앞에서 포플러나무의 비유를 통해 위로와 용기를 얻었던 선생의 마음은 우리 시대 모든 성도가 간직해야 할 가난한 심령이다.

"제12,345일"은 선생의 출생 12,345일째 되는 날에 쓴 글로서 매일의 성장을 주제로 하였다. 육신적으로 볼 때 인간은 어린 시절 성장한 후에 긴 청장년 시절을 보낸 후 노년이 되면 급속하게 쇠약해진다. 그러나 우리 성도들은 '나날이 낡아지는 겉 사람'을 가졌지만 이와 아울러 '나날이 새로워지는 속사람'을 가졌다. 그러므로 우리는 겉 사람의 변화에 낙심하지 않고 속사람이 날로 성장하는 삶을 살아야 한다.

물질주의와 세속화에 물든 세상은 겉 사람에만 관심을 기울인다. 겉 사람의 건강과 겉 사람의 화려함을 위하여 모든 에너지를 다 쏟아붓는다. 그러나 이것은 도로(徒勞), 헛된 수고에 불과하다. 세월의 흐름을 막아설 수 있는 몸, 겉 사람은 없다. 그러므로 우리는 약간의 유익이 있는 육체의 연단을 소홀히 해서는 안 되지만, 더 큰 관심은 속사람의 성장, 경건의 훈련에 두어야 한다. 속사람은 겉 사람과 달리 날로 성장할 수 있다. 노년이 되어도 더욱 성장할 수 있다. 인생의 참된 가치를 이해하고 영원한 세계를 소망하는 능력은 노년에 이르러 완성될 수 있다. 한국 현대사의 중추를 이루었던 나의 친구 베이비 붐 세대여! 육신적으로 나이 드는 것을 한탄하지 말고 매일 매일을 속사람이 성장하는 시간으로 삼도록 하자.

"광고지"는 더운 여름 숨을 헐떡이며 광고지 한 장을 가지고 온 어린

딸의 모습을 보면서 느낀 하나님 아버지의 마음을 표현한 글로 김교신 문학의 백미(白眉)와 같은 작품이다. 선생의 어린 막내딸 정옥이가 작은 광고지 한 장을 얻기 위해서 더위와 위험과 수모를 견디며 광고지 나누어주는 사람을 따라다녔다. 그 아버지 집에는 어린 딸이 고생하여 얻은 작은 광고지보다 더 크고, 더 질이 좋은 종이가 가득하다. 그러나 철없는 어린 딸은 아버지에게서 구하지 않고 광고지 나누어 주는 이에게 구했다. 그 고생을 하면서. 이 모습을 보고서 어린 딸의 아버지는 하나님 아버지의 마음을 생각한다. 참으로 소중한 인생을 보잘것없는 광고지 한 장을 얻으려고 다 허비하는 모습을 보면서 가슴 아파하시는 하늘 아버지의 마음을 느낀다.

우리는 지금 무엇을 구하고 있는가? 우리가 고생하며 얻고자 하지만 그것은 초라한 한 장의 광고지에 불과하지 않은가? 우리 시대의 어지럽고 혼탁한 흐름은 보잘것없는 광고지 한 장 얻는 데 우리의 소중한 삶을 다 소모하도록 만들고 있다. 광고지의 화려한 색색깔 글씨가 우리를 현혹하고 있다. 보잘것없는 광고지를 구하지 말고 하나님의 나라와 그 의를 구하자. 영원한 진리와 영원한 생명을 구하자. 성령의 9가지 열매를 구하자. 우리 인생은 너무나도 귀하고 소중한 것이어서 광고지 한 장 얻으려고 헛된 것을 따라다닐 수는 없다.

"다소의 흥분"은 일상생활에서 진리와 거룩함을 향한 열정의 의미를 보여 주는 글이다. 김교신이 기독교 계통의 학교에 교사를 추천하면서 그가 훌륭한 교사로서 일할 수 있도록 몇 가지 조건을 걸었다. 이 조건이 당시의 관례에 맞지 않았으므로 추천을 요청한 후배 교장이 '다소의 흥분'으로 한 말이라 하였다. 타산적이고 냉정하고 영리한 사람 앞에서 진리와 거룩함을 향한 열정은 다소의 흥분으로 여겨지는 법이다. 그러나 성경의 모든 위대한 인물들, 곧 예수님의 제자와 스데반과 바울 등은 모두 다소의 흥분, 즉 열정을 가지고 산 사람들이었다.

선생의 시대나 지금 우리 시대나 이해관계에 밝고 냉철하게 계산할 줄 아는 사람이 출세하고 성공한다. 감정적이고 흥분을 잘하는 사람은 왕따 당하고 도태되기 쉽다. 그러나 꿈과 소망과 사랑은 흥분과 열정이라는 파토스가 없이는 살아 움직일 수가 없다. 파토스가 없으면 로고스는 죽은 지식이 되고, 에토스는 형식적인 율법이 된다. 지식을 스스로 생성하는 (generative) 인공지능이 불과 수 초 만에 수많은 지식을 쏟아내는 로고스 폭발의 시대를 살고 있다. 모든 것을 법으로 처리하고자 하는 냉철한 에토스의 시대를 살고 있다. 진리와 생명의 역사는 지정의(知情意)가 함께 조화를 이룰 때 나타난다. 지식과 의지 과잉의 시대이다. 이 시대는 다소의 흥분이 아니라 다대한 흥분이 필요하고, 미지근한 사랑이 아닌 뜨거운 사랑이 절실한 시대이다.

"연약하고 고독한 사람 예레미야"는 김교신이 간절히 소원한 영적인 힘과 소망을 잘 보여 준다. 김교신의 심령은 예레미야의 심령이었고, 김교신이 처한 상황은 예레미야가 처한 상황과 유사하였다. 그래서 그는 예레미야를 깊이 묵상하였고, 예레미야를 통해서 큰 힘과 위로를 얻었다. 예레미야는 이 세상의 어떤 영웅보다도 강한 사람이었지만, 그는 또 지극히 약한 자이기도 하였다. 그는 바벨론 제국과 국내의 악한 왕과 귀족들 그리고 상처 주는 고향 사람들 앞에서 약해질 수밖에 없었다. 그러나 여호와 하나님은 약한 예레미야를 들어서 철 기둥, 구리 담보다 더 강하게 사용하셨다. 그는 왕과 귀족과 온 백성들에게 버림받은 지극히 고독한 자였다. 그러나 하나님의 은혜의 손길이 늘 그와 함께하셨다.

선생은 예레미야처럼 약한 사람이었지만, 하나님께서 그를 강하게 사용하셨다. 선생은 또한 고독한 사람이었지만, 하나님이 함께하심을 항상 느끼며 사는 사람이었다. 세상이 악해지면 선하고 의로운 사람은 예레미야처럼 약해지고 고독해질 수밖에 없다. 그러나 하나님은 선하고 의로운 사람이 고통당하는 것을 그냥 내버려 두지 않으신다. 능력의 손길로 개입하셔서 지켜 보호하여 주시고, 강하고 담대한 인물로 사용하신다. 성령님을 통하여 늘 함께하심으로 외로움의 눈물을 닦아 주신다. 예레미야와 김교신은 그 대표적인 인물이다.

"심봉사의 소원"은 우리의 참된 소원이 무엇인가를 질문하는 글이다. 심봉사가 공양미 300석을 바치고 눈을 뜨고자 하는 목적이 무엇인가. 이 세상의 좋은 경치를 구경하고자 함이 아니라 지어미를 닮은 딸 심청의 얼굴을 보기 위함이었다. 이 한 가지 소원을 이루고자 그는 능력이 닿지 않는 무리한 약속을 하였다. 심봉사의 소원은 깨우침을 준다. "할 일이 많다는 것은 아직 평생의 사명을 발견하지 못한 증거이며, 소원이 많다 함은 진정한 소원이 없는 까닭임을" 알게 한다.

우리는 지금 꿈도 없고 목적도 없는 인생을 살고 있다. 배고픈 시절에는 배부르게 먹는 것이 꿈이었고, 내 어린 시절에는 신동우 화백이 그린 '1,000불 소득, 100억 불 수출' 포스터가 이 나라 모든 국민의 소원이었다. 그 소원의 몇십 배를 이룬 지금 우리는 꿈도 없고 소원도 없는 세상을 살고 있다. 꿈과 소원이 없으니 사명도 발견하지 못한다. 인간의 궁극적인 소원은 창조주 하나님의 가슴 속에 있다. 믿음이 없으면 꿈도 없는 법이다. 사상, 이데올로기 등의 그럴듯한 말로 치장한 개인적 야심과 욕망만 있을 뿐이다. 심봉사의 소원과 같은 간절한 소원을 주 안에서 발견하자. 그리고 그 소원을 따라 살아가자. 이것이 성도의 길이요 소망이요 꿈이다.

"산으로 오르라"는 이 세상의 번거로운 만남(사교, 회합)을 벗어나 고독 속에서 사명을 발견하고 하늘의 능력을 받으라고 권면하는 글이다. 불필요하고 과도한 사교는 우리의 영성을 가볍고 천박하게 한다. 그러므로 우리는 예수님을 따라 산으로 가야 한다. 산에 올라가 고독의 샘물을 마실 때 성결의 은혜를 받고 영적 능력을 받을 수 있다. 병과 가난은 산이다. 이 산에 올라가면 시공간에 제한된 모든 번뇌가 없어지고 영원무궁한 우주적인 큰 문제만 남는다. 사망을 이기신 예수님을 닮아 인간 최후의 적인 사망까지도 이길 수 있다.

우리 시대 60만 명이 넘는 20, 30대 젊은이들이 일도 하지 않고 구직 활동도 하지 않은 채 방문을 걸어 잠그고 홀로 지낸다고 한다. 이것은 단절이지 고독이 아니다. 고독은 홀로 떨어져 있다고 가능한 것이 아니라 하나님과 소통이 있을 때 가능하다. 지금도 방문을 잠그고 컴퓨터 게임에 몰두하고 있는 젊은이여, 홀로 지내는 독거노인들이여, 인생의 좌절과 패배를 맛보고 집을 떠나 홀로 지내는 장년들이여! 산으로 오르라. 오병이어의 기적을 일으키신 후 무리를 피해 올라가신 그 산으로 오르라. 십자가를 바라보며 올라가신 겟세마네 동산으로 주님을 따라 올라가라. 이 한 몸 의지할 수 있는 주님의 품을 발견할 수 있고, 이 한 생명 던질 수 있는 광대한 사명의 바다를 만나게 될 것이다.

"서재를 지어본 소감"은 서재 한 칸 증축 경험을 통해서 얻게 된 새로운 발견, 감사, 기쁨을 이야기한다. 선생은 정릉 집에 서재 한 칸을 증축하면서 새로운 경험을 많이 하였다. 그러한 경험은 일상에서 새로운 발견과 환희를 맛보게 하였다. 매일 열고 닫던 학교의 출입문과 박물 준비실의 창문을 보면서 새로운 감동을 느꼈다. "광선과 공기는 마음대로 들이되 음파와 먼지는 단연코 거절하리라"는 결심은 집과 사무실의 창문 이야기가 아니라 마음의 창문 이야기이다. 집 한 채를 지으면서 하나님의 은혜의 손길을 체험하고 감사와 찬송이 넘쳤다.

그렇다. 영성이란 지극히 일상적인 삶 가운데서 우주의 원리와 인간의 영원한 운명을 발견하는 것이다. 그리고 육신의 눈으로 보이지 않지만, 지극히 작은 일들 속에서 역사하시는 하나님의 손길을 느끼는 것이다. 영성이 깊어지면 집을 짓는 작은 일을 통해서 우주와 가정과 세상이 조성(造成)되는 원리와 과정을 느낄 수 있다. 헬렌 켈러의『삼일만 볼 수 있으면』이라는 수필에서 나오는 마음으로 우리의 가족과 이웃과 세상과 문명과 자연 세계를 바라보자. 그러면 서재 한 칸 지으면서 김교신 선생이 느꼈던 감동과 환희를 공유할 수 있을 것이다.

"경모하는 성경의 인물"은 창세기에 나오는 요셉의 형 유다를 통해 참된 신앙 인격이 무엇인가를 논의한 글이다. 요셉의 책략에 걸려 베냐민이 붙잡히게 되었을 때 유다는 그의 이복동생 베냐민을 구하기 위해 간절히 호소한다. 이 간절한 호소 속에는 신의와 성실이 가득하며, 책략도 기교도 술수도 없었다. 단순 솔직하게 일을 처리하면서 자비를 구하였다.

선생의 시대나 우리 시대나 책략과 지략으로 자멸하는 자들이 참으로 많다. 평범한 백성이 그 일을 하면 그 해가 자신과 그 가족에게 미치는 것으로 끝난다. 그러나 나라의 지도자 혹은 교회의 지도자가 책략과 지략으로 나라와 교회를 이끌면 그 해가 온 세상에 미치는 법이다. 유다의 아름다운 신앙 인격을 본받으라는 선생의 간절한 호소가 이 나라의 지도자들 귀에, 더 나가 미국, 중국, 러시아, 일본 지도자들의 귀에 들려지기를 간절히 기도한다.

"겸허한 심정을"은 마음이 굳어지고 화석화하여 배움도 없고 성장도 없는 한국교회 지도자들을 향한 간절한 권고의 글이다. 기독 신자는 겸손이 생명이요, 지혜 있는 체하지 않고 겸손하게 배우는 사람이다. 바울 사도와 같이 영적으로 최고의 경지에 있어도 완성하였다 말하지 않고 영원한 푯대를 향하여 달음질하는 성장의 사람이 기독 신자이다.

그러나 우리 시대 교회의 지도자들의 큰 병폐는 겸손히 배우려 하지 않는 것이다. 교회의 규모가 커지고 부흥을 이루면 교회를 자신의 왕국으로 만든다. 그리고 자신이 가는 길, 자신의 목회 방향, 교회의 사명, 성도의 바른길 등에 대해서 더 이상 배우려고 하지 않는다. 영적인 일과 교회의 일에 대해서 자신이 가장 잘 알고, 가장 잘 판단한다고 생각한다. 각주구검(刻舟求劍)의 고사에 나오는 어리석은 인물처럼 시대가 변하고 환경이 변하였음에도 옛날에 통했던 그 방식을 고집한다. 세상이 변할수록 배워야 한다. 부흥이 정체되고, 교회가 어려움에 처할수록 배워야 한다. 손에 든 것을 내려놓고 새것을 취해야 한다.

"미력(微力)을 다하자"는 작은 힘과 작은 일을 소중히 여기고, 작은 힘을 모아 큰일을 이루라는 권면의 글이다. 가난하고 병든 한 청년이 다른 환자를 돕는 일에 미력을 다하겠다고 나서자, 이 사실을 안 대학교수가 자신도 미력을 다하는 일에 동참하겠다고 하였다. 독일인들은 작은 힘을 모아 세계를 호령하는 강대국이 되었다. 간헐천은 작은 열이 쌓여서 큰 폭발을 일으킨다. 우리는 힘이 없다고 한탄하지 말고 미력을 다하고 미력을 모으는 일에 힘써야 한다.

식민지 조선의 지식인 김교신은 민족의 현실과 자신을 비교하면 스스로 지극히 작게만 여겨졌을 것이다. 현재의 우리 역시 우리 개개인을 바라보면 지극히 작게만 여겨질 뿐이다. 그러나 미력을 다하는 결단과 인내를 가질 때 하나님께서는 그것을 이용하여 크고 놀라운 역사를 이루신다. 선생은 자신의 미력을 다해서 만든 「성서조선」의 글이 100여 년의 세월이 지난 후에도 계속 빛나고 있음을 보지 못하고 세상을 떠났다. 우리 역시 미력을 다한 수고와 노력이 우리 당대에 열매 맺는 것을 보지 못할 수도 있다. 그러나 우리 삶의 자리에서, 믿음의 길에서 미력을 다하자. 선을 행하되 낙심하거나 포기하지 않으면 그것이 비록 작은 것이라 할지라도 때가 이르면 반드시 열매를 거둘 것이다(갈라디아서 6:9). 미력을 다하는 우리의 모습을 크고 전능하신 하나님이 보고 계신다. 이 믿음 가지고 미력을 다하자. 30배, 60배, 100배의 결실을 주실 것이다.

"사는 일과 가산(家産)"은 선생의 제자 되는 한 가정의 모습을 통해서 사람의 살아가는 가치가 그 소유의 넉넉한 데 있지 않다는 주님의 말씀을 확증한 글이다. 선생의 제자 되는 학생의 아버지는 신문 배달로 생계를 꾸리면서 자식을 교육하였다. 입학금과 같은 목돈이 들어갈 때는 집을 팔아야 했다. 그러나 그 집은 단란하고 행복한 가정이었고, 장래의 꿈을 가진 가정이었다. 서울 장안 어떤 부자 가정보다도 더 아름답고 복된 삶을 살았다. 선생은 한 제자 가정을 소개하면서 공중의 새와 들의 백합화를 먹이시고 입히시는 하나님을 믿고 오직 그의 나라와 그의 의를 구하는 삶을 살라고 한다.

우리는 지금 물질이 모든 것의 기준이 되는 세상을 살고 있다. 안정된 직장과 넉넉한 수입이 없으면 연애, 결혼, 출산을 포기하는 삼포세대가 등장하였다. 손자 돌잔치에 갔더니 돌잡이 사회를 보면서 방망이를 잡으면 판검사 되어서 돈 많이 벌고, 마이크 잡으면 연예인 되어서 돈 많이 벌고, 청진기를 잡으면 의사 돼서 돈 많이 벌고, 공을 잡으면 손흥민 같은 유명한 선수가 되어서 돈 많이 벌라고 하였다. 기승전결(起承轉結)이 아니라 기승전돈(起承轉돈)의 시대를 살고 있다. 개인당 국민소득 1,000불이 안 되던 내 어린 시절보다 국민소득 30,000불이 넘어간 지금 시대에 돈에 대한 갈증이 더 커지고 있다. 예수님 시대나 식민지 조선 시대나 현재나 인생들이 돈에 휘둘리기는 마찬가지이지만, 참된 삶의 가치가 돈에 의해 결정되는 것은 아니라는 진리 또한 마찬가지이다.

"무제(無題): 나의 시간 계획"은 김교신 선생의 1주일의 시간표와 1개월의 시간 계획을 소개한 글이다. 우리는 이 글을 통해 선생이 얼마나 바쁘고 시간에 쫓기는 삶을 살았는가를 잘 알 수 있다. 그리고 선생은 이렇게 바쁜 생활 가운데 있으니 여러 친구, 지인들과 충분한 사교 활동을 하지 못하는 것을 양해해 달라고 한다.

선생의 시간표를 보면 가장 많은 시간이 투여되는 학교에서의 근무시간과 「성서조선」 원고 작성 및 편집의 시간이 빠져 있다. 또한 자전거를 이용한 출퇴근 시간도 빠져 있다. 그의 시간 계획은 본업 이외의 일과 관련된 것이다. 본업을 하지 않아도 그가 소개한 시간표에 맞추어 살려면 여간 힘든 일이 아니다. 그런데 선생은 그 일을 1927년 「성서조선」 창간 당시부터 1942년 폐간 당시까지 만 15년 가까운 세월을 초인간적으로 감당했다. 선생이 가졌던 절제와 인내와 재능, 하나님이 주신 건강과 지혜와 여건, 이웃들의 배려와 이해가 합쳐져서 이러한 일정의 소화가 가능하였다. 그는 보통 사람의 2~3배 일하고 해방되기 직전 홀연히 이 땅을 떠났다. 짧고 굵은 삶이었고, 육신과 영혼을 모두 불태운 삶이었고, 하루하루가 영원과 맞닿는 삶이었다. 그 삶의 치열함은 시대를 초월한 가치를 가진다. 그래서 우리는 지금도 선생을 기억하고 그의 글을 읽고 있으며, 선생은 우리의 빛이 되고 있다.

"두더지"는 두더지의 생태를 통해서 신앙인의 바른 자세를 촉구한 글이다. 두더지는 지렁이를 먹이로 하는데, 먹고 남은 지렁이를 죽지도 않고 살지도 않은 상태로 만들어 보관한다. 선생의 눈으로 볼 때 경성의 몇몇 신문사들의 모습을 보면 일제 당국자의 눈치를 보느라 죽은 것도 아니요, 산 것도 아닌 상태에 있다. 신앙인의 모습을 보아도 무신앙과 불신앙을 비판하면서도 온전한 신앙, 살아있는 신앙을 보여 주지 못하고 있다. 국가권력이 사회 전반을 장악한 전체주의 식민 통치 아래서 언론과 종교 등 사회의 모든 영역이 두더지의 먹이처럼 산 것도 아니고 죽은 것도 아닌 상태에 있는 것을 탄식하였다.

지금 우리 시대의 신앙은 어떤가? 국가권력 때문에 산 것도 아니고 죽은 것도 아닌 상태에 있지는 않다. 그러나 주님께 책망받은 라오디게아 교회처럼 세상의 부(富)와 세상 즐거움에 취해서 산 것도 아니고 죽은 것도 아닌 상태에 있다. 차지도 않고 뜨겁지도 않은 미지근한 상태에 있다. 하나님께 예배드리면서도 신사참배에 굴복한 것은 일제의 강압 때문이라는 핑곗거리라도 있다. 그러나 세상의 부와 즐거움에 빠져 죽은 것도 산 것도 아닌 신앙, 뜨겁지도 차지도 않은 신앙으로 사는 것은 스스로 미혹되어 들어간 길이므로 핑곗거리도 마땅치 않다. 두더지에게 머리를 잘린 지렁이는 살아있으나 죽은 것이나 다름없다. 곧 두더지의 먹이가 될 것이다. 아직 두더지에게 물리기 전에 몸부림치며 도망쳐야 할 것이다. 어두운 땅속이지만 은혜의 빛이 들어와 살길이 열릴 것이다.

"병상의 담화 한 토막"은 한 민족 지도자와의 병상 담화를 통해 신앙인의 삶의 자세를 말하고 있다. 그 지도자는 이제 큰일을 하는 것보다 참되게 사는 것을 소원한다고 하였다. 또한 형무소 생활을 할 때 극악한 인물 가운데서도 아직 구원의 소망을 발견했지만, 사기범에게서는 그런 모습을 발견하기 어려웠다고 한다. 조선인의 이름이 욕되지 않게 하려고 화장실 청소를 열심히 했다. 그는 비록 몸은 병석에 있었지만, 영혼은 비약하고 있었고 생명과 사랑이 넘치는 삶을 살고 있었다.

우리 인생들이 그동안 누리던 지위에서 내려오고, 육신은 병들고, 물질적으로 곤궁하게 되면 그 정신과 영혼도 함께 쇠퇴하는 것이 일반적인 모습이다. 그러나 우리 성도들은 병중에서도 욥처럼 여호와 하나님을 바라보며 부르짖을 수 있다. 감옥에서도 창세기의 요셉처럼 성실하고 신령한 삶을 살 수 있다. 가난 중에서도 바울 사도처럼 항상 기뻐하고, 쉬지 말고 기도하고, 범사에 감사하며 살 수 있다. 이것이 신앙인의 힘이요, 성도의 특권이다. 선생께서 민족 지사의 입을 통해 약해진 우리의 믿음을 흔들어 깨우면서 강하고 담대하라 말씀하고 있다.

"친소유별(親疏有別)"은 가까운 관계일수록 더욱 지켜야 할 예의와 법도가 있음을 가르쳐 주는 글이다. 사회가 질서 있게 움직이기 위해서는 친소의 구분 없이 공정하게 일이 처리되어야 한다. 그러나 영적인 면에서 볼 때는 친소의 구분이 있어야 한다. 친한 사람일수록 더욱 조심하고, 예의를 갖추고, 엄격하고, 진지한 관계를 가져야 한다. 이스라엘 백성들은 하나님과 가까운 사이였기 때문에 하나님께서 그를 더욱 바르게 대하셨고, 그 결과 고난도 많이 당했다. 가까운 사람을 향한 바르고 진실된 태도가 둘 사이의 관계를 더욱 소중하게 하며, 귀하고 가치 있는 인물을 만들어 낸다.

우리는 지금 가까울수록 예의를 무시하고, 방만하고, 불의하게 대하는 경우가 참 많다. 다른 사람에게는 엄격하면서도 자기 자식에게는 한없이 관대해서 자식을 망치는 경우가 참 많다. 학부형의 등쌀에 서울 강남의 모 초등학교 교사가 극단적 선택을 해서 사회적으로 큰 물의가 일어났다. 서울 강남이라면 사회경제적 측면에서 우리나라의 엘리트 그룹에 속하고 학력도 높은 분들이 사는 지역이다. 그들이 자식 교육을 하면서 선생이 말한 친소 구분의 원리를 알았다면 그런 불행한 사태가 벌어지지 않았을 것이다. 친소 구분을 하면서 자식들을 바르게 기르지 않으면 그 불행한 결과는 결국 그 자식에게 돌아오게 되어 있다. 사랑하고 귀한 대상일수록 친소 구분하라! 가까운 이에게 더 엄격하게 대하라!

"성도의 자격"은 '신실함'이 성도의 가장 중요한 자격임을 말한 글이다. 성도란 인격적으로 완전한 사람도 아니요, 어떤 특별한 능력과 지식을 가진 사람도 아니다. 십자가의 은혜를 믿고 의지하여 속죄함을 얻은 사람은 누구나 성도이다. 그러나 성도에게 요구되는 인격적 특성은 신실함이다. 바울 사도께서는 "성도 곧 그리스도 안에서 신실한 형제"(골로새서 1:2)라고 하셨다.

신실함이란 개인의 능력이나 인격적 덕목이 아니라 바른 관계의 양식이다. 성도는 하나님과 관계를 맺고, 이웃과 관계를 맺을 때 신실함으로 해야 한다. 때로 죄를 짓고, 넘어지고, 실수하여도 하나님과 이웃 앞에서 신실하면 그 모든 것들이 회복될 수 있다. 그러나 좋은 일이라도 신실하게 하지 않으면 결국 부패한 것이 되고 만다. 능력 있고 똑똑한 사람은 많으나 신실한 사람은 적다. 크고 중요한 일을 하는 자리에 있지만 신실하지 못하여 나라와 온 백성들에게 해를 끼치는 사람도 참 많다. 우리 성도들이 능력은 좀 부족하고 지식은 좀 모자란다 해도 신실하자. 그러면 이 땅 위에 거룩한 하나님의 나라를 세우는 데 귀하게 쓰임 받을 것이다.

"경제생활과 신앙"은 형체가 없는 신앙이 가장 구체적인 모습으로 나타나는 것이 경제생활임을 말한다. 선생은 이 글을 통해서 신앙이 있다고 하면서도 경제생활에서 방만하고, 무책임하고, 부정직하고 신용을 잃은 사람을 통렬히 책망한다. 참 신앙을 가진 사람은 경제생활의 수입과 지출 모두가 바른 사람이다. 자신을 위해서는 궁핍한 삶을 살지라도 다른 사람을 도울 수 있는 준비를 하는 사람이다.

선생의 이러한 기준을 놓고 보면 현재 한국교회의 신앙은 병이 들었어도 큰 병이 들었다. 교회가 성장하고 예산이 증가함에 따라 교회와 교회 지도자의 경제활동이 잘못된 길로 가는 경우가 참 많다. 거룩한 헌금을 개인 돈처럼 쓰는 교역자, 헌금의 사용과 관련해서 온갖 이권에 개입하는 장로, 교회 예산을 방만하게 사용하는 집사와 권사들, 이런 이들을 목회 현장에서 쉽게 발견할 수 있다. 그뿐만 아니라 성도라 하면서도 가정 경제 생활이 방만하고, 직장과 사회에서의 돈벌이와 돈 씀씀이가 눈살을 찌푸리게 하는 사람이 많다. 교회 안에서 성도들 사이의 돈과 관련된 스캔들이 곳곳에서 일어난다. 가난하던 선생의 시대보다 잘 사는 지금 시대가 신앙 생활의 척도로서의 경제생활의 중요성이 더 커지고 있다. 건강한 경제생활이 신앙의 척도이다. 돈 문제가 불확실한 사람은 신앙에 대해서 말하지 말라.

"1년의 계획"은 우리의 삶이 아름답고 귀한 삶이 되기 위해서는 하루, 한 주일, 한 해, 일생의 계획과 준비 그리고 실천이 중요함을 말한다. 아침 일찍 일어나 하루를 시작하기 위해서는 전날 저녁 일찍 잠자리에 들어야 한다. 한 주간을 바르게 살려면 주일을 거룩하게 지켜야 하고 주일을 잘 지키기 위해서는 토요일의 경건한 준비가 필요하다. 한 해를 잘 살기 위해서는 연말 한 주간의 반성과 계획이 필요하며, 내세의 삶을 위해서는 이생에서 잘 준비하고 계획해야 한다.

선생은 우리에게 확실하게 다가오는 미래를 준비 없이, 무계획적으로 맞이하지 말라고 한다. 우리는 내일, 다음 주간, 다음 달, 다음 해 그리고 내세가 우리에게 다가오는 것을 잘 안다. 그러나 많은 사람은 머릿속으로만 알고 있을 뿐 삶 속에서 그것을 적용하지 못하고 있다. 그래서 다가오는 미래를 준비도 하지 않고 계획도 없이 살아간다. 하버드대학의 애드워드 밴필드 교수는 인생의 성공이 시간 전망(Time Perspective)에 따라 결정된다고 하였다. 시간 전망이란 "자신의 미래에 대해 생각할 때 고려하는 시간의 길이에 대한 감각"을 의미한다. 시간 전망이 길면 길수록 성공하는 인생이 될 가능성이 커진다. 시간 전망이 긴 사람은 멀리 바라보며 계획하고 준비한다. 성도는 영원하신 하나님 안에서 사는 사람이다. 성도는 인생의 가장 먼 시간, 즉 죽음 이후의 시간과 역사의 미래를 바라보며 계획하고 준비하는 사람이다.

"송별의 느낌"은 김교신 선생이 10년 넘게 근무하던 양정학교를 떠날 때의 소감을 말한 것이다. 진실된 삶을 살기를 원하는 선생이 큰 어려움 없이 교편생활을 할 수 있었던 것은 교장 선생님과 여러 선생님 덕분이라고 감사한다. 그리고 마지막 짐을 싸면서 생별(生別)은 사별(死別)의 작은 연습임을 깨달았다. 우리 모두는 떠날 때가 오므로 마지막 이별의 때를 준비해야 한다고 하였다.

그렇다. 모든 살아있을 때의 이별은 죽을 때의 이별, 즉 사별의 연습 과정이다. 직장을 떠나는 것과 부모, 배우자, 친구, 이웃들을 떠나보내는 것은 모두 죽음의 연습이다. 그러므로 죽음을 잘 맞이하기 위해서는 죽음의 연습 시간에 이웃들과의 관계를 아름답게 정리해야 한다. 자신이 하던 일을 아름답게 마무리해야 한다. 무엇보다도 우리를 기다리고 계시는 주님을 만날 준비를 잘해야 한다. 천국 잔치에 들어가서 입을 믿음의 예복을 잘 준비해야 한다. 예수 그리스도 십자가 속량을 힘입어 천국 가는 티켓을 미리 준비해 놓아야 한다. 모든 이별은 영원한 이별의 준비 과정이요, 연

습이다.[15]

"전공과 기호(상)"은 농업, 축산업, 수박 재배, 사과 재배, 양계, 벼농사 등과 관련하여 특별한 노력과 재능으로 남다른 결과를 얻은 인물들을 소개하면서 전공을 가진 삶이 무엇인가를 말하였다. 이 글을 쓸 당시 제국주의 일본 군대는 동남아시아를 점령하였고, 진주만 공습을 몇 달 앞두고 미국과의 전운이 높아지던 시절이었다. 식민지 조선 백성들은 전시체제 아래서 삶의 의욕과 소망을 잃던 시절이었다. 선생은 이러한 시대 가운데서도 자기 나름의 전공을 가지고 열심히 보람 있게 살자는 소망의 메시지를 전하였다.

우리는 지금 인공지능이 사람의 생각을 대신하고, 로봇과 같은 기계가 사람의 몸을 대신하는 시대를 살고 있다. 그러나 아직은 생물학과 기계공학 사이에 그리고 영적인 세계, 의식의 세계와 인공지능의 세계 사이에는 큰 간격이 있다. 현재의 기술로는 능숙한 미용사의 가위질을 대체할 로봇을 만드는 것이 쉽지 않고, 혹시 만들 수 있다고 해도 천문학적인 비용이 들게 된다. 지정의를 가지고 도덕적 책임을 지는 인공지능과 로봇의 개발은 요원한 일이다. 이러한 시대에 인간만이 간직할 수 있는 전공의 영역, 인간성을 고양(高揚)하는 전공의 영역을 열어 가는 것은 참으로 중요한 일이다. 시대는 달라져도 삶과 인간다움을 위한 전공의 영역은 얼마든지 넓혀갈 수 있다.

"전공과 기호(하)"는 앞의 생활과 사업의 전공에서 방향을 돌려 영적, 정신적 전공과 기호에 대한 글이다. 선생은 영적인 전공과 기호로 성경

---

15 노치준, 『죽음을 연습하라』 (동연, 2022).

연구를 추천하고 있다. 인류 문명의 근원지가 되는 성경은 그 내용이 깊고 방대하다. 그러므로 성경 전체가 아닌 신구약 성경 가운데 1~2권을 택하여 전공할 것을 추천한다. 성경은 하나님의 계시의 말씀일 뿐 아니라 위대한 문학 작품이요, 수많은 작가, 음악가, 화가들에게 예술적 영감을 제공하는 원천이다. 그러므로 성경은 전공뿐 아니라 기호로 선택하기에도 매우 유익한 책이다.

요즘은 유튜브의 세상이요 각양각색 SNS 의 세상이다. 유튜브를 검색하면 생활과 지식에 도움이 되는 수많은 동영상을 발견할 수 있다. 수많은 인력과 대자본이 필요한 방송 활동을 이제 1인 방송으로 가능한 시대가 되었다. 대다수 국민이 가지고 있는 스마트폰으로 접근할 수 있는 유튜브는 전공과 기호 활동을 통해 얻은 지식과 경험을 쉽게 전달할 수 있는 통로이다. 그러나 그림자도 질다. 인터넷이나 유튜브를 통해서 거짓 뉴스, 시간 낭비의 동영상, 생명과 인격을 해치는 댓글 등이 난무하기도 한다. 이러한 시대를 맞이하여 성경을 전공과 기호로 하는 성도들이 많이 나와서 온라인의 세상에서도 복음과 생명의 빛을 증거하기를 빈다.[16]

---

16 필자는 30분 이내에 사도신경, 찬송, 기도, 주기도문, 설교, 축도까지 모두 이루어지는 예배 동영상을 "유클레시아"(유튜브 에클레시아)라는 이름으로 유튜브에 올리고 있다. 선생이 말씀하신 전공과 기호이다.

제4장

교회와 신앙 공동체

섬들아!

마호메트가 "세상에 제일 더러운 것은 타락한 신자요, 가장 아름다운 것은 회개한 죄인이니라"고 말한 바 있다. 과연 안목(眼目) 있는 종교가의 소견이다. 그러나 나로 하여금 인간 세상에 제일 더러운 것을 들라면 신도 사이의 '종파심'(宗派心)이라 하고 싶다. 구교도가 신교도를 향해서, 제칠일 안식일 교도가 복음주의 신도를 향해서 하는 수작이 용렬하고 추악함은 가증하여 말할 것도 없는 바이다. 다 같이 복음주의의 신교도이면서도 장로교·감리교·성결교 등이 서로 공격과 수비 전략에 몰두하려 함은 무슨 심사인가? 하물며 기성 교회의 핍박에 머리 둘 곳도 얻지 못하여 헤매는 자 중에서도 '종파심'이 움튼다는 것은 아무리 호의로 본다고 하더라도 '종교'를 외면하고 싶고 인간 세상까지도 저주하고 싶게 한다.

이럴 때마다 우리의 영혼은 대륙을 버리고 섬으로 향한다. 문화의 꽃과 교통의 편리함, 회당의 큰 건물들은 모두 '바다와 육지를 다니면서 교인을 모집하여 지옥의 자식'을 만드는 자들에게 맡기라. 그리고 교회 감독과 유명 인사의 발걸음이 미치지 못한 고독한 섬에서 순수한 사랑과 진리 그대로의 진리를 양심의 귀에 속살거리고 싶다. 이것이 우리의 소원이다.

전라남도 완도군 노화도에는 물론 교회도 없고 오직 국문으로 성서를 읽는 한 가정이 있을 뿐이라 한다. 옛날 우리의 제독 이순신이 거북

선으로 수심을 재면서 전략을 계획하던 전라·경상의 다도해에서, 이 섬에서 저 섬으로 영원의 경륜과 평화의 복음을 전하는 행복은 얼마나 클까? 적어도 거기에는 종파심의 쟁탈전에 부대끼지 않은 천연스러운 영혼을 볼 수 있을 터이니 아름답도다. 동해와 남해 그리고 황해의 섬들이여!

섬이란 바다에만 있는 것이 아니다. 간도는 대륙이로되 '도'(島) 자가 붙었거니와, 거기서 복음을 위하여 어지러운 사조(思潮)의 물결 중에 홀로 외롭게 싸우는 형제는 나에게 항상 섬사람으로만 기억된다. 40만 대도시의 종로 중앙에 거처하되 '사람 기근'을 느껴 이야기할 사람을 구하는 이도 섬사람이다. 가난한 것이 섬이요 또한 병환이 섬이다. 섬을 사모하여 이에 이르니 생각이 자연히 십자가의 그리스도에게 돌아간다. 세인트 헬레나 섬의 영웅 나폴레옹에게는 그래도 따르는 자가 몇 명 있었고, 섬사람 로빈슨 크루소에게는 정을 통할 새와 꽃이 있었다. 그러나 골고다의 예수 그리스도는 완전한 의미의 섬사람이었다. 섬에서 섬사람을 만나지 못하면 그리스도께 돌아와 이야기하리라.

(1932년 11월)

우리는 한 평신도이다

　신학교에서 배운 일이 없고, 목회의 직분을 받은 일이 없으니 평신도요, 특수한 경험으로 크게 성령의 역사(役事)를 받아 동포나 이방 만인을 위하여 세움을 받았다는 확신이 없으니 평신도요, 어느 교파가 주장하는 것처럼 육신 이대로 완전히 깨끗함을 받아 다시 범죄 하지 않는 지경에 도달하였다는 신선 같은 체험이 없으니 평신도이다. 가르치는 일은 천만 부득이한 때의 일이요, 배우려는 일을 평생의 천직으로 삼았으니 평신도인 줄 안다. 우리의 지식은 물론이요, 우리의 신앙까지도 가장 완전한 신앙이라고는 자부하지 못한다. 학식이 깊은 이에게서는 학식을 배우고, 체험을 귀히 여기는 이에게서는 체험을 듣고자 한다. 어떠한 인물이라도 그가 가르치고자 하면 이편은 배우고자 할 뿐이다.

　다만 천국에 관하여, 사후 생명의 부활에 관하여 마치 금강산이나 팔레스타인을 구경하고 와서 이야기하듯이 골고루 샅샅이 너무 자세히 이야기하는 교역자는 우리가 신용하지 않으니 이도 평신도인 탓이다. 평신도는 신학을 모르고 목회 기술을 모르나 어린아이가 옳고 그름을 판단하는 본능이 있는 것처럼 사물의 실체와 허황된 그림자를 직감하는 본능이 있다. 평신도는 조직신학적 기초 위에 신앙을 쌓으려고 하지 않는다. 신학 사조에 따라 신앙이 낡아지거나 새로워지는 일은 평신도로서는 능히 할 수 없는 곡예이다.

그러므로 평신도는 박물학으로써 들에 백합화와 포도나무의 이치를 배우고, 지리와 역사로써 널리 인류의 경험에 비추어 보며, 성서에 의하여 직접 하나님의 교훈을 받으면서 그날그날을 분수에 맞게 생활하는 것뿐이다. 평신도는 범사에 서투르다. 영계(靈界)의 일에 숙달하고 능란하며 민활한 것은 도리어 부족함만 같지 못한 때도 있다. 통달(通達) 같은 것은 평신도에게 합당치 못하다. 그는 모든 일에 서투르거니와 자기 영혼의 구원에 관한 일까지도 소위 '확신'이란 것은 없다. 그가 하는 일은 1백 퍼센트의 확신으로 하기보다도 항상 50퍼센트의 의혹과 싸우는 것이 대부분이다.

　　우리는 교파에 대하여 둔감하다. 남북 감리교파가 조선에서까지 대립하고 있었던 이유를 이해하지 못하였음은 물론이거니와, 장로교·감리교 양파의 교역자가 성결교에 대하여 가지는 감정과 안식교도와 천주교도가 복음주의 신교도를 보는 그 감정은 우리에게서는 쥐어짜도 나올 수 없으니 이는 평신도인 까닭인가 한다. 교리 논쟁은 전문가와 대가에게 위탁하고, 우리는 예수를 그리스도로 믿는 일만으로 족한 자들이다.

(1934년 1월)

서생(書生)의 유희(遊戲)

「성서조선」을 '서생(書生)의 유희(遊戲)'라고 일컫는 이들이 있다. 이는 그다지 칭찬하는 말도 아니지만, 또한 반드시 악평이랄 것도 없다. 우리도 하루바삐 유희의 영역을 초탈하여 전심으로 힘을 다하여 전업(專業)에 도달코자 하나 범사가 인간의 뜻대로 되지 않을 뿐 아니라 전업에는 장점이 있는 동시에 폐단도 없지 않다. 또한 유희에는 유희의 약함이 있는 동시에 유희의 '무사'(無邪: 사악함이 없음)가 있어서 우리로 하여금 오늘날까지 유희의 맛을 저버리지 못하게 하였다. 앞으로도 전심전력으로 성서만 연구하고 전도에만 힘쓰면서 본지(本誌)를 중단하는 날을 당할지라도 '서생의 유희'라는 그 태도와 정신만은 영구히 유지코자 하는데, 그 이유를 우리의 일상에서 보는 사실에 비추어 말하고자 한다.

서생(書生)처럼 우리의 성미에 합당한 것이 다시없다. 우리는 '나으리'도 아니요, '영감'도 아닐뿐더러 선생도 아니요, 물론 목사도 아니다. 단지 '서생'이다. 서생의 장래는 미지수이다. 다만 인류의 일원이요, 배우고 때로 익히면서 무한을 향하여 발전하고 있으면 족한 자이다. 3년간 훈장 노릇하면 그 똥을 개도 먹지 않는다고 하거니와, 세상에 가련한 자는 사범학교 생도화(生徒化)되어 버린 사범학교 생도와 훈장화(訓長化)하여 버린 훈장이다. 마찬가지로 세상에 가소로운 것은 신학생도화한 신학생과 교역자화한 목사이다. 저들은 오직 그 모양이 남아 있을 뿐이요, 한 사람의 인간은 아닌 자이다. 우리가 서생이라는 칭호를 받을 만한 자인지 아닌지는 모르거니와, 만일 그렇게 부르는 이가 있다면 분에 넘치는 영광으로 감수하리라. 우리는 일개 서생이요, 일개 인간이다.

유희라는 것처럼 유쾌한 것은 다시없다. 유희는 체조가 아니요, 경기도 아니요, 물론 직업도 아니다. 유희는 이익을 탐하고자 함도 아니요, 당세(黨勢)를 확장하고자 함도 아니다. 도리어 신체의 피로를 초래할 수 있고 의복의 손상을 받을 수도 있지만 무아 중에 한마음으로 열중한다. 직업에 충실하다가 순직하게 되면 인간 최고의 미덕 가운데 하나로 칭송되지만, 직업 근성이 발로될 때는 인간 세상에서 가장 추악한 것이 직업이다. 제약 회사에 전속되어 있는 약 판매상(藥 販賣商)과 전도회사 혹은 성서공회에 전속되어 성서를 판매하고 다니는 소위 권서(勸書) 혹은 매서(賣書)직이라는 것도 직업 때문에 타락한 하나의 예가 될 수 있겠다.

최근에 어떤 성서 학원의 한 재학생이 성조지를 구독하는 친우들의 집회 사진을 찍어다가 본부에 보고함으로써 자기의 실습 성적을 좋게 하고자 했다. 어떤 전도사는 소임지에 가보니 실제 신도 수가 문서상 신도 수의 반도 되지 못함을 발견하였다. 전임 목사가 허위 보고서를 냄으로 영전(榮轉)하였음을 알고 감탄하였다고 한다. 이런 것은 두어 가지 예일 뿐이다. 화 있을진저 직업 근성!

「성서조선」을 유희라고 평하는 말이 '직업적이 아니다'라는 뜻이라면 우리는 감사한 마음으로 그 평을 감당한다. 본지에 의하여 복음을 받은 자가 장로교인이 되거나 감리교 혹은 성결교회에 입교하거나 그것은 우리의 묻는 바가 아니다. 다만 「성서조선」의 진리를 조선 형제들에게 전달하였으면 만족하고 감사한다. 그러므로 우리는 영구히 '서생의 유희'를 계속하리라.

(1935년 5월)

신앙의 주관과 객관

무교회적 신앙은 주관적 신앙이라고 한다. 무교회를 헐뜯는 말로 이보다 심한 것은 우리가 일찍이 듣지 못하였으나 어떤 의미로 보면 이 말이 사실에 부합한 고로 어찌할 수 없이 '주관적 신앙'이라는 평을 감수할 수밖에 없다.

"무교회주의자는 자기를 하나님 앞에서 죽은 자라 한다. 그것이 주관인가? … 사람은 믿음으로만 구원을 얻는다고 한다. 그것이 주관인가? … 일체의 의식(儀式)은 얽매는 것뿐이요, 아무 의미가 없다 한다. 그것이 주관인가?" 하는 것에 대해서는 함석헌 군의 해답(본지 제86, 87호 "무교회" 참조)으로 족할 것이다. 여기서는 무교회의 주관이라고 보이는 것과 교회주의자의 객관성이 농후한 것 몇 가지만 비교해 보도록 하겠다.

무교회주의자의 주관적인 것 가운데 하나는 저들이 기도다운 기도를 할 줄 모르는 데에 있다. 저들은 교회에 출석하지 않기 때문에 본 데 없고 들은 데 없고 본받을 데가 없었다. 그러므로 주관적 요소가 짙은 기도를 형식도 없고, 높낮이도 없이 적나라하게 주께 아뢴다. 그러나 교회에 출석하여 부흥 전도사의 기도를 듣고 고명한 목사·장로의 장강유수(長江流水) 같은 기도를 귀에 익히며, 권위 있는 감독의 기도 행태를 본받은 교인들은 기도 술(術)의 발달이 극치에 달하게 된다. 비단 예술적인 기도가 되었을 뿐만 아니라, 그 억양까지 통일과 일치가 있고 보편성을 띠어서 누가 듣든지 '이것은 예수쟁이의 기도로구나' 하는 객관성을 지닌다. 좀 더 교회에 충실하였다면 '이것은 어느 교파의 기도로구나', '이것은 아무개의 지도를 받은 기도로구나' 할 만큼 그 기도 전체의 구성과 어휘까지도 신묘하게 객관성을 지닌다. 이런 경우에 무교회주의자는 주관적이라는 별호(別號)를 받는 것이 당연하나 주관이라는 것이 반드시 옳지 않은 것은 아니다.

교회주의자는 성서 해석에도 객관성이 풍부하다. 대개 어느 정도 할인하여 믿을 것이라는 객관적 표준이 있다. 감리교회에 공정한 할인율이 있고, 장로교회에도 있으며, 성결교회에도 있다. 이 공정한 할인율의 범위에 들어오지 못하는 자는 파문하는 고로 각기 교파의 성서 해석은 실로 객관성을 지닌다. 이에 반하여 무교회 신도는 각기 성서의 문자대로만 해독하려 하고 인간 세상의 시세와 습관을 분별치 못하니 이른바 주관적이라 아니할 수 없다.

객관성이 농후한 기독교를 구하고자 하면 신교파의 어떤 교파보다도 먼저 천주교 공교회에 갈 것이다. 미사도 객관성이요, 기도문도 객관성이요, 회당 벽화도 객관성이요, 그 어느 것이 객관적 신앙이 아닌 것이 없다. 로마 바티칸 궁으로부터 서울 명동성당에 이르기까지 일률이요, 통일이요, 누가 보아도 객관적 기독교이다. 이 천주교에 저항한 루터의 무리는 본래 '주관적 신앙'이라는 비방을 받던 자들이다.

(1936년 10월)

새해의 기도(企圖)

작년에 우리는 평소에 경모(敬慕)하여 친밀히 지내오던 친구를 논쟁으로 대면하지 않으면 안 될 처지에 빠져 보았다. 논쟁은 그것으로 끝난 것이 아니라 저편의 태도 여하에 따라서 "본격적으로 결정적인 큰 폭탄을 던져서 진리의 소재를 분명히 밝히리라" 하면서 싸움의 열이 불붙고 있었다. 이때의 일이었다. 저편 단체에 속한 이들의 성조지(聖調誌)와 그 주필을 대한 태도가 신사답고 신자다우며 사람다움을 보고 우리는 '놀라운 반성'을 하지 않을 수 없었다.

과연 "우리가 다 지식이 있는 줄을 아나 지식은 교만하게 하며 사랑은 덕을 세우나니 만일 누구든지 무엇을 아는 줄로 생각하면 아직도 마땅히 알 것을 알지 못하는 것이요 또 누구든지 하나님을 사랑하면 그 사람은 하나님도 알아주시니라"(고린도전서 8:1-3)는 말씀에 눌리지 않을 수 없었다. 지식은 분쟁을 초래하나 사랑은 허물을 가려 준다. 우리가 예수로 인하여 이미 받은 괄시도 적지 않았고, 장차 당할 모욕도 헤아릴 수 없는데, 우리의 친지가 다소 농담을 했다고 해서 참지 못할 일은 없다. 이 일체의 일에 관하여 우리 편에서는 섣달그믐으로 청산하고자 하며 새해로 넘기기를 원치 않는다.

기독교청년회(YMCA)가 우리를 경원(敬遠)한 것처럼 우리도 기독교청년회가 천박하게 시류에 추종하는 모습을 깊이 유감으로 알았다. 그러므로 일률적으로 "기독교청년회 안에 선한 것이 없다"라고 단언하기도 주저하지 않았다. 그러나 최근에 이르러 이 선입견이 크게 잘못된 판단인 것을 경험으로 배웠다. 우리가 경멸하던 기독교청년회 안에 존경할 만한 성도들이 있음을 알고서 일률적으로 혹평하던 태도를 조심하게 되었다. 그러므로 지난 섣달그믐을 경계로 하여 기독교청년회에 관하여도 '괴이한 반성'을 일으키지 않을 수 없었으니, 과거의 지식과 감정을 모두 청산해 버리고 금년 새해에는 오직 그리스도로 말미암은 사랑으로 백지(白紙)가 되어 모든 이를 대하리라.

기성 교회를 공격하는 것이 곧 무교회주의라고 오해하는 이가 있을 정도로 성조지의 과거에는 교회에 대한 시비 논란이 적지 않았다. 그러나 교회 안에는 우리가 존경을 아끼지 않는 덕이 높은 목사와 충성된 장로, 경건한 평신도가 많이 존재함은 우리가 지금 새삼스럽게 깨달은 사실도 아니다. 그러므로 교회에 대한 우리의 태도는 이미 '괴이한 반성'이 아니냐고 공박을 받는 터이니 더 말할 것도 없거니와, 새해부터는 더욱 비난과 공격의 태도를 포기하고 백지주의를 넘어서 동정 협조의 심정으로 출발하리라. 오해하는 이들은 철저히 오해하라.

본지가 창간되던 1927년경(10년 전) 조선 기독교회가 전성기는 아니었다 할지라도 그때까지는 오늘날의 현상보다는 훨씬 통일과 위엄이 있었다. 당시에는 「성서조선」을 제외하고는 감히 교회를 비평하는 법이 없었고, 교회에 순종치 않는 전례가 없다 싶었다. 그러므로 성조지와 무교회자에게 내리는 중압감도 상당한 것이었다. 그런데 포교 50주년 축하회를 지낸 지금의 기독교계를 보라. 지금은 교회를 공격하며 항쟁하는 데 있어서 성조지(聖朝誌)나 소위 무교회주의자들보다 몇 갑절씩 더 유력한 것이 많다. 저마다 새 교파를 창설하여 기성 교회의 본부에 대항하는 것이 마치 우후죽순(雨後竹筍) 같아 일일이 열거하여 헤아리기도 어렵다. 장로교파와 감리교파의 분열은 더 말할 것도 없거니와 이제는 성결교파도 다른 파에 손색이 없으리만큼 민활하게 분열해 나간다. 여기에다 적극단[1] 문제니 '경중노회' 문제니 하는 데 이르면, 양편에 당당한 인물들이 대립하였으므로 몇 명의 무교회주의자를 처단할 때처럼 한갓 강압적으로 하루아침에 처단할 수도 없으며, 필경은 하나님 자신도 공정한 재판을 내리시기 곤란할 만큼 갈등이 심해졌다. 이런 때에 일격을 가하면서 이 난투장에 참가할 필요도 없거니와, 우리가 그리스도인의 일원으로서 이 교계 혼탁의 책임 일부를 느끼지 않는 것도 아니다.

선교회가 경영하던 1백 30여 개 학교의 폐쇄 문제 또한 우리에게 '괴이한 반성'을 일으키지 않을 수 없다. 원인이 어디 있든지 예수의 이름으로 경영하다가 할 수 없이 퇴각하는 그들을 향하여 어찌 공격의 화살로 전송하겠는가. 퇴각하는 그들은 물러갈 곳이나 있어서 가거니와, 반도의 운명을 함께해야 할 우리 그리스도인에게 어찌 걸머질 바 책임이 없다 하랴. 우리가 구미 선교사들의 교만에 대해 분개한 지 오래되었으나 그 감정도 섣달그믐 이후로 살아남지 않도록 매장하여 버렸다.

의(義)는 앞섰고, 사랑은 뒤따랐다. 모세의 율법이 앞섰고, 예수의

---

1 적극단(積極團): 1932년 신흥우를 비롯한 기독교계 인물들이 '적극 신앙'에 동의하여 설립한 단체.

사랑은 뒤에 나타났다. 그러므로 「성서조선」의 과거 10년은 의(義)의 10년이요, 구약의 10년이었다. 미숙하였다면 미숙하기도 했겠지만, 그래도 옳다고 보는 바를 향하여 주장도 하였고, 공격도 하였으며, 적 발도 하였다. 어떤 사람이 "현실과 동떨어져서 고상한 척하고 있다"라 고 평한 것도 전연 무방(無妨)한 것은 아니었다. 과연 지식 자랑도 있었 고, 교만하기도 하였다. 그러나 10년을 자란 새해부터는 의에 따르는 사랑의 성숙기이다. 지식보다도 사랑을, 공격보다도 엄호를, 지상의 논쟁보다도 목마른 자에게 냉수 한 잔 주기를 기도한다. 아무에게도 악의를 품어서는 안 되는데, 어찌 그리스도의 이름에 관련된 개인이나 단체에 대하여 악감을 품으랴.

나중에 더 큰 논쟁이 시작될는지 알 수 없으나, 오늘 현재의 우리 마음은 모든 사람을 사랑하기를, 누구와도 평화하기를 기원하면서 새 해를 출발한다. 보는 눈에 따라서는 창간 10년에 태도가 180도로 전 향했다고도 하겠지만, 이것은 처음과 끝이 일관되는 주의라고 하겠다. "아이들아, 서로 사랑하라!"(사도 요한)　　　　　　　　**(1937년 1월)**

책무를 분담하리라

"이웃 사랑하기를 네 몸과 같이 하라"는 교훈은 쉽게 실천하게 되지 않는 반면에, "네 오른손이 범죄하거든 오른손을 찍어 던지고, 오른 눈이 범죄하거든 오른 눈을 빼어 버리라"는 명령은 어느 정도까지 실행할 수도 있고, 실행하려는 열기도 높음을 경험한다. 적극적으로 사랑하기보다는 소극적으로 죄를 범하지 않는 것이 쉬운 까닭이다.

과거 우리의 신앙생활은 대부분이 단절하는 생활이었다. 그리스도와 그 의를 이해하지 못할 것이라고 여겨지는 골육(骨肉)의 친척을 단절하였고, 청교도주의적 도덕을 지키지 않는 제자를 파문하였으며, 사회 평판이 좋지 않게 되어 성조지에 누를 끼치게 하는 친구들과 절교하였다. 기타 얼마든지 똑똑 잘라 버리려고 하는 결심이 있었다. 마치 도마뱀이 꼬리를 잃음으로써 본체의 생명을 완전히 보호하듯이 우리는 이렇게 수족과 눈코를 절단하는 것이 비교적 순결한 생명을 보전하는 방법인 줄로 알았다. 그러다 보니 우리의 주위에는 소수일망정 품행이 방정하고 신의가 돈독하며 기품이 고결한 자, 즉 누가 보든지 대표적 조선인이요, 모범적 크리스천이라고 할 만한 몇 명이 남았다. 이런 현상을 보는 이들은 과연 신앙적이라느니 하는 찬사도 보내며, 아직 해결되지 않은 문제의 인물을 마저 절단해 버리라고 격려도 하였다. 우리는 점점 더 용기를 내어 이 방향으로 더욱 매진(邁進)할 뻔하였다.

이때 커다란 모순이 눈에 띄었다. 예수의 식탁에는 세리와 창기 및 죄인과 가난한 자들뿐이라고 시비를 들으셨는데, 우리의 식탁에는 누가 언제 보아도 이런 친구를 가졌다는 것이 자랑거리가 될 만한 쟁쟁한 인사들만 남았다. 무의식중에 스스로 의인을 자처하는 무리요, 우리를 악의로 보는 다른 사람들 또한 가히 그렇겠다고 인정할 만한 위인들이다. "자기만 못한 사람을 친구로 삼지 말라"라는 겉치레의 말 중에서 어느덧 우리는 교우의 귀족주의자요, 부르주아요, 독선주의자가 되어 버렸다. 심히 두려운 일이다.

이제 후로 우리는 교우의 표준을 변경하리라. 사람들이 의외로 알 만한 교우의 도를 개척하고자 한다. 친척과 옛 친구 중에 신의를 상실한 형제여, 우리는 그대를 다시 한번 만나 볼 필요를 느끼는 자임을 알라. 인생의 삼엄한 큰 바다에서 파선하고 눈물 뿌리는 친구여, 그대의 우의(友誼)를 간절히 사모하는 자 있음을 잊지 말라. 우리의 친구로 행세하는 것이 조금이라도 그대의 신분에 유리하다고 생각하는(그럴 리가 만무하겠지만) 온갖 종류의 협잡꾼들도 주저 말고 오라. 우리는 그대에게 속고 그대에게 이용되리라. 명예를 느낄 만한 벗들을 구하여 우리의 대외 신용을 강화하며 체면을 미화하려던 일을 단념하고, 오늘부터 우리는 치욕을 억제하기 어려운 자들을 택하여 그대의 책무와 치욕을 나누어 지고자 기원한다. 병자와 죄인을 부르러 오신 주 예수와 함께 온갖 천한 자, 낮은 자, 추한 자와 사귀기를 갈구하노라.

[1937년 4월]

베드로 무리의 신앙

사도행전 10장 끝에 이런 구절이 있다.

베드로가 입을 열어 말하되 내가 참으로 하나님은 사람의 외모를
보지 아니하시고 각 나라 중 하나님을 경외하며 의를 행하는 사람
은 다 받으시는 줄 깨달았도다. … 베드로가 이르되 이 사람들이 우
리와 같이 성령을 받았으니 누가 능히 물로 세례 베풂을 금하리요
(사도행전 10:34-35, 47).

바울이라면 모르거니와 베드로라고 하면 꽤 유대적 요소를 지키고
숭앙하는 사람이었던 것을 누구나 잘 기억한다. 그럼에도 당시의 사도
들은 베드로를 위시하여 기독 신도라는 표준을 극히 간단명료하게 세
웠다. 할례의 유무와 유대 민족이니 이방인이니 하고 고집할 것이 없
다. 열국 중에 문명의 높고 낮음, 부강(富强)의 차이, 계급의 귀천을 가
릴 것 없이 다만 "하나님을 공경하여 의를 행하는 자면 족하다"라고
하였다. 하나님이 기뻐 받아들이신 것을 저희가 물리칠 수 없다고 하
였다.

북미합중국을 영원한 반석 위에 재건한 국부 에이브러햄 링컨 대통
령은 그 부모에게서 받은 유산이라고는 신·구약 성서 한 권밖에 없었

다고 한다. 그 성서 한 권으로 저의 영성을 연마하였을 뿐 아니라 저의 독특한 웅변과 아름다운 문장까지도 그 성서에서 얻은 소득이라고 하였다. 그러나 그는 평생토록 기독교인이 되지는 않았다 한다. 그 이유는 교회 신도의 신앙 조항과 교리가 복잡하여 양심상의 '유보'함 없이는 그대로 이해할 수 없는 까닭이라고 하였다. 그러므로 링컨 대통령도 "만일 어떤 교회에서든지 율법과 복음의 실질을 압축한 주 예수의 진술, '네 마음을 다하고 성품을 다하고 힘을 다하여 주 너희 하나님을 사랑하며 또한 네 이웃을 네 몸과 같이 사랑하라'는 말씀을 교회의 회원이 되는 자격으로 삼아 교단 위에 써 붙이는 교회가 있다면, 나의 마음을 다하고 성품을 다하여 참여하리라"고 민망한 심정을 하소연했다. 이러한 베드로·링컨의 무리와 함께 간단하고도 명백한 진리를 이해했다는 자격만으로 참가할 수 있는 교회가 어디 있는가? 아직도 없는가?

현대 생물학 연구의 흥미는 미생물과 세포 내에 현미경을 겨누는 일에 있다고 한다. 현대 종교가들, 특히 기독교 교역자와 교권자들도 시류에 따라 날마다 현미경으로 신앙을 해부하여 교파 간 싸우는 일에만 열중하는 듯이 보이니 한심한 일이다. 반세기 전에 복음이 처음 이 땅에 전해졌을 때는 예수 믿는다는 한마디로써 친형제보다 더한 애정을 느꼈다 하건마는, 이제 다시 그 소박한 정으로 복구할 길은 영원히 없을까? 또한 이러한 생각은 소인(小人)의 사상이라 하여 웃고 말 일일까? 그러나 우리는 베드로·링컨 등의 소인(小人)적 믿음을 한없이 그리워하는 자들이다.

(1937년 7월)

동소문(東小門) 안의 감격

12월 3일, 반년간이나 내 지체에 붙어 있었던 자전거를 잃어버리고, 수업을 끝내고 교정을 나와 자못 피곤한 몸과 우울한 생각으로 시외버스를 기다리면서 동소문(東小門) 안에 서 있었다. 그때 황혼에 먼 사람이 희미하게 보이는 중에 돌연히 가까이 다가와서 소록도 친구들의 안부를 묻고 크리스마스 선물에 보태어 보내 달라고 지폐 한 장을 내미는 이가 있었다. 청천벽력(靑天霹靂: 맑은 하늘에 벼락 치는 것) 같은 의외의 돌발 사건에 나는 내 눈을 의심하며 귀를 만져 보지 않을 수 없었다. 지폐가 아주 새것이요, 이런 용도로 받아 보던 중 가장 거액이라는 이유만이 나를 놀라게 한 것이 아니다.

첫째, 소록도 선물 보내기 광고를 발표하기 전의 일이라는 데 놀랐다. 광고를 보고도 차일피일하는 것이 인간의 일인데 12월호의 광고는 아직 인쇄 중에 있는 때에 저편에서 먼저 채찍을 가하였으니 어찌 할 바를 알 수 없었다. 광고가 없더라고 소록도, 크리스마스, 「성서조선」, 이 세 가지에 무슨 인연이 맺어 있다고 인정한다는 뜻인가 하고 생각하니 우러러 하늘을 바라보는 외에는 나의 감격을 표현할 방도가 없었다.

둘째, 금액의 거대함에 놀랐다. 부호가 아닌 줄 아는 터일뿐더러 그는 광범하게 사교하는 입장에 있는 이라. 이러한 종류의 금액을 부담하여야 할 데가 한두 군데만이 아닐 처지인데 성조지 같은 미약한 기관에 이처럼 거액을 기탁할 수 있을까? 주는 대로 감당하는 것이 도리에 합당할까? 주저 또 주저하게 된다.

셋째, 그가 속한 기관은 이런 동정, 구제 사업 같은 일을 가장 대규모로 능란하고 친절하게 행하는 곳이다. 자기 소속 단체의 명예심도 돌봄 없이 하필 성조사와 같이 세상에서 존재도 인식도 없을뿐더러 이런 자선 사업 같은 일에는 경험도 없고 기능도 없는 기관에 뜻을 두었던고. 생각할수록 놀라지 않을 수 없었다.

넷째, 그가 소속한 단체는 가장 천박한 기독교 단체여서 우리는 가히 신앙이나 진리를 논할 수 없는 기관이라고만 생각해 왔다. "나사렛에서 무슨 선한 것이 나오랴"라고 멸시하듯이 "그 안에 어찌 참 신자가 있으랴"라고 우리는 저들을 경멸로 보곤 하였다. 그러나 금액의 다소보다도 그의 언행의 중후함에 나의 선입관이 깨짐을 보고 놀랐다. 유대인과 이방인의 성스러움과 거룩함을 구별하던 베드로가 하늘이 열리며 내려온 그릇을 보고 "베드로야, 잡아먹으라. 하나님께서 깨끗이 하신 것을 네가 속되다 하지 말라"(사도행전 10:9 이하)는 음성을 들은 후에 깨달은 것처럼, 우리 속에 가로막혔던 장막이 천장으로부터 바닥까지 찢어짐을 경험하였다. 나는 나의 전날의 잘못을 깊이 참회하지 않을 수 없었다.

우리가 적대시하였던 단체 속에 기대를 초월한 우의를 예비하여 주시고, 소록도 나환자 형제들의 벗으로 지목받는 영예를 감히 허락하여 주셨으니, 이보다 더한 감격이 어찌 있으며 또한 이보다 더한 명예를 어찌 상상하랴. 금성이 창경궁 소나무 숲 위에 걸려 빛을 돋우는 저녁에 나의 머리는 동소문 안의 어떤 교정에서 깊이 숙여졌다. **(1939년 1월)**

우리를 이용하라

세상에는 남을 이용하려고 밤낮으로 책략을 꾸미며 애쓰는 사람이 적지 않다. 그런데 여기는 남에게 이용되어 드리려고 주야로 바라는 사람들이 몇몇 있다. 단, 그리스도에 있어서 이용되려는 것이니 세밀히 생각한 후에 이용하라.

함석헌 군: 일찍이 동경고등사범학교 윤리역사과를 졸업하고서 오산중학교에 재직한 지 만 10년 만에 교육계에 대해서 신발의 먼지를 털고 지금은 정주 오산에서 소규모의 농사를 짓고 있다. 농사를 한다고 하나 이를테면 강태공의 낚시질이다. 농사하기 위한 농사가 아니라 기다리기 위한 농사이다. 언제 어디서든지 주 그리스도를 위하여 원병(援兵)을 청하는 데가 있다면 그는 전답을 황무하도록 놔두고라도 뛰어갈 '대기(待機) 체제'로 기거하고 있다. 신앙 수십 년이라든지, 교역하기 오랜 세월이 지나는 동안 기독교 사상이 혼미하여지고 신앙적 기력에 쇠퇴를 느끼는 이는 그에게 들어 보라. 백두산 천지가 터져 나오듯이 그리스도 본연의 생명 샘이 가슴에 범람함을 느끼고야 말리라. 또 그리스도의 이름에 관계되어 설립된 교육 기관의 주임되는 이들은 함 군 같은 이를 때때로 청하여 그 학교 설립 본연의 취지를 선명히 하도록 대담히 행할 것이며, 주 그리스도에게 충실할 것이다.

송두용 군: 재산도 있고 기능도 있어서 오늘날까지 다종다양(多種多樣)의 사업을 시험해 보았으나 여생을 복음 전도에 바치기로 작정한 것이 모든 시험을 지난 뒤의 결론이다. 그의 주택도 큼직해서 우리의 '경성성서연구회' 장소도 그 이층의 한 방에서 하고 있다. 군은 "작은 일에 충성하라"는 것을 생애의 표어같이 되풀이하여 냉수 한 잔이라도 따뜻한 마음으로 떠주기를 힘쓴다. 그러므로 오랜 병고에 시달린 이, 심한 빈곤에 부대낀 이, 인생의 비탄에 한숨짓는 이들은 송 군의 개인 전도에서 신앙이 소생하는 기쁨을 회복하는 예가 비일비재하다, 경성을 중심으로 한 개인 전도에 특히 주력하는 듯하다.

김교신 군: 십여 년 동안 양정중학교 교사인 고로 월급이 풍부해서 쓰고 남은 것을 처분하기 위하여 다달이 기독교 서류를 발간한 것이 많으니 이것이 이용할 것의 하나이다. 또 김 군은 승차 할인권을 사용하므로 먼 거리로 갈수록 큰 이익이나 보는 듯이 기뻐 원정(遠程)을 희망하며, 생활이 넉넉한 고로 차비나 숙식을 자비로 부담하면서 전도하는 일을 한 가지 자랑으로 알고 있으니 이용하기에 알맞기 짝이 없는 자이다. 이제 우리 속에는 말씀의 큰불이 일어났다. 누구든지 이용하라.

(1940년 1월)

고백의 효과

　죄를 범한 자가 홀로 하나님 앞에 꿇어 엎드려 혹은 신앙의 동지와 함께 모여서 자기의 죄과를 고백하는 일은 확실히 진실한 일이요, 아름다운 일이다. 이로 인하여 몸부림치고 죄에서 멀리 떠나기를 결심하며, 선을 향하여 단정코 돌진하려는 커다란 용맹심이 일어나는 것도 사실이다. 또 신앙의 경로로 보더라도 먼저 그 죄를 고백하여 청산함이 없이는 성령이 임할 수 없으며, 성령이 임하지 않고는 참뜻으로 예수를 주 그리스도로 믿고 따를 수 없다.

　그러나 '고백'에는 여러 가지 폐해가 따르는 것도 부정할 수 없는 사실이다. 천주교도가 신부 앞에서 고백함으로써 사회적 폐해까지 일으켰던 것은 지금 말할 것도 없거니와, 신교 중에도 적지 않은 폐해와 과오가 섞여 있다. 고백이란 것은 일종의 진실에서 나오는 일이다. 따라서 고백을 주된 행사로 하는 교단에서는 그 시초(始初)가 매우 뜨거운 특징이 나타난다. 동시에 냉각하는 속도도 그만큼 빠르고, 냉각된 후의 쓴맛이란 형용할 수 없는 것이다.

　고백을 높이 받드는 이들은 그 '적나라'(赤裸裸)한 맛을 귀하고 중요하다고 한다. 그러나 적나라한 것을 찬양하거나 실천하는 데는 어떤 종교 단체라도 술꾼(음주당)을 따라가지 못할 것이다. 술꾼들이 예수쟁이를 꺼리는 제1조건은 자기들처럼 적나라하지 못하고 외식하는 자들이라는 점이다. 취중에 모든 추태를 서로서로 적나라하게 연출하는 자들인 고로, 술 먹는 자라야 참다운 친구가 될 수 있고, 참다운 인간 노릇도 할 수 있다고 주장한다. 이에 대하여 청년들의 수양을 지도하기로 유명했던 니토베 이나조(新渡戸稲造) 박사[2]는 언명하였다. 친구 간이든지 부부간에든지 추태를 적나라하게 고백하는 일은 결코 우의를 증진하는 길이 아니라고. 귀 있어 들을 자는 들을 것이요, 고집부리는 자는 스스로 끝까지 실험해 볼 것이다.

또 고백은 종교를 믿고 따르는 자들만의 능사인 줄로 아는 것은 잘못이다. 우리의 좁은 소견으로 보더라도 종교를 배반한 불신도인 문인들이 하는 자기 고백이란 그 적나라한 심각도로 보든지 혹은 표현 기술로 보든지 아니면 그 담대한 도량으로 보든지 간에 확실히 종교를 따르는 자들의 고백을 넘어선다. 그러나 자고로 담대하고 적나라하게 육(肉)된 자아를 고백한 소설가가 구원받았다는 소식은 우리가 들은 바가 없다. 성령으로 인하여 고백하고, 적나라하게 고백한 다음에 성령의 축복을 받은 것이라야 쓸 데 있는 고백이 되는 것이다. 그렇지 못한 소위 적나라한 고백에서는 대개 마귀 하나를 쫓아낸 뒤에 일곱 마귀가 도로 들어와 거하는 것과 거의 비슷한 결과밖에 나타날 수 없을 것이다.

고백이란 심령상 행사에서 일종의 외과 수술이나 극약 치료에 비할 만한 일이다. 이것을 적당한 시기에 적당히 시행하는 것은 유효하나 절개 수술한 자리를 날마다 다시 절개하듯이, 극약을 상용하듯이 한다

---

[2] 니토베 이나조(1862~1933): 한때 일본 지폐(5,000엔 권)에 초상화가 실릴 정도로 유명한 인물. 김교신의 스승 우치무라 간조와 도쿄영어학교에서 만나 평생의 친구가 되었다.

면 그 결과는 추리하기 어렵지 않을 것이다. 그러므로 심각하고 통절해야 할 고백이 습관화되어 활석(滑石)처럼 표면이 매끄럽게 되는 것은 이것이 벌써 일종의 예술로 변한 까닭이다.

고백이란 반성의 결과로 나타나는 일이며, 물론 반성이 없을 수는 없다. 반성이 윤리 도덕의 세계에서는 가장 중대한 기본적인 역할을 하는 것이 사실이다. 그러나 신앙생활에서는 반성이란 입문이요, 초보요, 초등교사에 지나지 못하는 것이다. 반성은 결국 자아를 들여다보는 일인데 "내가 하루에 세 번 자신을 반성한다"(吾日三省吾身)고 하면 매우 거룩한 듯하나 오 척 단신의 창자까지 뚫어 본대야 거기서 신통한 것이 나올 수는 없다.

일찍이 진지한 청년이 반성의 고민에서 못 견디어 그 괴로움을 호소했을 때 독실한 모 대학 총장의 대답은 이러했다고 한다. "군의 신앙 태도는 마치 어린아이가 분재를 심어 놓고서 얼마나 자랐느냐고 매일 그 분재의 뿌리를 빼어 보는 일과 꼭 같다. 그렇게 해서는 분재가 자랄 수 없을 뿐만 아니라 살 수도 없다. 이제부터는 자아의 창자만 들여다보지 말고 주 그리스도를 우러러보라"라고. 다수가 모여서 반성과 고백을 주로 하는 행사가 있다면, 그는 이 대학 총장의 말을 빌릴진대 각자의 분재를 가지고 모여서 뿌리의 품평회를 하는 데 지나지 못할 것이다. 거기에 그만한 소득이 없지 않겠지만 별로 신기하다고 할 것은 없는 일이다.

반성도 좋고, 고백도 좋다. 하라! 그러나 우리의 심령이 간절히 바라는 바가 무엇인가? 뿌리가 깊고 줄기가 튼튼하고 가지와 잎이 우거진 낙락장송(落落長松) 같은 신앙이 아닌가? 깊이가 있고, 안정함이 있고, 숭고함이 있는 신앙을 가지고 싶은 것이 아닌가? 각자가 구하는 목표에 따라 아래로 볼 이는 아래로 보고, 우러러볼 이는 우러러볼 것이다.

(1940년 5월)

진주를 탐구하라

진주 장수는 참으로 좋은 진주를 구하기 위하여 천 리를 멀다 하지 않고 찾아다니며 찾은즉 자기의 전 재산을 팔아서라도 그 진주를 사고야 만다(마태복음 13:45-46). 진주의 가치를 참으로 평가할 능력이 있는 자이며, 이익을 취할 만한 계산이 확실한 까닭이다. 취흥(醉興)과 이익만으로도 먼 것을 멀다 하지 않으며, 괴로움을 괴로움으로 여기지 않는다.

어떤 농부가 고백하기를 "이익이 나는 일인 이상, 잠을 못 자도 피곤치 않고 끼니를 잊어도 배고픈 줄 모르지요. 이익욕에 대해 인간의 긴장하는 능력이란 것은 참으로 놀랄 만한 것입니다"라고 운운하였다. 놀랄 일이다. '그 자신도 놀랐을 것'이라고 나는 끄덕여서 동의를 표하였다. 저 농부는 단지 먹을 것만을 위해 사는 정도를 훨씬 초월한 사람이다. 일찍이 철학을 연구하다가 모진 신경쇠약증에 걸려 자살을 결심하고, 그 자살의 수단으로 근로 생활을 시작하였으며, 부모 형제에게 기생해서 먹고 자라난 혈육과 뼈대를 한 덩이도 보기 싫다고 악을 발했던 사람이다. 사회주의와 공산주의 등에 조예가 깊되 유행하는 천박한 소위 '주의자'들과는 결코 함께 무리를 짓지 않으며 또한 종교 신도들의 위선에 분노와 번민을 참지 못하는 넋을 가진 인물이다. 저가 오늘날 재산을 다스리는 것은 결코 저 자신만을 위한 것이 아니라는 것은 자신도 믿는 바이요 또 그 친구들도 인식하는 일이다. 그럼에도 이익을 당해서는 물불을 가리지 않고 황소처럼 돌진하고 있는 자아에 대해 스스로 깜짝 놀랐다고 한다. 이익을 탐하는 진주 상인과 농부도 이러하거든, 하물며 진리와 생명을 탐구하는 자의 태도가 이보다 못해서야 되겠는가.

"너희가 은을 받지 말고 나의 훈계를 받으며 정금보다 지식을 얻으라. 대저 지혜는 진주보다 나으므로 원하는 모든 것을 이에 비교할 수 없음이니라"(잠언 8:10-11)고 하였다. "아침에 도를 깨우치면 저녁에 죽어도 상관없다"[3]라고 동양의 대스승도 일찍이 간파하였다.

지금부터 10여 년 전에 우리의 친구 한 명은 어느 집회에 참가하기 위하여 자기의 유일한 직업이자 생산이던 양계 수십 마리를 모조리 팔아서 함경도와 전라도를 오간 일이 있었다. 집회에 다녀온 뒤로 그는 직업과 생산이 일시에 소산되었다고 해서 이웃의 비웃음을 면치 못하였다. 그러나 과연 누가 영리한 자라고 칭찬받을지에 대해서는 주 예수 앞에서 최후의 결산을 할 때 판정될 것이다.

우리 동계 집회에 매년 참여하는 빈한한 한 농부는 추수 타작 때에 집회에 참석하기 위한 여비를 따로 떼어 놓는다고 하였다. 즉, 생활비의 가장 필요한 부분으로 먼저 계산해 놓았다고 하였다. 참으로 간절한 요구가 있다면 실현의 길이 반드시 열릴 것이다. 우리는 이번 가을 이후로 아래와 같은 집회를 계획한다. 무릇 진주를 구하는 자는 찾으라. 만 가지 어려움을 배제하라. 그렇다. 만 가지 어려움을 물리친 자만 모이라.

(1940년 8월)

---

3 "朝聞道而 夕死可矣(조문도이 석사가의)" (『논어』 「이인편」).

본문 해설

"섬들아!"는 종파심에 따라 행동하면서 서로 비난하고 견제하는 기성 교회와 교단을 비판하고, 작은 외딴섬과 같이 고독하여도 오직 진리만 바라보라고 권면하는 말씀이다. 사람과 물자가 풍족한 육지에서는 서로 많은 것을 차지하려다 보니 종파심이 발동한다. 그러나 광야와 같이 결핍된 망망대해의 작은 섬은 경쟁할 일도 없고, 싸울 일도 없다. 한 영혼에게 복음을 전하고 진리 하나 붙드는 것으로 족할 뿐이다.

문명의 육지, 풍요의 육지에 사는 우리에게 망망대해에 떠 있는 작은 섬이 필요하다. 교회 역시 신도 수가 늘어나고 행사가 많아지면 서로 경쟁하고 다투게 된다. 예수 그리스도를 앞세우기보다 내 교회의 이름과 명예를 앞세운다. 진리보다 교리를 더 소중히 여기고, 보편적인 교회보다 내 교회를 우선하는 개교회주의에 빠지게 된다. 사람을 볼 때도 그 영혼에 관심을 기울이기보다 그가 가진 재능과 부와 힘에 관심을 기울이게 된다. 이러한 세상에서 우리에게 필요한 것은 고독하고 조용한 섬이다. 대도시 지하 주차장 한 곳에라도 작은 섬을 만들자. 퇴근하여 돌아올 때 바로 차에서 내리지 말고 단 10분, 20분이라도 섬 생활을 하자. 오직 주님만 바라보고 진리만 사모하는 도시의 섬 생활을 하자.

"우리는 한 평신도이다"는 교회가 제도화되고, 교역자가 전문 목회자가 되면서 나타나는 위험을 경계하는 글이다. 목회가 전문 사역이 되면 외식하는 태도가 나오기 쉽고, 언어와 행동이 과장되기 쉽다. 보통 사람들이 이해하기 어려운 신학적 논리를 편다. 자신들의 신학적 입장에 따라 다른 이들을 비판하고 혐오한다. 당대 평신도 지식인이었던 선생은 제도화된 종교의 문제점을 정확하게 간파하였다. 그래서 그는 자신이 지극히 평범한 한 평신도임을 선포한다. 그리고 평신도의 단순하고 순박한 신앙이 예수 그리스도를 향한 첩경(捷徑), 곧 지름길이라 한다.

지금 우리 시대는 어떠한가? 선생의 시대보다 교역자의 영적 권위와 도덕성은 더 떨어졌다. 참으로 부끄러운 일이다. 여기에 더하여 평신도의 순수한 믿음과 주님을 향한 첫사랑도 무너지고 말았다. 견고하게 조직화된 평신도가 교회와 교역자를 어지럽게 흔들고 있다.[4] 참된 신앙의 길을 평신도의 길에서 찾았던 선생의 마음을 아프게 한다. 그러나 교회에서 주는 사례비로는 생활이 되지 않아 이런저런 험한 일을 하면서도 "그래도 나는 목사이다"라고 외치는 순전한 교역자가 있다. 세상에 뒤질세라 세상보다 더 어지러워진 교회를 바라보면서 눈물로 기도하며 "나는 한 장로이다"라고 부르짖는 평신도가 있다. 암담한 식민지 시대 선생이 이 땅의 빛이 되었던 것처럼 이렇게 외치는 교역자와 평신도가 이 나라와 교회의 소망이 된다.

"서생(書生)의 유희(遊戲)" 역시 직업화한 교역자와 신앙인을 책망하고 오직 말씀에만 충실한 믿음의 길 갈 것을 촉구하는 글이다. 누군가가 선생과 「성서조선」을 향하여 서생의 유희라고 비난하였다. 선생은 서생을 직업화되지 않고 배우기를 힘쓰는 인물이라는 의미로 받아들이면서 그 호칭을 환영하였다. 유희라는 말 역시 직업적으로 일하지 않는다는 의미로 받아들이면서 환영하였다. 그러면서 제도화된 교회와 교직에 대한 경고

---

4 노치준, 『평신도 시대, 평신도 교회』 (동연, 2021).

의 음성을 발한다.

지금 우리 역시 선생이 말한 서생의 정신을 가져야 하겠다. 옛날 선비들이 사서삼경과 중요한 고전 문헌들을 읽고 또 읽으면서 익힌 것처럼 우리 역시 하나님의 말씀을 읽고 또 읽어야 하겠다. 깊이 묵상하고 암송해야 하겠다. 그 말씀을 우리의 삶 속에서 적용하는 일에 최선을 다해야 하겠다. 또한 하나님의 말씀을 읽고 묵상할 때 억지로 의무로 하는 것이 아니라 유희로 즐기면서 해야 하겠다. 공자님께서도 "학문을 아는 자는 그것을 좋아하는 사람만 못하고, 학문을 좋아하는 사람은 그것을 즐기는 사람만 못하다"고 하였다.[5] 또한 시편 기자는 "내가 모든 재물을 즐거워함과 같이 주의 증거들의 도를 즐거워하였나이다"(시편 119:14)라고 노래하였다. 하나님의 말씀을 서생의 유희처럼 즐거워하고 따르자. 여기에 참된 믿음의 길 생명의 길이 있다.

"신앙의 주관과 객관"은 신앙과 종교의식의 형식화를 경계한 글이다. 객관적 신앙이란 정형화되고 형식화한 신앙이며, 그것은 참 생명을 잃은 신앙이 되기 쉽다. 또한 종교 개혁가들이 반대한 가톨릭적 형식주의에 빠지기 쉽다. 그러므로 하나님 앞에서 참된 신앙을 간직하기 위해서는 주관적이라는 편잔을 듣는다 해도, 진실되고 겉치레가 없는 기도, 예배, 말씀 이해의 태도를 가져야 한다.

교회 조직, 예배 의식, 신학 등의 객관화는 복음이 다수의 사람에게 퍼져나가고 신앙생활의 질서를 유지하기 위해서 불가피하기도 하다. 그러나 이러한 객관화 혹은 제도화는 반드시 형식화, 동기의 순수성 상실, 복잡화 등의 문제를 가져온다. 이것을 종교사회학자 오데아는 "종교의 제도

---

5 "知之者不如好之者, 好之者不如樂之者"(『논어』「옹야편」).

화에 따른 딜레마"라고 하였다.[6] 계란의 껍질이 있어야 계란의 알맹이를 보전할 수 있다. 형식이 갖추어져야 내용이 전달될 수 있다. 그러나 껍질이 너무 두꺼워지고, 형식이 너무 경직되면 그 속에 들어있는 생명이 질식당할 수 있다. 이것을 경계한 선생의 경고는 지금도 유효하다. 우리는 신앙의 질서와 객관화라는 이름으로 껍데기만 남은 신앙이 되지 않았는가를 점검해 보아야 한다.

"새해의 기도(企圖)"는 한국교회에 대한 김교신과 「성서조선」의 입장 변화를 피력한 글이다. 「성서조선」을 비판하던 측의 신사답고 신자다운 모습을 보았다. 또한 평소 경멸하던 기독교청년회(YMCA) 안에 존경할 만한 성도들이 있음을 보았다. 기성 교회를 공격하고 비판하는 세력이 급증하는 상황을 보고 자신들이 더 이상 비판자의 입장에 있을 필요가 없음을 깨닫게 되었다. 신사참배 문제로 학교가 문을 닫고 선교사들이 본국으로 돌아가는 일이 벌어졌다. 이 여러 모습을 보면서 한국교회에 대한 입장을 바꾸게 되었다. 한국교회에 대한 비난과 공격의 태도를 포기하고 동정과 협조의 심정으로 함께 일하겠노라고 선포하였다.

선생의 심정 변화는 현재 우리들의 마음을 잘 표현하고 있다. 한국교회 140여 년의 역사는 20세기 세계 선교 기적의 역사였고, 가장 빠르고 크게 성장한 역사였다. 그러나 2,000년대 들어서면서부터 영적으로는 쇠락하고, 성도 수는 감소하였으며, 사회적 공신력은 땅에 떨어졌다. 코로나 전염병의 직격탄을 맞아 많은 교회가 문을 닫았다. 그러나 이런 어려움 속에서도 교회를 세우고 주의 나라와 그 의를 이루기 위해 몸부림치며 기도하는 목회자와 성도들이 적지 않게 있다. 이러한 시대를 맞이하여 이제는

---

[6] T. F. 오데아/권규식 역, 『종교사회학』 (기독교서회, 1967).

한국교회를 비판하기보다는 위로해야 하고, 정죄하기보다는 상처를 싸매어야 할 필요를 느낀다.

"책무를 분담하리라"는 성서조선 공동체의 식구들에 대한 태도 변화를 선포하는 글이다. 김교신 선생을 중심으로 한 성서조선 공동체는 신앙과 인격의 순수성을 유지하는 일을 가장 중요하게 여기면서 교우관계를 맺었다. 그 결과 주변에는 신앙적으로나 인격적으로나 반듯한 인물들만 남게 되었다. 그러나 예수님의 식탁에는 세리와 죄인들이 함께 하는 모습을 보면서 자신들의 교우관계 방식을 반성하였다. 예전에 배제하였던 교우들을 다시 부르면서 "그대의 책무와 책임"을 우리도 함께 나누겠다고 선포하였다.

현재 한국교회 친교의 식탁을 보면 성서조선 공동체와 마찬가지로 여러 가지 장벽들이 세워져 있다. 사회의 발전과 분화에 따라 그 장벽의 형태는 더욱 복잡해지고 그 종류는 더욱 늘어났다. 선생의 시대에는 보기 어려운 빈부와 계층의 장벽이 높아졌다. 출신 지역의 장벽, 정치적 이념의 장벽, 세대의 장벽, 성(젠더)의 장벽, 지식수준과 문화의 장벽 등 수많은 장벽이 다양한 형태로 나타났다. 장벽보다 더 무서운 무관심이 한국교회 친교의 식탁을 채우고 있다. 책무를 분담하리라는 선생의 호소가 더욱 절실한 시대이다.

"베드로 무리의 신앙"은 교회와 신앙생활의 기초가 간단하고 단순해야 함을 주장하는 글이다. 베드로 사도는 기독 신도의 기준을 "하나님을 공경하며 의를 행하는 자"로 정하였다. 링컨 대통령은 "하나님 사랑과 이웃 사랑"이 교회의 회원 됨의 기준이라고 하였다. 타인의 신앙을 해부하여 현미경으로 들여다보며 비판하는 일을 이제 금해야 한다. 교회는 "예수 믿는다"는 그 한마디로 형제보다 더 가까운 마음이 드는 공동체가 되어야 한다.

우리 시대는 지식이 증대하고 이단이 득세하면서 교회와 신앙생활의 기초가 자꾸 복잡해지고 있다. 더 나가 정치적 이념의 차이에 따라 교회의 기초가 분열되는 불행한 일이 벌어지고 있다. 진보의 하나님과 보수의 하나님은 서로 다른 하나님처럼 여겨진다. 태극기부대의 하나님과 촛불의 하나님이 다투고 있다. 어찌 하나님이 다르고, 하나님이 서로 다투랴! 하나님에 대한 우리의 생각과 이해가 좁아지고 왜곡되었기 때문이 아닌가? 나의 개인적 취향과 이념에 따라 하나님을 우상으로 만들지 말자. 그래야 우리는 예수 그리스도를 통해 우리를 구원하신 하나님 위에 우리 믿음의 기초를 세울 수 있다.

"동소문(東小門) 안의 감격"은 일제 말의 어두운 시대에 성탄절을 맞아 사랑의 나눔을 통해 나뉘었던 성도의 마음이 합해지는 훈훈한 이야기이다. 선생이 퇴근길에 시외버스를 기다리고 있을 때 한 신사가 와서 적지 않은 돈을 소록도 친구들 성탄절 선물 구입에 보태라고 주었다. 선생은 그 금액이 큰 것에 놀랐고, 그 신사가 국내 굴지의 기독교 사회단체 인사임에 놀랐다. 그뿐 아니라 후원금을 주는 언행의 중후함과 진실함에 놀랐다. 선생은 평소 그 신사가 속한 단체를 마뜩하지 않게 여겼으나 이 신사와의 만남을 통해 가로막힌 장막이 찢어지는 경험을 하였다.

우리 시대에도 성도들 사이에 마음이 많이 갈라져 있다. 정치적, 신학적 보수와 진보의 이념 차이, 교회 세습의 문제, 동성애 문제, WCC 문제 등으로 인해 성도들 사이의 마음이 많이 나누어졌다. 이러한 때 세속화의 바람은 거세게 불고, 교회는 침체되고, 성도들의 믿음은 약해졌다. 예수님의 사랑으로 갈라진 마음이 합해져야 하겠다. 그리고 손을 맞잡고 낙심한 성도들을 일으켜 세우고, 어지러운 세상에서 길을 잃은 백성들을 바른 길로 이끌어야 하겠다.

"우리를 이용하라"는 무교회주의 그룹의 중요 인사 함석헌, 송두용, 김교신의 한국교회에 대한 평화와 협력의 선언이다. 일제 치하 무교회주의 그룹 신앙인들은 장로교, 감리교, 선교회 등의 기존 기독교 단체와 신앙의 결이나 교회 제도와 관련하여 대척점에 있었다. 그러나 일제 말 민족의 현실은 어둠 속으로 빠져들고, 신사참배의 직격탄을 맞은 한국교회는 침체와 혼란 가운데로 빠져들었다. 이러한 시대를 맞이하여 무교회주의 그룹 신앙인들이 한국교회를 향해 그리스도를 위한 일이라면 무슨 일이든지 감당할 것이니 자신들을 이용하라고 하였다. 이 선언을 통해 무교회주의 그룹은 일제 당국자나 공산주의 운동가들처럼 반기독교, 반교회 단체가 아님을 보여 주었다.

우리 시대에도 교회를 비판하는 부류에는 두 종류가 있다. 하나는 기독교와 교회를 반대하고 무너뜨리기 위해서 비판하며, 다른 하나는 기독교와 교회를 사랑하여 바로 세우기 위해서 비판한다. 우리는 이 둘 사이를 잘 구분해야 한다. 전자가 아무리 그럴듯한 논리를 펴고 공의를 외친다 해도 그 속에는 교회에 대한 사랑이 없음을 간파해야 한다. 후자는 때로 야무지게 교회를 비판하고 공격한다 해도 홀로 골방에 들어가 눈물을 흘리며 교회의 회복을 위해 기도한다. 믿음을 상실한 이들 가운데는 자신의 믿음 없음을 정당화하기 위해 교회를 비판하는 사람도 있다. 그 어떤 부류의 비판이든 그 비판 속에는 하나님의 거룩한 뜻이 들어있으므로 겸손히 귀를 기울여야 한다. 그러나 우리 성도들은 비판의 돌을 들기 전에 내가 교회를 위해 얼마나 눈물로 기도했는가를 돌이켜 보아야 한다.

"고백의 효과"는 믿음의 공동체 안에서 이루어지는 죄의 적나라한 고백의 문제점을 경계한 글이다. 친구나 부부, 성도들 사이라 할지라도 죄와 추태를 적나라하게 고백하는 것은 우의를 증진하는 것이 아니라 오히려 의심과 소원함을 가져올 수 있다. 또한 공동체 안에서 죄의 고백을 공개적으로 하는 것은 자칫 예수 그리스도를 향해야 할 눈길을 인간의 어두운 죄성으로 향하게 함으로 마귀에게 매이는 결과를 가져올 수 있다.

지금 우리 시대에도 함께 죄를 짓고, 숨은 죄를 드러내는 것이 서로를 친밀하게 한다고 생각하는 어리석은 사람이 많이 있다. 어떤 목사는 성도들과 가까이하고, 그들의 힘든 삶을 이해하기 위한다는 이유를 들어 그들과 술자리를 함께한다고 하였다. 어리석고 불신앙적인 행동이다. 반면에 어떤 목사는 도덕적으로 큰 죄를 저지른 자기 교회 성도가 상담을 요청하는 경우 다른 목사나 전문 상담가를 소개해 준다고 하였다. 지혜로운 처신이다. 교회 공동체 안에서 죄의 비밀을 나누는 것은 위험한 일이요, 자칫 교회 내의 분란을 초래할 수 있다. 고백해야 할 죄가 있으면 주 앞에서 토설하라. 그리고 십자가 보혈로 씻은 의의 겉옷을 입도록 하라.

"진주를 탐구하라"는 진주를 구하는 상인처럼 하나님의 말씀과 진리를 탐구하라고 촉구하는 글이다. 장사를 하든 농사를 짓든 이익이 생기는 일이면 놀랄 만한 열정과 긴장감이 생기는 법이다. 하물며 진리와 생명을 탐구하는 자의 태도가 이익을 구하는 상인이나 농부보다 못해서는 안 될 것이다. 선생의 성서 연구 집회에 참석하기 위해서 양계 수십 마리를 팔아 함경도와 전라도를 오간 사람도 있다. 진리를 탐구하는 자의 열정이 이익을 구하는 자의 열정보다 못해서는 안 될 것이다.

우리는 지금 믿음의 열정이 식은 시대를 살고 있다. 예배의 열정이 식어서 부흥회를 열어도 참석하는 사람의 수가 현저히 줄었다. 봉사의 열정이 줄어서 교회마다 식당 봉사 자원자를 찾기가 어렵다. 전도의 열정이 식어서 부흥의 불길이 일어나지 못하고 있다. 사랑의 열정이 식어서 연애와 결혼을 포기한 젊은이들이 많아졌다. 식은 가슴에 불이 붙는 것은 하늘에서 성령이 임할 때 가능하다. 그래서 주님께서는 승천하시면서 성령이 임하실 때까지 기다리라고 말씀하셨다. 성령께서 임하시자 그들의 가슴이 뜨거워졌고, 예루살렘과 유다와 사마리아와 땅끝까지 이르는 복음의 증인이 되었다. 성령으로 뜨거워진 가슴의 열정을 무가치한 일에 쏟지 말고 진리를 알고 복음을 전하는 일에 사용하자.

제 5 장

교육과 도덕

인격의 반환

누가 말한 것인지 인격의 존엄, 개성 존중이란 말이 근대에 특히 요란하게 들렸다. 그러므로 노예는 해방되고 직업은 귀천이 없게 되었다. 그런데 이상한 것은 오늘날 가치 있는 인격자를, 인격의 진정한 가치를 찾아보기 어렵다는 것이다. 보라, 제네바에 모여 세계의 운명을 좌우하려 논의하고 있는 만국의 대표들을. 그중 어느 나라 대표가 다른 나라 외무 장관이나 대사를 충심으로 경모하는 자가 있을 것인가? 결단코 없을 것이다. 저들은 서로서로 부정직한 자들인 것을 잘 아는 까닭이다. 정직하지 못한 위인에게 경의가 무슨 소용일까.

다시 안으로 살펴보라. 귀족이나 부호 또는 변호사나 의사 등등 할 것 없이 소위 세상에 행세한다는 위인으로 그 부하에게 진심으로 존경받는 인격자가 어디 있는가? 윤리와 도덕의 근원을 주장하는 가정과 학교에서 자식의 전적인 신뢰를 받는 부형이 어디 있으며, 학생이 애정으로 바치는 경모를 받을 만한 스승이 어디 있는가? 군사부일체(君師父一體)라는 방정식을 조석으로 추리해 낼지라도 벌써 영광이 떠난 것이 홍수에 강물이 넘치는 형세로 되었으니 떨어진 존경을 어디서 다시 거두겠는가? 특히 조선에서 그러하다. 이천만 동포 중에서 인격 자체가 상당한 경모를 받는 이가 누구인지 알지 못한다. 주인이 종들을 천대한 것처럼 종들이 주인의 눈가림만 하게 되고, 교사가 후진(後進)을 무시한 것처럼 학생들의 안중에 다시는 스승이 없게 되었다. 창조주 여호와를 무시한 사회와 국가, 세계에서 인격의 존귀성이 흩어져 버렸으니 또한 기이한 일도 아니로다.

그러므로 없는 중에서 형해(形骸: 생명 없는 뼈대)를 고집하려 들지 말고 차라리 우리는 인격을 그리스도의 발 앞에 돌려 드리자. 인격의 존엄에 대해 각성하여 본 결과, 인격은 인격 그 자체에 존귀한 것이 내재한 바가 아님이 분명하여졌다. 인격이 존엄한 까닭은 하나님의 형상대로 창조된 때문이므로 하나님이 높임을 받는 곳에서라야만 사람의 인격도 고귀한 빛을 나타낸다. 그러므로 현대와 같이 하나님을 모르는 세상에서는 인격의 진가가 있을 수 없으니 이 쓸데없는 근대적 술어인 '인격'을 제단에 바치고 모든 인류는 스스로 자기를 높이는 일을 단념해야 할 것이다. 그리하면 "스스로 높이는 자는 낮아질 것이요, 스스로 겸손한 자는 높임을 얻으리라"고 말씀하신 분의 권능에 의하여 인격이 다시 고귀하여질 것이다. 형제여, 인격자로 자처하기 전에 그리스도의 것(소유물)이 돼라. 그리하면 주와 함께 높아지리라. 나에게 고귀한 인격이 없음을 책망치 말자. 나는 그리스도의 것이다. 종이다. 물건이다.   (1933년 2월)

배울 수 있는 사람

"배우고 때때로 익히면 그 또한 즐겁지 아니한가"(學而時習之 不亦說
乎)라는 구절은 어렸을 때 들은 까닭인지는 모르나, 실상 기독교의 요
한복음 3장 16절보다도 더욱 외우기 쉽고 마음에 합치함을 느끼는 수
가 있다. 특히 기독교계의 영적 능력이 있다는 신자, 수준이 높다 하고
정통 신조라며 자랑하는 신자를 대할 때마다 우리는 기독교에 염증이
생기고, 유교를 향하여 무한한 동경이 일어남을 깨닫는다.

"열 가구가 있는 작은 마을에도 공자같이 충실하고 믿을 만한 사람
은 있지만, 공자처럼 배우기를 좋아하는 사람은 없다"(子曰 十室之邑 必
有忠信 如丘者焉 不如丘之好學也)라고 한다. "안으로 마음 가는 대로 행
하여도 도에 어그러지지 않는다"(從心所欲不踰矩)라는 영역에 도달함
이 있고, 밖으로 3천 명의 제자가 따를지라도 종생(終生)토록 배우고
또 배울 수 있는 여지가 남아 있었던, 공자의 해면 조직같이 부드럽고
융통성 있는 그 마음이 한없이 그리워진다. 사람이 종교적 신앙을 소
유하거나 혹은 무슨 사상의 근거가 될 만한 신념을 갖는 것은 좋은 일
이다. 없는 것보다 낫다. 그러나 이 신앙 혹은 신념 때문에 그 심정이
바위보다도 단단하게 굳어서 다시 가르침을 받을 수 없게 된다면, 이
는 그에게 다시 고칠 수 없는 고질병이 되고 만다.

멧돼지 쓸개를 먹은 뒤에는 다른 약효가 나지 못한다고 하거니와,
신앙적 경화(硬化)병이 걸린 뒤에는 백약이 무효하다. 그는 청소년 중

에서 간혹 발견되는 유물론자같이 미숙한 만큼 열렬하다. 그의 안중에
는 어른도 없고 학자도 없고 오직 정직한 것은 자기뿐이요, 귀한 것은
자기의 주장이요, 강한 것은 자기의 기도인 줄로 확신한다. 그러므로
그가 다른 사람의 신앙을 저울질할 때는 코웃음 친다. 그의 눈에는 골
리앗이 이스라엘 군대를 향할 때와 같은(사무엘상 17장) 필승을 확신하
는 괴이한 광채가 빛난다. 그는 조선에서 가히 허락할 만한 기독 신자
를 헤아릴 때 한 손가락 혹은 두 손가락까지 굽힐 수 없음을 한탄하고
앉았다.

　이 가공할 신앙병이 만연함을 보고 우리는 깊이 반성코자 한다. 비
록 천국의 높은 자리에 오르지 못할지라도 아직 배울 수 있는 인간으
로 살고자 한다. 어느 부분의 학술이든지, 어느 교파의 주창이든지 감
히 무용(無用)을 속단치 말고, 거기서 배우고 얻어서 살과 피를 만드는
자가 되기를 소원한다. 우리가 강습회를 여는 것도 지식을 자랑코자
하는 것이 아니요, 서로 배우려는 것이다. 성조지 또한 오늘도 배우고
내일도 배우려는 자의 여정의 기록일 뿐이다. 존슨 박사에게는 쓸모없
는 시간이 없었다고 한다. 그는 농부나 철공이나 대하는 사람과 접하
는 물건을 모두 다 선생으로 만들 수 있었다고 하니, 원컨대 우리도
한없이 부드럽고 겸허한 마음을 가진 배우고 또 배울 수 있는 사람이
되고자 한다.　　　　　　　　　　　　　　　　　　**(1933년 12월)**

가장 큰 우상

학교 교육이 선한 사람을 양육할 수 없다는 것은 온 세상이 다 아는 사실이다. 지금은 "교사들이 가르치는 교훈은 본받아라. 그러나 그들의 행동은 본받지 말라"(마태복음 23:3)고 하지 않는 학부형이 없다. 또 수년 전까지는 일종의 투자 심리로 졸업 후의 취직을 기대하고서 학교에 보내는 수도 있었다. 그러나 그것이 수지가 맞지 않는 투자인 것은 작년과 올해의 취직난으로 판명되었다. 곧 인격 양성으로 보나 취직 조건으로 보나 현대의 학교 교육이란 그다지 신통한 것이 아님이 명확하다.

그럼에도 불구하고 학교 교육은 현대인에게 최대의 우상이다. 불신자와 신자도 마찬가지다. 인간 만사를 분수에 맞게 해야 할 것은 물론이다. "이불 길이를 보아 가면서 발을 펴라" 함은 동서양에 공통된 격언인데, 유독 자녀의 교육에 한해서는 이불이 짧아도 발을 펴려고 한다. 옛날 우리 조상들의 세계에서 유례없던 조상 숭배의 열성은 이제 '자손 숭배' 형태로 바뀌었다. 선조의 무덤을 위하여 아끼지 않던 심정으로 최후의 땅 한 평을 팔아서라도 자식의 학용품, 후원회비를 합하여 보통학교에 50여 원, 중학교에 1백여 원, 전문대학에 수백 원씩 헌납하기를 서슴지 않는다. 여기에 교육을 위한 파산이 생긴다.

편안한 생활은 누구나 원하는 바이나 해마다 증가하는 교육비를 지출하기 위해서는 수입의 증액을 시도해야 한다. 급속도로 팽창하는 지출에 비하여 수입이 따르지 못할 때 인간 비극이 시작된다. 원하지 않는 직무도 감수해야 하고, 승진 운동도 사양치 않는다. 부정행위도 수단을 가리지 않고 목적을 이루려는 때에 생기는 것이다. 교육을 위한 비교육적 생활이 여기에서 시작한다.

몸을 다하여 공직에 복무하는 것을 충성이라 일컬을 것이나, 자식 교육을 위하여 도회로 전임할 때 그 배임(背任)하는 모양은 마치 창기가 절개를 변하는 것과 같다. 그러나 학교 교육을 위해서라고 하면 자타가 서로 용인하려고 한다. "악마는 도시를 건설하고, 하나님은 향촌을 건설한다"라며 농촌 진흥이 시급하다고 외치는 선각자가 있으나, 농민을 모집하여 서울서 농민 수양회를 개최하는 형편이니 교육의 비애가 없지 않다. 평일에는 엄정하고 공명하던 인사도 자식의 입학시험에는 파렴치하고 청탁도 시도하니, 그 아비에 그 아들이라 입학 후에는 부정행위를 하더라도 진급하기를 시도한다. 한번 문제가 학교 교육에 미치면 늙으나 젊으나, 현자나 어리석은 자나 구별 없이 혼돈이요, 거짓되고 도리를 벗어난다.

이렇게 하고라도 학교 교육에 무슨 소득이나 있다면 덜 부끄럽겠지만, 오늘의 학교 교육은 받으면 받을수록 그 생활 수준이 높아지는 것 외에 무엇이 남는가? 절대적인 신뢰의 표적이 되면서 아무런 효력이 없는 것을 가로되 '우상'이라 한다. 현대와 같이 교육이 우상화한 때에 "행함이 있고 남은 힘이 있으면 학문을 하라"(行有餘力 則以學文)는 공자의 말씀을 생각하며 깊이 반성해야 할 것이다. **(1934년 5월)**

학교 교육에 대한 불만

4~5세 되던 때에 천자문을 가르치니 거의 통달하여 신문 지면에 기재된 문구도 주워 읽을 만하게 되었다. 그러나 너무 어려서부터 가르치는 것은 도리어 심신에 좋지 않다고 하여 중지하고, 유치원도 보내지 않고 8세까지 두었다가 보통학교에 입학시킨 아이가 있다.

물론 입학시험을 통과하였다. 멘탈 테스트도 보통 소질은 된다고 인정되었기에 입학이 허락된 것이다. 그런데 입학한 후로 아이가 점점 둔박하여지고, 2학년이 된 뒤로는 더욱 무엇이 무엇인지 까닭을 모르고 학교만 왕래하게 되었다. 교사는 가정 방문을 와서 "이 댁 아이(즉, 선생 노릇을 하는 사람의 아이)가 그렇게 몰라서야 되겠습니까? 가정에서 잘 가르쳐 보내야겠습니다"라고 각별히 주의를 주고 가더라고 한다. 하도 이상하여 우리는 우리 아이가 천재는 아니라도 저능아는 아닌 곧 보통 수준은 될 것으로 확신하는 고로 여러 가지로 연구하여 보았다.

1년 반 동안에 그 교사가 임신이다, 병이다 하여 결근하는 날이 절반은 된 듯하다. (교사가 결근하는 동안은 1학년이 2학년 학생에게서 배웠다. 1학년생이 잘못하면 2학년 반장이 벌을 세우는 실권을 행사하였다.) 교장도 주임 교사도 영전하였거니와 우리 아이의 담임 선생이 누구인지를 기억하기 어려울 만큼 자주 바뀌었다. 자학(自學) 자습이라는 미명하에 교사는 일없이 태만하여 개별적으로 수재 교육도 못 하는 동시에 평균적으로 우둔한 자를 지도하려는 노력도 없이 그저 방임한 것밖에 보이는 것이 없었다.

그러나 학교가 가정에 대하여 주문하고 감독하고자 하는 판이므로 한갓 우리 편의 모자란 것만 뉘우치고 있었더니 요사이에 동병상련(同病相憐)하는 학부형들의 호소를 자주 듣는다. 모 씨는 말하였다. "보통학교에 입학시킨 지 한 달 만에 교사가 가정 방문을 와서 '이 댁 아이는 아무것도 모르니 좀 잘 가르쳐서 보내시오' 하고 갔는데, 그래도 입학 당시에 후원회비 10원씩을 납부하지 않는다고 입학 허가를 취소하느니 마느니 야단들 했다오. 돈은 학교에서 받고 가르치기는 가정에서 가르치라니. 지금 학교 교육은 수재나 그대로 쫓아갈까. 보통 사람은 따라가기 어려워. 금년도 보통학교 4학년 여름 방학 책을 보아도 4학년생의 실력만으로는 답을 하기 어려운 데가 많아. 우리도 다 맞추기가 어려운걸. 꼭 가정교사가 있어야만 할 수 있게 되었으니, 그렇지 않아도 학교 교육처럼 우리 경제생활을 압박하는 것이 없는데, 게다가 또 가정교사까지…. 지난 1학기 동안은 아이 공부를 도와주느라 약 3개월간 출입도 자유롭게 못 했다오" 하고 운운하였다.

이것은 특이한 사람의 궤변이 아니다. 오늘날의 학교 교육에는 가정교사가 필요하게 되었다. 돈이 없어 가정교사를 고용할 수 없는 자와 또 직무상 스스로 가정교사 노릇을 할 수 없는 자는 반드시 학교 교육에 대하여 재검토해 볼 필요가 있다. 물통에 넣고 고구마를 씻듯이 하는 대량 생산적 학교 교육은 그 종막을 내리고, 이제 재래의 서당 훈장을 다시 찾아야 할 분위기가 성숙하였다. 감사하도다. 인간 교육에만은 대량 생산을 불허한다. 영혼은 그만큼 귀한 것이다. **(1934년 9월)**

입학시험 광경

단 1백 명 모집에 응모자가 실로 1천 4백6명. 이것도 3월 14일 오후 4시 정각까지 수속한 사람의 수이다. 지각한 자를 가차 없이 싸우면서 거부하고도 이 숫자이다. 우리는 이 응시자를 15, 16개 반에 나누어 정렬하고 고급 확성기를 사용하여 시험 일반에 관한 주의 사항을 일러 주었다. 임시 천막 교실까지 증설하였어도 오히려 책상 부족, 선생 부족으로 인해 마분지 판으로 된 대용 책상과 임시 감독 교사 고용 등 개교 이래의 대소동이었다.

이윽고 학생들이 각기 교실에 흡수되고 나서 학교 근처 봉래정 일대에 시장을 이루었던 학부형들이 운동장에 들어설 수 있게 되었다. 실내에서 시험을 보는 어린이 중에는 긴장한 나머지 번호와 성명을 잘못 쓰는 이도 있으며 혹은 앉은 자리에서 소변을 보는 이도 있었다. 창밖을 배회하면서 한두 시간을 서서 기다리는 학부형 중에는 백발이 성성한 할아버지, 사각모를 숙여 쓴 형과 삼촌, 고등보통학교 여학생 제복의 누님들, 젖먹이 아기를 업고 서 있는 어머니들, 별수 없는 줄이야 피차 모르는 바 아니건만 그래도 교실 쪽만 바라보고 있다. 이 안의 모습과 저 밖의 광경을 대조해 보면서 교단에 서 있는 교사의 가슴엔 주체할 수 없는 눈물이 흐르고 흐른다.

무슨 까닭에 이 군중이 이 야단들인가. 저들이 원하는 대로 14대 1의 경쟁률로 우승자의 영예를 획득하고 입학한다고 하더라도 별달리

신통한 일이 없을 뿐 아니라, 결국은 기대에 어그러졌다는 원망이 나오는 것 외에는 다른 성과가 없다. 철학자와 현자의 충고를 기다릴 것도 없이 5년 후에 졸업하고 나갈 때마다 저들은 이구동성으로 한탄한다. 5년 후의 뻔한 불평과 오늘의 저 비상한 열망! 수험자와 보호자들의 애정과 열성이 아름답지 않은 것이 아니다.

"예수께서 대답하여 이르시되 내가 진실로 진실로 너희에게 이르노니 너희가 나를 찾는 것은 표적을 본 까닭이 아니요 떡을 먹고 배부른 까닭이로다. 썩을 양식을 위하여 일하지 말고 영생하도록 있는 양식을 위하여 하라"(요한복음 6:26-27).

기적의 떡을 먹은 후 수천 명의 군중을 향하여 하신 예수의 말씀을 기억하면서 신기루를 잡으려는 1천 4백여 명의 천진한 어린이와 그들의 부모 형제 또한 그들과 별다를 게 없는 나 자신에게 생각이 미치니 연민의 정, 증오의 감정, 참회의 눈물이 마음속에 교차한다. 영생의 양식보다 썩을 양식을 위하여, 참된 여호와 하나님보다 눈에 보이는 우상을 위하여 더욱 열성을 다하는 것이 인간이라 할지라도, 교회당마다 빈자리가 많은데 학교마다 정원 초과로 인해 고통스러우니 과연 이것이 옳은 현상인가. 그렇다 하더라도 학교에 입학하는 일이 곧 사람 되는 길이라면 얼마나 안심되랴.　　　　　　　　　　**(1936년 4월)**

조성빈 군의 일상

　1936년 5월 29일 밤중에 조성빈 군이 죽었다는 통지를 그 이튿날 아침에 받고 의심스럽기도 하고 놀랍기도 해서 슬픔과 애통, 그 어느 것으로도 표현할 바를 알지 못하였다. 조 군은 양정 고등보통학교에 다니던 5년 동안 병에 걸려서 결석한 일이 하루도 없었을 뿐만 아니라, 태어나서 25세에 이르기까지 병을 모르고 자랐다. 도쿄에서 고학하는 수년 동안 저의 밑천은 오직 타고난 천품(天稟)의 건강뿐이었는데, 이제 병들었다는 소식도 없이 홀연히 갔다고 하니 사실 같지 않은 사실에 직면하여 의심까지 들지만, 그보다도 저에 대한 나의 교육이 중단된 채로 현세의 결말을 짓게 된 것이 유감이요, 통분한 일이다.

　지금부터 4년 전 봄에 양정학교에서 1학년부터 5년을 담임하였던 반을 졸업시켜 보내고, 오리알을 깐 암탉 모양으로 나는 깊은 침울과 비애에 빠졌다. 1학년 입학 당시보다 몇 개의 수학 공식을 암기하였고 몇 줄의 외국어를 해독하고 나간다고 할지라도 5년이나 공들인 학생들이 동경하는 세계와 그 교사가 살고자 하는 인생이 하늘과 땅처럼 현격하게 다르고, 동과 서처럼 서로 다르다. 이 모습을 보고 교사 된 자의 마음속에 위로가 없을 뿐 아니라, 교사로서의 의미마저 상실할 지경이 되었다. 이때 다음과 같은 소식이 전해졌다. "양정고보 출신자로 이번에 경성제대 예과 시험에 합격한 자가 두 명인데, 그중 하나가 구두시험 때 이렇게 대답했대 글쎄"라는 것이었다.

문: 세계에 제일 좋은 책이 무엇인 줄 아느냐?

답: 바이블(성경)이올시다.

문: (놀란 안색으로) 너는 예수교 신자냐?

답: 네, 예수를 믿습니다.

문: 너의 가정도 모두 신자이냐?

답: 아니올시다. 저만 홀로 믿습니다.

문: (다시 놀라면서) 어떻게 되어 믿느냐?

답: 우리 학교 김모 담임 선생이 예수를 믿는 고로 나도 믿습니다.

"질문하던 배속 장교가 매우 불쾌한 표정으로 나가라고 문을 가리키더래. 그렇게 대답한 것이 불리하지나 않았을까?" 운운.

이렇게 응답한 자는 물론 조 군이요, 대학 예과에 입학하지 못한 것은 신앙 고백 때문이 아니라 수영하다가 귀에 물이 든 것이 중이염이 되어서 신체검사에 문제가 생긴 까닭이었다는 것도 뒤에 알았다.

이 대학 예과의 구두시험을 치르기까지 조 군에게 그리스도를 믿는 신앙이 있는 줄은 우리도 몰랐거니와 필경 다른 사람도 알지 못했을 것이다. 조 군은 입학시험 준비로 영어를 배우기 위하여 모(某) 미국인의 성경 공부반에 참석한 외에는 아무 교회에도 출석한 일이 없었고, 우리 성경연구회도 한두 번 방청했을 따름이었다. 이러므로 그에게 신앙이 있을 것을 기대하지 못하였으며, 설령 믿음이 있었다 할지라도 현대 청년의 일생 운명을 좌우하는 유일한 등용문으로 생각되는 관립 경성제대 예과의 입학시험에서, 그것도 비상시국의 육군 장교 앞에서 저처럼 명백하게 신앙을 고백하리라고는 추호도 생각지 못했던 교사는 놀라지 않을 수 없었다. 또한 감격하지 않을 수 없는 보고요, 두려워하지 않을 수 없는 사실이었다. 청색이 남색에서 나오나 남색보다 더 푸르다(靑出于藍而勝于藍)더니, 조 군이 가진 신앙의 성장과 신앙을 고백하는 용기는 그 교사보다 거의 몇십 배였다. 당시에는 이과에 합격하지 못한 조 군의 운수를 한탄하기도 하였으나, 지금 알고 보면 조 군의 영(靈)은 당시에 벌써 대학을 졸업하였을 뿐 아니라, 실로 인생을 졸업한 자의 수련이 준비되어 있었던 듯하다.

순탄한 생활을 하는 자의 보통 규칙대로 조 군의 학우들은 읽던 성서도 도쿄 유학을 떠난 뒤로 들춰보지 않는 것이 다반사였던 데 반하여, 고학하게 된 조 군은 제가미 겐조(畊上賢造) 선생의 문을 자주 두드렸고 또한 아사노 유사부로(淺野猶三郞) 선생의 강습에 참석하기를 게을리하지 않았다.

특히 문자 그대로 '적은 것을 적다 여기지 않으시는' 인내의 전도자인 아마노(天野) 선생은 조 군을 위하여 요한복음 강좌를 특별히 개설하여 매주 목요일마다 마주 앉아 청강하기를 수 년여 동안 하셨는데, 물론 그동안 선생 한 분과 성도 한 명인 성서 강좌였다. 우치무라 선생의 수제자인 두 분 선생께 배운 뒤로 조 군의 신앙과 성서 지식에는 괄목상대한 바가 있었으며, 특히 요한복음은 '나의 복음'이라고 일컬을 만큼 아마노 선생은 한 명을 상대로 전도하였다. 가난한 조선 청년 한 명을 위하여 매주 1회씩 수년을 계속하는 그 끈기! 심히 무서운 양반이다. 이것은 수단이나 정책으로 될 일이 아니다.

낮에는 농사짓고 밤에는 글 읽는 것을 목표로 하여 서울에 돌아온 뒤 얼마 동안 영의문 밖에서 경우(耕牛) 선생의 과수밭에서 농사 실습을 하고 있었으나, 그 결과는 쌍방의 심각한 실망으로 마친 듯하였다. 쌍방을 모두 신뢰하는 나로서는 그 어느 편에 이유가 있는지 분별치 못하였으나, 추후로 중대한 결함이 조 군의 성격에 싹터 있었음을 발견하였다.

조 군은 농사를 단념하고 사립 학원에서 교사 노릇 하기도 단념하고 시내 세브란스의전 병원 약국에 취직하였다. 하루는 약국 안에서 성서연구회를 인도하는 광경을 보고하면서 성서 연구에 전심할 것인가 혹은 약제사나 의사 시험을 준비할 것인가 문의하므로 전자를 택하여 전도자가 되겠다는 지망을 포기하고, 후자를 정하여 대대로 전해오는 조 씨의 가업을 계승하도록 결정하여 주었다. 조 군은 그 후로 전심으로 수험 준비를 하기 위하여 도시락 두 개를 지참하고 아침에 문을 나서면 오후 6시까지 직무를 마치고 다시 도서관에 들러서 불이 꺼질 때까지 공부하고 밤 10시에 돌아오는 일과를 매일 반복하였다. 금년 6월에 시행하는 약제사 시험에는 기필코 합격하리라 마음에 새기면서 저는 육신을 과도히 혹사하였던 것이다.

이보다 먼저 1935년 겨울 크리스마스 전 어느 날 조 군은 「성서조선」에 연재하던 "요한복음"(試譯)을 중지할 것과 내가 주도하는 집회에 출석하지 못할 것과 우리 집의 문전에 출입하지 못할 것을 선언 받았다. 조 군의 백부는 시내에서 큰 한약방을 경영하며, 친부는 청량리에서 의원을 개업 중이요, 종형들도 시내 수처에 산재하여 의원 개업 중이다. 그런데도 골육보다 사모하는 맘으로 성조사(聖朝社) 근처에 단칸방을 얻고 그 모자가 살고 있던 터이니, 이 선언을 받은 자도 받은 자려니와 일체 절연을 선언하는 자도 보통 마음으로 할 수 있는 일이 아니었다.

이 절연을 선고한 이유는 무엇인가? 물론 조 군은 법률적 죄인이 아니었고 또한 도덕적 죄악을 범한 것도 아니었다. 그는 다만 신약적인 사랑의 기독교를 알 뿐이요, 구약적인 의(義)의 종교를 몰랐다. 신앙적 자유를 고맙게 알기에 급하였고, 유교적 동양 도덕의 엄연함에 머리 숙이기를 잊었다. 이미 안 것으로써 아는 척하고자 했다. 조심성이 없어졌다. 이것은 마치 삼각산 바위 아래의 머리카락만 한 균열이었다. 그러나 이 균열이야말로 삼각산 전체를 붕괴하게 만드는 원인이다. 불손은 신앙과 도덕 세계의 종점이다. 불손하면 성장은 중지하게 된다.

이 위기를 통찰한 교사는 혼신(渾身)의 힘을 다해 파문을 선고하였다. 미묘하고 깊고 높은 진리의 문제는 이론으로 납득시킬 수 있는 것이 아니다. 오직 그른 것을 그르다 하고, 나의 영역을 엄연히 고수하는 수밖에 없었다. 교사 한 명이 무시당하는 일이라면 참을 수도 있거니와 진리가 유린당하고, 신앙이 오해되고, 하나님이 무시당하게 됨에 이를 때는 단연코 저항하지 않을 수 없다. 사소하게 보이는 일에 가혹한 선언을 내리는 교사도 혹독하다면 하겠지만, 이것도 교사 된 자가 마셔야 할 쓴 잔의 하나이다.

현대 교육엔 교사라는 것이 없다. 고등보통학교의 교사라고 해야 학생들에게는 관공청이나 회사 은행 직원에 불과해 보이는 것이요, 교사 자신도 스스로 그렇게 처하는 세상이다. 이런 세상에서 조 군은 그 교사를 옛날 의미의 스승으로 아는 듯하였다. 그러므로 그 교사도 전적인 책임을 가지고 최상의 길을 가르치고자 하지 않을 수 없었다. 실상인즉 교사 자신보다도 더 높은 길을 걷게 하고자 했다. 그러므로 조 군이 현대 청년에게 공통된 병, 즉 당연하다고 행하는 길을 걷고자 할 때는 절연 선고가 내려졌다. 그가 수준 이하라서 문제 된 것이 아니라 보통 수준에 떨어졌다고 시비한 것이다.

절연한 지 반년 후인 금년 5월에 이르러는 적당한 기회를 보아 선고를 해제하고자 하였다. 과불여미급(過不如未及: 과한 것이 모자람만 못하다)이라는 두려움도 생겼으나, 이번 봄 이래로 시공한 정릉리 가옥 건축 일까지 겹쳐 잠시의 쉴 틈을 얻지 못하면서 차일피일 미루는 동안에 홀연히 조 군은 떠났다. 과연 홀연히 갔다.

5월 29일 저녁까지 아무런 이상 없이 먹고 잔 것이 밤 10시경에 큰소리 두어 마디 외치고서 곁에 누웠던 그 모친도 잠이 깨지 않을 정도로 조용하게 홀연히 갔다. 의사는 심장마비라고 진단하였다. 후에 들으니 그 교사에게 절연 당한 것이 큰 고통이었고, 그로 인하여 회한의 눈물을 적지 않게 흘렸다고 한다. 그렇게 심각하게 뉘우칠 줄 알았다면 하는 생각이 교사의 마음에 생겼을 때는 벌써 "용서하노라"는 음파가 저에게 도달할 수 없는 때였다. 아아!

우리는 사람의 교사가 될 자격도 없는 자이요, 되기를 원하지도 않는다. 혹시 조 군과 같이 스승으로 대하는 자가 있다면 이는 비애의 시작인가 한다. 세상에 어리석은 자가 적지 않으나 "기독교란 이런 것이야", "우리 선생의 의견도 이럴 것이야", "하나님의 거룩한 뜻은 이렇다" 하고 독단하는 자처럼 큰 불치병에 걸린 자는 천하에 다시없다. 그런데 현대 청년들은 거의 다 예외 없이 이런 환자들이다. 세상에 비통한 것은 가장 이해하노라, 가장 신뢰하노라는 이를 향하여 "아니다!"라고 거부하는 일이다. 그러나 교사가 교사 된 이상 이 '노'를 연발하지 않을 수 없으니, 이것이 교사의 쓴 잔이다.

요한복음 시역은 저가 이해한 대로 완전히 개역할 터이요, 지금쯤은 완결되었을 터인데, 위와 같은 이유로 중지되었다. 이제 저의 짧은 일생을 회고하면서 그 유고를 마저 인쇄하거니와 우연한 일이지만 바로 나사로가 죽었다는 소식에 예수가 울었다는 것과 그 죽었던 나사로를 "나사로야, 나오너라"는 한마디로 다시 살게 하셨다는 사실 그리고 마리아가 나드 향유를 예수께 붓고 제 머리털로 씻은 장면의 개역이다. 조성빈 군의 짧은 신앙생활은 그것이 짧았을망정 나드 향유를 예수의 발에 부은 일생이요, 저가 저의 교사에게 대한 정성 또한 그러하였다. 짧은 일생이었으나 조 군은 나드 향유를 주 예수께 부어 드림으로써 인생의 할 일을 다한 자요, 밀알 하나가 썩어 여러 알을 결실할 준비가 다 된 자였다.

(1936년 7월)

불여학(不如學)

　우리는 교육에 종사하는 한 사람으로서 잘하나 못하나 자기가 품은 최고의 이상을 피력하여 그것을 실현할 수 있도록 충실히 노력하는 것이 그 의무인 줄로 알았다. 그러므로 회의에 참석하여서는 침묵하고 앉았을 수 없고, 실행의 마당에서는 열심히 해야만 할 줄로 알았다. 그러나 우리의 이념과 세상의 생각은 북쪽으로 가는 차와 남쪽으로 가는 차처럼 다른 방향으로 달음질하는 것이 많고, 우리의 의견이 채택되기보다 조롱을 초래하는 재료에 불과함을 자주 볼 때 노둔한 자에게 알려진 도리는 "웅변은 은이요, 침묵은 금이라"는 옛 말씀이다. "지혜로운 자는 잠잠하라"라고 잠언에 일렀거니와 10년이란 세월은 어리석은 자로 하여금 지혜로운 자를 만들어 낸다. 이상이나 학설이 쓸데없을 뿐만 아니라 산 사람이 불필요한 것이 현대 사회이다. 그러므로 죽은 듯 산 듯하는 반생반사(半生半死)의 인간이라야만 가하니 다른 정력(精力)은 묵묵히 자기 교육에 전심할 뿐이다.

　교사가 되는 일은 단지 교단 위에서 과학 지식의 조각을 수여하는 일만으로 다하는 것이 아니다. 교과서에 없는 바를 전수코자 하는 기회를 만들어서 잔소리 또 잔소리하고, 마음의 문을 열어 자아를 고백하며 개방하여 학생들의 어딘가에 부딪혀 보고자 힘써 보았으나 이는 시대의 요구가 아니라 도리어 귀찮게 생각하는 일이요, 심하면 원한의 재료가 되는 일이었다. 이 시대의 학도와 학부형의 안목에는 오직 시험성적이 있을 뿐이요, 졸업장이 있을 뿐이다. 그 여타의 일은 다 호사가의 부질없는 수작으로만 생각한다. 그리하여 교사 10년 동안 진보한 것은 '태만'이요, 얻은 것은 '무관심'이다.

이런 시대에 '회인불권'(誨人不倦)[1]은 과연 어려운 일이다. 사람은 만드는 것이 아니요, 되는 것이라 함도 사실이매 힘은 많이 들고 무익한 일을 포기하고 차라리 나 스스로의 공부에 여념이 없고자 기원하게 된다. 신앙은 마음속에 얻을 뿐 아니라 입으로 고백해야 구원에 이른다 하며 또한 신앙의 충동으로 오는 기쁨을 억제할 수 없는 느낌도 있기에 청하는 곳마다 혹은 청하지 않는 곳까지라도 나아가 복음을 간증하는 것이 우리의 의무인 줄로 알았고, 우리 신앙의 건실한 증거인 줄로 알았다. 그러나 우리가 전한 복음을 받은 자 누구인가? 한 명이라도 있는가? 오직 어떤 사람들에게는 이용을 당하였고, 하나님께는 속임을 당한 느낌밖에는 아무것도 없다. 이제는 우리 속에 전도의 열정이 아주 없어져 버렸다. 오직 유익한 것은 내 스스로 주 예수를 믿는 일뿐이다.

그런즉 사도 바울과 함께 "내가 내 몸을 쳐 복종케 함은 내가 남에게 전파한 후에 자기가 도리어 버림이 될까 두려워하노라"(고린도전서 9:27)고 고백한다. 자신의 학문과 자기의 신앙에 더욱 전심하여 힘을 다하지 않을 수 없게 되었다.

(1937년 2월)

---

[1] 사람을 가르쳐 게으르지 않도록 한다.

표절 문제

헬렌 켈러의 일생에 중대한 위기가 한 번 있었다. 그는 14세 되던 해 겨울에 동화 한 편을 창작하여 당시 재학했던 맹아학교 잡지에 발표했는데, 그것이 표절이라고 판명되었던 일이다. 사실은 이러하다. 남의 것을 들은 기억은 조금도 없이 동화 한 편을 써서 발표했는데, 그것이 매우 잘 되었다고 선생님과 친구들의 칭찬을 많이 받은 뒤에 그보다 먼저 똑같은 저작이 발표되었다는 것을 알게 되었다. 또 헬렌 자신의 의식에는 없었으나 그녀도 어렸을 때 그러한 내용의 이야기를 들은 일이 있었던 것을 추후에 알게 되었다. 이 사건과 관련하여 우리는 여러 가지를 생각하게 된다.

첫째, 이 불구 소녀의 장난 같은 소품에 대해서 표절 문제가 발생하게 되자 학교 당국에서는 8인의 심사위원을 선임하여 엄숙한 위원회에서 심문하였다는 사실에서, 비록 그 처단이 편협하고 가혹했다고 할지라도, 이런 문제를 그 정도로 신중히 보는 데에 그 사회의 건실성을 엿볼 수 있었다.

둘째, 어렸을 때 들었던 이야기 같은 것이 잠재의식으로 있다가 여러 해 뒤에 마치 자기 자신의 사상처럼 솟아 나오는 일은 드문 일이 아니다. 특히 연소할 때 흔히 있는 심리 작용인데도 불구하고 교육자 측의 심판이 냉혹하여 어린 피교육자에게 종생토록 두렵고 위험한 생각을 떨칠 수 없을 정도의 큰 타격을 가하였으니 천하에 부모와 형제

된 이, 교육에 종사하는 이들의 일일삼성(一日三省)을 요구하는 일이다. 교육은 탐정 소설 같은 지략으로 되는 일이 아니다. 일개 어린 영혼을 인도함에 하나님의 사랑과 능력 그리고 통찰이 필요하니 어찌 감당할 일이 되랴.

셋째, 이 사건 이후로 헬렌 켈러는 편지 한 장을 쓸 때도 그 사상, 그 문구가 자기 고유의 것인가 타인의 것인가를 일일이 음미하고 썼을 뿐만 아니라, 평생에 다시는 동화 같은 종류의 소위 창작을 하지 않기로 결심했다고 한다. 이는 문자의 유희를 하지 않고자 함이다. 세상에 문자의 유희를 일삼는 자가 얼마나 많은가.

넷째, 독창이나 창작이라는 의의를 다시 생각할 것이 있다. 독창이라는 것은 이미 있는 것을 거의 다 섭렵한 후의 걸음인데 배우지 못하고 무식한 자가 본데없이 쓴 것을 독창으로 아는 것은 가소로운 일이요, 그 나라 그 시대의 표준 문장을 배운 일도 없이 번역인지 외국문인지 알 수 없는 문장을 창작인 줄로 자긍하는 것도 조롱거리가 된다. 옛날과 지금의 문호들이 집필하기 전에 반드시 좋은 구절을 낭독하는 것에는 큰 이유가 있다.

마지막으로 성서 주석과 표절 문제를 생각지 않을 수 없다. 성서처럼 예로부터 지금까지 주석이 다양하고 종류도 많이 발달한 부분에서 정확한 의미의 독창이란 거의 불가능하거나 아니면 우물 안 개구리의 일임을 면할 수 없다. 어떤 대가의 고백같이 현대 동양에서 발간되는 잡지와 저서를 자세히 생각해 보면 그것이 어느 주석 책에서 나온 것인지, 어느 잡지에서 취재한 것인지, 심하면 누구의 어휘에 속한 것인지까지도 서로 지적할 수 있다. 그러므로 우리가 지금 집필하는 것은 독창을 숭상하기보다 차라리 널리 대가의 것을 취해 꽃가루와 꿀을 채취하여 벌꿀로 빚어서 소화하고자 함이며, 내가 아는 것을 모르는 이에게 전하고자 하는 심사에서 집필하는 것이다. **(1937년 8월)**

교사의 심경 변화

　교사 시절 초기에는 교단 위에서 볼 때 학생이 선량한 자와 불량한 자로 확연히 갈라져 보였다. 그리고 순하고 착한 학생이 귀엽게 보이는 반면에 불량한 자는 심히 가증스러워 보였다. 그러나 오늘날에는 선량한 자와 불량한 자가 모두 한결같이 귀엽고 사랑스러워 보여서 가르치기보다 먼저 어루만지고 싶으니 이제 비로소 교사 자격이 생겼다 할 것인가? 또는 이젠 벌써 교사 자격을 상실하였다 할 것인가? 우리가 스스로 판단하기 어려우나 심판적인 태도가 자취를 감추고, 동정과 연민의 정이 노출하게 된 변화의 흔적만은 숨길 수 없다.

　교사 초기에는 불량 학생을 단연코 내쫓는 것이 선량한 학생을 위하는 길이요 교육애(教育愛)라고 운운하는 이론도 없지 않았으나 이제는 가르칠 수 없는 인간이라곤 발견할 수 없으니 사회와 학생의 질이 향상하였음인가? 아니면 우리의 판단력에 무슨 결함이 생긴 까닭인지는 몰라도 마음속에 변화가 생긴 것만은 사실이다. 이른바 불량소년, 어찌할 수 없는 익살꾼들의 속에서 속사람·참사람을 발견할 때의 기쁨에 비하면 선량한 학생의 교육은 도리어 무미건조한 것이라 할 수 있다. 내가 이미 과연 문자대로 죄인의 괴수인데 나보다 더한 죄인이 어디 있다고 내쫓겠는가.

　교사 초기에 학식의 경중을 시험하는 듯한 종류의 질문은 나를 심히 노발대발하게 하였다. 그러나 교사 10여 년에 철저히 깨달은 것은 무식하다는 것을 스스로 인식한 것이다. 교사로서 알아야 할 것의 10분의 1, 1만 분의 1도 알지 못한 자인 것을 심각하게 깨달았으니, 이제는 무식하다는 탓으로 어떤 소년에게서 어떤 괄시를 당한다고 하더라도 노발할 기력이 상실된 자이니 질문을 제한하지 않는다. 오직 아는 것은 아노라고, 모르는 것은 모르노라고 대답할 뿐이다. 이것도 교사로서 부당한 일인지 알 수 없으나 나의 속마음은 지극히 편하다.

교사 초기에는 학생들이 경의를 표시하는가 안 하는가가 매우 마음에 걸렸으나 지금은 전연 무관심이다. 「성서조선」을 발간함으로써 받게 된 당치 않은 모든 치욕을 생각하면 학생들의 무례와 괄시쯤은 오히려 기특한 느낌을 금할 수 없는 일이다. 예수 믿기 위해 이미 받은 창피와 앞으로 당할 치욕을 헤아리면, 철나지 못한 어린아이들의 실수쯤은 문제가 될 수 없다. 또한 생각하기에 따라서는 괄시받을 자격을 가진 인간이 있다면 그는 교사요, 나 자신이라고 하지 않을 수도 없는 일인데, 사람의 존경을 기대하는 것은 자기를 분별치 못하는 일이다. 이도 역시 교사의 도리에서 어그러진 일인지 알 수 없으나 심경의 변화인 것만은 사실이다. **(1939년 3월)**

본문 해설

"인격의 반환"은 창조주 하나님을 무시하는 세계에서 참된 인격이 나타날 수 없으므로 그 인격을 그리스도 발 앞에 내려놓고 새로운 인격을 가져야 함을 역설한 글이다. 선생의 시대나 우리 시대나 이른바 사람들이 우러러보는 직위에 있는 사람들, 즉 정치인, 귀족, 부호, 변호사, 의사, 교사, 부모 등에 대한 존경심이 많이 떨어졌다. 이러한 시대에 억지로 잃어버린 것을 되찾으려 하지 말고 인격 자체를 내려놓고, 자신이 죄인임을 고백하고 엎드릴 때, 하나님의 은혜의 손길이 임하여 무너진 인격이 회복되고 고양될 것이다.

한 사람의 인격과 가치, 이웃과의 관계 등은 모두 하나님과의 관계에 의해 결정된다. 우리는 하나님의 형상을 닮은 피조물이기에 우리의 인격이 고귀한 것이며, 하나님을 사랑하고 공경할 때 이웃을 사랑하고 섬길 수 있다. 창조주에 대한 믿음을 잃으면 우리 인격의 터전이 무너지게 된다. 바른 인간관계, 즉 도덕과 윤리가 무너지게 된다. 우리 시대는 인격과 인권의 가치를 그렇게 강조하고 있지만 다른 한편으로 학교 폭력, 교사 폭력, 가정 폭력, 왕따와 갑질, 불특정 다수를 향한 '묻지마 살인' 등이 빈발하고 있다. 이것은 모두 인격의 붕괴에서 나온 것이다. 십자가 은혜만이 파탄 난 인간성과 인격을 회복시킬 수 있는 유일한 길이다.

"배울 수 있는 사람"은 신앙의 경화증(硬化症)을 경계하며 배울 수 있는 사람이 되기를 권면한다. 우리는 주변에서 이른바 신앙이 좋다는 사람 가운데 그 심령이 굳어지고 아집에 사로잡힌 사람을 때때로 볼 수 있다. 이러한 사람은 겉보기에는 신앙이 좋은 듯하지만, 사실은 신앙이 부족한 사람이다. 참된 신앙인은 하나님을 의지하고 경배하지, 자기 자신을 의지하거나 자랑하지 않는다. 참된 신앙인은 자신이 얼마나 큰 죄인이며 부족한 인간인가를 잘 알고 있다. 그래서 겸손하다. 자신의 믿음이 잘못된 길로 갈 수 있다는 것을 인정한다. 그래서 늘 말씀의 기준에 자신을 비추어 보고 성령님의 인도하심을 간절히 구한다.

참 신앙인은 늘 배운다. 말씀을 통해서 배우고, 교회 공동체를 통해 배우고, 역사를 통해서 배우고, 하나님의 섭리의 손길을 바라보면서 배운다. 바울 사도처럼 "내가 이미 얻었다 함도 아니요 온전히 이루었다 함도 아니라"(빌립보서 3:12) 고백하며 그리스도의 푯대를 향하여 달려가자. 그리스도의 푯대는 확실하게 서 있지만, 그 가는 길은 얼마나 복잡하고 어지러워졌는가? 얼마나 많은 장애물이 그 앞을 가로막고 있는가? 세상이 발전하다 보니 식당에 가서 내 돈 내고 밥 한 그릇 사 먹으려고 해도 카드 사용법과 키오스크(무인단말기) 조작법을 배워야 한다. 하물며 천로역정의 크리스천이 걸어간 천국 가는 길보다 더 복잡하고 유혹 많은 믿음의 길을 잘 가려면 배우고 또 배워야 한다. 헛된 욕망과 죄악을 분별하는 법, 하나님과 이웃을 사랑하고 섬기는 법을 잘 배워야 한다.

"가장 큰 우상"은 김교신 선생 당시의 교육 현실을 이야기하는 것으로 100여 년의 세월이 지난 지금의 현실과 거의 차이가 없다. 비용은 많이 들고 인격의 증진이나 취직에 큰 도움이 되지 못하는 학교 교육을 위해 모든 노력을 다 기울인다. 자식 교육비를 마련하기 위해 불의한 행동도 서슴지 않는다. 절대적인 신뢰의 표적이 되면서 아무런 효력이 없는 것을 우상이라 할 때 작금(昨今)의 현실은 교육의 우상화이다.

지금 우리 시대 한국의 교육 현실은 선생의 시대보다 더 혼란스럽다. 우리나라는 70%가 대학 교육을 받는 세계 최고의 대학 진학률을 자랑한다. 세계 최고의 사교육, 세계 최고의 교육열을 보인다. 자식 교육이 힘들어서 결혼도, 출산도 하지 않으려고 한다. 반도체, 자동차, 조선 등 한국이 세계 최고 수준에 있는 것이 여럿 있지만 그 가운데 교육은 최고 중에서도 최고이다. 그러나 교육의 질과 교육의 효과는 한참 뒤처진다. 교육 문제는 해결점이 보이지 않는 난마(亂麻)처럼 얽혀 있다.

우상을 타파하는 길은 참 하나님을 섬기는 방법밖에 없다. 공부하고 교육받는 목적이 무엇인가를 그리스도 안에서 분명히 정해야 한다. 그러면 교육의 방법과 길이 보이게 된다. 최고의 교육을 받으려고 하니까 교육이 우상이 된다. 최고의 교육이 아닌 바른 인생길과 믿음의 길 가는 데 적합한 교육을 받아야 한다. 지식 교육도 중요하지만, 도덕 교육이 더 중요하다.[2]

"학교 교육에 대한 불만"은 선생 자신이 경험한 학교 교육의 문제점을 논의한 글이다. 학원에서 선수학습을 하지 못한 아이가 다 아는 것으로 알고 대충대충 건너뛰는 학교 공부를 따라가지 못하는 것과 유사한 모습이 보인다. 공부는 학원에서 하고 학교에서는 모자라는 잠을 자는 분위기도 느껴진다. 그때나 지금이나 사교육, 가정 학습이 공교육에 우선한다.

교육에서 가장 중요한 것은 학교에서의 공교육이고, 교사의 헌신과 열정이다. 공교육만으로도 대학에 갈 수 있어야 하고, 교사의 실력과 열정이 학원 선생보다 높아야 한다. 훌륭한 교사에게는 보상이 있어야 하고, 열등하고 게으른 교사는 도태되어야 한다. 학부모는 학교를 신뢰하고 교

---

2 에밀 뒤르켐/민혜숙·노현종 역, 『도덕 교육』(이른비, 2024).

사를 존경해야 한다. 그러나 우리 현실은 다양한 이유로 이 기본적인 조건
이 무너지고 있다. 크리스천 교사는 교육 현장의 무너진 기본 조건을 회복
시키는 일에 모든 힘을 기울여야 한다. 이것이 학교에서 하나님 나라와
그 의를 이루는 길이다.

"입학시험 광경"은 100명 모집에 1,406명이 지원하여 14대 1 경쟁의
시험을 치르는 장면을 보면서 느낀 소감이다. 이 장면은 현재 의대에 가기
위해서 전국의 수재들이 경쟁하는 모습과 유사하다. 높은 수입과 안정된
직장이라는 두 가지 조건을 가지고 온 나라의 똑똑한 아이들을 빨아들이
는 의대는 SKY 대학의 우상보다 더 큰 우상이 되었다.

의대에 들어갈 만한 똑똑한 인재들이 필요한 곳은 사회 곳곳에 널려 있
다. 의사가 아닌 다른 일에 종사할 때 더 아름답고 보람 있는 삶을 살 수
있는 길도 많다. 높은 수입과 안정된 직장이 인생의 가치를 결정하는 것은
아니다. 기업체, 학계, 예술계, 체육계 등으로 진출하여 세계를 주름잡는
젊은이들이 우리나라에서 많이 나오고 있다. 이들이 만일 의대에 갔다면
그만큼 보람 있는 인생을 살지 못했을 것이다. 교회가 많이 약해지고 있
다. 믿음 좋고 신실하며 의대 갈 만한 실력을 갖춘 인재가 신학대에 입학
하여 훌륭한 목사가 많이 나오기를 기도한다.

"조성빈 군의 일상"은 선생의 학교 제자요 신앙의 제자인 조성빈 군을
통해서 교육의 의미를 가르쳐 주는 글이다. 조성빈 군은 양정고보 출신으
로 김교신 선생이 5년간 담임하였던 제자였다. 그는 경성의대 면접시험
시 자기는 예수를 믿노라고 고백하였다. 동경 유학 시절 두 분의 훌륭한
일본인 선생님에게서 성경을 배웠다. 돌아와서는 선생의 성경 공부 모임
에 참여하였고, 요한복음 사역(私譯)을 진행하였다. 그러나 그는 신약의

사랑의 하나님은 알지만, 구약의 의의 하나님을 바르게 알지 못한다는 이유로 출교당했다. 선생이 이제 출교 처분을 취하하려고 마음먹고 있을 때, 심장마비로 홀연히 세상을 떠났다.

우리는 사랑하는 제자의 죽음을 애통해하면서 그의 생애를 길게 소개한 선생의 글을 통해 참된 스승과 제자의 관계를 볼 수 있다. 선생은 제자 조성빈 군에게 믿음의 모범이 되었다. 그래서 그에게 특별한 전도의 노력을 하지 않았지만, 제자는 대답하기 어려운 자리에서 자신이 신앙인임을 고백하였다. 선생은 제자에게 가장 높고 온전한 믿음의 단계를 기대하고 요구했다. 이 기대와 요구를 이루기 위해서 출교 조치까지 행하였다. 가장 뜨거운 불에서 가장 강한 강철이 나오는 법이다. 독수리는 높은 절벽에서 새끼를 떨어뜨려 훈련한다. 위대한 스승은 뜨거운 불로 제자를 단련한다. 조성빈 군은 급작스럽게 죽음을 맞이함으로 가장 강한 강철로 태어난 모습을 보이지 못했다. 그러나 그의 밑에서 훈련받은 손기정, 유달영, 윤석중 등은 스승보다 더 이름이 알려진 강철로 태어났다.

"불여학(不如學)"은 '배우는 것만 못하다'라는 의미이다. 이 글은 교육자와 전도자로서 벽을 실감한 선생이 자신의 인격 도야와 배움에 더욱 정진함으로 이 벽을 넘어서겠다는 마음을 표현한 글이다. 선생은 교육자로서 최선을 다했지만, 시대의 흐름이나 제자나 학부형이나 그 뜻을 이해하지 못하여 받아들여지지 못했다. 선생은 전도자로서 말씀을 증거하는 일에 최선을 다했지만, 받아들이는 자 없어서 크게 낙심이 되었다. 이러한 벽 앞에서 선생은 자신의 학문과 신앙에 더욱 몰두하여 더 많이 배우고자 하였다. 어려운 시절을 당하여 가르치고 전하는 일이 불여학, 즉 배우는 일만 못하기 때문이었다.

예수님이 천국의 복음을 말씀하셔도 제자들이 이해하지 못하고 바리새인과 서기관들은 오히려 심하게 반대하였다. 바울 사도께서 복음을 전하여도 아테네 사람들은 "이 말쟁이가 무슨 말을 하려고 하느냐" 하면서 조롱하였다. 예레미야 선지자는 자신을 핍박하고 조롱하는 자들 앞에서 "내가 다시는 여호와를 선포하지 아니하며 그의 이름으로 말하지 아니하리라 하면 나의 마음이 불붙는 것 같아서 골수에 사무치니 답답하여 견딜 수 없나이다"(예레미야 20:9)라고 탄식하였다. 선생께서도 답답한 마음에 "마음 공부, 인격 수양이나 해야겠다" 하셨지만, 지금 우리 시대의 눈으로 보면 사도와 선지자의 반열에서 후손들의 길을 밝히는 빛이 되셨다.

"표절 문제"는 「성서조선」에 수록된 여러 성서 연구의 글이 과연 독창적인 연구인가 질문하는 사람에게 답하는 글이다. 헬렌 켈러는 어린 시절 들었던 이야기가 의식에서는 잊혔지만, 무의식 가운데 남아 있다가 글로 표현되었다. 이 글이 표절인가의 문제로 학교에서 회의까지 하게 되어 어린 헬렌 켈러가 상처를 받은 적이 있었다. 성경을 연구하는 사람은 이런 문제에 쉽게 부딪힐 수 있다. 성경 말씀에 대한 연구 결과는 서구 선진국의 수많은 학자의 연구와 길고 긴 역사 가운데 쌓여 있어서 한 개인이 그 모든 것을 열람하는 것이 거의 불가능하다. 그래서 선생은 성경을 독창적으로 연구하기보다 내가 아는 것을 모르는 이에게 전달하기 위한 교안을 만드는 심정으로 성경을 공부하고 연구한다고 하였다.

선생의 이 글은 설교를 준비하는 목회자들에게 특별히 잘 적용된다. 성경의 특정 본문에 대한 설교문의 수는 한국어로 된 것만 해도 수만, 수십만 편에 이른다. 따라서 그 모든 것을 열람할 수도 없고 또한 열람할 필요도 없다. 다른 사람의 설교문을 보고 그대로 베끼지 않는 한 순서와 내용 전개와 예화가 유사하다고 해서 표절이라 할 수는 없다. 예수님과 사도와 선지자의 말씀을 잘 소화하여 가장 완전하게 표절하는 것이 가장 위대한 설교가 아닌가!

　"교사의 심경 변화"는 선생이 교사 생활을 오래 하고 경험이 쌓이면서 나타난 심경의 변화를 이야기한다. 초기에는 선량한 생도와 불량한 생도를 확연히 갈라서 보았지만, 이제는 양편 모두 사랑스럽고 귀하게 보인다. 초기에는 교사의 실력을 평가하는 질문에 대해서, 생도가 교사에 대한 존경을 표하는가에 대해서 예민한 반응을 하였다. 그러나 이제는 부족한 자신을 돌이켜 보면서, 「성서조선」을 만들면서 받았던 모욕을 생각하면서 평안한 마음으로 그 모든 일들을 받아들이게 되었다.
　이러한 심경의 변화가 어찌 교사에게만 일어나는 일일까? 여러 성도를 대하는 목사, 성장하면서 자기주장을 내세우는 자식을 기르는 부모, 까다로운 고객을 만나 감정노동을 해야 하는 서비스업 종사자, 말 많은 환자를 진료하는 의사, 도움을 받으면서도 감사하기보다는 불평을 토하는 클라이언트를 대하는 사회복지사 등등 사람과의 관계가 중요한 모든 직종의 사람들이 경험하는 바이다. 선생과 같이 마음이 넓어지고 유해질 때 수고하고 무거운 짐 진 자들이 그에게 와서 예수님이 주시는 안식과 평화를 누리게 될 것이다.

제
6
장

성서조선

창간사

　하루아침에 세상에 명성이 자자함을 본 바이런은 행복한 사람이었다. 그러나 하룻저녁에 "아무래도 조선인이로구나!" 하고 연락선 갑판에서 발을 구른 자는 둔한 자였다. 나는 학창 시절 학구열에 불타오를 때 종종 스스로 생각하였다. '학문에 국경이 없다'고. 장엄한 회당 안에서 열화 같은 설교를 경청할 때 나는 감사하고 또 감사했다. '사해가 형제 동포'라고 단순히 믿고 받아들이면서. 에도 성(江戶城) 안팎에서 양심에 충실하고 나라를 사랑함에 간절한 소수가 제2국민을 덕으로 감화시키려 식사를 잊고 몰두하는 것을 볼 때 나의 계획에는 원대한 것에 도달하려 함이 있었다. "옳은 일을 하는 데야 누가 시비하랴?"라고. 과연 학문적 야심에는 국경이 보이지 않았다. 사랑으로 온 세상이 가슴 속에 있었다. 이상을 이루는 데는 앞길이 크게 보일 뿐이었다. 그러나 이때 들리는 소리는 무엇인가? "아무리 해봐야 너는 조선인이다."

　아! 이보다 더 많은 의미를 품은 구절이 어디 있으랴? 이것을 해결해야 만사가 편하고, 이것을 해결해야 만사가 이루어진다. 여기에서 시선은 초점이 맞고, 대상이 하나가 되어 명확해진다. 나는 감히 조선을 사랑한다고 크게 말하지 못하나 조선과 자아의 관계에 대하여 겨우 '무엇을' 알게 되었다고 확신하노라. 너무 늦었다고 세상 사람들이 웃을까 민망하기도 하지만.

　그러나 자아를 위하여 무엇을 행하고, 조선을 위하여 무엇을 계획할까. 오직 슬픔과 분노를 말하고 세상을 개탄하는 것만이 능사일까. 요새 우리 형제들 사이에 그 평소의 사상이 서로 다르고 지난날의 취향이 서로 다름에도 불구하고 서로 자기를 굽히고 동일한 표적을 향하려는 경향이 보이는 것은 우리가 함께 기뻐할 일이다. 이는 실로 어버이가 돌아가신 뒤에 비로소 효성이 생기는 것과 같은 이치이다. 우리 같은 불효자들이 어찌 그 보기에서 빠지랴? 부딪힌 형편이 기적을 만드는가 보다.

다만 동일한 최대의 사랑에 대하여서도 그 표시의 양식이 서로 다른 것은 부득이한 일이다. 우리는 다소의 경험과 확신을 갖고 말한다. 오늘의 조선에 줄 가장 귀한 선물은 신기하지도 않은 신·구약 성서 한 권뿐이라고.

그러므로 걱정을 같이하고 한곳에 소망을 두는 어리석은 5, 6인이 도쿄 시외에 있는 스기나미(杉並) 촌에서 처음으로 모임을 가지고 '조선성서연구회'를 시작하였다. 매주 때마다 모여서 조선을 생각하고 성서를 공부하면서 지내온 지 반년 남짓 누군가가 동의하여 그간의 소원이던 연구의 일부를 세상에 공개하고자 하여 그 이름을 「성서조선」이라고 하게 되었다. 그 이름이 좋은지 나쁜지, 그 시기가 맞는지 아닌지의 문제는 묻지 않는다. 다만 우리의 마음 전부를 차지하는 것은 '조선'이라는 두 글자이고, 애인에게 보낼 최고의 선물은 성서 한 권뿐이니 둘 중 어느 하나도 버릴 수 없어서 된 것이 그 이름이었다. 소원이 있다면 이 책을 통하여 열애의 순정을 전하려는 것이요, 정성을 다한 선물을 드리려는 것이다.

「성서조선」아, 너는 우선 이스라엘 집으로 가라. 소위 기성 신자의 손을 거치지 말라. 그리스도보다 외국인을 예배하고, 성서보다 회당을 중시하는 자의 집에서는 그 발의 먼지를 털지어다.

「성서조선」아, 너는 소위 기독교 신자보다는 조선의 혼을 지닌 조선 사람에게 가라. 시골로 가라, 산골로 가라. 거기의 나무꾼 한 사람을 위로하는 것을 너의 사명으로 삼으라.

「성서조선」아, 네가 만일 그처럼 인내력을 가졌거든 너의 창간일 이후에 출생하는 조선인을 기다려 면담하라. 서로 담론하라. 한 세기 후에 동지를 구한들 무엇을 한탄할 것인가.　**(1927년 7월 창간호)**

무용한 흥분(상)

어떤 기독교 기관지에서 '무용(無用)한 흥분'이라는 제목으로 「성서 조선」과 그 주필을 비난하였다고 일러 주는 이가 있었다. 이 글을 쓰는 것은 그 필자의 비열한 행위를 다시 추격하려는 것이 아니다. 대체로 '유용', '무용'이라는 문구가 매우 의미심장한 문자인 것을 발견하였다. '쓸 데 있는 것'과 '쓸데없는 것'을 민첩하게 판별하려는 것은 모든 공리 주의자의 속성인 동시에 직업적 종교가의 머리에서 잠시도 떠나지 않는 근본 사상이다.

양나라 혜왕이 맹자를 접견하였을 때, 왕은 인간 맹자를 영접하려 하지 않고 쓸 데 있는 것인가, 쓸데없는 것인가를 먼저 알고자 하였다. 그러므로 "천리를 멀다 하지 않고 오셨으니 장차 우리나라를 어떻게 유익하게 할 것인가"[1]라고 물었다. 이로운 것이 있으면 '쓸 데 있는 것' 이요, 이로운 것이 없으면 '쓸데없는' 것이 된다. 이 양혜왕의 안목으로 볼 때, 「성서조선」이 지금까지 발행해 온 과거 60호는 과연 모두 무용 한 흥분 아닌 것이 없을 것이다. 자타를 이롭게 함이 없었다는 비평을 받고서 변명하기보다 차라리 먼저 부끄러움을 금치 못하는 바이다.

그러나 눈을 돌려 구약성서와 신약성서를 살펴보면 무용한 흥분에

---

1 "수불원천리이래 역장유이이오국호(叟不遠千里而來 亦將有以利吾國乎)"(『맹자』,「양혜왕 상」).

자기 한 몸과 집안을 해롭게 한 이들이 어찌 그처럼 많은가.

애굽의 바로 왕궁에서 성장한 모세가 히브리 노예를 위하여 애굽 사람을 때려죽이고 미디안 지방으로 도주하게 된 것(출애굽기 2장)도 역시 무용한 흥분이라 할 것이다. 이 일로 인하여 모세 자신에게는 이로운 일이 없었을 뿐 아니라, 가나안 복지(福地)를 바라보면서 운명하기까지 일생이 고난의 덩어리였다. 또한 까마귀에게 밥을 얻어먹으며 연명하다가 나중에는 "여호와여, 지금은 넉넉하오니 내 생명을 취하소서"(열왕기상 19:4)라고 탄원하였던 엘리야의 일생도 '무용한 흥분' 때문이었다. 끓는 솥처럼 참을 수 없어 외치던 눈물의 예언자 예레미야의 일생도 국가와 민족을 구제하는 효과가 없었으니, 그 평생의 열성도 무용한 흥분이라 할 것이다. 기타 대소 예언자로서 이 무용한 흥분이 없던 자가 없었고, 여인이 낳은 자 중에 가장 위대한 인물이라는 세례 요한이 포악한 헤롯 왕에게 참살당한 것도 역시 이 무용한 흥분 때문이었다.

생각이 여기에 이르니, "내 집은 기도하는 집이거늘 오직 너희가 강도의 굴혈을 만드는도다"(마태복음 21:13) 하며 탁상과 의자를 둘러엎으시던 어린양의 진노에 동정하지 않을 수 없다. 저에게 만일 "화 있을진저, 외식하는 서기관과 바리새인들이여, 회칠한 무덤 같으니…" 하며, "예루살렘아, 예루살렘아…"(마태복음 23장) 하는 등의 무용한 흥분이 없었더라면 적어도 30세 내외에 십자가에 달리는 일은 면하였을 것이다. 그러나 예수는 이해관계가 없는 일, 즉 무용한 일에만 흥분하였다. 우리도 이 '무용한 흥분'을 본받고자 그리스도를 따르는 자들이다. 「성서조선」이 과거에 '무용한 흥분'이 있었다면 이는 감사할 일이요, 장래에도 만일 「성서조선」이 존재할 이유가 있다면 오직 '무용한 흥분'을 발하기 위한 것으로 알라. (1934년 2월)

명예심의 우두머리

　동정하는 입장보다 비판하는 입장에 서면 사물의 진상을 더욱 잘 간파하는 듯하다. 본지의 주필이 명예심으로 움직이는 자라고 간파한 것, 그 말을 발언한 자는 극히 경미한 의미로 무심하게 입술에서 떨어뜨린 말이겠지만, 실상은 이 말 한마디가 비할 데 없는 폭탄과 독소가 되어서 주필의 심령을 진동시켰고 본지의 발간이 중단되리만큼 지체된 이유는 이러한 의외의 대폭격을 당한 데 있었다.

　우리는 사실무근(事實無根)한 독설을 당하였다고 분개하기보다 지당한 심판의 자리에 처하여 참회의 눈물을 뿌렸다. 나에게 명예심이 없을 수 있을까? 사실 명예심이 있다. 있어도 크게 있다. 명예심, 곧 허영심의 우두머리〔대괴(大魁)〕인 점으로 보아서 조선 인구 2천만 중에 제1위일 것이다. 머리털부터 발톱까지 이것이 허영심의 덩어리요, 그 속에 무릇 실한 것, 무릇 선한 것은 하나도 없는 자이다. 우리 친구의 입술을 빌려 주께서 나의 진상을 심판하신 것이니 오직 자복하여 통회할 것뿐이다.

　그러나 명예욕을 만족시키기 위하여 「성서조선」 같은 비인기 불명예의 잡지를 도맡아 발행하는 것은 너무도 우매한 일 아닌가? 문필의 능력도 없이 문필에 종사하는 것은 명예의 길이 아니다. 글을 쓸 작정이거든 매달 수천 부씩 발간하는 인기 잡지와 매일 수만 장씩 인쇄하는 대신문에서 원고를 청탁받은 일은 없었던가? 대체 본지를 발간함으로써 그 주필은 장로교회의 명예를 얻었던가, 감리교회의 칭찬을 받았던가? 30만 교인 중에 나에게 명예를 돌린 이가 누구며, 또 기독교인을 제외한 1천9백70만 동포 중에 본지와 그 주필의 존재를 아는 이가 몇 명이나 있을까? 오직 명예를 받았다면 본지 본래의 동인들이 기피한 명예일까? 오호라, 만만한 명예심의 우두머리를 묻어 두고도 명예 획득의 방법에 큰 차질이 생긴 것이 원통한 일이로다. (1934년 11월)

지난 1년을 회고하며

제71호를 내보냄으로써 「성서조선」의 금년도 의무를 겨우 다하였다. '겨우'라고 한다. 간신히 마쳤기 때문이다. 지령이 70호를 넘을 동안에 그 우여곡절이 적지 않았으나 과거의 슬픔과 괴로움은 시간과 함께 상처가 아물기도 하였고, 기억이 몽롱하게도 되었다. 하지만 오직 새로운 상처는 아직 선혈이 마르지 못하고 있다. 세상은 1935년으로 위기의 도래를 경고하고 있으나, 우리의 위기는 그보다 1년이 앞섰던 느낌이 없지 않다.

1934년을 돌이켜볼 때 또다시 몸서리가 끼친다. 우리는 악몽에서 고투하다가 깬 사람같이, 성난 파도에 부대끼다가 겨우 언덕에 올라선 자와 같이 전신이 떨리고 숨찬 가슴을 가지고 건너온 저편을 바라보지 않을 수 없다. 우리에게는 본래 자랑할 만한 학식이나 재능도 없고, 의지할 만한 재산도 없으며, 산과 바다를 움직일 만한 남다른 신앙적 능력이나 종교적 재질도 없다. 다만 우리가 크게 믿는 바가 한 가지 있으니, 그것은 곧 소수의 귀중한 친구가 있다는 점이다. 나에게는 학식과 재능이 없으나 나의 친구에게는 그것이 완전하고, 나에게는 넉넉한 재산의 소유도 없으나 우리 친구에게는 먹고 남은 것이 있으며, 나는 겁이 많은 자이나 우리 친구는 혼자서라도 능히 말을 탄 군사 1천 명을 당할 만한 용장(勇將)이다. 「성서조선」이 오늘날까지 이른 것은 이러한 친구들의 의지가 있어서 된 일이요, 장래에 어떠한 곤란이 닥쳐온다고 하여도, 30만의 적군이 내습한다고 하여도 우리 친구 세 사람이면 능히 격퇴하고도 남음이 있을 것으로 내심에 확신하였다.

"눈에 보이는 형제를 믿지 않고 어찌 보이지 않는 하나님을 믿을 수 있으랴"라는 말을 통용할 수 있는지는 알 수 없으나, 실상 우리에게는 친구를 믿는 것이 한 종지(宗旨: 중심된 주장)와 같이 되었다. 그러나 믿는 나무가 거꾸러짐인가? 연초로부터 연말에 이르는 동안 우리는 가장 신뢰하고 경모하던 형제 몇 명을 잃었다. 우리가 욥이 아니건만 욥처럼 탄식하지 않을 수 없었다. "나의 친구가 나를 버리고 나의 사랑하던 자가 나를 조롱한다"라고. 만일 운수가 사납고 모진 액년(厄年)이라는 말을 쓴다면 평생 금년 같은 액년은 다시없을 것이다.

특히 공동 사업으로 하던 「성서조선」에 관해서는 소위 '치명상'이었다. 제61호가 종간호가 되는 줄로 알았다. 성조지가 종간이 안 되면 그 주필의 생명이 끝나는 줄로 알았다. 그러나 제62호가 속간되었고, 이제 제71호를 편집하고 원고와 재정의 남은 것을 내년으로 넘기게 되니 이는 실로 기이한 일이 아닐 수 없다. 친구와 헤어져서 친구의 고귀함을 배우고, 곤경에 처하여 비로소 하나님의 긍휼을 크게 받았으니 1934년도 그대로 감사로다.　　　　　　　　　　　　　　　**(1934년 12월)**

발행 지연의 이유

초순도 거의 지나가는 7월 9일인데, 7월호의 원고를 아직 끝내지 못하고 지금 이 글을 쓴다. 바로 열흘이 지연되었으나 이제 또 경무국의 검열까지 통과하여 인쇄하고 발송하려면 순조로워도 일주일 이상의 시일이 걸릴 터이니, 본 월 호가 독자의 손에 전달되려면 아무리 빨라도 7월 보름이 지난 뒤가 될 듯하다. 자주 지연되는 본지로서도 이번이야말로 기록적인 지연이라 할 것이다. 그 이유는 다음과 같다.

첫째, 집안일과 세속적인 잡무로 인함이다. 다만 고전을 읽는 유생도 명석의 곡식이 떠내려가는 것을 깨닫지 못할 정도로 열중했다고 하는데, 기대하는 독자를 가진 월간물을 저작하는 자가 사소한 집안일에 구애되느냐는 독자의 책망을 기다리기 전에 나의 심령이 스스로 몹시 번뇌하였다. 그러나 금년 봄 이래로 건축 일, 6월 20일 정릉리로의 이전 또 이사한 후의 정리와 수십 년 만의 큰 가뭄에 시들고 마르는 채소, 과수 묘목의 정황 등이 나를 붙잡았다. 이를 가꾸는 늙은 어머니와 연약한 아내의 수고를 방관할 수 없어 학교 일을 하고 남는 시간에는 먼저 닥치는 일과 걸리는 사건을 처리하다가, 낮에 밀리면 밤에나 할까 하고 밤에 밀리면 새벽에나 할까 하면서 오늘에 이르렀다. 이 충성치 못한 주필의 태만을 독자 여러분의 동정으로, 바다같이 넓으신 마음으로 양해해 주시길 간구하는 도리밖엔 없다.

다음으로 주위에 대한 실망이다. 실상은 이 실망 때문에 집필해도 문장을 이루지 못하였다. 실망의 첫째는 친구의 도리에 대한 것이다. 우리가 하나님 다음으로 믿는 것은 소수의 친우인데 이들이 간사한 꾀로 속이는 조삼모사(朝三暮四) 격이다. 한마디 말에 기뻐하고 다른 한마디 말에 노여워함이 마치 창부들의 표정처럼 그 신경이 민활하다. 이런 무리가 친구의 도리니 뭐니 하니 실망이 없을 수 없으며, 그 원인이 저편에만 있다면 나 홀로 고결함을 즐기려니와 그 경박한 행동은 당연히 나 자신의 덕이 박함(非德)으로 인한 것이니 나에게 고민이 생기지 않을 수 없다. 그러니 글을 쓰는 데 영감이 동할 수 없다. 몇 안 되는 사람들 사이에서 우정의 도가 그 모양인 주제에 다수의 독자를 향하여 무슨 설교를 하느냐고 사탄이 귓가에서 지껄인다.

실망의 둘째는 하나님에 대한 실망이다. 우리는 하나님께 사기를 당하였다는 느낌이 없지 않다. 요사이 문둥이 소동이 일어났는데, 남대문 밖에서 서대문까지 북한산록에서 영등포까지 60여만의 대경성 시민이 불과 2, 3일 내로 모조리 '대부흥'이 일어났다. 나환자가 유아와 부녀를 학살하고 끔찍하게 먹는 것을 보았다, 들었다는 사람이 성안에, 성 밖에 넘쳤다. 며칠 동안은 보통학교 아동을 일일이 부모가 데리고 다녀서 각 교정은 인산인해를 이루었다. 이때 나는 기도하는 듯이 하나님을 원망하였다. "주여, 이 문둥이 소동을 보십시오. 이처럼 허무맹랑한 일은 하루아침에 서울 장안 60여만 시민에게 확고부동한 지식을 주며 '신앙'을 일으킵니다. 우리가 이 일의 이치가 틀렸다고 설명하면 우리를 미친놈이라고 합니다. 그런데 우리가 경성시 내외에서 예수 그리스도의 도를 증거한 지 10년, 그동안에 장소 이동하기를 10여 곳, 「성서조선」을 발간하기 90호에 이르도록 누가 우리가 전한 소식을 그대로 믿더이까. 저 문둥이 소문처럼 확신하는 이가 단 한 명이라도 있었습니까. 이제 7월호를 발행한들 무슨 소용이 있습니까. 당신은 우리를 속이시지 않았습니까…?"라고.

그리고 속으로는 이해타산을 해보았다. '내가 예수를 믿더라도 성조지(聖朝誌)를 발간하지 않고 얌전하게만 믿었다면 칭찬은 받지 못한다 해도 욕은 먹지 않았을 것이다. 오늘날 일부 교회에서 하는 것처럼 뱀이나 전갈 보듯 하는 대접은 받지 않았을 것이다. 만일 성조지의 출판 비용을 다달이 어느 교회에 헌금하였다면 가장 유력한 장로도 되었을 터이고, 교역자 임명의 실권도 장악하였을 것이며, 천국 입적의 유력한 후보자도 되었을 텐데, 하필 오늘날과 같은 인고를 당하면서 지옥에 들어갈 제일 후보자로 지목받을 필요가 있을까…' 하고. 이렇게 생각이 오르내리는 동안은 펜을 잡아도 움직이지 않았다.

독자여, 지연된 이유가 이러하니 살피고 깊은 연민의 정으로 기도하여 주기 바란다. 내가 하나님과 친구, 동포에게 실망이 커서 머리가 숙여졌을 때에 또다시 동쪽으로부터 하나님이 살아 계시다는 통지가 책상 위에 도착하였다. 기이하다. 영광은 여호와 하나님께 할렐루야, 아멘!

(1936년 7월)

* 1936년 6월 13일 일기를 보면 문둥이 소동에 관한 글이 나온다. 경성 부근에 문둥이 소동이 생겼다. 문둥이 3천여 명이 배를 타고 어디 어디에 상륙하여 어디에서 여자아이를 끌고 갔다는 둥, 별별 허무맹랑한 소문이 일파만파를 일으키며 전파된다. 선생은 우매한 민중이 이러한 소문에 휩쓸리는 것을 한탄하였다. 이 글의 말미에 나오는 동쪽으로부터의 통치란 영남에 있는 독자에게서 온 '위로와 격려의 편지'이다.

가사망(假死亡)

　얼마 전에 상업용 장부 종류와 전표·봉투 등 인쇄물을 구입해 달라고 의뢰받은 일이 있었다. 인쇄소에 출입한 지 10여 년이 지났지만 이런 종류의 인쇄물은 생전 처음 취급하는 것이다. 확연치 않은 주문서와 친절치 못한 인쇄업자를 상대로 이리저리 교섭하는 중에 겪은 상심과 불안은 본 잡지 1개월분의 편집 못지않은 괴로움이었다. 나중에 다행히 이런 방면에 많은 경험을 가진 분의 상세한 가르침과 고안(考案)을 얻어서 예상보다 좋은 물품이 될 것 같기는 하다. 그래도 주문자의 마음에 맞을 것인가 아닌가 하는 불안은 아직도 남아 있다.

　우리가 할 수 있는 능통한 방면 이외의 일에는, 비록 선의의 일이라할지라도 착수할 것이 아니라는 것을 이번에 절실히 느꼈다. 무슨 일이든지 성서에 관한 일과 학교에 관한 일 외에 다른 일을 감당하려는 것은 원숭이가 나무에서 떨어질 때, 생선이 물에서 나올 때의 심경임을 확실히 알게 되었다. 피차 이보다 심한 비경제적인 일은 없을 것이다.

　경성부의 구역이 확장됨에 따라 시의원 보궐 선거가 치러지게 되었다. 본래부터 이러한 정치적 업무에 흥미를 갖지 못하던 우리는 설령 유권자 명부에 기명되었다 할지라도 멀리 교외로 이사한 것을 이유 삼아 투표에 기권하리라고 내심 작정하고 있었다. 때마침 일요 집회가 끝난 뒤 기독교회의 혁신 연설을 기안하고자 하는 학생의 질문을 받게 되어 사마리아 여인과의 회담처럼 시간의 흐름을 깨닫지 못하고 일문일답을 하였다. 진리를 위하여 쓸 시간과 정력은 무제한으로 있다는 듯이…. 세속의 먼지를 털고 동네의 시냇물을 건너던 때는 오후 6시 반이었다. 이때 전보 한 장을 발견하니 가로되 '투표 급래(急來).'

이미 진정되었던 마음이 다시 파동을 일으키기 시작하였다. 그대로 모르는 척할 것인가? 저다지 체면 몰수하고 애걸하는 것을 무시한다면 인간 괄시가 심하지 않을까. 마음속의 논쟁이 끝나기도 전에 몸은 투표장으로 향하였다. 남은 시간은 30분! 최대의 속력을 다하였지만 지각을 하여 투표도 못 하고 돌아오니 그동안에 허비된 것은 2시간의 시간과 차비 1원 50전이다. 남은 것은 심신의 과다한 피로와 스스로를 자책하는 회한뿐이다.

「성서조선」의 발간이 아니라면 문제는 다를 것이다. 「성서조선」을 담당한 날까지는 친구와 세상에 대한 태도가 유별나게 다르지 않고는 되지 않는다. 하루 중 한두 시간이라도 궤도를 벗어나게 사용하면 그 손해를 다시 보충할 여지가 없는 살림이다. "사람을 기쁘게 할 것인가? 하나님을 기쁘게 할 것인가?" 함은 상상 세계에 있는 문제가 아니요, 오늘날 실생활의 방침 문제이다. 천국과 세상을 걸치고 서 있는 자아를 깊이 회한하는 동시에 정치적 관심도 단절한 자요, 우정도 없고, 선한 사마리아인이 되기도 아주 단념한 자인 것을 친우들에게 통지하니 이것은 제일차적 사망, 곧 가사망의 상태인 것을 알아주기 바란다. 옆에 사람 없는 듯 함부로 떠드는 방약무인한 정도가 아니라 사망했다는 부고를 발송한다는 뜻이다.

(1936년 10월)

「성서조선」을 받으라

　소록도에서 오는 편지만은 요금이 미납이든지, 우표가 부족하든지 무조건 받아두도록 집안 식구들에게 일러두었더니 "편지를 종종 해도 잘 가지 아니하옵기에 미납 편지를 하오니 용서하시오"라는 말을 시작으로 다음과 같은 의미의 글월이 왔다.

　"김 선생님, 받아 살피옵소서. 가진 바 없는 저는 칠십 노모가 병중에 있다 하오나 일 푼 없는 저로서 어찌하오리까? 선생님이여, 세상을 떠나기 전에 모친을 가 뵈올 마음은 있으나 금전이 없어서 갈 수 없나이다. 아무쪼록 가서 만나 보도록 하여 주시옵소서. 거리가 8백여 리라 왕복 여비가 줄여 잡아도 10원이나 되어야 할 터이나 10전도 없으니 어찌하오리까? 오, 선생님이시여, 나를 도와주시옵소서. 죽기 전에 가서 한 번 뵙도록 해주시면 이 은혜는 예수님 전에 아뢰리라"라는 뜻인데 한글도 잘 만들어 쓰지 못하였고 이전에 신앙 관계로 통신한 일도 없었던 형제이다.

　그 사정은 실로 동정을 금할 수 없는데 이와 비슷한 간청을 요사이 받은 것만 하여도 두세 건이 아니다. 남편에게 속은 결혼생활을 청산하고 친정의 병든 어머니를 봉양하겠다는 자매의 눈물, 고학 수년에 최후의 완성을 원하는 고학생의 부탁, 골육의 의지(依支), 기업의 자금 등등. 이런 사건을 당면할 때마다 거의 방정식으로 나오는 우리의 대답은 "은과 금은 내게 없거니와 내게 있는 것을 네게 주노니 「성서조선」

을 받으라"는 것이다. 천사같이 쳐다보고 왔던 이도 이 말 한마디에 사탄의 괴수를 발견하였다는 듯이 신발의 먼지까지 털고 나가 버리는 것이 예사이다. 모든 아귀를 축출하는 주문으로 이보다 유효한 문구는 다시없다.

「성서조선」에 얼마나 진리의 복음이 발표되었으며, 이것을 발간함으로써 조선에 얼마나 유익했는지, 혹은 어떤 논자들의 평과 같이 '그 주장은 전혀 주관적일 뿐이었고, 그 공격은 기독교회를 상처 낸 것뿐이었는지', 이런 일들은 우리가 알 바 아니며 실상은 알 수도 없는 일이다. 우리가 확실히 아는 바가 하나 있다. 그것은 창간 10주년을 당한 오늘 제99호인 이번 호까지 모조리 결손 출판²이라는 사실이다. 우리가 천국에 들어가 참예할 아무 자격도 구비하지 못해서 지옥에 떨어진다 해도, 이 성조지 출판의 결손 보고서만은 인간 앞에서나 예수 앞에서나 내가 휴대하리라.

거액의 자금을 자선 사업에 제공할 수 없는 자라는 것을 미안하게도 알거니와 또한 우리는 월급 생활자가 매달 몽땅 결손하는 일을 계속하는 것도 쉬운 일이 아님을 배웠다. 희생 없이는 안 된다. 자신의 일은 말할 것도 없고, 불효를 각오하고, 자녀 교육을 제한하며, 친척과 친구들에게 인정미를 단절하지 않고는 1개월도 불가능한 일이다. 부귀를 가진 자에게 비굴하지 않고 친구와 사회에 누를 끼치지 않고서 자립하여 「성서조선」을 발간하기 위해서는 돌보다도 냉정해져서 경제의 전력을 여기에 집중해야 한다. 입고 먹고 남은 것으로 출판하는

---

² 손해비용이 더 많은 출판.

것이 아니라, 출판하고 남은 돈으로 생활해야 한다. 그러므로 「성서조
선」은 나의 최대의 것이요 전부이다. 이 이외의 것을 현재의 나에게
요구하는 자는 나의 혈액을 요구하는 자이다. 내가 구제와 자선을 으
레 거절할뿐더러 의리와 예절까지도 당연히 유린하는 것은 맡은 종가
(宗家)의 임무가 있음을 확신하기 때문이다. 주 예수여, 이 오만함을
잠시 용납해 주옵소서.　　　　　　　　　　　　　　　　**(1937년 4월)**

제소와 패소

하나님의 거룩하신 뜻의 조치(措置) 여하는 아직 알 수 없어도, 사람의 지식으로 헤아릴 수 있는 한도까지 생각해 보면, 본지의 발간은 금년 말로 일단락 지을 듯하므로 어떤 날 다음과 같은 호소가 하나님 앞에 제출되었다. 어리석은 사람의 미련한 제소인 것은 다시 논할 것도 없다.

첫 번째 호소: 하나님 아버지 당신은 나를 속이셨습니다. 나의 어리석은 것을 기화로 하여 당신은 온갖 감언이설로 또는 위협과 책망으로 나를 몰아내어 십여 년간 이런 잡지를 발간케 하셨습니다. 그러나 이 잡지를 정말 읽는 이가 누가 있습니까? 한 사람, 단 한 사람이나 어디 있었습니까? 당신은 아실 테니 있었거든 있었다 하십시오. 어떤 이는 비웃었습니다. "네가 그 비용을 모아두었다면 자녀 교육에는 염려 없을뿐더러 노후의 안정을 이미 얻었으리라"라고. 그러나 아무것도 되지 못했건 말건 진정한 독자 한 사람만 있었다면 나는 당신을 원망치 않겠습니다.

심문: 그래 네가 손해 본 것은 얼마나 되느냐? 계산해 오라.

답신: 내 것 손해 본 것은 한 푼도 없었습니다. 당신이 주신 것으로 출판하고 먹고 입고 남은 부스러기가 열두 광주리올시다.

심문: 그럼 또 무슨 말이냐.

답신: …….

두 번째 호소: 한 사람 몫의 직무를 가진 자가 일주일간 6일을 근로하고서 주말에 휴가를 갖는 것은 생명을 유지하기 위해 절대로 필요한 일임을 당신도 아실 뿐이오리까. 여호와 당신께서 제정하신 법칙이 아닙니까? 주중에 6일을 벌써 힘에 넘치게 지치고서 또 주일을 쉬지 못한지도 대략 10여 년. 그동안 우리의 외침을 들은 이가 몇 명이나 있었습니까? 한 사람, 단 한 사람이나 있었습니까? 당신은 나의 못난 것을 이용하셔서 장터에 나가서 피리를 불라 하셨으나 어디 춤추는 인간이 한 명이나 있었습니까? 1주일 내내 연일 교단에 서던 자가 일요일에까지 성서를 강화하는 것은, 그 내용 여하는 논할 것 없이 그 행위 자체가 피를 뽑아 주는 일이요, 살점을 분배하는 일이 아니오니까? 그런데 누가 들으러 왔었습니까?

심문: 네가 나를 믿기 전보다 지금은 얼마나 약해졌느냐. 피로로 인하여 얼마나 목숨이 감해진 듯하냐?

답신: 신앙생활 하기 전에는 허약해서 약병만 차고 다니던 것이, 근 20년 이래로 큰 병에 누워 본 일 없고, 짐작건대 어떤 사회에 가든지 저와 동년배 중에서는 가장 건강한 편일까 합니다.

심문: 그럼 또 무슨 말이냐.

답신: …….   (1939년 10월)

*스스로 묻고 답하는 형식을 통해서 그간 「성서조선」을 발행하면서 그 비용을 충당하기 위해 얼마나 결핍된 생활을 하였는지, 얼마나 많은 노력

과 힘을 들였는지 그 모습이 생생하게 보이는 듯하다. 오늘날처럼 컴퓨터와 복사, 인쇄가 발달한 시대에도 한 달에 3만여 자의 잡지 한 권씩 만들어 내기가 어려운 일인데, 극악한 형편의 일제 치하에서 그 일을 감당한 선생을 생각할 때 우리의 나태한 생활이 부끄럽기만 할 뿐이다.

어리석은 자의 기탄없는 망령

다음 호만 내고 본지의 끝을 낼 것 같다는 소식에 사랑하는 친우의 진정한 염려도 있거니와, 냉정한 외인들의 조롱 절반 시비 절반의 평론도 차츰 들려온다. 이때 우리는 바울을 본받아서(고린도후서 11:16) 어리석은 자의 기탄없는 자랑을 해볼 터이니, 독자는 잠시 "나로 하여금 조금 자랑하게 어리석은 자로 용납하라."

과거 십수 년간 「성서조선」을 발간하여 이번 달로 제130호에 달하였고, 그동안 일요일마다 성서 강화를 계속하였으며, 동계 혹은 하계에는 특별 집회를 주최하며 또한 강사가 되어 그리스도 신앙을 증거하여 왔다. 이로써 나는 조선에서의 일개 기독 신자로서 다할 바를 넉넉히 했다고 자긍한다(인간적으로는). 내가 한 일을 작게 보는 사람은 한 번 특별 집회의 강사는 못 될지라도 주최자만이라도 되어 보라… 한 번 집회 주최자의 책임만이라도 분담해 주는 친우가 있다면 강사 된 자의 어깨가 얼마나 가벼워지랴. 쉽게 여기는 이는 1인분의 직무를 다하면서 매주 성서 강의를 계속해 보라… 십수 년을 하루같이.

「성서조선」의 출판에 이르러서는 모든 어려운 문제는 제쳐 놓고서 단지 그 출판 비용만 말해도 나는 적지 않은 일을 하였다고 자긍한다. 십여 년을 하루같이 결손이 나는 잡지를 발간함에 있어 나는 이에 충당할 만한 조상의 유산을 한 푼도 받지 못하였다. 다만 나의 월급이 그 자원이었다. 월급이라면 이는 소위 '근로소득'이라는 것이요, 세무서의 제3종 소득세에서도 특별 취급을 받는 수입이다. 곧 호구(糊口: 입에 풀칠을 한다는 뜻)의 양식이다. 그리고 나는 아들딸 육남매에 열 명의 식구를 부양해야 하는 살림이다. 쉽게 보이거든 어서 실행해 보라. 그리고 원컨대 50만 명에 이른다는 조선 기독 신도가 각기 한 잡지씩 주간하여 50만 종류의 성서 잡지로 다달이 복음 진리를 증거한다면 진리 운동의 전선이 그 얼마나 씩씩하랴.

「성서조선」이 창간될 때쯤에는 세상이 오늘처럼 단조롭지 못하였고, 지금의 시국 같은 통제 정책도 없었다. 자유의 풍조, 좌충우돌하던 사상 단체의 봉기, 우후죽순 같던 과거를 회고해 보니 감개가 실로 무량하다. 반종교 운동의 선봉으로 날뛰던 사람들은 어디 갔으며, 의지가 철석같던 모 당원들은 어디 있는가? 사상은 유동적이고 주의는 변전되어 지난날에 사자 같던 저들도 이제는 너나없이 앞다투어 '전향'하여 사상보국(思想報國)의 제일선에 나서서 국가를 위하여 분투하게 되었다고 하니 이는 실로 경하할 일이다. 이렇게 오른쪽에 천인, 왼쪽에 만인이 거꾸러지는 동안 본지는 창간호로부터 130호에 이르기까지 시종일관하여 주 그리스도와 그 십자가의 복음을 증거하고 있으니 이는 사상 유희가 아닌 것이 분명하다. 10년을 한 뉘라 하거든 10여 년을 변함없이 한 가지만을 외친 것만으로도 무의미한 일은 아니었다.

(1939년 11월)

세 가지 의혹

하나님이 계시다는 것은 우리 소수의 기독 신자들만 믿는 일이 아니다. 많은 경건한 이교도들도 믿는 일이요, 적지 않은 지식인과 석학자도 시인하는 일이다. 부족하나마 우리 현재의 삶은 신앙에 기인함이요, 신앙은 하나님이 계시다는 기반 위에 선 것이다. 그런데도 불구하고 세상 동태의 변화를 보고 들을수록 또한 자아 내심(內心)의 허약함을 살피며 생각할수록 "너의 하나님이 어디 있느냐?"는 때로 우렁찬 항의, 조롱의 외침이 옛날 시인의(시편 42:3) 고막을 울리던 그대로 나의 고막을 성가시게 구니 무슨 까닭인가? 의로운 자, 의로운 과보를 얻지 못해도 하나님은 계신다는 말인가. 이것이 첫째 의혹이다.

그렇지 않아도 하루바삐 이 육체의 구속을 벗어나서 거울로 보는 것이 아니요, 얼굴과 얼굴로써 대면하여 그리스도께서 나를 아신 것처럼 나도 그리스도를 확연히 알고 싶고, 보고 싶은 것이 우리의 갈급한 소원인데 이렇게까지 구차한 살림이라도 계속해 나가는 것이 과연 하나님의 뜻에 맞는 일일까? 나 같은 사람을 어서 데려가셔서 차라리 교통 기관의 한 자리라도 비워 드리는 것이 사회에 편의가 아닐까. 식량 배급의 1인분이라도 감해 드리는 것이 국가의 이익이 아닐까. 생존에 대한 의혹으로 이것이 둘째 의혹이다.

「성서조선」을 발간하는 일은 우리 신앙의 자연스러운 발로요 또한 형제와 세계 인류의 구주 그리스도에 대한 지당한 의무를 다하는 일인 줄로 확신하였다. 창간 이래로 제140여 호에 달하기까지 결손의 연속이었으나 이익을 탐하지 않고서 하는 일인 고로 이것은 순수한 일이요, 하나님의 뜻에 합하는 일이거니 확신하면서 계속 간행해 왔다. 머지않아 창간 제14주년을 맞게 되는 동안 별별 고난과 파란이 많았으나, 이 잡지로 인하여 원고료 한 푼도 생기는 것이 없는 대신에 꾸준하게 손해를 보면서도 발간한다는 의식이 속간(續刊)하는 가장 큰 원동력이었다.

그러나 요사이에 이르러는 "창간 제14주년, 제150호에 달하려는 때까지 (인쇄 실비만이라도) 자립을 못하거든 그것은 하나님이 이 땅에 존립시키려는 축복을 허락하시지 않는다는 증거니라"는 소리가 명확해지는 듯하다. 10년을 한 뉘라 하는데, 누가 이 일을 경거망동이라 할까. 마흔이면 불혹이라 했는데 점점 의혹이 깊어 감이 이러하니, 오호라, 나야말로 괴로운 자로다.

(1940년 11월)

낙담하지 않는다

우리는 토기 같은 그릇이요, 파편 같은 존재이다. 학문에 깊지 못하고, 덕에 높지 못한 것은 물론이다. 그러나 우리가 전달하려는 것은 자아가 아니요, 오직 그리스도 예수가 구주인 것과 우리가 예수 때문에 모든 사람에게 종노릇 하여 섬기려고 하는 일뿐이다.

전달하는 일이 막힐 때는 예수 그리스도의 얼굴에 나타난 하나님의 영광을 아는 지식에만 일취월장(日就月將: 날마다 달마다 발전함)하기를 기원하니, 이는 우리의 본업이 잡지 발간도 아니요, 집회 개최도 아닌 까닭이다. 우리는 오직 믿음에 머물러 살고 있으면 족하다. 그것이 전도도 되고 사업도 될 것이다. 사방에서 환란이 임하되 궁하지 않고, 진퇴유곡인 듯하나 희망을 버리지 않으며, 핍박받되 주님을 저버리지 않고, 공격받아도 아주 멸망하지 않고 견디어 나가는 것이 질그릇에서 예수의 생명이 나타나기 위함인 줄로 확신한다.

우리의 소유물은 소진되고 우리의 겉모습은 날로 낡아지되 우리가 예수를 아는 지식이 날로 부요해지고 속사람이 날로 새로워질진대 장차 나타날 영원한 영광에 비하여 지금 받는 환란은 도리어 가볍도다. 그러므로 우리에게 낙망이 없다. **(1940년 12월)**

봄날의 꿈

봄날에 꿈이 많다더니 이런 꿈도 있었다.

맑고 따뜻한 이른 아침에 백악산을 오를 때에 한 분 노인이 소나무 숲 사이에 거닐고 있었다. 가늘고 키가 큰 몸에 구불구불한 긴 지팡이를 잡았다. 머리는 백설같이 희고, 수염은 무릎까지 내리 드리웠다.

노인: 나는 30여 년간 조선 기독교회의 장로인데 너는 누구냐?

답변: 나는 7의 21배의 호수까지 「성서조선」을 발간하고 있는 사람이올시다.

노인: 이제 후로도 몇 호까지나 발행할 작정이냐?

답변: 글쎄올시다. 저의 생전에 끝을 맺고 싶지는 않습니다마는, 금년 6월부터 잡지 용지의 통제가 실시되어 먼저 기획부의 인가를 받아야 한다고 하나니 5, 6월이 되면 일반 출판계의 큰 변화가 있을 것이라 합니다.

노인: 7의 21배 호까지 계속된 일을 용지가 없어서 중지한다면, 그 것이 일인가 유희인가?

답변: 용지의 사용 인가를 받으면 속간하겠고, 못 받으면 국가 정책상 어찌할 수 없이 폐간되겠습니다.

노인: 물론 그렇지. 국가 정책에 순응해야지. 그러나 국책상 필요하다면 면수의 반을 국책용으로 바치고, 나머지 반으로 속간할

수는 없겠느냐?

답변: 「성서조선」은 잡지 체제의 최소한도인 24면인데, 또 반분이
　　　라면 너무 빈약한 듯합니다. 그러나 국가의 정책을 따르는 견
　　　지에서 그것이라도 허락해 준다면 속간하고자 합니다.

노인: 만일 12면도 너무 많아서 허락할 수 없으니, 그 반인 6면만으
　　　로 하라고 하면 어찌할 터인가?

답변: 그렇게 되면 면수가 너무 적으니 차라리 폐간하고 말까 합니다.

노인: 허허, 젊은이 듣게. 그렇게 성질이 급하면, 사람 못 써! 6면도
　　　많다고 하면 3면을, 그것도 많다 하거든 국판 반면, 즉 엽서
　　　한 장만 한 용지만 인가를 얻으라. 그래서 거기에 「성서조선」
　　　제 몇 호라고 박고, 나머지 지면에다 24면치를 압축하여 쓰
　　　도록 힘써 공부하라. 힘쓰면 24면의 글을 엽서 한 장에 쓰는
　　　문장을 쓸 수 있을 것이다.

답변: 옳소이다. 범사가 욕심이었습니다. 이제부터는 탐욕을 버리
　　　고 문장을 수련하겠습니다. 그러나 어찌 능히….

　노인이 간데없이 되매, 바위에 엎드려 기도하기 시작하였다. "주여,
현재의 문장을 48분의 1로 압축한 명문을 쓸 수 있게 힘을 주시옵소
서…"라고. 깨었을 때는 전신이 땀에 잠겼다. 밭갈이한 소의 땀보다 더
하게.　　　　　　　　　　　　　　　　　　　　　　**(1941년 5월)**

본문 해설

"창간사"는 「성서조선」의 창간 동기와 방향성을 말한다. 선생은 믿음과 삶의 길에서 자신이 조선인이라는 사실을 뼈저리게 느꼈고, 그 민족적 운명에서 벗어날 수 없음을 알았다. 그리고 조선을 위해서 자신이 할 수 있는 가장 가치 있고 소중한 일은 조선에 신·구약성경을 선물로 주는 것이었다. 이 일을 위해 「성서조선」을 창간하였다.

우리는 살아가면서 자신의 가장 중요한 정체성을 강하게 느끼는 체험을 할 수 있다. 때로는 한국인, 중국인, 미국인 등과 같이 국적이나 민족이 정체성의 근거가 된다. 때로는 교사, 목사, 의사, 공무원 등과 같은 직업이, 때로는 청년, 장년, 노년과 같은 생애의 주기가 정체성의 근거가 되기도 한다. 강한 정체성을 가지면 그 정체성을 제공한 나라나 단체나 세대에 대해서 강한 애정을 가지게 되며, 가장 좋은 선물을 주고 싶은 마음이 든다. 신앙인의 경우 어떤 정체성을 가졌든 그가 주고 싶은 가장 소중한 선물은 하나님의 말씀, 구원, 천국이다. 이 길을 따라 선생은 조선인의 정체성을 가졌고, 조선인에게 가장 좋은 선물 곧 성경을 주고자 「성서조선」을 창간했다. 선생과 같은 마음을 가진 사람은 적지 않게 있지만, 그것을 실천하고 상당한 열매를 거둔 사람은 극소수이다.

"무용한 흥분(상)"은 누군가가 「성서조선」과 그 주필을 '무용한 흥분'에 빠진 사람이라고 비판한 것에 대한 답변으로 '무용한 흥분' 속에 들어있는 소중한 의미를 말한다. 성경의 모든 위대한 인물들은 이익만을 생각하는 사람의 눈으로 볼 때 모두 무용한 흥분의 사람들이었다. 히브리인을 돕다가 광야로 도망친 모세, 까마귀에게 밥을 얻어먹으면서 왕과 싸운 엘리야, 망해가는 나라를 위해 눈물로 기도한 예레미야, 포악한 헤롯 왕을 비판한 세례 요한, 성전을 정화하신 예수 그리스도 모두가 무용한 흥분의 사람들이었다. 그러나 영원의 시간에서 보면 온 백성을 구원하는 참으로 가치 있는 흥분이었다.

우리 시대 불의를 보고도 분노의 흥분이 일어나지 않고, 선하고 의로운 사람을 보아도 감동의 흥분이 일어나지 않는 시대이다. 피리를 불어도 춤추지 않고 곡을 해도 울지 않는다. 흥분이 없으니 감동이 없고, 감동이 없으니 삶의 에너지가 없다. 일평생 추구하고 목숨을 던질 수 있는 가치 있는 목적이 없다. 이러한 시대를 맞이하여 성령의 오심을 간절히 구해야 하겠다. 불길 같은 성령님이 오셔서 우리 심령을 불로 충만하게 하실 것이다. 시들어 메마른 심령에 성령의 단비가 내릴 것이다.

"명예심의 우두머리"는 선생을 향하여 명예심의 대괴라고 비판한 사람에 대한 답변의 글이다. 그는 먼저 죄인된 인간으로서 명예에 이끌리는 자신의 심정을, 스스로를 죄인의 괴수라고 칭한 바울 사도의 마음을 가지고 고백한다. 그러나 명예를 얻기 위해서 「성서조선」과 같은 잡지를 발간하는 것은 참으로 어리석은 일이라는 한마디로 반대자의 비판을 물리친다.

하나님의 생명책에 이름이 올라가는 참된 명예는 물질적 이익보다 힘이 강하다. 그러나 세상의 헛된 명예는 바람과 같이 스쳐 지나가며, 며칠 피었다 지는 꽃과 같이 스러진다. 그러므로 명예심의 우두머리가 구하는 헛된 명예는 인내하고 희생하는 능력을 발휘하지 못한다. 우리는 예수님의 천국 잔치에 참여하는 참 명예를 구해야 하겠다. 우리에게 예비된 의의 면류관을 쓰는 명예를 구해야 하겠다. 이 명예를 얻기 위하여 "선한 싸움을 싸우고 나의 달려갈 길을 마치고 믿음을"(디모데후서 4:7) 지키자.

"지난 1년을 회고하며"는 1934년 한 해 동안 「성서조선」을 발간하면서 당했던 어려움과 고난의 회고문이다. 처음 6명의 동인지로 시작한 「성서조선」이 17호부터 김교신 1인 주필의 손으로 제작되었다. 그 어려움 가운데서도 몇몇 가까운 친구가 도움을 주어서 큰 힘이 되었다. 그런데 어떤 사정으로 그 친구들이 떠나게 되었다. 선생으로서는 영적, 정신적, 육신적 치명상을 입게 되었다. 그 어려움 가운데서도 하나님의 은혜와 긍휼하심이 있어서 가장 어려웠던 62호가 속간되고 71호까지 발간하면서 한 해를 마무리하게 되었다.

어떤 소중하고 가치 있는 일을 함께하는 친구는 오래전부터 알고 교류하는 단순한 친지(親知)가 아니라 인생을 함께 걸어가는 동지(同志)이다. 이런 친구를 잃는 것은 동지를 잃는 것이기에 그만큼 큰 상처를 입게 된다. 세월이 흐르고 나이가 들어가면 동지였던 친구들이 하나하나 떠나가는 경험을 하게 된다. 어떤 이는 인생길에 지쳐서, 어떤 이는 뜻하지 않은 환란을 당하여, 어떤 이는 꿈과 열정을 잃어버려서 떠나게 된다. 심지어는 배신을 하고서 떠나는 경우도 있다. 동지와 같은 친구를 잃으면 삶의 의미와 꿈을 잃기 쉽다. 그러나 죄 짐 맡은 우리 구주는 어떤 경우에도 우리의 친구가 되신다. "세상 친구 멸시하고 너를 조롱하여도 예수 품에 안기어서 참된 위로"를 받을 수 있다.

"발행 지연의 이유"는 1936년 7월호 「성서조선」이 지연된 세 가지의 이유를 말하고 있다. ① 이사, 건축, 논밭일 등 피할 수 없는 가사가 많았다. ② 하나님 다음으로 믿었던 친구들이 도리를 벗어나는 행동으로 인해 크게 낙심하였다. ③ 하나님이 과연 「성서조선」 발행을 원하시는지, 「성서조선」의 발간이 하나님의 뜻을 이루는 데 도움이 될 것인지에 회의감이 들었다. 이러한 이유로 펜을 들어도 글이 나오지 않아 발간이 늦어지게 되었다.

우리가 「성서조선」의 발간과 같은 하나님의 일을 할 때 세 번째의 문제에 부딪히면 참 극복하기가 어렵다. 개인적인 어려움이 있어도, 친구들이 배신하고 적들이 방해해도 이 일이 하나님의 뜻을 이룬다는 믿음이 서면 능히 감당할 수 있다. 그러나 그 믿음을 잃으면 일을 계속하기가 참 어렵다. 이런 경우를 당하면 먼저 일의 열매가 어떤지를 따지지 말고 하나님의 말씀에 근거하여 일의 옳고 그름만을 생각해야 한다. 그리고 옳은 일이라면 인내하며 나가야 한다. "선을 행하되 낙심하지 말지니 포기하지 않으면 때가 이르매 거둔다"(갈라디아서 6:9)고 말씀하셨다. 선생께서도 낙심하지 않고 「성서조선」을 계속 발간하였으므로 「성서조선」이 발간된 지 100여 년이 지난 지금도 한국교회와 성도들의 발걸음을 인도하는 빛이 되고 있지 않은가!

"가사망(假死亡)"은 「성서조선」 제작을 위한 시간을 확보하기 위해 다른 모든 일과 관련된 관계를 끊을 수밖에 없다는 단호한 결단의 통고이다. 선생은 지인의 인쇄일을 도우려다 시간과 마음을 많이 소모하였다. 또한 시의원 선거 때문에 의미 없이 시간과 돈을 소모하였다. 이런 경험에 근거하여 이제는 「성서조선」 발간과 학교일 외에 다른 일을 할 수 있는 시간을 낼 수 없음을 모든 사람에게 통고하였다. 곧 사회적 사망의 통고였다.

우리가 다른 사람의 도움을 받을 형편이 아니고, 돈으로 사람과 시간을 살 수도 없고, 한순간에 수많은 일들을 번개처럼 처리할 수 있는 특별한 능력을 가지지 못했으면서도 어떻게 하나님의 일을 할 수 있겠는가? 방법은 집중과 가지치기이다. 가장 중요한 일에 집중하고, 그렇지 않은 일은 가지치기를 해야 한다. 우리는 불필요하고 무가치한 일에 너무 많은 시간과 에너지를 소모하면서 살고 있다. 이런 삶을 살면 100년의 삶을 살아도 하나님의 곳간에 넣을 것이 없는 삶이 될 수 있다. 선생의 가사망 선포는 「성서조선」에 집중하기 위한 가지치기 선언이다.

"「성서조선」을 받으라"는 물질의 '가사망(假死亡)' 선언이라고 할 수 있다. 여러 딱한 형편에 있는 분들이 선생에게 물질적 도움을 요청하는 경우가 많았다. 그때 선생은 내가 줄 수 있는 것은 「성서조선」밖에 없으니 이것을 받으라고 말하며 그 요청을 물리칠 수밖에 없었다. 월급 생활자인 선생은 매달 결손이 나는 「성서조선」을 발간하면서 경제적으로도 많은 어려움이 있었다. 그래서 다른 사람을 물질적으로 돕지 못함을 양해해 달라고 하였다.

모든 하나님의 일과 선한 일을 할 때 일정한 비용이 드는 것은 피할 수 없다. 그 비용을 잘 감당해야만 그 일이 중단되지 않고 지속될 수 있다. 그리고 비용을 잘 감당하기 위해서는 엄격하고 합리적인 재정관리가 필요하다. 어려운 이웃을 구제하는 일과 같은 좋은 일도 유보할 수밖에 없다. 초대교회 사도들은 기도와 말씀 전파에 힘쓰기 위해서 구제의 일을 선택된 7집사에게 맡겼다. 최선을 얻기 위해서는 차선을 포기해야 한다. 온갖 좋은 일에 관여하며 물질과 시간을 모두 사용하면 가장 좋은 일을 이루지 못하는 법이다. 이것이 유한한 인간이 받아들여야 하는 시간의 원리이고, 물질의 원리이다.

"제소와 패소"는 「성서조선」 발간을 위해 선생이 얼마나 많은 비용을 충당해야 했는지 또 얼마나 많은 시간과 노력과 힘을 들였는지를 보여준다. 오늘날처럼 컴퓨터와 복사기, 인쇄 기술이 발달한 시대에도 한 달에

3만여 자의 잡지 한 권씩 만들어 내는 것이 어려운 일이다. 하물며 경제적으로는 가난하고 언론출판의 자유가 극히 제한된 일제 치하에서 이 일을 담당하느라 수고한 선생의 모습이 눈에 보이는 듯하다.

그 모습 생각할 때 나 자신을 돌이켜 보면 부끄럽지만, 주님을 바라보면 감사할 뿐이다. 그 어려움 가운데서도 오병이어의 기적으로 먹이시니 먹고 남은 것이 일곱 광주리이다. 요즈음 말로 '월화수목금금금'으로 일하였지만, 건강을 지켜 주시니 감사할 뿐이다. 시편의 시인이 하나님 앞에 자신의 어려움과 괴로움을 호소하듯 선생은 하나님께 제소하였지만 돌아온 것은 은혜와 감사였다. 지금도 주의 나라와 그 의를 이루기 위해 물질과 시간과 몸을 쓰면서 고생하는 이들이여, 선생의 패소에 위로를 받으라.

"어리석은 자의 기탄없는 망령"은 종간(終刊)의 압박감 속에서 「성서조선」 발간의 과정에서 있었던 어려움과 수고를 토로한 글이다. 1939년 현재 130호까지 발간하는 놀라운 기록을 남겼다. 잡지 발간과 아울러 매주일 '성서' 강화와 동계 및 하계 특별집회를 주관하였다. 매달 생기는 발간 비용의 결손을 자신의 월급으로 충당하였다. 수많은 단체와 운동가들이 초심(初心)을 버리고 시대와 국가권력의 요구에 응하며 훼절(毁節)하였지만, 선생은 시종일관 십자가 복음을 전하였다.

「성서조선」을 발간하기 위하여 선생이 시간, 물질, 몸을 드린 것의 의미와 가치는 이미 말하였지만, 변화된 정치·사회적 환경 속에서도 잡지 발간의 초심을 잃지 않았음을 주목해야 한다. 「성서조선」은 순수한 신앙 잡지로서 할 수 있는 한 정치, 경제, 사회적인 요소를 걸러내었다. 그 결과 요동치는 역사와 정세 가운데서도 일제 강점기 15년 최장수 월간지 발간의 기록과 초심을 잃지 않은 논조를 지킬 수 있었다. 세상이 어지럽고 혼탁할수록 순수한 복음 신앙을 유지해야, 비록 싱거운 것 같고 약한 것 같지만, 더 오래 가고 더 큰 영향을 미칠 수 있다.

"세 가지 의혹"은 어려운 시절을 살아가는 한 신앙지식인의 답답한 마음을 고백한 글이다. 선생은 "의로운 자가 의로운 결과를 얻지 못해도 하나님은 계신가?" "이렇게 구차한 삶을 사느니 한시바삐 아버지 품으로 돌아가는 것이 자신과 사회에 유익이 아닌가?" "「성서조선」 창간 14주년 제150호에 달하여도 자립하지 못하면 하나님이 존립을 허락하지 않으시는 것인가?" 하고 묻는다.

선생으로서는 이 질문 하나하나가 빈말이 아니었을 것이다. 그러나 오늘의 시각에서 보면 이 의혹은 모두 풀렸다. 하나님의 존재, 한 인물과 그하는 일의 가치는 눈앞에 나타난 결과로서 판단할 수 있는 것이 아니다. 긴 세월의 역사와 하나님의 경륜 가운데서 평가되는 법이다. 아름답고 귀한 하나님의 일을 하면서도 "내가 지금 제대로 살고 있는가?" 하고 의혹이 일어나는 성도여, 우리의 위대한 스승 김교신 선생을 보라. "엘리 엘리 라마 사박다니" 하고 외치신 십자가의 주님을 보라. "모두가 여호와를 떠나고 오직 나 혼자 남았나이다" 부르짖은 엘리야를 보라. 그리하면 그 의혹을 풀어주시고 위로하시는 주님의 음성을 들을 수 있을 것이다.

"낙담하지 않는다"는 일상의 삶이 궁핍하고 수고한 모든 일의 외적인 결과가 초라하게 여겨질 때도 속사람이 새로워지고 예수님을 아는 지식이 날로 부요해짐으로 낙담하지 않는 믿음을 고백한 글이다. 우리 모두는 살아가면서 삶의 초라함과 궁핍함을 경험한다. 수고한 모든 것이 땅에 떨어진 듯한 느낌을 받을 수 있다. 이런 경험이 거의 없을 정도로 화려하고 성공적인 삶을 살았다 해도 나이가 들어가면 겉 사람이 낡아지고 그 모든 소중한 것들을 뒤에 두고 떠나야 한다는 것을 깨닫게 된다.

이때 우리가 낙담하지 않으려면 어떻게 해야 하나? 선생처럼 주님을 바라보고, 주님을 아는 지식이 날로 부요해지고, 주님의 생명이 나타나기를 간절히 소원해야 한다. 그러면 주님께서 우리 심령의 문을 두드리시는 소리를 들을 수 있고(요한계시록 3:20), 하늘로부터 들려오는 "이는 내 사랑하는 자요 기뻐하는 자라"(마태복음 3:16)는 음성을 들을 수 있다. 이것이 환란과 영적 어둠의 시대에 우리에게 임하는 소망이다.

"봄날의 꿈"은 모든 물자가 부족한 일제 말기 당국의 용지 통제가 계속되어 단 1면의 면만 주어진다 해도 「성서조선」 발간을 계속하겠다는 선생의 의지와 소원을 표현한 글이다. 우리가 하나님의 일을 할 때 여러 내적 외적 요인으로 인해 그 영역이 자꾸 축소되는 것을 경험할 때가 있다. 그때에도 우리는 일의 양과 결과를 보지 말고 일 자체를 보아야 한다. 낙심하여 포기하지 않으면 우리가 상상도 할 수 없는 크고 놀라운 결과가 나올 수 있다.

온 땅의 백성들이 모두 비웃어도 노아와 그의 가족이 방주로 들어가 온 땅의 생명을 살렸다. 온 나라 관리와 백성들이 모두 우상 앞에 절하여도 다니엘의 세 친구만은 절하지 않음으로 여호와 하나님의 크고 놀라운 손길을 증거하였다. 24면의 잡지 면수가 중요한 것이 아니라 단 한 면이라도 발간하는 것이 중요하다. 1~2명 적은 수의 사람이라도 바른길로 가는 것이 중요하다. 그리하면 1면의 글 속에 24면 이상의 영감을 주실 것이며, 한 사람의 발걸음을 모든 인류를 구원으로 인도하는 발걸음으로 만들어주실 것이다.

제 7 장

이웃과 사회

한양의 딸들아!

　나에게 한 가지 자랑이 있다. 그리고 그것은 내 마음의 지극히 깊은 곳을 차지하고 있다. 내가 조선의 모든 외형을 보고 낙심하여 고개를 숙이지 않을 수 없을 때, 그것이 나의 심장에 새로운 고동을 주어 나의 머리가 들리고, 나의 눈에서 희망의 광채가 방사된 때가 몇 번이던가?

　나는 동북(東北)의 한쪽 구석에서 성장하여 견식이 좁은 자이다. 그러나 그 좁은 것만큼 확신이 강하였다. 즉, 본 대로 신뢰한다. 나는 나를 낳아 준 어머니의 품속에서 자랐고, 농사를 주업으로 하는 소박한 이웃 사이에 살면서 듣고 보았다. 그리고 이렇게 생각하였다. "조선을 망하게 한 것은 남성들이었다. 남성 자신은 멸망하여 다시 소망이 있는 것 같지 않다. 그러나 조선의 여성은 세계에 비할 데 없으리라. 조선의 희망은 과연 그 특유한 조선적인 여성의 장점에 있으리라"고.

　특히 일반적으로 일본의 풍속과 이를 비교할 때 누구나 할 것 없이 우리들의 신념을 시인하여 주었고, 우리 또한 일본을 오래 목격하다 보니 이러한 확신을 더욱 굳게 하게 되었다. 더욱 성서를 알게 됨에 따라 정조 문제는 이것이 단지 "열녀는 두 지아비를 섬기지 않고, 충신은 두 임금을 섬기지 않는다"[1]에만 그치는 것이 아님을 알았다.

　과연 정조 문제는 인생을 일관하는 근본 원리이다. 단지 여성의 문

---

[1] 烈女不更二夫 忠臣不仕二君(열녀불경이부 충신불사이군) (『명심보감』 「입교편」).

제가 아니라 동시에 남성의 문제이며, 단지 현대의 제도가 아니라 과연 내세에까지 뻗친 우주의 법칙이다. 그러므로 그리스도는 자기와 교회의 관계를 신랑과 신부에 비유하였고, 여호와 하나님은 두 신을 공경하지 말 것을 백성에게 엄히 명령하였다. 인류 가운데 만일 가장 완전하게 유일신을 신앙한 민족이 있었다면 이는 유대 민족이었으리라. 인류 가운데 만일 정조의 도를 지켜 온 민족이 있었다면 이는 조선의 여성이었으리라.

유대인의 장래에 희망을 가질진대 조선의 갱생을 의심할 자 누구인가? 조선의 남성 특히 신인 청년들은 불신과 방종으로 점점 더 사멸의 속도를 더할는지 모르지만, 오직 순수한 여성만은 진리에 살고 또 진리를 낳으리라. 이것이 우리가 자랑하고 굳게 확신하는 까닭이다.

그러나 오늘의 소문은 어떠한가? 만일 근년에 들리는바 서울을 중심으로 한 학생의 풍속, 각종 오락장에 나타나는 암흑의 형편. 아! 이것이 사실이라면 우리는 두 길 가운데 하나를 취해야 할 기로에 서 있는 것이다. 즉, 선대의 조선 부녀와 현대 조선 여성 사이를 엄밀히 나누어 우리의 자랑을 전자에만 한정하거나 그렇지 않으면 우리의 얼굴을 붉히면서 스스로 높인 잘못을 만국을 향하여 사과하고, 확신했던 거짓을 지하에서 뉘우쳐야 할 것이다.

오직 우리는 지금 서생이 책상 앞에 있는 생활이요, 실상을 자세히 모르는지라, 경솔히 상심하지 않고 다만 묻노라. 아, 한양의 딸들아! 그대들은 우리의 자랑을 입증하여 우리의 머리를 더 높게 하려는가? 혹은 우리 얼굴에 화로를 씌우고 조선의 앞길을 영구히 어둡게 가리려는가? 아, 조선의 딸들아! 아, 한양의 딸들아!   **(1927년 7월)**

무용한 흥분(하)

A의 이혼: 만사를 제쳐두고라도 기어코 한 번 결심한 일을 이행한다면 그 심지가 강함을 치하할 만하다. 그러나 이혼하려거든 마흔 가까운 조강지처를 내쫓기보다 군(君) 자신이 무일푼으로 집을 나가라. 연애에 열중하려거든 재산에 냉담하라. 연애도 하면서 재산도 취하려는 것은 그 마음자리가 너무 복잡하지 않은가. 하물며 군에게는 가장 유리한 조건으로, 부인에게는 완전히 낭패의 조건으로 이혼신청서를 만들어 놓고, 동의를 얻기 위하여 밤마다 부인을 골방에 몰아넣고는, 마치 군국주의 제국이 약소민족을 향하여 강제 조인을 위협하듯 하니, 군의 뜻이 비열하다 아니할 수 있을까. 군에게 윤리 도덕을 설교하지 않는다. 다만 군보다 힘이 약하고 학식이 없고 변호의 재주가 없는, 악의 없이 울고 있는 약자에게 정의를 호소할 뿐이다.

B의 효도: 또다시 전근 운동이라고? 군이여, 군이 만일 노친을 봉양하기에 극진하여 조석으로 부모의 안부를 살피는 일에 정성을 기울인다면, 비록 군이 사회적으로 공헌하는 바가 없을지라도 우리는 군의 효성에서 배울 바가 있을 것이다. 또한 군이 사적인 관계를 접어 두고 한 몸을 바쳐 봉양하고 공경하는 것을 최대의 의무로 깨달았다거나, 하다못해 단순한 호구지책에 몰려서 교단에 서기를 원한다고 할지라도 이는 우리가 군을 위하여 주선의 노고를 아끼지 않는 바이다.

그러나 오늘의 군과 같이 효성이 극진하려거든 교육계에서 장난하기를 일시에 단념하라. 군에 관하여 나에게 묻는 학교장이 있으면, 군을 교사로 채용하기보다 집에 보내어 효도케 하는 것이 사회경제에 합당하다고 대답할 것이다. 이는 나의 진정에서 나오는 말이다. 군이여, 예로부터 진실한 사람들이 나라에 충성하려다가 부모에게 효성을 다하지 못한 것을 한탄하고 간 일이 있다. 모두 군보다 무능한 까닭에 그렇게 했겠는가? 반드시 기독교적이 아니더라도 장부의 살림살이가 어찌 그리 미련이 많은가?

* 부모에게 효도해야 한다는 이유로 도회지로의 전근을 부탁하던 제자에게 어떠한 이유도 비합법적인 청탁의 이유가 될 수 없음을 밝힌 글이다.

C의 결혼: 약혼할 때는 아무런 상의가 없다가 결혼식에 대해 문의하는 것도 우스운 일이지만, 굳이 말하라면 결혼은 약혼 당시의 동의와 비례해야 할 것이다. 이미 약혼 시에 온갖 준비와 예식의 모양까지도 벌써 그 규모와 정도가 정하여지는 것이다. 피차의 미모 혹은 현대적인 것과 부귀가 약혼 조건이었거든 빚을 얻어서라도 상당한 결혼 준비를 해야 할 것이다. 힘을 다해 성대히 하려거든 교회당에서 성서 한 줄 읽는 척하고 목사가 주례하는 것보다 공회당에서 유명 인사의 주례로 결혼식을 올리는 편이 무죄할뿐더러 인기도 많다. 그러나 기독교적인 신앙이 결혼의 동기가 되었다면 비용 및 노력하는 마음과 시간을 절약하면 절약할수록 좋은 줄로 안다. 그리고 결혼식보다 더 큰 일이 인간에게 있음을 배울 것이다. **(1934년 3월)**

식목(植木)의 심리

　우리 조상들이 무슨 위업을 감행하였으며, 어떠한 자랑거리를 후손들에게 물려주었는지 일일이 알지도 못하거니와 지금 새삼스럽게 탐구하고자 하지도 않는다. 다만 대강 살펴보아도 우리에게는 현대 열강이 자랑하는 이른바 중공업의 발달이 없었음은 물론이요, 문익점이 면화씨를 수입한 그때나 지금이나 변함이 없다. 팔도강산에 농사를 쉰 날이 없었으나 고대 신농(神農)씨가 전수한 방법에서 한 걸음도 진보가 없었다. 세계에 유례없다는 한글을 제정한 지가 5세기를 지났어도 반포한 그날보다 퇴보는 있을지언정 일보의 개선은 없었다. 돌아볼수록 답답함이요, 생각할수록 옹졸한 것이 우리 일이다.

　발전이 없고 생산이 없고 진취가 없으면서도, 우리 집집마다 촌락마다 도시마다 중단 없이 면면히 유전하며 연년세세 흥성하여 가는 것은 고리대금업이다. 조상 이래로 우리에게 대금업처럼 정확하고 빠르고 안전 무비한 산업은 다시없는 듯이 여겨진 것 같다. 그러나 5백 년 전의 화곡(禾穀: 벼 종류 곡식의 총칭)과 5백 년 후의 화곡이 한결같이 그 가련한 자태를 면치 못하였는데도 대금업만은 그 수가 늘어 가고, 그 간교한 지혜도 일층 진보하였다.

　우리는 대금업의 가부(可否)를 경제학자나 윤리학자와 함께 논의코자 하는 것이 아니다. 다만 그 대금업의 속성과 그것을 안전 무비의 산업으로 알고자 하는 그 심리를 가증스럽게 여기는 바이다. 이 심정이 지배하는 곳에 농업의 개량이 있을 수 없고, 공업의 발달이 있을 수 없을뿐더러 오늘 외에 내일이 있을 것을 모르고, 금년 추수 있는 것 외에 내년 봄에 종자가 있을 것을 계산하지 않는다. 자기가 있는 것 외에 형제가 있음을 알지 못하는 고로, 드디어 현세(現世)가 있는 외에 내세(來世)가 옴을 깨닫지 못하게 된다.

저들은 백두산록의 처녀림을 베어 낼 줄은 알았어도, 다시 나무를 심어 놓으면 자기 주머니에 넣을 수 없는 줄로 알았으므로 정확한 이자가 붙는 일만 선택한 결과 오늘의 헐벗은 반도 강산을 만들어 낸 것이다. 우리가 아무리 대금업자가 아니라고 변명한다 할지라도 삼천리 헐벗은 강산이 우렁차게 "노!"를 부르짖을 것이다. 나무를 심는 것은 고리대금처럼 그 이자가 높지 못하고 빠르지 않으며 안전치도 못하다. 그러나 나무를 심어 두자. 도벌당하는 수가 있을지라도 먼 들에 심고, 산악에 심고 또 울타리에 심어 두자.

그리하여 헐벗은 산하에 옷을 입히자. 특히 천국을 본향으로 사모하고 사는 기독 신자여, 나무를 심자. 개인으로, 공동으로. 춘삼월은 바야흐로 식목의 시절이다. 한 사람이 한 그루라도 좋으니 나무를 심으며 봄을 맞자. 30만 신자가 30만 그루, 2천만 동포가 2천만 그루를 심는다면 그 수는 결코 적지 않을 것이다. 도구가 없다고 핑계 대지 말고 손톱으로라도 심으라. 만일 묘목이 없음을 염려하거든 포플러 가지를 삽목하라. 삽목도 식목이다. 하나님을 사랑하는 이는 형제를 사랑하라. 마음에 식목하는 이는 대지에 식목하라.　　**(1935년 3월)**

문둥아!

영남 지방 방언에 가장 사랑하는 자를 만날 때에 "문둥아!" 하며 포옹한다고 하니, 이는 병약한 자녀가 부모의 애정을 독차지하는 심리로 유추할 수 있을까. 최고의 병환에 최대의 동정을 보내는 것으로.

그러나 건강한 자는 나병을 생각만 해도 몸서리가 쳐지는 일이 아닌가? 꿈자리에서도 놀라는 광경이 아닌가? 본인은 지난 3월 하순에 문신활 군의 편지를 접하기까지 나환자와는 직접 통신을 해 본 경험조차 없었다. 그러나 문 군이 전하는 몇몇 형제처럼 얼굴을 본 적이 없는 형제 중에서도 서로 사모하는 거룩한 사랑의 줄이 연결되었던 까닭인가, 자주 꿈속에 나환자를 대한 일이 있었다.

본지 제50호 권두에 실린 '흉몽벽서대길'(凶夢壁書大吉)[2]이라는 것도 그 하나이지만, 그 전이나 그 후에도 이와 같은 현몽이 비일비재하였다. 최근에는 지난 2월 26일 새벽에도 같은 꿈을 꾸었으나 여전히 나는 고민과 놀라움을 누를 수가 없었다. 그 후 20일이 지나 3월 중순에 하와이 몰로카이섬의 벨기에 나환자 『다미앵 신부 전기』를 읽음에 이르러 나의 완고한 심령은 붕괴되고 다시 부서지지 않을 수 없었다. 좋은 책과 선한 벗은 모두 하나님께서 특별히 주시는 선물이라고 하거

---

[2] "흉한 꿈을 꾸고 난 후 벽에 매우 길(吉)하다고 쓴다"는 의미로 흉한 꿈을 좋은 것으로 해몽하는 것을 말한다.

니와, 이때의 그 책은 나의 일생에 큰 역할을 하였다.

돌이켜 생각하건대, 우리도 본래 나환자인 형제자매를 진심으로 동정하던 자가 아니다. 오히려 야심이 컸었다. 세상에서 가장 괜찮은 청년들에게 전도하여 그들을 사로잡아 주 그리스도께 헌납하려는 욕망은 최근까지도 단념되지 않았다. 그러나 이제 전 한반도의 그리스도교회가 우리를 이단시하고 그 기관으로 조성된 기독교청년회가 우리를 적대시하며, 상당한 소질이 있는 듯한 청년들은 우리의 말을 경청하지 않고, 우리의 친우들에게까지 조소 거리가 되고 있다. 이렇다 보니 소록도의 나환자들만이 '우리의 문둥이!'요, 우리는 저들의 '문둥이!'다. 오, 문둥아!

저들은 「성서조선」의 남은 한두 권씩을 요구하였으나 저들이 필요하다 할진대 그 필요를 우선 제외한 나머지를 건강한 자에게 돌릴 것이요, 현재 소록도의 2천 명의 나환자가 모두 요구한다면 1천 부씩, 1년 후에 5천 명이 요구한다면 5천 부씩을 공급하리라.

우리 "문둥아!" 안심하고 요구하며 대담하게 명령하라. 주 예수로 인하여 나는 여러분의 종이다. 여러분을 위하여 인색하며 꺼리는 것이 남아 있을진대 머지않아 나도 소록도에 수용되고야 말 자이니라.

(1935년 5월)

나의 자전거

　자전거를 잃고 나니 자전거가 내 팔다리의 한 부분이었던 것을 절실히 깨달았다. 별안간에 다리를 찍힌 자의 불편을 참으면서 통학하려니 자전거가 있었을 때 그것이 나에게 준 모든 영향이 실마리처럼 풀려 나온다.

　교통 순사에게 두어 차례 괄시받음으로 인하여, 네거리의 교통 신호를 판독할 줄 알게 된 것도 자전거의 혜택이다. 신호 중의 '가고'〔行〕 '서는'〔止〕 것은 문제 될 것 없지만 '회전'의 이해가 어렵고, 종로와 광화문통 같은 십자로는 쉬우나 남대문과 경성역전 같은 비탈길이 어렵다.

　무릇 경쟁에 익숙하지 않은 나로 하여금 매일 버스와 전차를 타는 경쟁을 피하여 마음의 고통을 면케 해준 것도 내 자전거 덕이었다. 전차와 버스 안에서 교만한 부녀와 무례한 남정네, 코허리 맞추는 현대적인 남녀 청소년들을 보고 참을 필요가 없는 것도 물론 내 자전거의 공이었다.

　자전거를 타면 떠날 때 우리 집이 있다는 것을 알 뿐이요, 도착한 데가 우리 학교인 것을 알았을 뿐이다. 매일 아침저녁으로 대경성의 '도심'을 통과하지만 서울 장안은 나에게 일대 터널에 불과한 존재였다. 서울을 상징하는 온갖 인물과 건설 및 상품들이 좌우에 성처럼 우거져 있었어도 내가 좌우를 돌아 살필 필요도 없고 또 할 수도 없었다. 자전거 위에서는 오직 앞길을 똑바로 보는 것밖에 별도리가 없다. 눈이 단순하므로 생각도 따라서 단순하다. 혹시 변화가 있다면 질주하는 자전거의 앞길을 교통 신호가 가로막는 일이 있으나 이때는 모든 주의력이 더욱 한 점으로 집중된다.

서울에 살면서도 서울의 모든 추잡한 것, 악착스러운 것, 헛된 것, 괴이한 것들을 보지 않을 뿐 아니라, '실망'이 아니면 '취생'(醉生: 취해서 사는 생활)이라는 낙인을 이마에 찍어 붙인 노인들과 청년들의 얼굴을 바라볼 여유도 없이 한 줄기 '터널' 속으로 왕복하게 하였으니 자전거가 고마웠다.

도보-버스-전차를 갈아타고 1시간 10분이 걸리는 길을 35분에 닿게 하여 하루 왕복에 1시간 넘는 시간을 나에게 보조해 주는 것은 오직 나의 자전거만이 능히 할 수 있는 일이요, 잘해준 일이다.

자전거는 현대의 나귀다. 경성의 교통 정리 정책으로 보아도 전차에 궤도가 있고, 자동차에 지정 노선이 있으며, 우마차가 또한 지정로를 다니되 오직 자전거만은 이쪽저쪽으로 여지에 몰리는 무시를 당하고 있다. 또한 자전거를 타는 대다수는 사회에 봉사하는 계급의 미천한 사람들이다. 타는 것 중에 가장 겸비한 것을 타고, 심부름꾼 배달부들과 반열을 같이해서 달음질하다 보면 나귀를 타고 예루살렘에 입성하시던 주 그리스도를 자주 생각하게 된다. 나의 자전거는 나로 하여금 한층 더 넓은 사회를 호흡하게 해주었다.　　　**(1937년 1월)**

조선의 희망

부흥과 전도가 대대적으로 일어나 교회에 영적인 불이 붙었다는 일이 반드시 조선에 희망을 초래하는 바가 아니었음도 과거에 경험한 것이요, 사회 전반이 기독교적으로 변화하여 상인까지도 예수쟁이 행세를 하지 않고 살 수 없이 되는 일도 조선에 희망을 약속하는 일이 아니었음은 서북 지방에서 벌써 경험한 것이었다.

그 밖에 신학을 지원하는 청년이 많다든지 독립 전도의 비장한 결심을 하고 영혼 구원 사업에 진출하는 이를 보았으나 거기에 조선의 희망이 있는 것이 아니다. 그러한 종류의 일로써 희망이 생기는 것은 결코 아니다. 신학이나 전도에만 거룩함이 있고 갱생의 희망이 있는 것이 아니다. 양돈과 양계라도 하나님의 원리를 헤아리며, 산란의 일자와 종(種)의 계보(系譜: 혈통)를 속이지 않으면서 하나님 앞에서 행하는 일이면 다 거룩한 일이요, 희망이 전 민족에게 임하는 대사업이다.

우리의 희망은 거대한 사업 성취나 혹은 신령한 사업 헌신에 있는 것이 아니라 진실한 인물의 출현에 있다. 그가 아무 사업도 성취한 것 없이 그리스도와 같은 나이에 세상을 마친다고 할지라도 참 의미에서 하나님을 믿고, 하나님과 함께 걸으며, 함께 생각하고 일하는 자라면 우리의 희망이 온전히 그에게 달렸다.

(1937년 3월)

상현(想峴)

경성부 돈암정으로부터 숭인면 정릉리로 넘어가는 도중에 조그마한 고개가 있다. 속칭 아리랑 고개라고 하나, 이 말은 사람들이 이름 없는 고개에 붙인 명사일 뿐이요, 어떤 유래가 있는 것도 아니다. (물론 이 아리랑 고개에 대한 유래를 말하는 이도 있다.) 또한 아리랑 고개라는 말은 이 고개에만 한정된 명칭도 아니다. 그러므로 세속에 반대하기를 좋아하고, '아리랑'이라는 음을 좇아 이 고개의 이름을 부르기를 꺼리는 나는 세속에서 무엇이라고 부르거나 상관없이 이 고개를 꼭 정릉 고개라고 불러왔다. 이 고개는 정릉리의 관문이요, 이 고개를 넘어서면 정릉이 소재한 까닭이다.

그런데 어느 날 어떤 친구와 이야기하던 중에 이 고개는 '생각하는 고개, 즉 상현'이라 이름 붙일 것이라는 의견을 듣고 그 이유가 전혀 없지 않음을 깨달았다. 상현 고개는 작년 봄에 3미터 정도를 깎아내리고 폭도 넓혀 자동차 도로를 닦았으나 아직도 경사가 심하여 우리 자전거꾼들은 자전거를 끌고 넘나들어야만 한다. 어떤 지인이 초행길에 이 고개를 넘어서 성서조선사까지 천신만고 끝에 찾아왔다가 주인도 만나지 못하고 황혼 길에 이 고개를 다시 넘어 돌아가게 되었다. 그때 유흥 별장 지대로 넘나드는 자동차 먼지를 피하기 위해 북한산을 향하여 돌아서니 여러 가지 생각이 솟아오르더라는 것이다.

우리는 이 고개에서 무슨 생각이 났던가. 첫째로 마의태자가 삭발하였다는 단발령(斷髮嶺)에 올라가서 금강산 별천지를 바라보던 때의 감개가 없지 못할 일이다. 시내의 흐린 공기가 이 고개에 새 구역을 짓는 것처럼 우리의 생각도 속계(俗界)에서 영계(靈界)로 향하게 된다. 길옆 좌우의 점포에 끌리던 우리 눈은 이 고개에서 도봉산과 삼각산을 바라보게 된다. 가로등과 차의 헤드라이트에 휘황하던 우리의 눈은 이 고개에서 큰곰자리와 작은곰자리, 백조자리와 목동자리와 같은 별자리들 그리고 달빛과 행성의 운행에 주의하게 된다. 큰 소리로 흘러나오는 라디오 소리와 차량의 마찰 소리에 신경을 상하던 우리의 귀는, 이 고개에서 맑은 시냇물이 바위에 부딪혀 흐르는 물소리에 귀를 기울이고 비로소 상처에 고약을 붙인 느낌을 얻는다.

아침에 활기찬 몸으로 이 고개를 넘어 시내로 들어설 때는 자전거를 밀면서 그날 행할 용기를 다시 한번 가다듬고, 그날 힘써 해야 할 용무를 다시 한번 생각한다. 저녁에 피곤한 몸으로 이 고개에 다다를 때는 소돔성을 떠날 때의 두려움이 없지 못하니, 하루 동안 유형무형의 위험을 피한 일에 대한 감사와 무릇 참되지 못한 일, 관대하고 너그럽지 못한 일, 탐욕을 버리지 못한 일 등을 참회하면서 무거운 발걸음으로 이 고개를 넘는다. 유흥 자동차들이 경적을 울리며 달음질할 때 피곤한 「성서조선」 배달부의 적막한 감개와 잔에 넘치는 은총의 감격 또한 각별하다.

(1937년 3월)

* 위의 글과 관련된 2월 20일자 일기에는 다음 같은 구절이 있다.

"배달을 하고 친척을 만나서 무리한 입학에 관한 청을 한참 들었다. 시간을 많이 뺏기게 되어 정릉리 고개에 다다를 때는 배도 고프고 피로가 극심하였다. 자전거를 끌고 밀며 간신히 고개를 넘자니 기생들을 실은 자동차들이 '천향원' 별장을 향하여 원기(元氣) 좋게 넘나든다. 우러러 머리 위의 밝은 달과 오른편의 북두칠성과 왼편의 찬란한 금성을 바라보지 않았으면 어떠했을까? 오늘 밤 전 교직원이 명월관에 초대된 것을 사절하고 배달부 노릇 하다가 기진맥진하여 돌아오는 나의 어리석음을 후회하지 않을 수 없었을 것이다. '내가 동료와 함께 일류 요릿집에 출입할 권리가 없더냐?', '장안 명기의 권주가에 취할 자격이 없더냐?' 하여 홀로 뽐내면서 바울 사도를 사모하였다. 집에 돌아와 밥 먹은 그 자리에 고꾸라져 잠이 들었다."

소록도의 보고

김 선생님께. 배계(拜啓),[3] 새봄에 선생님 존체 만강(萬康)하심을
앙축(仰祝: 우러러 축하함)하나이다. 작년에도 크신 은총 중에 지극
히 약하나마 믿음으로 살게 하심을 진심으로 감사하오며, 주님의
크신 사랑을 찬송합니다. 금년에도 또한 한결같이 보호하여 주실
줄 믿고 크게 기뻐하며 새해를 맞이하였습니다. 취복백(就伏白),[4]
보내 주신 물품은 틀림없이 받았습니다.

곡조 붙은 찬송가 5권은 애독자 중에 드리기로 하여 북부에 3권,
신생리에 1권, 남부에 1권, 비례로 드렸습니다. 여기에서는 구(舊)
찬송을 부르는 관계상 신(新)찬송은 1권을 북부에, 1권은 신생리에
드리고, 3권은 찬송을 배우고 있는 어린이들에게 주었습니다. 곡조
없는 찬송 1백 권은 아직 그대로 있으나 꼭 필요하신 형제자매에게
드리기로 하겠습니다. 축구공은 이곳 형편에 의하여 학원에 1개, 서
북부 어린이들에게 1개, 신생리 어린이들에게 1개, 소생이 있는 중
앙리 어린이들에게 1개를 주었습니다.

지난 초사일에는 5개 마을 어린이들이 모여 중앙 운동장에서 아
침부터 재미있고 유쾌하게 공을 찼습니다. 소생도 이 하루를 재미

---

[3] "절하고 아뢴다"는 뜻으로, 한문 편지 첫머리에 의례적으로 쓰는 말.
[4] "나아가 여쭙는다"는 뜻으로, 손윗사람에게 편지할 때, 인사말을 끝내고, 여쭙고자 하는
말을 쓸 때 쓰는 말.

있게 보냈습니다. 물론 보내 주신 공입니다. 요사이 밥만 먹으면 공을 차는 어린아이들을 볼 때 참으로 감사가 넘칩니다. 어린아이들을 모아 놓고 여러분들을 통해 우리에게 오는 하나님의 큰 사랑을 말해 주었습니다. 이들의 기쁨을 대신하여, 그리고 독자 일동을 대신하여 참마음으로 김 선생님과 여러분의 넓은 동정에 감사하오며 주님께 영광 돌리나이다. 여불비백(餘不備白).[5]

1월 7일 중앙리 윤일심 올림.

보고(報告): 소록도에 성탄절마다 약소한 선물을 보내는 일도 지난 성탄절까지 3회를 거듭하였다. 이 일에 참가하는 지우(誌友)들은 자기 이름을 세상에도 또 받는 이에게도 알리지 말라는 조건이므로 "왼손이 하는 일을 오른손에도 알리지 말라"는 주님의 교훈대로 해왔다. 그런데 횟수를 거듭할수록 금액도 많아지고, 금액이 많아질수록 용도를 분명히 하는 것이 책임진 자의 의무인 듯하다. 그러나 속된 광고를 할 수도 없으므로 대강만 기록한다. 제1회(1935년 크리스마스)에는 25여 원, 제2회(1936년)에는 40여 원, 제3회(1937년)에는 50여 원이 수입이 있었다. 제1회와 제2회는 생략하고 제3회에는 위의 통신에 기재된 바와 같이 (1) 축구공 4개와 그 부속품 가죽끈 1타, (2) 곡조 찬송가 구 5권, 신 5권, (3) 무곡조 소형 1백 권을 보냈다. 그 밖에 조금 추가로 보낼 것을 고려 중인 때에 본사에 큰 문제가 돌발하여 중단되고 잔금은 다음 회로 넘겼다.

---

[5] 여불비례(餘不備禮)와 같다. 예를 다 갖추지 못하고 보낸다는 뜻으로, 편지의 끝에 쓰는 말.

이상은 모두 본지 제97호 21면에 기재된 소록도 통신에 응하여 물품을 선택한 것이었다. 풍금 한 대를 보내려고 애써 보았으나 작은 것은 너무 장난감 같고 쓸 만한 것은 힘에 부쳐 명년을 기약하면서 한을 머금었다. 그리하여 오는 크리스마스에는 쓸 만한 풍금 한 대를 보내어 소록도 가족들의 영혼이 여호와 찬송함을 돕고자 하니 지우(誌友)는 이 일에 가담하라. 시가의 변동은 예측할 수 없으나 약 1백 원 내외 품부터 쓸 만하다. 한 사람이 많은 돈을 내는 것보다 원컨대 10전 20전씩이라도 많은 벗들의 사랑과 정성을 모아 소록도의 찬송 소리를 높이고 싶다. 또한 성탄절이 임박한 때에 이 일을 위하여 따로 송금하지 않더라도 오늘 이후에 책값이나 그 밖의 송금 편에 그 뜻을 덧붙여 송금하면 따로 적립할 것이다. 또 이 일을 위하여 두고두고 기도합시다.

(1938년 2월)

기독 신도의 이상(理想)

　　기독 신도의 일상을 엿볼 때 술과 담배를 끊고 일부일처주의로 단란한 가정생활이나 하는 것이 그들의 이상인 것 같기도 하다. 혹은 그 정도에 그치는 것일는지 모른다. 또 구미에서 전래한 반세기 역사의 기독교 전도 사업을 살펴볼 때 기독교의 이상은 널리 자선 사업이나 사회봉사를 하는 데 있지 않나 하고 의심할 수도 있을 것이다. 사업 또 사업이요, 활동 또 활동이요, 봉사 또 봉사이다. 이러한 경기(景氣) 좋은 문구를 빼놓고는 기독교를 상상할 수 없다고 하는 이들도 적지 않을 것이다.

　　그러나 놀라운 사실은 기독교의 이상은 활동과 사업에 있지 않고 안식에 있다는 것이다. 하나님이 태초에 우주 만물을 6일간 창조하시고 제7일에는 안식하셨다고 했고, 예로부터 많은 성도가 이생을 마치는 날 저 생의 안식을 약속받고 고향에 돌아가는 심정으로 이 세상을 떠난 것도 예수쟁이의 이상이 그 안식에 있는 까닭이다. 실로 인간이 하나님께 배운 것 중에 가장 큰 교훈은 안식의 희망이요, 받은 것 중에 가장 큰 축복은 이 안식의 약속이다.

　　그런데 천박한 종교가들은 교인들을 몰아내어 무슨 운동이니 무슨 사업이니 하는 활동 무대로만 이끌어 넣었다. 그렇지 않아도 무슨 의무니, 무엇을 강조하느니 해서 가장이 가사에 전심할 수 없고, 주부가 주방을 다스릴 틈이 없는 세대에 사람의 영혼의 지극히 심오한 데를 주관해야 할 종교가들까지도 구미의 천박한 사상에 감염되어서 한갓 이리저리 동요하고 있으니 몹시 원통한 일이 아닌가? 옛날 이스라엘 사람들은 인간 모든 일, 가축과 노비와 전토의 경작에까지 안식을 주었고, 우리 동양 사람들은 자고로 정숙을 사모했고, 천천히 행동하였다. 일렀으되 "너희가 돌이켜 차분하게 처하여야 구원을 얻고 잠잠하고 신뢰해야 힘을 얻으리라"라고.

그런데 보라. 근래의 세태는 어떠한가? 스피드, 스피드 하여 육해공의 교통 기관은 극도로 발달하였고 집무와 사교의 기구는 예전에 상상도 못 했던 만큼 완비되었지만, 일찍이 현대인처럼 부산하고 바쁜 인간들이 있었던가? 안식을 무시한 인간들은 무엇이나 강조할수록 더욱 공중에 떠 있으며, 스피드가 더해질수록 정신 못 차리게 바쁘다. 생산할수록 물자의 결핍으로 인한 고통은 날로 더해지며, 활동할수록 공허감이 날로 심해지지 않는가? 대체로 깊은 안식을 모르는 인간이 아무리 강조한대야 그는 참된 결과를 볼 수 없는 까닭이다. 세상과 같이 요동하는 자는 세파에 부서질 것이며, 스피드를 찾는 사람은 스피드에 침몰되리라. 모름지기 흔들리지 않는 위대한 안식에 이상을 두고 안식을 맛보는 생활자가 되어서 천천히 유유하게 한 걸음 한 걸음 진보하는 자만이 붕 떠 있고 정신 못 차리게 바쁜 세상에서 구원을 받을 것이다. 안식을 이상으로 품은 기독교에 참 구원이 있는 까닭을 알라.

(1938년 9월)

대가가 지불되지 않은 쌀알

경외하는 친구 마사이케 메구무(政池仁) 주필 「성서의 일본」 2월호에 다음과 같은 시즈오카(靜岡)의 쌀장수 기사가 있었다.

시즈오카에 한 사람의 지우(誌友)가 있다. 그는 쌀장수이다. 그에게는 조선인 고객이 많다. 그러나 조선인 노동자가 대개는 1~2년 지나면 다른 곳으로 이주하는데, 그때 마지막 쌀값을 갚지 않고 가버리는 것이 보통이라는 것이다. 그래서 많은 쌀장수가 그 사실을 미리 알아차리고 조선 사람에게는 말을 적게 되어서 팔든지, 조선 사람에게는 팔지 않든지 한다는 것인데, 하나님을 믿는 이 쌀장수는 그것을 못 한다. 그런고로 항상 마지막 쌀값을 아주 손해를 보면서 지금까지 팔아 왔다. 그러나 쌀이 부족하게 된 시대를 당하자 그런 자비를 계속할 수는 없었다. 그는 드디어 조선인에게는 쌀을 배달하지 않으려고 생각했다. 그러나 그의 양심은 그것을 허용하지 않았다. 하룻밤을 새우면서 기도하고, 그는 결심을 바꾸어서 고심하여 사서 모은 쌀을 역시 조선인에게도 팔고 있다고 한다. "이 세상에서는 손해를 당하고 욕을 먹을 뿐입니다"라고 작년 말에 그의 편지가 왔었다.

그런데 1월 15일 시즈오카에 대화재가 있었다. 저녁 라디오 뉴스에는 그가 거주하는 타카조마치(鷹匠町) 2가까지는 안전한 듯하였다. 그런데 그 후 연소하여 다음 날 아침 신문에는 탔다고 보도되었다. 이 의인을 하나님이 저버리셨는가 하고 생각하니 견딜 수 없었다. 그러나 수일 후 그의 집이 안전했다는 것을 알았다. 불은 두세 집 옆까지 왔다가 멈추었고, 그의 집이 거의 화재의 경계가 되었다고 한다. 더군다나 어떤 이의 통신에 따르면 "바람은 세고 물은 없고, 손을 댈 수가 없었습니다. 타는 대로 맡겨 두고 꺼지는 대로 맡겨 두었습니다"라는 것이다. 불은 인력으로 꺼진 것이 아니었다. 자연히 꺼진 것이었다. 이것이 단지 우연일까? 나는 그렇게 생각할 수가 없다. 의인이 화재를 당하더라도 나는 하나님을 의심하지는 않는다. 하나님이 세상의 죄 없는 사람에게도 짐을 지우는 일은 흔히 있는 일이기 때문이다. 그러나 그럼에도 불구하고 하나님은 의인에게 재앙과 화를 내리심에 심히 주저하시는 것이 아닐까? 다만 부득이할 때가 아니면 하나님은 의인에게 재난과 화를 내리시지 않으신다. 이 쌀장수 한 명 때문에 하나님께서는 타카조마치 2가를 불사르시는 일을 단념하신 것일지도 모른다. 그리고 보면 의로운 생활은 그 자체가 큰 자선 사업이다.

이 글을 읽고 얼굴이 뜨거워졌다. 이것이 우리 조선인의 모습인가? 최후의 쌀값을 갚지 않고 도망치는 것이 보통이라 한다. 바로 생각나는 것은 곧 시즈오카의 쌀장수에게 달려가서 지금까지 조선인이 지불하지 못한 금액이라도 청산하고 싶었지만, 여러 해 동안 쌓이고 쌓인 미불 금액은 결코 나 같은 사람이 지불할 수 있는 금액은 아니리라. 또 그 쌀장수 한 명의 것을 청산한다고 해도 시즈오카 시내만 하더라도 손해를 본 다른 쌀장수가 여럿 있을 것이다. 간토(關東), 간사이(關西) 지방에도 여러 쌀장수가 같은 경험을 했을 것을 생각하니 쥐구멍이라도 찾고 싶은 마음이었다. 우리가 어떻게 하면 이 빚을 돌려 드릴 수 있을까?

혹시나 하여 구와나(桑名) 시(市)에 거주하는 지우(誌友)에게 물었더니 바로 그대로라고 한다. 그중에는 상당한 자산을 만들어 고향에 토지를 살 정도의 여유가 있는 생활을 하면서도 역시 최후의 쌀값은 갚지 않은 채 도망치는 동포가 상당히 많고, 그 때문에 정직한 사람까지 누명을 쓰는 일이 많다는 것이다. 실로 기막힐 소식이다. 대가를 지불하지 않은 쌀알 하나하나가 지금 성스러운 하나님 앞에서 외친다. 쌀알 하나하나의 대가가 지불되어 이 소리가 멈출 때까지는 어떠한 일이 있어도 우리의 구원은 이루어지지 않을 것이다.

또 다음과 같은 이야기도 지우에게서 들었다. 구와나 시 어떤 공장에서 일하는 교우는 병중에 쌓인 쌀값을 지불하려고 70여 원을 쌀장수에게 주었더니, 그 쌀장수는 장부를 펴 보고 쌀값이 40여 원뿐이라고 하면서 30여 원을 돌려주었다. 그러나 교우는 "쌀장수는 여러 사람과 거래를 하니 계산 착오도 있을 것입니다. 나는 이 댁에서만 샀으니 내 기억이 정확합니다"라면서 잔금을 그대로 맡기고 잘 조사해 보라고 부탁했다. 그 후 쌀장수가 다른 장부를 조사하여 보니 과연 잔금이 합계 70여 원임을 확인하고 잔금 30여 원을 받았다. 하지만 특등 백미 한 가마를 이 교우에게 보내면서 정중한 사례까지 했다는 것이다.

또 오사카 시에서 어떤 공장을 경영하는 교우의 일에 대해서도 실로 유쾌한 소식을 들어 우리는 하나님께 영광을 돌렸다. 조선인의 행실(行實)에 낯 뜨거울 일이 있다. 그러나 주 예수의 복음의 발효 작용을 거칠 때는 이 또한 쓸모 있는 일이 된다는 게 증명되었다. 대가가 지불되지 않은 쌀알 하나하나여, 여호와 앞에 호소하기를 잠시 유예하여 다오. 그대들에게 모조리 대가가 지불될 때까지 우리는 천국에 들어가는 입장권도 유예하며 노력하리라. 주 예수의 복음에 그 힘이 있음을 확신하면서.

(1940년 3월)

본문 해설

"한양의 딸들아!"는 조선 여성에 대한 기대와 우려를 표현한 글이다. 선생은 자신의 경험과 일본 유학 시절 일본 여성 관찰에 근거하여 우리나라의 미래는 여성의 손에 달려 있다고 하였다. 특별히 한국 여성의 정절은 나라와 민족과 신앙을 살리는 가장 소중한 덕목이다. 그러나 최근 한양 일각에서 들려오는 소문에 의하면 한국 여성에 대한 기대와 자랑이 무너지는 듯하여 심히 우려된다고 하였다.

페미니즘은 우리 시대 가장 뜨거운 이슈이다. 페미니즘은 성차별을 없애고 여성의 재능과 잠재력을 마음껏 발휘하게 하는 이념으로서 매우 중요하다. 한국에서는 미국보다 먼저 여성 대통령이 나왔고, 전 세계에 영향력을 미칠 만한 여러 사업가, 학자, 과학자, 의료인, 체육인, 예술인 등이 나왔다. 참으로 좋은 일이요, 자랑스러운 일이다. 그러나 한양의 딸들을 간곡히 부른 선생의 마음으로 페미니즘으로 무장한 여성에게 2가지를 간곡히 호소한다. 그 하나는 남녀 모두 성적 순결함의 가치를 소중히 하라는 것이며, 다른 하나는 남녀의 생물학적 차이와 그에 따른 기능과 속성의 차이를 지나치게 부정하지 말라는 것이다. 이 두 가지를 부정하는 것은 하나님의 도덕 질서와 창조 질서를 부정하는 결과를 가져오기 때문이다.

"무용한 흥분(하)"는 당시의 세태에 대한 통렬한 책망의 글이다. 배우지 못하고 능력도 없는 조강지처와 이혼하면서 빈손으로 내보내려고 하는 야비하고 부도덕한 남자, 부모 봉양을 빌미로 좋은 학교로 전근하려고 손을 쓰는 교사, 성도라 하면서도 분수에 맞지 않게 화려한 결혼식을 하려는 신랑 등을 엄하게 꾸짖고 있다. 이러한 꾸짖음을 통해서 선생은 성도의 소금과 빛이 되는 생활을 촉구한다.

선생의 엄한 책망은 우리 시대 성도들에게 더욱 적용된다. 성도는 세상의 소금이 되고 빛이 되어야 하는데, 그 역할을 전혀 하지 못하는 성도들이 참 많다. 성도라 하면서도 세상 사람보다 더 탐욕스럽고, 방탕하고, 거짓되고, 게으른 사람들이 적지 않다. 권리를 주장할 때는 열을 올리면서 의무를 수행하는 일에는 발뺌한다. 요즈음 유행하는 내로남불, 파당 정치에 앞장서는 사람들도 많다. 우리가 세상의 소금과 빛이 되지 못하면 복음의 역사는 지체되고 하나님의 영광은 가려지게 된다. 현재 한국교회의 위기는 성도의 도덕성의 위기요 교회 공신력의 위기임을 누가 부인할 수 있겠는가!

"식목(植木)의 심리"는 눈앞의 이익만 탐하지 말고 먼 훗날 나라 전체의 이익을 구하라는 선생의 간절한 호소이다. 우리나라가 상공업은 발달하지 못했으면서 고리대금업만 발달하는 것은 눈앞의 확실한 이익만 생각하기 때문이다. 그러므로 멀리 보면서 나무를 심어 민둥산을 푸른 숲으로 만들어야 한다.

선생이 말하는 대금업을 당시의 금융시스템으로 한정시킬 필요는 없다. 일제의 식민지 조선 착취 행위, 지주의 소작인 착취, 부패한 관료의 약탈 등도 모두 해당한다. 또한 나무를 심는 것 역시 단순한 식목 행위에만 한정시키지 않고 더 넓은 의미로 생각할 수 있다. 훗날에 나라와 민족을 이끌어 갈 어린 자녀들을 바르게 교육하는 것, 모든 산업과 사회 발전의 기본이 되는 정직, 성실, 근면의 덕목을 기르는 것, 더 나가 외세의 강압에서 벗어나 독립적으로 나라를 운영할 만한 제도의 틀을 만들고 지도

자를 기르는 것 등이 모두 식목에 해당한다. 식목의 의미를 이렇게 넓혀서 생각한다면 지금 우리 시대에도 심고 가꾸어야 할 어린나무들이 많이 있다. 한국뿐만 아니라 세계와 문명을 바르게 이끌어갈 미래의 나무를 지금 심어서 가꾸어야 한다.

"문둥아!"는 김교신 선생의 사회적 시선이 위에서 아래로 내려간 것을 선포하는 글이다. 선생은 소록도 나환자 문신활의 편지를 받은 후 소록도 나환자의 순수한 신앙과 그들이 처한 최악의 상황(식민지, 최하층, 최악의 질병)에 관심과 동정의 마음을 가지게 되었다. 기존의 기독교회와 기독 단체에서 경원시 되고, 엘리트 청년들의 무관심을 경험한 후 그의 시선은 삶의 가장 낮은 자리에 있는 소록도의 나환자를 향하게 되었다.

김교신과 나환자의 만남은 사회 속에서의 신앙의 의미를 이해하는 중요한 관건이 된다. 김교신과 성서조선 그룹은 식민지 조선 안에서 엘리트 그룹이었다. 김교신 자신이 당시 최고 엘리트 코스인 도쿄고등사범학교 출신이었고, 문맹률이 높았던 당시 「성서조선」을 읽을 수 있는 사람들은 식자층이었다. 이러한 김교신과 「성서조선」이 식민지 조선의 가장 소외되고 낮은 자리에 있던 소록도 나환우들이 만난 것은 성령의 역사하심이요 십자가의 능력이다. 미국의 엘리트 선교사들이 한국의 민중들과 만나 한국기독교의 위대한 역사를 만들었다. 왕손 이재형과 마부 엄귀현이 승동교회에서 만났고, 양반과 백정이 승동교회에서 만났다. 사회적 신분의 차별을 넘어선 그리스도 안에서의 만남이 한국교회의 위대한 전통이요, 주님의 은총이었다.

"나의 자전거"는 자전거 출퇴근의 가치와 유익을 말한다. 전차나 버스 아닌 자전거 출퇴근은 출퇴근 시간을 1시간 이상 절약하게 한다. 그리고 서울이 변화되고 발전하는 가운데 나타나는 온갖 부정적인 모습을 보지 않을 수 있어서 영적, 정신적 평안함을 얻을 수 있다. 또한 사회의 낮은 곳에서 일하는 자전거꾼과 동일시되면서 나귀를 타고 입성하신 주님을 자주 생각하게 되었다.

이 글은 겉으로는 자전거 출퇴근의 유익을 말하고 있지만 속으로는 경성시로 대표되는 한국 사회의 변화에 대한 선생의 마음을 전하고 있다. 서울에 살면서도 서울의 모든 추잡한 것, 악착스러운 것, 헛된 것, 괴이한 것들을 보지 않게 되었다. 한국 백성들의 얼굴에 나타난 '실망'과 '취해 사는 모습'을 피할 수 있었다. 이러한 표현을 통해서 선생은 최근 많이 논의되었던 '식민지 근대화론'에 일침을 놓고 있다. 모든 발전에는 부작용이 나타나기 마련이지만 통계수치로 표시되는 식민지의 발전상이 영적, 도덕적 퇴락이라는 대가를 치르고 있음을 생생하게 보여준다. 이것이 어찌 식민지 시대의 이야기인가? 개인당 국민소득 3만 불을 넘어서고, 세계 10위권의 경제력을 자랑하며, 전 세계에 화려한 K-컬처(culture)의 빛을 발하면서도 세계 최고의 자살률과 헬(hell) 조선의 그늘 속에 살고 있는 우리 시대의 이야기가 아닌가!

"조선의 희망"은 짧은 글이지만 김교신 사상의 정수를 보여준다. 조선의 희망은 물질과 정치에 있지 않다. 여기에 조선의 희망을 둔다면 그때나 지금이나 희망을 간직할 수 없기 때문이다. 조선의 희망을 영적이고 도덕적인 고양에서 찾는다 해도 부흥회, 신학 공부, 교회에서 이루어지는 여러 사업 등에서 찾을 수 없다고 하였다. 식민지 조선의 현실에서 그런 것들은 내용 없는 껍데기에 불과하기 때문이었다.

조선의 희망은 지극히 작은 일이라도 신전(神前) 의식을 가지고 행하는 사람에게서 찾을 수 있다. 참 의미에서 하나님을 믿고, 하나님과 함께 걸으면, 거기에서 희망을 발견할 수 있다. 일제 말로 접어들면서 민족의 현실이 점점 암울해질 때, 교회 안에서도 희망을 발견할 수 없지만, 그래도 그리스도 안에서 소망을 간직할 수 있다. 꿈과 희망을 잃었는가? 하고 싶은 일도 없는가? 전망부재(展望不在)인가? 선생의 말에 귀 기울이며 에녹처럼 하나님과 동행하는 자가 돼라. 세상이 주지 못하는 크고 놀라운 소망을 발견할 수 있을 것이다.

"상현(想峴)"은 생각하는 고개라는 뜻이며, 선생의 집 정릉에서 돈암동으로 넘어오는 고개로서, 선생이 이 고개를 넘나들 때의 감상을 쓴 글이다. 일과를 시작하면서 이 고개를 넘을 때는 그날 할 일을 생각하면서 마음을 가다듬는다. 일과를 마치고 상현을 넘으면 속계에서 영계를 향하는 듯하다. 도시의 소란함이 자연의 장엄함과 고요함으로 바뀌게 된다.

인간은 시간의 씨실과 공간의 날실로 옷감을 짜면서 산다. 시간의 흐름에 따라 존재의 양상이 달라지듯 공간의 이동에 따라 삶의 양상이 달라진다. 시골 정릉에서의 삶은 대도시 서울에서의 삶과 대비되며, 정릉의 고요한 공간이 있어 서울의 소란스러운 공간을 살아갈 힘을 얻는다. 그러나 세속의 서울이 없다면 정릉의 고요함은 끝없는 적막이 되고 말 것이다. 우리 모두에게는 고요하고 거룩한 정릉의 공간이 필요하다. 정릉 고개를 넘으면서 공간이 바뀔 때마다 새로운 은혜를 받아야 한다. 그래야 우리는 창조주의 형상을 잃지 않은 하나님의 백성이 되고, 세속의 어둠 속에서도 길을 잃지 않을 것이다.

"소록도의 보고"는 「성서조선」 지우들의 정성을 모아 성탄절 선물을 마련하여 소록도에 보낸 것에 대한 답신과 선물 내역을 보고한 글이다. 선물로 받은 축구공을 차면서 기뻐하는 어린이들과 그들을 바라보며 흐뭇해하는 어른들 그리고 100원(교사 한 달 월급) 정도 되는 풍금을 보내지 못해 아쉬워하는 김교신 선생 등의 모습이 눈에 선하게 떠오른다.

식민지 조선의 척박한 삶의 현실, 천형(天刑)의 병이라 불린 질환으로 저 멀리 소록도에 수용된 나병 환우들, 「성서조선」 잡지 발간의 일만으로도 벅차지만, 그래도 애쓰고 수고하여 마련한 돈으로 선물을 보낸 선생과 「성서조선」 지우(誌友)들, 이들이 하나님의 말씀으로 연결되어 성도의 교제를 나누고 있다. 그리고 작은 사랑과 감사의 마음이 오가는 길 위에 주님의 은총이 촉촉이 내리고 있다. 이 아름답고 거룩한 모습이 회복될 때 한국교회는 또다시 구원의 역사(Heilsgeschichte)에 귀하게 쓰임 받을 것이다.

"기독 신도의 이상(理想)"은 바쁘고, 분주하고, 소란스러운 세상에서 기독 신도가 추구해야 하는 가장 소중한 이상은 안식이라고 한다. 세상만 소란한 것이 아니라 교회도 분요(紛擾)하기는 마찬가지이다. 행사에서 행사로, 사업에서 사업으로, 활동에서 활동으로 이어지는 교회 안에서 성도들은 군대의 '5분 대기조'처럼 지내고 있다. 선생의 시대에도 교회가 너무 행사에만 치우친다는 말을 들었는데, 21세기 한국교회는 더욱 그러하다. 아니 행사와 활동에 지쳐서 교회를 멀리하는 형편이 되었다.

이러한 때에 기독 신도의 이상이요 가야 할 방향은 안식이라는 선포는 영혼의 갈증을 풀어주는 생수와 같다. 활동과 행사에 길든 성도들은 안식을 게으름이나 노는 것으로 생각하기도 한다. 안식할 때 육신은 쉼을 얻지만, 영혼은 가장 높은 곳으로 올라가 창조주 하나님을 바라보며 경배한다. 지나온 삶을 돌이켜 반성하고 감사하면서 앞으로의 삶 가운데 임할 은혜를 소원한다. 안식은 잠든 영혼을 깨우고, 병든 영혼을 치유하며, 더러워진 영혼을 정화시킨다. 구원이란 안식을 얻는 것이며, 안식이 없이는 구원도 없다. 지금보다 훨씬 조용하던 시절에 안식이 기독 신도의 이상이라 한 선생의 외침이 우리 시대에 더욱 크게 들린다.

"대가가 지불되지 않은 쌀알"은 복음의 변화 능력에 대한 글이다. 여기에는 일본에 있는 조선인 이야기가 나온다. 시즈오카의 조선인들은 쌀을 외상으로 사 먹는데, 대다수가 마지막 쌀값은 떼먹고 간다는 것이다. 이런 사례가 간토, 간사이 여러 지역에서 흔히 있었다. 선생은 값을 치르지 않은 쌀알이 하나님 앞에서 우리 조선인 모두를 고발하는 것 같아 말할 수 없는 부끄러움을 느꼈다. 그러나 상명시의 한 교우는 쌀장수의 착오로 30원의 돈을 돌려받았을 때 정직하게 돌려주었고, 이에 감사한 쌀장수가 백미 한 가마니를 선물로 주면서 사례하였다.

대가가 지불되지 않은 쌀알은 복음을 알지 못한 조선인의 모습이며, 정직하게 돌려준 쌀값 30원은 복음을 받아들이고 변화된 조선인의 모습이었다. 선생은 이 사례를 소개하면서 복음을 조선인 모두에게 전하여 그들의 삶과 인격을 변화시킬 것이니, 대가가 지불되지 않은 쌀들이 하나님께 고발하는 것을 유보하여 달라고 하였다.

선생의 시대와 비교하여 현재 한국에는 훨씬 많은 그리스도인이 있다. 신도 수만 놓고 보면 한국 개신교는 한국의 제1종교이다. 그러나 복음을 받아들인 한국의 성도들이 쌀값 30원을 돌려준 성도처럼 변화되었는가를 질문하면 "예" 하고 흔쾌히 답할 수 없다. 우리 성도들이 비기독교인에 비해 도덕적 수준이 낮다고 할 수는 없지만, 그렇다고 현저히 높은 것도 아니다. 인격과 도덕을 변화시키지 못하는 믿음은 불완전한 믿음이요 미성숙한 믿음이다. 불완전한 믿음을 온전한 믿음으로, 미성숙한 믿음을 성숙한 믿음으로 바꾸는 것이 지금 우리 시대 교회의 가장 중요한 과업이다. 이 일이 이루어질 때 한국교회는 또다시 부흥의 은혜를 받게 될 것이다.

제8장

역사와 민족

조선지리 소고

1. 단원

지리학상에 단원(單元/unit)이라 함은 두 가지로 사용되는 말이다. 정치적 단원과 지리적 단원인데 이 두 가지는 완전히 일치할 때도 있고, 일치하지 않을 때도 있다. 예컨대 조선 반도를 8도 혹은 13도로 구분하는 것은 정치적 단원이요, 때에 따라 변할 수 있는 것이다. 그러나 반도를 태백산맥에 따라서 동과 서 두 지구(地區)로 나누거나 인천과 원산을 연한 대지구대에 따라서 남조선, 북조선으로 크게 구분하는 것은 산맥, 하천 등의 자연적 요소에 입각한 소위 지리적 단원이므로 이는 영구히 변할 수 없는 단원이다. 이 지리적 단원이 확연할수록 일개 국가의 생활로나 행정 구역으로나 그 임무를 완전히 수행할 수 있는 것이다.

중국(支那: China의 한문 음차)의 고금을 통하여 군웅할거의 역사가 없지 않았으나 중국사가 항상 통일을 크게 표현하고 있음은 중국의 지리적 단원이 그렇게 되게 함이다. 폴란드의 국경이 시세에 따라 수없이 바뀌는 것은 넓고 넓은 평원에 인위적 국경을 설정한 까닭이다. 곧 지리적 단원과 일치할 수 없는 정치적 단원을 보존하려는 역리(逆理)에서 생기는 비애라 할 수 있다. 이에 반하여 영국과 일본은 대륙 여러 나라의 흥망성쇠를 벗어나 오래 독립을 자랑할 수 있었다. 노쇠하였어도 피레네산맥을 경계로 스페인은 능히 특이한 역사를 기록하였다. 이탈리아는 알프스 천성(天城)에 둘러싸여 삼천 년 노대국을 이루었다. 이 모든 일은 지리적 단원이 확연한 까닭이었다.

이러한 의미에서 조선의 지리적 단원은 어떠한가? 이는 증명을 기다리기보다 지도를 한번 보는 것이 쉬운 방법이다. 바다에 임한 동·서·남 3면은 말할 것도 없거니와 대륙에 접한 북면도 백두산과 거기서 발원한 압록강과 두만강 두 강으로 천연적 경계가 매우 확연하다고 할 수 있다. 단, 조선이라는 범위가 역사의 변천에 따라 신축(伸縮: 늘고 줆)이 있었으므로 고조선의 국경을 대략 요하 본류 및 연장선으로 추정하였다고 하면 차라리 산해관(山海關)으로부터 장성과 흥안령 동쪽, 곧 오늘날 만주국 국경선과 대개 일치하는 지역이 반도와 합하여 일대 지리적 단원을 형성한다. 이렇게 되는 때는 앞서 말한 반도의 부분은 부(副)지리적 단원이 될 것이다. 그러나 지금은 조선 시대 이래의 경계를 따라서 반도 부분만을 논하기로 한다.

2. 면적

개인의 살림살이나 나라의 경영이나 지역이 광활한 것이 협착한 것보다 나은 것 같지만 반드시 그렇게만 생각할 것도 아니다. 중국 한나라가 유럽 대륙 전체만큼 광활하고 조선 반도의 오십 배나 되지만 오늘의 중국은 강하다고 할 수도 없으며 또한 행복스러운 나라라고 할 수도 없다. 이에 반하여 덴마크, 스웨덴, 네덜란드, 벨기에 등의 나라는 대략 조선 반도의 5분의 1 혹은 6분지 1에 불과하면서도 타인에게 신세 지지 않는 살림을 하고 있는 것을 넘어 전 세계열강의 부러움을 받고 있다. 단, 높은 탑을 쌓으려면 상당한 기반이 있어야 할 것은 물론이다. 이하 몇 나라의 면적을 표시하여 조선 반도도 적지 않은 땅인 것을 증명하고자 한다.

지명	면적(평방Km)
프랑스	550,675
독일	472,063
스웨덴	448,142
노르웨이	323,546
이탈리아	301,254
일본 혼슈	223,500
조선 반도	220,740
영국 본도	217,720
그리스	64,570
덴마크	43,010
스위스	41,374
네덜란드	32,585
벨기에	30,437

3. 인구

중국은 4억 수천만, 인도는 3억 수천만의 인구를 가진 나라이나 인구수의 많음이 자랑이 되지 못한다. 그렇다고 하여 아이누족이나 에스키모족과 같이 그 수가 너무 작아도 인류의 생활 무대에 큰 족적을 남기고 가기가 어렵다. 이에 또한 조선의 이천만 인구가 적지 않은 식구인 것을 다시 인식하고자 한다.

지명	인구(만 명)
독일	6,098
영 본국	4,420
프랑스	3,921
이탈리아	3,884
조선	2,000
터키	1,335
벨기에	747
네덜란드	681
스웨덴	601
스위스	388
덴마크	327
노르웨이	265

(주) 출애굽 당시에 모세가 인솔한 이스라엘 민족은 약 200만 명이었고, 50년 전의 일본 민족은 약 3,000만 명이었다고 한다.

4. 산악과 평야

산악이 중첩함에 비해 광대한 평야가 없음은 실상 조선의 일대 결함이라 할 수 있다. 양자강, 볼가강, 미시시피강 유역 같은 대산업을 이 반도에서 기대할 수 없음은 사실이다. 그러나 또한 아주 불모 황량한 땅은 아니다. 다만 나일강 하류처럼 비옥하지 못하나 그래도 젖과 꿀이 흐르는 가나안 복된 땅 팔레스타인 지방보다 몇 배나 더 비옥하다. 평야가 넓지 못하다 할지라도 이천만 식구를 부지(扶支)하기에는 넉넉하다.

하물며 쌀과 보리를 생산하지 못한다고 무용한 것이 아님을 알 때 산악은 저주할 것이 아니고 차라리 감사할 것임을 깨달을 수 있다. 황무하고 처량한 광야를 제하고는 선지자의 나라 이스라엘 역사를 말할 수 없으며, 안개와 거친 바다 파도를 떠나서는 '해가 지지 않는 나라' 대영 제국의 역사를 기술할 수 없다는 말은 너무도 널리 알려진 지리적 현상이다. 우리가 알프스 산록의 작은 나라 스위스가 얼마나 큰 사상(思想)을 세계 인류에게 공급했는지 음미해야 한다. 대영 제국의 가장 고귀한 정신적 물산과 위대한 인물이 대부분 척박한 산악 지대인 스코틀랜드산인 것을 인식해야 한다. 북미합중국 건국 이래의 뛰어난 두뇌가 미시시피 하류에 있지 않고 애팔래치아 산맥의 동북 산지에 있어 무릇 미국의 건실한 신앙가와 고귀한 사상가, 심원한 예술가와 웅건한 정치가가 모두 이 돌덩이 가득한 산골짜기에서 배출되었다. 이러한 사실을 알 때 우리의 반도가 산악의 강산이라 하여 비관할 것은 하나도 없다. (중략)

우리나라에는 왕자의 요람이라 일컫는 백두산(2,744m)과 개마고원을 형성한 관모산(2,541m), 북수백산(2,522m) 및 남해에 우뚝 솟은 한라산(1,950m)이 있다. 그 사이에 묘향산(1,909m), 지리산(1,915m), 금강산(1,683m) 등의 빼어난 봉우리를 가지고 있다. 우리는 서대문 밖의 독립문이 빈약함을 부끄러워할 법은 있어도 반도의 산악이 평평하다고 한탄할 것은 없다. 하물며 산세와 평야의 배열 균형의 미를 논할진대 거장 레오나르도 다빈치의 성화에나 비할까? 뉴욕 부두에 높이 솟아오른 자유의 여신상에다가 비할까? 낭림산 머리 위에 하늘을 향한 왼팔을 백두산 저편까지 높이 뻗치고 장산곶 끝까지 오른손을 드리워 어루만지려는 듯, 오른쪽 다리의 태백산은 거제까지 굽혀 올리고 왼쪽 다리의 소백산은 진도까지 뻗쳐 디딘 듯. 지구대(地溝帶)는 허리에 잘록하고 금강산은 가슴에 드리운 노리개인 듯, 몸을 가린 비단옷이 동풍에 나부끼어 녹색 평야를 이루었으니 엷고도 가볍다. 선녀가 바야흐로 구름 위로 솟아오르려는 자태인가 혹은 자유의 여신이 대륙을 머리 위에 이고 일어서려고 허리를 펴는 형상인가?

5. 해안선

동·서·남의 3해안 중에 동해안이 가장 단조롭다. 대개 육지의 선과 평행한 해안이 되어서 굴곡도 없고 섬도 희소하다. 강원도의 총석정과 함경북도의 무수단의 기묘한 경치는 있으나 해운과 어업에 유리한 항만은 비교적 빈약하다. 그러나 이 빈약하다 함은 반도의 남·서 2면에 비하여 비교적 항만이 희소하다 할 뿐이지 결코 절대적으로 좋지 못한 해안이라 함은 아니다. 함경북도 해안에는 본래 웅기, 청진, 성진 등의 여러 항이 흩어져 있으나 요즈음 세간에 소문이 자자한 나진항 같은 것은 근소한 인공을 가함으로써 일약 동양 유수의 큰 항구로 변하게 되어 대(大)만주의 화물이 들어오고 나가는 관계가 마치 북미합중국의 오대호(五大湖) 지방과 뉴욕항과의 관계와 방불하게 되었다.

몇 년 전에 조선질소비료회사가 흥남항을 건설함으로써 어선 10여

척을 계류(繫留)하던 포구가 갑자기 함경남도 최대의 무역항으로 약진하게 된 것도 우리의 기억에 새롭다. 이와 같이 약간의 인공을 가하면 좋은 항구가 될 만한 곳은 아직도 많다. 예컨대 원산항에 대해 말하자면 이는 하늘이 만들어 준 거대한 항구이다.

호도반도에 감싸인 영흥만까지 헤아려 보면 어김없이 중국 요동 지방의 다롄에 뤼순을 더한 것과 흡사하다. 만일 러시아 같은 항구가 빈곤한 나라에 원산항 같은 항구가 하나만이라도 있었으면 아마 세계 역사는 달라졌을 것을 누가 부정할까. 이런 상업과 군사에 모두 유익한 항구가 한가히 동해안에 굴곡을 그릴 따름이다. 그저 송도원 해수욕객들과 명사십리 피서객들만 찾을 뿐이니 우리는 이렇게 좋은 항구를 동해에 만들어 주신 하나님의 뜻을 분변하기가 의아할 뿐이다.

서해안은 목포, 군산, 인천, 진남포, 용암포 등의 좋은 항구가 거리도 적당하게 줄지어 있다. 그뿐 아니라 그 사이에 다시 크고 작은 섬들과 리아스식 해안의 작은 항이 끊어지지 않고 연결되어 원시적 항해 시대에도 일찍부터 해상 교통이 편하였다. 더욱이 연안의 경사면 기울기가 완만하고 압록강, 대동강 등의 하구가 깔때기 모양(漏斗狀)을 이루었다. 그리하여 이상 여러 항구와 배후지와의 수륙 연결이 원활한 것은 동해안보다 훨씬 조건이 좋다.

조수간만의 차, 즉 조후(潮候)도 동해안의 청진이 0.73m, 원산이 0.83m인 데 비하여 현저한 차도가 있으니 목포가 4.33m, 진남포가 6.27m, 인천은 세계적으로도 유명한 것으로 9.41m 차를 보이고 있다. 이를 이용하여 인천에는 갑문식(閘門式) 항만이, 진남포에는 개거식(開渠式) 항만이 설비되었고, 인천만의 엄청난 간만의 차를 발전 동력에 이용하는 것도 다만 시기의 문제만 남았다.

동해안에는 섬이 거의 없어서 울릉도(72.49평방Km)와 마량도(7.06평방Km) 외에는 현저한 것이 없는 반면에 서해안에는 진도(330.9평방Km), 강화도(290.5평방Km), 안면도(86.6평방Km), 신미도(52.8평방Km), 자은도(50.2평방Km), 백령도(46.9평방Km) 등 큰 섬들뿐만 아니라 독거군도, 나주군도, 부남군도 등 다도해로부터 안마군도, 고군산군도, 외연열도, 격렬비열도 등의 작은 섬들이 군락을 이루고 있다.

남해안은 반도의 동·서 두 해안보다 우수할뿐더러 그 지절률, 곧 해안 굴절 연장거리를 해안 직선거리로 나눈 값의 큼이 세계에서 유례없이 크다. 그래서 학자들은 이것을 보통 '리아스식 해안'이라고도 하지 않고 특히 '조선식 해안'이라고 명명하였다.

포도송이에 포도송이가 맺히듯이, 이삭에 또 이삭이 달리듯이, 반도에 또 반도가 붙고, 섬에 또 새끼 섬이 달린 것이 조선의 에게해라는 별칭을 가진 남해안이다. 조선 산천을 논하는 자 금강산의 기암을 칭찬하지 않으면 백두산의 웅장한 봉우리를 감탄함으로 그치나, "백 번 듣는 것보다 한 번 보는 것이 낫다"(百聞不如一見)라는 말을 통용한다면 그것은 바로 조선식 해안의 기괴 무궁함을 표현할 수 없다는 뜻으로 사용할 말이다. 지자(知者)는 바다를 사랑한다는 말이 사실일진대 무릇 지자로서 자처하는 이는 한산도 앞 바다에 작은 배를 띄워놓고 나갈 길을 찾아볼 것이다. 바다와 육지의 상대적 관계가 시시각각으로 움직이는 이 허다한 섬과 곶 사이사이에서 돛을 달아 노를 저어 가 보라. 오히려 자기의 지략을 신뢰할 수 있는 자는 광인이 아니라면 불세출의 영웅이라고 확신하여도 무방하다. (하략)

6. 기후

조선 반도는 대체로 북위 33도에서 43도에 걸쳐 소위 대표적인 온대지방에 위치하였다. 그러나 대륙에 연접하여 대륙성 기후의 영향이 크고 동해안의 리만 한류(寒流)로 인하여 비슷한 위도의 다른 지역보다 비교적 한랭하다. 위도로서는 지중해안과 비슷하나 지중해안의 이탈리아, 발칸반도 등에는 감람, 감귤류 등의 아열대 식물을 배양하는데 우리는 제주도 남사면에서 근소한 감귤류를 배양하는 외에 반도 전체는 사과와 같은 추운 지방 과수를 재배함에 적합하다. 봄과 가을이 짧고 겨울이 너무 긴 것이 반도 기후의 단점이라 하나 결빙 후 은반 위에서 스케이팅하면서 의지를 단련할 수 있음은 추운 나라 백성에게만 허락된 각별한 은총이라 할 것이다.

더구나 반도 각지의 1월 평균 기온은 구미 문명 제국의 인구 조밀한 대도시와 유사하니 조선 기후는 인류 생활에 부족함이 없음을 알 것이다. 즉, 부산(2.2도)은 파리나 교토와 비슷하고, 대구(1.9도)는 베를린이나 워싱턴과 유사하며, 서울(-4.5도)은 시카고나 베이징과 근사하며, 평양(-8.1도)은 모스크바보다는 따듯하나 레닌그라드나 삿포로보다 약간 추운 편이다.

강수량이 500~1,400mm 내외에 불과해 일본의 800~3,000mm에 비하여 부족한 듯하나 조선의 강수량은 전체의 50퍼센트 이상이 농사철인 6, 7, 8월경에 내리므로 이것만 잘 이용하면 생산에 부족함이 없다 한다. 강수량이 다소간 모자란 경향이 있었던 까닭에 서구 제국보다도 200년이나 앞서서 조선 시대 초기에 벌써 측우기를 제작했던 것이다. 우리 민족이 세계 최초로 과학적으로 강우량을 계산했다는 영예를 얻게 된 것은 우리 조상들이 화(禍)를 바꿔 복(福)으로 이용하는 일에도 범상하지 않았다는 증거이다. (하략)

7. 위치

자연 지리상 가장 중요한 의의를 지닌 요소이므로 위치를 논하는 것이 곧 결론에 이르는 일이 된다. 지구의 표면을 열대, 온대, 한대의 3부분으로 나눌 때 한대에서는 거의 인류의 생활이 불가능하고, 열대에서는 국민의 지능이 발육하기를 기대하기가 어렵다. 오직 온대지방에서라야만 가히 문화의 개발을 볼 수 있다고 하는 것은 세계지도의 채색이 이를 증명하는 바이다. 우리 반도가 북위 약 33도로부터 43도까지에 걸쳐 온대 중에도 대표적 온대 지역에 위치하여 있음은 무한한 행복이거니와 남반구보다 북반구의 인류 생활의 본거지에 있다 함은 2중의 행운이라 할 수밖에 없다.

조선은 극동의 중심이다. 심장이다. 중심적 위치라는 것은 인력으로 좌우할 수 없는 기능을 지니고 있는 것이다. 영국이 오늘과 같이 융성하였음은 대륙 반구의 중심에 위치한 것이 그 가장 중대한 근본 원인의 하나였다 함은 지리학자의 정론이다. 오사카 시가 정치적 중심의 변화에도 불구하고 수백 년간 일본 경제계의 여왕 같은 지위를 보존, 유지한 것은 그 위치가 결정한 일이었다. 이와 같은 예는 열거하기 어려울 만큼 많다. 중심적 위치라기보다 반도로서 한 세계, 한 시대의 중심 역할을 한 예, 즉 조선 반도와 유사한 예 두셋을 든다면 희랍 반도와 이탈리아 반도를 들 수 있다. (하략)

결론

앞에서 말한 바와 같이 지리적 단원으로 보나, 그 면적과 인구로 보나, 산악과 해안선의 지세로 보나, 이 위에 천혜로 주신 기후로 보나, 한 국면 혹은 한 무대의 중심적 위치에 놓인 것으로 보나, 조선의 지리적 요소에 관한 한, 우리가 불평을 토로하기보다 만족과 감사를 표하지 않을 수 없다. 이는 넉넉히 한 살림살이를 부지할 만한 강산이요, 넉넉히 인류 역사에 큰 공헌을 제공할 만한 살아 있는 무대이다.

그러나 조선의 과거 역사와 현상 전체를 살펴본 이는 누구든지 그 위치의 불리함을 통탄하여 마지않는다. 서해가 대서양만큼 넓거나 압록강 저편에 알프스산맥 같은 고준한 연봉이 둘러쌌다면, 조선 해협이 태평양만큼이나 넓었더라면 좀 더 태평하였을 것이라고 한다. 그렇지 못하니 중·일·러 삼대 세력 중간에 끼여 좌충우돌하는 형세에 반만년 역사도 별로 평화스러운 날이 없이 지내왔다고 한다. 이런 말을 듣는 자로서 과연 동정의 눈물이 없을 수 없으나 이는 약자의 비통한 소리에 불과하다. 약자가 한갓 태평을 구하여 피신하려면 천하에 안전할 곳이라고는 없다. 남미 페루에 있었던 원주민 부족의 도시 쿠스코는 우리 백두산보다 훨씬 더 높은 곳에 있었어도 스페인인들의 참혹한 침략을 피할 수 없었다. 티베트는 해발 4천 미터 이상의 고원에 숨겨진 나라였으나 천하 최고의 히말라야산맥도 이 신비한 나라가 영국인의 잠식(蠶食)을 피하게 하는 장벽은 되지 못하였다.

그러므로 우리는 깨닫는다. 두려워하는 자에게 안전할 곳이 없고, 용기 있는 자에게 불안한 땅이 없다고. 무릇 생선을 낚으려면 물에 갈 것이요, 범을 잡으려면 호랑이굴로 가야 한다. 조선 역사에 평화한 날이 없다 함은 무엇보다도 이 반도가 동양 정치 국면의 중심인 것을 여실히 증거하는 것이다. 물러나 은둔하기는 불안한 곳이나 나아가 활약하기는 이만한 데가 다시없다. 이 반도가 위험하다 할진대 차라리 캄차카 반도나 그린란드의 빙하에 냉장하여 두는 수밖에 없는 백성이다.

현세적으로 물질적으로 정치적으로 고찰할 때 조선 반도에 지리적 결함, 선천적 결함은 없는 줄로 확신한다. 다만 문제는 거기 사는 백성의 소질, 담력 여하가 중요한 요소인가 싶다. 만일 눈을 돌려 정신적 소산, 영적 생산에 관심을 기울인다면 반도에는 특이한 희망이 있다고 할 수 있다. 유대 민족이 바빌론, 페르시아, 이집트, 아시리아 등 강대한 세력이 교체하는 데 처하여 자연계의 사막과 준령과 추위와 더위와 맹수 등의 영향을 받았다. 그리고 국가의 흥망성쇠에 따라 조석(潮汐/해면의 오르내림)처럼 움직이는 무상한 세계 역사의 활무대(活舞臺)에 처하였다. 그러나 이방의 자연 숭배 같은 미신에 빠지지 않고 능히 유일신교의 건전한 신앙을 유지하였다. 반도의 백성이 과거 반만년의 역사를 고요히 생각한다면 안전한 백성과 강대한 국민으로는 도저히 얻을 수 없는 바를 깨달을 수 있을 것이다.

다른 사상(思想)이나 발명은 알지 못하나 지고한 사상, 곧 신의 경륜에 관한 사상만은 특히 가난하고 약하고 멸시당하고 유린당하여 타고난 오만의 뿌리까지 뽑힌 자에게만 제시되는 듯하다. 이스라엘 백성에게 복음을 맡기기 위해 저들에게서 온갖 것을 빼앗고 갖은 모욕을 지워 주었다. 지금 이웃 나라에서 정직한 일을 볼 수 없게 될 때 맑은 마음을 이 백성에게 두신 이의 요구가 무엇인지 우리는 그윽이 기다리고 바라지 않을 수 없다.

또한 일반 문화로 보아도 동방 고대 문명이 구미 여러 나라를 향해 서쪽으로 퍼져나가기 시작할 때 그리스 문명의 독특한 꽃이 찬연히 피었다. 이와 마찬가지로 인도 서역 문명이 동쪽으로 갈 때 문명의 다리와 같은 동쪽의 반도에서 특색 있는 문화가 출현하였다. 그 이후 동쪽으로 광명이 전해졌고, 지금은 도리어 태평양을 건너온 문화의 흐름이 태백산과 소백산의 골짜기를 거슬러 백두산록까지 번져 나갔으니 서에서나 동에서나 모름지기 귀한 광명이 출현하면 이 반도가 어둠 속에 있을 수 없는 처지에 위치하였다. 동양의 모든 고난도 이 땅에 집중되었거니와 동양에서 산출해야 할 바 무슨 고매하고 위대한 사상, 동반구의 반만년의 총량을 큰 용광로에 달여 낸 엑기스[정소(精素)]는 필연코 이 반도에서 찾아보리라.

(1934년 3월)

「성서조선」의 이해

성서와 조선: 옛사람도 책 속에 천종록(千鐘祿: 관리가 받는 봉급)이 스스로 있다 하여 좋은 논밭보다도 서적의 고귀한 까닭을 강조하여 말하였다. 서적이 귀한 것일진대 책 중의 책인 성서가 가장 고귀한 책이다. 이는 우리의 편견이 아니라 성서 자신이 증명하는 바이요, 세계 역사가 입증하는 바이다. 인도의 심라(Shimla)는 피서지로 극락이요, 이탈리아의 리비에라(Riviera) 지방은 피한지의 낙원이라 하지만, 사계절 언제나, 백 년이라도 일하며 먹고 살아가기에야 조선보다 더 좋은 데가 지구 위에 다시 있으랴? 비록 백두산이 없었다 하고 금강산이 생기지 않았다 해도 조선은 다시없는 조선이라고 생각하니 이는 물론 우리의 주관이다. 세상에 제일 좋은 것은 성서와 조선. 그러므로 성서와 조선.

성서를 조선에: 사랑하는 자에게 주고 싶은 것이 한두 가지에 그치지 않는다. 하늘의 별이라도 따다 주고 싶으나 인력에는 스스로 한계가 있다. 혹자(或者/ 어떤 사람)는 음악을 조선에 주며, 혹자는 문학을 주며, 혹자는 예술을 주어 조선에 꽃을 피우며, 옷을 입히며, 관을 씌울 것이나, 오직 우리는 조선에 성서를 주어 그 뼈대를 세우고, 그 혈액을 만들고자 한다. 같은 기독교로서도 혹자는 기도 생활의 황홀경을 주창하고, 혹자는 영적 체험의 신비 세계를 역설하며, 혹자는 신학 지식의 조직적 체계를 중요시하나 우리는 오직 성서를 배워 성서를 조선에 주

고자 한다. 더 좋은 것을 조선에 주려는 이는 주라! 우리는 다만 성서를 주고자 작은 힘을 다하는 자이다. 그러므로 성서를 조선에.

조선을 성서 위에: 과학의 토대 위에 새 조선을 건설하려는 과학조선의 운동이 시대에 적절하지 않음이 아니요, 그 인구의 8할 이상을 차지한 농민으로 하여금 덴마크식 농업 조선을 중흥하려는 시도가 시의에 맞지 않음도 아니다. 기타 신흥도시를 위주로 한 상공업의 조선이나 사조(思潮)에 파도치는 공산 조선 등이 다 그 진심 성의로만 나온 것일진대 해로울 것도 없을 것이다. 그러나 이런 것들은 모두 풀의 꽃과 같고 아침 이슬과 같아서 오늘 있었으나 내일에는 그 자취도 찾아볼 수 없을 것이며, 모래 위에 건축이라 비바람을 당하여 파괴됨이 심할 것이다. 그러므로 조선의 밑바닥에 영구한 기반을 넣어야 할 것이니 그 지하의 기초 공사가 곧 성서적 진리를 이 백성에게 소유하게 하는 일이다. 넓게 깊게 조선을 연구하여 영원한 새로운 조선을 성서 위에 세우라. 그러므로 조선을 성서 위에.

성서와 조선—성서를 조선에—조선을 성서 위에. 이것이 우리의 "성서조선"이다. 혹시 만국성서연구회라든가 또는 대영성서공회 등과의 관계를 문의하는 이가 있으나 이런 기관과는 전혀 상관이 없다. 「성서조선」은 단지 그 주필의 모든 책임으로 경영하는 것이요, 조선을 성서화하기에 찬동하는 소수의 친구들이 협력하는 것뿐이다. 무슨 교파나 단체나 외국 자본과의 관계는 전연 없다. **(1935년 4월)**

크리스마스

성탄절은 벌써 조선에서도 명절화되었다. 신자도 이날을 축하하고, 불신자도 이날을 축하한다. 교회도 이날에 요란하고, 상점도 이날에 분주하다. 알고 즐거워하는 이도 있거니와 모르고 축하의 말을 교환하는 사람이 더 많다. 온 장안이 이를 찬양하고, 모든 사회와 모든 인류가 이날을 기뻐한다. 그러나 이날을 축하하는 이유가 무엇인가? 산타클로스 할아버지의 선물 때문인가? "땅에는 기뻐하심을 입은 사람들이 평안할" 것을 누리기 위함인가? 우리는 누가복음(1:51-55)의 마리아에게서 그 찬미의 이유를 들을 수 있다.

"그의 팔로 힘을 보이사 마음의 생각이 교만한 자들을 흩으셨고 권세 있는 자를 그 위에서 내리치셨으며 비천한 자를 높이셨고 주리는 자를 좋은 것으로 배불리셨으며 부자는 빈손으로 보내셨도다. 그 종 이스라엘을 도우사 긍휼히 여기시고 기억하시되 우리 조상에게 말씀하신 것과 같이 아브라함과 그 자손에게 영원히 하시리로다."

마리아가 그 이스라엘의 하나님을 찬미한 것은 단지 평화의 하나님, 자비의 하나님인 까닭인가? 아니었다. 과연 그는 교만한 자를 흩으시고 권위 있는 자를 낮추시며, 낮은 자를 높이시고 부자를 빈손으로 보내시며, 주린 자를 배부르게 하시는 하나님이었다. 지난날 하나님께서 행하신 일의 가장 완전하고 구체적인 지상에서의 실천이 예수 그리스도가 이 땅에 태어나심으로 시작되었다. 그러므로 예수의 탄생·강림은 인간적 가치가 완전히 뒤집히는 것을 의미한다. 예수의 출현으로 말미암아 인류는 전에 듣지 못한 것을 듣고, 전에 보지 못한 것을 보게 되었다.

인생이 갈구하던 행복의 표준이 바뀌었다. 가난한 자와 주린 자와 애통하는 자가 행복한 자로 되고(마태복음 5장), 배부른 자와 웃는 자가 화 있는 자로 되었다(누가복음 6:20 이하). 약한 때에 강하고 강한 때에 약하여졌다(고린도후서 12:10). 재주 있는 자가 어리석은 자가 되고 어리석은 자가 지혜로운 자로 되었다(고린도전서 1:19 이하). 솔로몬의 화려한 옷은 오히려 백합화 한 떨기에 못 미치고(마태복음 6:29 이하), 세리는 바리새인보다 더 진실한 성도가 되었다(누가복음 18:9-14). 주인 되려는 자는 종이 되고(마태복음 20:25 이하), 생명을 버리는 자가 영생을 얻게 되었다(마태복음 16:25).

그리스도가 이 땅에 오심으로 말미암은 이 변혁과 이러한 가치의 뒤바뀜에 능히 견딜 자가 누구인가? 성탄을 축하하려는 이들은 깊이 생각해야 할 것이다.

[1930년 12월]

지도와 신앙

세계지도를 펼쳐 들고 소위 종교 분포도라는 것을 보면 루터의 나라 독일과 칼뱅과 츠빙글리의 나라 스위스, 존 녹스와 웨슬리의 나라 영국과 현대 산업 교육으로 세계의 모범국가라는 덴마크 및 진취 발전하는 네덜란드·스웨덴·노르웨이 등의 신교 국가가 기독교로 채색되어 있다. 포르투갈과 스페인, 프랑스와 이탈리아 등 노쇠한 구교 국가로부터 발칸 반도 동쪽에 있는 그리스 정교의 슬라브족이 역시 동일한 색으로 칠해져 있다. 따라서 현대 세계 문화의 중심지인 유럽 대륙은 완전히 기독교라는 반석 위에 세워진 것임을 부인할 수 없게 된다.

다시 눈을 돌려 대서양 저편 신대륙을 바라보면, 역사상 그 유례가 드문 청교도가 세운 미합중국을 위시하여 북쪽의 캐나다와 남쪽의 멕시코 및 중미 여러 나라와 서인도 제도까지 북미 대륙 전체가 기독교요, 남미 대륙의 전폭(全幅)이 또한 마찬가지로 기독교이다. 가장 작은 대륙이라는 호주가 기독교요, 뉴질랜드로부터 태평양 위에 산재한 무수한 섬들이 거의 다 그리스도의 이름 아래 있다. 암흑대륙이라고 칭하는 아프리카의 남북은 벌써 기독교화하였고, 사하라 대사막 이남의 중부 지방도 리빙스턴의 발자취가 닿은 곳마다, 슈바이처의 손길이 어루만진 곳마다 그리스도의 피가 흐르지 않은 데가 없으니 아프리카도 벌써 암흑의 대륙이라는 별명을 버릴 때가 되었다.

한갓 아시아 대륙만은 그리스도의 출생지인 팔레스타인과 서남아시아 대부분이 이슬람교의 영역임을 비롯하여 힌두교·불교·유교 등이 대중을 지배하고 있는 듯하나 이는 겉모습뿐이요, 실질적으로는 아시아 여러 나라도 벌써 기독교가 아니고는 그 존립할 지주를 발견할 수 없이 되었다. 그것은 요즈음 동양 제국에 유행하는 소위 반종교 운동이란 것이 우선 그 날카로운 펜 끝을 기독교에만 향하고 봉기하는 현상을 보아도 알 만할 것이다. 즉, 아시아에서도 구하려는 자나 배격하려는 자나 종교라면 기독교가 문제 되었다. 온 지구의 표면이 문명과 야만의 구별 없이 기독교의 천지가 되었다. 바야흐로 기독교의 황금시대가 출현한 듯하다.

그러면 기독교를 믿는 것은 세계 최대 부강 국가가 기독교국인 까닭인가? 영국과 독일, 프랑스 등 선진 제국과 전 세계의 대다수가 그리스도를 숭배하는 까닭인가? 아니다, 결코 아니다. 비록 세계 종교 분포도의 색채가 오늘과 반대되어 기독교국이 아주 작아지더라도, 아니 지구상에 오직 홀로 남은 때에도 신앙하는 것이 신앙이다. 홀로 설 때라야 참 신앙이다. 아브라함은 홀로 믿었다. 노아는 시국의 대세를 살피어 하나님을 믿는 척한 것이 아니었다. 저는 한 사람으로 전 세계를 대항하여 신앙한 자이다. 알지 못하거니와 우리는 이 각오가 있는가, 없는가?

(1932년 7월)

1933년

인류의 자랑인 20세기를 맞이한 후 벌써 33번째의 새해가 돌아왔다. 특히 세계대전을 지낸 뒤 해가 지날수록 인류는 그 그릇됨을 깨닫고, 종교가는 회개하며, 정치가는 원대한 정책을 세워 인류 본래의 목적에 매진하려는 듯한 기세가 아주 없었던 것이 아니었다. 민족과 민족은 서로 압제에 얽매이는 일이 없어지고, 나라와 나라는 다시 무기로 싸우는 일이 없어지며, 종교가는 다시 승리를 축하하는 기도로 허위의 죄를 범하는 일이 없을 듯싶었다.

그러나 20세기의 전반도 가지 못해서 지구는 다시 전쟁터에 서서 잇달아 기도하게 되었다. 나의 좁은 소견으로는 세계사가 적어도 반세기는 뒷걸음질한 것 같다. 올 듯싶었던 정의와 평화는 좀처럼 오지 않고 허위와 암흑만이 안개처럼 감돌아든다. 사람들은 새해가 왔다고 '근하신년'(謹賀新年)이라 하나 우리에게 새해는 치하할 만한 무슨 희망과 무슨 새로운 계획이 있는 것인가? 우리가 작년 한 해 동안 개인적으로나 민족적으로나 온 세계 인류로나 무슨 새로운 진리 하나를 이 역사에 제공했으며, 무슨 중대한 문제 하나를 해결한 것이 있었던가? 그렇지 못하면서 묵은해의 짐을 벗고 경쾌한 마음으로 소스라치면서 새해를 맞을 수 있겠는가? 보라. 만국의 종교가들이 신구 대륙에서 여러 번 회합하였건만 전쟁의 책임 문제, 군축 문제, 일본과 중국 문제 등등 중대한 문제를 거의 다 숙제로 남긴 것뿐 해결한 것이 없지 않은가? 20세기 사람들처럼 인간의 만능(萬能)을 믿는 것이 심한 때가 없었으나 인간의 무능을 깨닫기가 작년처럼 절실한 때가 또한 없었다. "세상에 인물이 없나니 한 사람도 없느니라"고 한들 누가 능히 항변할까? 그렇다. 지난해는 '코로 숨 쉬는 자'에게 크게 실망한 일 년이었다.

1933년 또한 암흑이 더욱 심하고 공중에 권세 잡은 자들의 횡행함이 극에 달할는지 모른다. 그러나 새벽이 캄캄한들 얼마나 가랴. 의의 태양이 떠올라 구름과 안개가 지면에서 소산할 것이 눈앞에 보인다. 살구나무 가지를 보던 예레미야와 함께 새해를 맞이하는 아침, 하나님의 말씀에 귀를 기울이자. 원컨대 새해부터 더욱 그리스도의 십자가밖에 알 것이 없고, 벌레 같은 인간과 이 조그만 인쇄물을 통해서라도 주 그리스도의 영광만 나타나시옵기를 빈다.　　　　(1933년 1월)

1935년

내외 모두 난숙(爛熟: 충분히 발달함)하였다. 무엇이 충분히 발달하였을까? 안으로 대신(大臣)으로부터 소학교 교장까지, 내각의 고관으로부터 시(市) 정부의 관원까지, 스캔들에 이어 스캔들이다. 재주 있는 사람의 등용의 길이 막히고, 건강한 자가 노동할 곳이 없어 길거리에서 방황하며, 유한마담은 우울을 못 이겨 광분하고, 청년·소녀들은 연애 유희를 익히느라 분주하다. 관공청에서 과부의 정의를 구할 수 없고, 교회에서 가난한 사람이 복음을 들을 수 없다.

밖으로 1935년과 1936년에 위기가 도래할 것을 제창함은 신·구대륙이 일반이다. 국제 조약을 일방적으로 폐기하는 일이 으레 통용되는 법이 되었고, 군축 회의의 성과는 새로운 군비 확장 경쟁에 자극을 준 것뿐이라고 슬기로운 사람은 세계를 향해 방송한다. 과연 위와 같은 비상시국이 끝내 도래하고 말 것인지 아닌지는 확실치 않지만, 국민은 벌써 비상시 훈련에 익숙해진 지가 여러 해 되었다. 무엇보다도 언론의 자유를 다시 요구할 줄 모르게까지 되었다. 어두운 구름은 각각으로 중첩하니 이때야말로 이스라엘 왕국 말년에 '인류의 알프스 연봉(連峯)'이라는 예언자들이 무더기로 나오던 배경과 방불하지 않은가?

암흑이 짙음은 강한 광명이 가까움을 예기하는 것이고, 반근착절(盤根錯節: 얼크러져 처리가 어려운 사건)을 만나지 않고는 쓸모 있는 재능을 분별할 수 없다. 과연 그렇다. 1935년에 전하는바 위기가 온다고 하

라. 아니 전하는바 이상의 대사변이 지구 위에 온다고 하라. 그러나 우리는 확신한다. 열강의 모든 동태는 전능하신 여호와의 섭리가 실현되는 것 이외에 아무것도 아니라고. 한 나라가 성공하면 다른 나라가 쇠할 것이요, 한 민족이 강하면 다른 민족이 약해질 수 있을 것이다. 요컨대 이것은 여호와께서 인류를 교육시키는 한 과정에 불과한 것으로, 결국은 나라가 나라에 대하여 신의를 배우고, 사람이 사람에 대하여 경애를 깨닫게 될 것이다.

위기란 무엇이냐? 그 안에 노고가 없지 못할 것이요 그 속에 비애가 없을 수 없을 것이나, 우주의 주재자가 엄연히 존재하시는 이상, 이것은 멸망을 의미함이 아니요 단련을 의미하는 것이며, 타락이 아니요 회개를 유도하는 기회이다. 위기를 당하여 진실로 위험한 것은 유형한 물건과 눈에 보이는 세계에만 국한되는 것임을 알 것이다. 무릇 참된 것이 이기고, 무릇 헛된 것이 그 정체를 폭로하여 퇴각하지 않을 수 없는 것이 위기의 결과이다. 정의에 입각한 나라들이 이기고 허위의 공작으로 꾸민 외교와 사건들은 파멸될 것이다.

범사가 그렇거니와 특히 신앙과 영계의 일에서는 더욱 그 진위가 분명하게 구체적으로 판명된다. 위기를 만나서 내외로 확고한 힘을 주지 못하는 신앙은 헛된 껍질이다. 이렇게 생각할 때 위기의 1935년을 맞음이 얼마나 기뻐 뛸 일인고! 전구가 배전선에 연접되어 있는 동안 빛나는 것처럼 우리가 주 그리스도 안에 거할 동안은 "환란은 인내를 낳고, 인내는 연단을 낳고, 연단은 소망을 낳는" 줄 알 것이다. **(1935년 1월)**

새해의 전망

아프리카 대륙의 동북 귀퉁이에 과학 국가 이탈리아의 횡포가 있었고, 아시아의 중앙 평원에 다소의 '사변'이 일어나기도 했지만, 그래도 대체로 1935년의 세계는 무사히 지나갔다고 할 수 있다. 비상시의 경종을 난타하며 방공 연습으로 시민을 훈련하였던 것이 단지 연습에만 그치고 실제로 우리 지붕에서 폭탄이 터지는 일 없이, 우리의 눈과 코가 독가스에 썩는 일 없이 국제적 위기인 1935년을 통과한 것은 천만 뜻밖의 요행이라고 할 수밖에 없다. 그러기에 무사한 1년의 섣달그믐을 보내며 크게 한숨을 쉬며 휴식을 감사하게 된다.

그러나 새로 오는 1936년은 과연 어떠한 해일까. 해소되지 않은 '비상시'가 그대로 연장되는 것일까, 더욱 짙어지는 것일까? 혹은 런던에서 열린 해군 군축회의의 성과로 온 세계에 평화의 향락을 약속할 것인가? 그러나 만일 총포의 소리가 귀밑에 들리고 폭격의 과학전(科學戰)이 창문 앞에서 전개된다 해도 이것은 비상시국에 우리가 예측했던 점이니 놀랄 바 없을 것이다. 또한 오산이 생겨서 무사 평온한 1년을 보내게 된다면 우리는 그 요행을 또다시 감사하리라. 그러나 전란에 빠지든지 혹은 침울한 '비상시'가 연장되는지를 막론하고 한 가지 분명한 점은 암흑의 권세가 날로 팽창한다는 것이다. 공습은 피할 수도 있겠지만, 이 암흑이 온 땅을 덮는 대세만은 어쩔 수 없는 일인 듯하다. 구미 열국에 깔려 있던 검은 구름은 드디어 작년에는 아침의 햇빛을 자랑하는 동양 천지까지도 여지없이 가리어 버렸거니와, 이 암흑의 정도와 세력은 올해 일 보 전진할 법은 있어도 퇴보할 수는 없을 것이다.

암흑이 온 땅을 지배할 때 일어나는 현상은 무엇인가? 광명과 암흑의 대립이요, 그리스도와 그리스도에 속한 자에 대한 핍박이다. 그러므로 "그 정죄는 이것이니 곧 빛이 세상에 왔으되 사람들이 자기 행위가 악하므로 빛보다 어둠을 더 사랑한 것이니라. 악을 행하는 자마다 빛을 미워하여 빛으로 오지 아니하나니 이는 그 행위가 드러날까 함이요. 진리를 따르는 자는 빛으로 오나니 이는 그 행위가 하나님 안에서 행한 것임을 나타내려 함이라"(요한복음 3:19-21).

주 예수께서 말씀하신 그대로이다. 도적이 달빛을 꺼리듯이 어두운 세대가 가장 꺼리고 배격하는 것이 빛과 진리이다. 그러므로 기독교인들을 박해하는 것은 암흑시대의 필연적인 현상이다. 불교와 유교, 천도교와 보천교, 숭신인조합(崇神人組合)의 무당들과 점쟁이들까지도 문제없다. 다만 기독교도가 시빗거리가 된다. 이는 저희가 유독 악인이거나 나태한 국민이어서가 아니요, 오직 그리스도에 속한 빛의 자녀들이기 때문이다. 이유는 '크리스천'이라는 것뿐이다.

이제 조선이나 중국 또 미국이나 영국, 독일 할 것 없이 기독교회는 침체되었다. 진퇴유곡(進退維谷: 앞으로도 뒤로도 나아가거나 물러서지 못하다)에 빠졌다. 이때 암흑으로 온 땅을 덮는 것은 인류를 저주해서가 아니라 도금을 벗기려는 섭리인 것이다. 우리는 1936년에 암흑이 강세함을 겁낼 것이 아니라 신앙의 순진(順進)을 위하여 가다듬고 정진할 것이다. 신앙은 거대함을 요구하지 않는다. 겨자씨만 하더라도 오직 꾸밈없고 참되면 족하다.

(1936년 1월)

손기정 군의 세계 마라톤 제패

8월 10일 이른 아침에 베를린으로부터 손 군의 마라톤 우승의 전파가 다다른 순간부터 끓어오르기 시작한 전(全) 조선의 기쁨은 각 신문이 가장 큰 활자로 그 공을 칭찬하며 감사를 나타냈다. 각종 잡지도 새로 탄생한 영웅을 그리고 또 그렸건만 아직도 다하지 못한 바 있으니 이 감격의 높은 물결은 당연한 일이다. 올림픽 경기의 유래를 아는 사람은 마라톤 우승이 곧 그 대회를 정복하는 일인 것을 잘 안다.

"올림픽에서 마라톤에 우승하는 것처럼 화려한 일은 없다. 마라톤에 이기면 올림픽을 정복했다 해도 과언이 아니다. 그런 의미에서 손 군은 '정말 행복하다.'" 「오사카 마이니치」(大阪每日) 신문의 난부 쥬헤이(南部忠平) 씨의 말 그대로이다. 이와 같은 일반적 의미의 기쁨과 자랑 및 칭찬은 세상의 논의로 족하다. 우리는 우리의 특수한 감상 두어 가지만 말하려 한다.

첫째, 손 군은 우리 학교의 학생이요, 나 역시 일찍이 도쿄-하코네(東京-箱根) 간 역전 경주의 선수여서 마라톤 경주의 괴로움과 즐거움을 체득한 자이다. 손 군이 작년 11월 3일 도쿄 메이지(明治) 신궁 코스에서 2시간 26분 41초로 세계 최고 기록을 세울 때는 함께 있었다. "선생님 얼굴이 보이도록 자동차를 일정한 거리로 앞서 모시오"라는 손 군의 요구에 '설마 선생 얼굴 보는 일이 뛰는 다리에 힘이 될까' 하면서도 이때 제자는 스승의 심장 속에 녹아 합일되어 버렸다. 반환점 육향교(六鄕橋)에서부터 도착점까지 차창에 얼굴을 내밀고 응원하는 교사의 양 볼에는 그칠 줄 모르는 뜨거운 눈물이 시야를 흐리게 하였으니, 이는 스승과 제자가 하나 되는 화학적 변화에서 발생하는 눈물이었다. 그 결과가 세계 기록이었다. 이런 처지에 베를린에서 온 소식을 들을 때에 감격이 남달랐다.

둘째, 올림픽 우승의 소감으로 보도된 바에 의하면 손 군은 "작전에 있지 않고 정신에 있더라"는 체험을 고백하였다. "교만은 패망의 선봉이요"(잠언 16:18)라는 것이 성서의 교훈이요, 하나님이 개인과 민족, 국가와 제왕을 향하여 교육하시는 중대한 교재의 한 과목이다. 전회 올림픽 마라톤 우승자인 아르헨티나의 자바라(Juan Zabala) 군이 방약무인한 행동을 하다가 무참히 패망하는 광경을 목격한 손 군이 "승패는 작전과 체력에 있는 것이 아니요, 정신의 겸허함에 있더라"라는 진리를 체득하여 전 세계에 입증한 것이 큰일을 한 것이었다.

셋째, "양정학교의 건물과 그 운동장이 이런 세계 1등 선수를 내었다면, 우리 조선이 영원한 경주장에서 용맹한 자의 관을 쓰게 될 것을 믿는 마음이 더욱 두터워집니다"(함석헌 군의 축하장)라는 새로운 희망이다. 세상 사람들은 말하기를 시설과 환경이 중요하다고 한다. 그러나 여러 선진국은 그만두고라도 조선 안에 어느 고등학교가 그 교실이 양정보다 깨끗하지 못하며, 그 강당과 그 운동장이 양정보다 넓지 못한가.

넷째, 하나님의 존재를 새롭게 인식하게 된다. 마라톤에는 절대적으로 체력이 요구된다. 그러면 조선인보다 체력이 우월한 국민이 없던가? 있다. 유한한 근육의 힘을 가장 효과적으로 분배하여 사용하기 위해서는 과학적 연구가 필요하다. 그러면 과학적 연구에서 우리보다 나은 나라가 없는가? 있다. 마라톤에서도 무엇보다 인내력이 제일 중요하다. 그러나 조선인의 인내력이 세계 제일이라는 것은 세계열강이 인정하지 않는 바이다. 이때 공중에 소리 있어 가로되, "그의 팔로 힘을 보이사 마음의 생각이 교만한 자를 흩으셨고… 높은 것을 낮추시고 낮은 것을 높이시며, 강한 자를 꺾으시고 약한 자를 세우시느니라"(누가복음 1:51-53). 이것이 하나님의 속성이시다. 손 군의 우승은 심술궂은 여호와 신의 현존을 우리에게 설교해 준다. **(1936년 9월)**

천하의 신기한 것(성탄절)을 기다리며

영웅호걸이 오고 영웅호걸이 갔다. 알렉산더가 왔다 갔고, 칭기즈칸이 그렇고, 카이사르가 그렇고, 나폴레옹이 그렇고, 비스마르크가 그렇고, 윌슨 대통령이 또한 다녀갔다. 저들이 세상에 왔으매 사람들은 크게 신기한 것을 기대했으나 저들이 떠난 뒤에는 오직 황막한 빈 들에 그가 있었던 자취를 찾아도 다시 종적을 알 길이 없다. 역사가 흥성한다 해도 그렇고, 위인이 출현한다 해도 그렇고, 과연 전도자가 갈파한 대로이다.

"헛되고 헛되며 헛되고 헛되니 모든 것이 헛되도다. … 한 세대는 가고 한 세대는 오되 땅은 영원히 있도다. 해는 뜨고 해는 지되 그 떴던 곳으로 빨리 돌아가고… 모든 강물은 다 바다로 흐르되 바다를 채우지 못하며… 모든 만물이 피곤하다는 것을 사람이 말로 다 말할 수는 없나니 눈은 보아도 족함이 없고 귀는 들어도 가득 차지 아니하도다. 이미 있던 것이 후에 다시 있겠고 이미 한 일을 후에 다시 할지라. 해 아래에는 새것이 없나니 무엇을 가리켜 이르기를, 보라 이것이 새것이라 할 것이 있으랴. 우리가 있기 오래 전 세대들에도 이미 있었느니라. 이전 세대들이 기억됨이 없으니 장래 세대도 그 후 세대들과 함께 기억됨이 없으리라"(전도서 1:2-11).

사실 그렇다. 무릇 코로 숨 쉬는 인간들이 시도하는 일에서는 어느 하나에도 새로운 희망을 붙일 만한 참된 일을 찾아볼 수 없다. 다만 지금부터 2천 년 전 예루살렘 여관의 구유에서 나사렛 목수의 아들이 고고의 첫소리를 냈을 때 새것이 왔다.

"지극히 높은 곳에서는 하나님께 영광이요.
땅에서는 기뻐하심을 입은 사람들 중에 평화로다!"

천군 천사의 찬송 소리가 진동한 후에 땅 위에 비로소 새것이 왔나니, 보라 "가난한 자는 복음을 듣게 되고, 장님은 보고, 말 못하는 이는 혀가 풀리고, 걷지 못하는 이는 걷게" 되었으며, 마음이 가난한 자는 도리어 복된 것을 감사할 줄 알게 되었고, 비통한 자는 위로를 받아 넘침을 깨닫게 되었다. 이날 이후 하늘 아래에 처음으로 평화가 임하였으니 예수를 영접한 곳이면 오막살이에서도 찬송이 흘러나오고, 인간 사회에서 폐물같이 된 고질 병자에게도 인생에 태어난 참된 뜻이 발견되어 기쁨이 터져 나왔으며, 못나고 온유한 자들도 땅을 차지하고 평화를 누리게 되었다.

세상의 무상함에 마음 상하고 영이 흐려진 형제여, 잠시 눈을 위로 향하여 그리스도로부터 내리는 평화가 당신의 가슴을 점령케 하라. 생각하라, 성탄의 날을. 찬송하라, 크리스마스를. 우주의 주인이신 그리스도와 함께 서서 새날을 맞으라. **(1939년 12월)**

조와(弔蛙: 개구리의 죽음을 슬퍼하노라)

작년 늦가을 이래로 새로운 기도 터가 생겼다. 층층이 쌓인 바위가 병풍처럼 둘러싸고, 가느다란 폭포 밑에 작은 연못을 형성한 곳에 평평한 반석 하나가 솟아나서 한 사람이 꿇어앉아서 기도하기에는 하늘이 마련해 준 성전 같았다.

이 반석 위에서 가늘게 혹은 크게 기도하고 찬송하다 보면 전후좌우로 엉금엉금 기어 오는 것이 있으니 연못 속에서 바위 색에 적응하여 보호색을 이룬 개구리들이다. 산속에 큰일이나 생겼다는 표정으로 새로 온 손님에게 접근하는 친구 개구리들, 때로는 5, 6마리, 때로는 7, 8마리.

늦가을도 지나서 연못 위에 얇은 얼음이 붙기 시작함에 따라서 개구리들의 움직임이 날로 날로 완만하여지다가 나중에 두꺼운 얼음이 투명을 가린 뒤로는 기도와 찬송의 음파가 저들의 귓가에 닿는지 안 닿는지 알 길이 없었다. 이렇게 소식이 막힌 지 무릇 수개월 남짓!

봄비 쏟아지던 날 새벽, 이 바위틈의 얼음덩어리도 드디어 풀리는 날이 왔다. 오래간만에 친구 개구리들의 안부를 살피고자 연못 속을 구부려 찾아보았더니 오호라, 개구리 시체 두어 마리가 연못 꼬리에 떠다니고 있지 않은가!

짐작건대 지난겨울의 비상한 추위에 작은 연못의 물이 밑바닥까지

얼어서 이 참사가 생긴 모양이다. 예년에는 얼지 않았던 데까지 얼어
붙은 까닭인 듯. 얼어 죽은 개구리의 시체를 모아 묻어 주고 보니 연못
바닥에 아직 두어 마리가 기어다닌다. 아, 전멸은 면했나 보다!

(1942년 3월)

* 「성서조선」 마지막 호에 실린 글이다. 이 글이 문제가 되어 「성서조
선」이 폐간되었으며, 김교신 선생을 비롯해 많은 사람이 조사받고 옥고를
치르는 '성서조선 사건'이 일어났다.

본문 해설

　"조선지리 소고"는 한국 인문지리학의 정수를 보여주는 최고의 글로 선생의 지리와 역사에 대한 해박한 지식과 한국의 지리와 지정학이 세계사 속에서 가지는 의미와 가능성을 유려(流麗)한 필치로 보여준 명문이다. 조선의 지리를 단원, 면적, 인구, 산악과 평야, 해안선, 기후, 위치 등으로 나누어 그 풍성함과 무한한 가능성을 잘 이야기하였다. 이 글은 당시 널리 유포되었던 자학적 세계관인 '식민지 지리결정론', 즉 대륙과 해양 세력 가운데 끼어있는 반도 조선은 독립적 국가를 유지하기 어렵다는 주장을 통쾌하게 무너뜨렸다.

　우리는 이 글을 통해서 지리적 환경의 중요성을 알 수 있지만, 더 중요한 것은 그 안에 사는 사람의 믿음과 사상, 의지와 능력, 꿈과 소망이라는 것을 깨닫게 된다. 90여 년 전 이 글을 쓸 때 선생의 가슴 속에 담겨 있던 꿈이 현재 상당 부분 성취되었다. 대륙 세력과 해양 세력이 만나는 곳, 자유민주주의와 국가권위주의가 부딪히는 곳, 그곳이 바로 한반도이다. 그 결과 분단과 6.25전쟁과 같은 비극적인 역사를 경험하였다. 그러나 남한은 자본주의, 자유민주주의 세력의 종주국인 미국을 붙잡고, 의지하고, 이용하면서 오늘의 부와 발전을 이루게 되었다. 그 성장과 발전의 속도가 너무 빨라서 여러 가지 문제가 일어나기도 하였다. 선생이 이 글에서 논의한 조선 지리의 가치와 가능성은 생각과 사상에서 끝나는 것이 아니라 살아있는 현실이 되고 있다. 해방 후 한국 역사를 지정학적 측면에서 고찰하면 현재까지는 성공적이었다. 그러나 앞으로가 문제다. 핵무기로 무장한

국가들 사이의 신냉전 시대가 열렸고, 지정학적인 요소로 인해 우크라이나, 대만, 한반도가 그 전선의 최전방에 있다. 이 나라를 이끌어 갈 지도자들과 다음 세대 젊은이들은 이 글을 읽고 지혜를 얻어야 할 것이다.

"「성서조선」의 이해"는 창간사와 더불어 「성서조선」 발간의 의미와 지향점을 지시하며, 기독교 민족주의의 정수를 보여주고 있다. 이 글은 기독교 민족주의 사상의 근본 명제를 다음과 같이 선포한다. 이 세상에서 가장 귀하고 소중한 것은 성경과 조선이다. 이 세상에서 가장 사랑하는 조선에 주고자 하는 최고의 선물은 성경이다. 이 성경 위에 조선이라는 나라를 세울 때 세계의 역사와 평화에 기여할 수 있는 가장 위대한 나라를 만들 수 있다.

세계 역사의 흐름을 보면 민족주의는 늘 두 가지 얼굴을 하고 있었다. 강한 힘을 가진 민족이 인종민족주의 혹은 국가민족주의를 지향할 때는 침략, 전쟁, 식민지 지배의 죄악이 행해졌다. 그 죄악의 예가 나치 독일의 민족주의, 군국주의 일본의 민족주의였다. 침략적 민족주의에 맞서 자기 민족을 보전하기 위해서 나온 저항적 민족주의 혹은 독립적 민족주의는 해당 민족의 정체성을 보전하고, 독립적인 나라를 세우며, 민족의 생존과 발전을 도모하는 길이 되었다. 일제 치하 한국의 민족주의는 후자의 대표적인 예이다.[1]

민족주의는 어떤 성격을 띠든 인종, 언어, 역사, 국가의 기준에 따라 피아(彼我)를 가르는 폐쇄적인 성격을 띨 수밖에 없고, 이러한 폐쇄성은 갈등과 다툼의 온상이 된다. 기독교 민족주의는 인류가 가진 가장 보편주의적인 사상인 기독교 위에 세워진 민족주의이다. 그래서 민족주의가 가진

---

1 신용하, 『민족의 사회학 이론』 (경인문화사, 2023).

폐쇄성과 갈등의 요소를 완화시킨다. 한족 민족주의가 득세하고 있는 중국의 부상과 함께 민족주의는 세계 역사에서 우려 가운데 또다시 주목받게 되었다. 이러한 시대를 맞이하여 김교신의 민족주의는 민족의 번영과 통일, 세계의 평화에 밝은 빛이 될 것이다.

"크리스마스"는 성탄절, 곧 예수님 탄생의 근본적인 의미를 말하는 글이다. 예수님의 탄생은 한마디로 전도(顚倒)의 사건, 뒤집어짐의 사건이다. 인생이 갈구하던 행복과 가치의 표준이 바뀐 사건이었다. 그가 오심으로 가난한 자, 주린 자, 애통하는 자가 행복한 자가 되었다. 약한 자가 강한 자가 되었고, 어리석은 자가 지혜 있는 자가 되었다. 이 세상과 반대되는 가치와 지향점을 가진 하나님의 나라가 임하게 되었다.

이 세상의 가치와 관련하여 기독교와 교회는 어떤 자리에 있는가? 이 세상의 가치 가운데 많은 것이 기독교 산물인 것을 역사는 잘 보여준다. 인권, 자유, 평등, 평화, 사랑, 섬김 등 이 세상에서도 소중히 여기는 가치 가운데 많은 것이 기독교의 산물이다. 그러므로 이러한 가치들을 보전하고 발전시키는 일에 교회와 성도는 함께 힘써야 할 것이다. 그러나 자신들의 이익을 위하여 다른 사람을 억압, 착취, 멸시, 차별하고 자신의 삶에서는 방만, 방종, 무절제의 삶을 사는 이 세상의 풍조에 대해서 단호히 반대해야 한다. 예수님 탄생이 가치의 전복이라는 뜻은 죄에 물든 이 세상의 풍조에 물들지 않고 그 반대의 길을 간다는 의미이다. 지금 우리는 세상의 그릇된 가치와 풍조를 뒤따라가고 있는가, 거부하고 있는가? 이것이 성탄절을 맞은 우리에게 던지는 선생의 질문이다.

"지도와 신앙"은 기독교 문명과 기독교 신앙을 구분하면서 기독교 문명에 휘둘리지 않는 기독교 신앙을 촉구하는 글이다. 지도를 보면 아세아를 제외한 대부분의 지역이 기독교 문명 지역이다. 당시 선진국, 강대국으로 불리는 나라들은 모두 기독교 문명국가였다. 물론 기독교 문명국가에 기독교의 신앙과 가치가 많이 있는 것을 부인할 수 없다. 그러나 기독교가 문명화되고 국가 종교가 되면서 참된 기독교 신앙이 약해지는 측면을 간과해서는 안 된다.

선생은 기독교 문명국가와 기성 교회 속에서 나타나는 참 신앙의 약화와 왜곡을 정확하게 간파하였다. 한국교회는 기독교 문명에 취하여 기독교 신앙이 약화되는 위험 가운데 있다. 그리스도와 문화를 정교하게 분리하여 분석한 리차드 니버의『그리스도와 문화』, 키에르케고르의 "집오리의 친구가 되어 야성을 잃어버린 야생 오리 이야기"를 되새기면서 선생의 글을 읽으면 지금 우리 시대에 더욱 큰 울림이 있을 것이다.

"1933년"은 1차 세계 대전이 끝난 후 역사의 광명이 잠시 비치는 듯하다가 곧바로 짙은 어둠 속으로 들어가는 역사를 보면서 탄식하고 근심하는 선생의 마음을 잘 표현하였다. 선생은 1932년 한 해를 돌이켜 보면서 인간의 무능을 뼈저리게 느꼈다. 인류가 식민지 제국주의 시대의 끓어오르는 욕망을 도덕적으로나 제도적으로나 제어하지 못하고, 결국 2차세계대전이라는 인류 역사 최악의 전쟁을 향해서 가는 모습을 보았다. 그리고 깊이 탄식하였다.

그러나 아무리 역사의 어둠이 짙어도 소망은 있다. 그리스도의 십자가가 소망이다. 그래서 살구나무 가지를 보던 예레미야와 함께 새해를 맞이하면서 하나님의 말씀에 귀 기울인다. 우리 시대 기후변화로 인해 문명의 위기가 다가옴을 느끼고, 핵무기를 가진 나라가 패권 다툼을 하면서 온 인류를 두려움 가운데로 몰아넣고 있다. 이러한 시대를 맞아 선생의 시대와 마찬가지로 우리의 소망은 예수 그리스도와 그의 십자가와 부활이다.

십자가와 부활이 있기에 두렵고 떨리는 세상 속에서도 소망 가운데 기뻐하며 살아갈 수 있다.

"1935년"은 역사의 어둠이 더욱 짙어가는 가운데 하나님의 은혜와 섭리의 손길을 사모하면서 믿음과 인내로 연단할 것을 촉구하는 글이다. 1934년 한해를 돌이켜 보면 국내적으로나 국제적으로나, 영적으로나 세상적으로나 어둠은 더욱 짙어가고 있다. 아무리 역사의 어둠이 깊어 가도 그것은 여호와 하나님의 섭리의 손길 가운데 있다. 그 일을 통해 여호와께서 인류를 교육하고 연단하며, 참믿음을 가지도록 인도하신다. 역사의 위기 가운데서 노고와 고통과 비애가 있겠지만, 그것을 통해 하늘의 정의가 이루어질 것이다. 위기 속에서 참 신앙의 진가가 드러나게 된다.

이스라엘이 멸망의 길을 갈 때 예레미야를 비롯한 수많은 선지자가 나왔고, 그들은 역사의 어둠 속에서 여호와 하나님의 섭리와 심판의 손길을 더욱 분명히 보았다. 더 나가 하나님의 약속에 근거한 소망을 간직했다. 지금 우리 시대는 예레미야 시대나 김교신의 시대보다 더 위험한 위기의 시대이다. 핵무기와 같은 살상 무기로 인해 자칫 문명이 붕괴되고 인류세(人類世, Anthropocene)가 종말을 고할 수 있다. 역사와 문명의 종말을 가장 가까이 느낄수록 우리는 창조주 하나님, 역사의 주관자 하나님, 종말을 주관하시는 승리자 예수 그리스도를 의지하고 그의 뜻에 순종해야 한다. 역사와 문명과 온 인류를 위해 기도하고 헌신하는 참 하나님의 사람 10명이 있으면, 그들의 눈물로 인해 소돔과 고모라로 향하시던 여호와 하나님께서 그 심판의 발걸음을 돌리실 것이다.

"새해의 전망"은 역사와 문명의 암흑이 짙어질수록 더욱 순전한 믿음을 가지라고 촉구하는 글이다. 1935년은 어떻게 지나갔지만, 세계 정세의 어둠은 더욱 짙어만 간다. 이러한 때에 나타나는 필연적인 현상은 광명과 암흑의 대립이다. 예수님이 이 땅에 오셨을 때 세상이 그를 받아들이지 않고 배척한 것은 예수님이 빛이셨고 세상은 어둠 속에 있었기 때문이었다. 그러므로 역사의 어둠이 짙어지면 성도들에 대한 박해가 일어날 수밖에 없다. 선생은 어둠의 세력 일제가 신사참배를 강요하면서 성도들을 박해하는 것을 보고 있었다. 그래서 어둠은 박해를 가져오니 더욱 신앙의 순결을 지키라고 권면하였다.

역사의 어둠은 성도에 대한 박해의 형태로 다가온다. 중국, 북한, 여러 이슬람권 국가 등과 같이 어둠이 짙은 나라에서는 예전부터 성도들을 박해하였다. 심지어 미국이나 유럽과 같은 기독교 문명권 국가에서도 '믿지 않을 권리'를 주장하면서 전도하는 성도들을 박해하는 일이 종종 일어난다. 우리나라에서도 성도들에 대한 박해가 곧 올 것이다. 하나님의 말씀과 우리 시대의 풍조는 점점 어긋나고 있다. 성경의 10계명 가운데 이 세상에서도 작동하는 계명은 "살인하지 말라", "도둑질하지 말라"는 두 계명밖에 없다. 나머지 8가지 계명과 관련하여 참 신앙인과 시대의 흐름 사이에는 격렬한 충돌이 일어날 것이다. 그리고 법과 권력을 장악한 국가권력과 다양한 사회권력은 성도들을 박해할 것이다. 그러나 박해의 불길은 연단을 낳고, 연단된 하나님의 자녀들은 세상을 이길 것이다.

"손기정 군의 세계 마라톤 제패"는 1936년 베를린 올림픽에서 손기정 선수가 금메달을 딴 소식과 관련된 이야기로 식민지 시대 장마철의 햇볕과 같은 이야기다. 선생은 손기정의 스승이다. 그가 도쿄에서 예선을 치를 때 선생의 눈물이 그의 다리에 힘이 되는 것을 경험하였다. 그의 우승은 정신의 승리였고 조선의 새로운 희망이었다. 무엇보다도 그의 승리는 하나님의 존재를 새롭게 인식하게 한다. 세계에서 가장 가난한 나라, 식민지 치하의 어린 학생 손기정이, 세계 역사를 어둠 속에 빠뜨린 최악의 인물 히틀러 앞에서, 백인 우월감의 경연장인 베를린에서, 가장 정직한 경기 마라톤에서 당당히 우승했다. 이것은 높은 것을 낮추시고 낮은 것을 높이시며, 강한 자를 꺾으시고 약한 자를 세우시는 하나님의 현존을 증명하는 일이었다.

지난 한 세기 우리 한국의 역사는 여러 측면에서 손기정 금메달의 기적을 경험했다. 식민지와 전쟁을 경험한 세계 최빈국에서 세계 10대 경제 대국이요, 1인당 국민소득 3만 불이 넘는 선진국에 진입했다. 정치적 민주화와 경제적 산업화를 함께 일구어냈다. 20세기 세계 기독교 선교의 기적을 이루었다. 조림 녹화에 성공하였고, K 컬처가 세계를 휩쓸고 있다. 고속도로 휴게실 화장실이 호텔 화장실같이 깨끗하고, 전 세계에서 유일하게 음식물 분리수거에 성공한 나라이다. 이 시대 손기정 금메달의 기적이다. 그러나 기적을 체험할수록 겸손해야 한다. 기적에는 이유가 있다. 기적은 하나님의 현존을 드러내고 하나님의 나라와 그 의를 이루기 위해서 일어나는 것이다. 한국 백성이여 귀 기울이고 기억하라. 손기정 기적의 의미를 가르쳐준 김교신 선생의 말씀을!

"천하의 신기한 것(성탄절)을 기다리며"는 성탄절의 의미가 새로워지는 것임을 말한다. 역사는 위대한 인물들의 등장과 퇴장으로 이어간다. 알렉산더 대왕에서 시작하여 미국의 윌슨 대통령에 이르기까지 수많은 위인이 왔다 갔지만, 세상은 그대로이고 해 아래 새것이 없다. 외적으로는 눈부신 발전과 변화가 있는 듯하지만, 인간 속내를 들여다보면 여전히 죄에 물들어 있고 헛된 욕망에 이끌려 사는 것이 예전이나 다를 바가 없다.

우리는 지금 변화는 많지만, 새로울 것이 없는 세상을 살고 있다. 하루가 멀다 하고 새로운 전자 기기들이 나오지만, 그것이 우리 삶을 새롭게 하지 못한다. 수많은 새로운 지식과 정보들이 쏟아져 나오지만, 그것들은 우리의 마음을 어지럽게 할 뿐 우리의 심령을 새롭게 하지 못한다. 새로울 것 없는 역사의 흐름 속에서 그리스도의 탄생과 함께 참으로 새로운 세상이 왔다. 가난한 자는 복음을 듣게 되고, 장님은 보고, 벙어리는 혀가 풀리게 되었다. 그렇다 그리스도 안에 있어야 새로운 세상을 만날 수 있다. 땅에 있는 것들의 순서와 조합을 바꾼다 해서 새로운 것이 나오지 못한다. 하늘의 것을 받아들여야 새로운 삶이 열린다. 하늘에서 새롭게 하시는 은혜를 가지고 오신 주님을 맞아들이는 것 이것이 성탄절의 참 의미이다.

"조와(弔蛙: 개구리의 죽음을 슬퍼하노라)"는 이 책의 제목이 되는 글이며, 식민지 시대 최고의 역사철학과 신앙 고백을 담은 글이다. 글의 내용은 지극히 평이하다. 선생의 기도 터 작은 연못에 살던 개구리가 유난히 추웠던 지난겨울을 지내면서 얼어 죽고 말았다. 얼어 죽은 개구리 사체를 묻어 주고 보니 연못 바닥에 두어 마리 개구리가 아직 살아 기어다니고 있었다. 선생은 "아, 전멸은 면했나 보다!" 외쳤다.

글의 내용은 평이하지만, 비유는 심히 깊고, 그 뜻은 강렬하다. 추운 겨울은 일제의 혹독한 압제이며 개구리는 힘없고 불쌍한 조선 백성이다. 아시아에서의 승리에 도취된 군국주의 일본은 겁 없이 진주만을 폭격하고 태평양 전쟁을 일으켰다. 미국이라는 강대국과 전쟁을 하게 되니 내부의 단결과 전시 동원을 위해서 더욱 혹독한 통치를 하였다. 예전에 없던 겨울 추위가 이 땅에 밀려왔다. 수많은 젊은이가 학도병으로 끌려가 죽음을 맞이하고, 징용에 끌려간 노동자의 신음 소리와 정신대 소녀의 울음소리가 온 땅에 퍼져 나갔다. 신사참배를 반대하던 성도들은 차가운 감옥에서 죽어 나갔다. 그해 겨울은 그렇게 추웠다. 그래서 많은 개구리가 얼어 죽었다.

살아남은 자가 할 수 있는 일은 애도뿐이었다. 그래서 개구리를 묻어 주었다. 죽은 개구리를 묻고 나니 아직 살아있는 개구리가 보였다. "아, 전멸은 면했나 보다" 외쳤다. 안중근의 총알이 이토 히로부미의 심장을 꿰뚫었다면 이 외마디 외침은 일본 군국주의의 심장을 꿰뚫었다. 너희가 아무리 이 땅을 유린하고 이 땅 백성을 억압한다 해도 이 나라 이 민족은 끝까지 살아남게 된다는 것을 만천하와 하나님 전 앞에서 선포하였다. 그리고 그의 예언은 성취되었고, 불과 3년이 지난 다음 일본은 망하고 해방의 날이 왔다.

군국주의 일본을 향한 그의 총탄은 강렬했지만, 비유의 소음총(消音銃)에서 나갔기에 검열관의 예민한 귀에도 들리지 않았다. 그래서 1942년 3월호 「성서조선」에 실려 조선의 전 지역으로 퍼져 나갔다. 그 소리는 80년이 지난 지금까지도 한국인의 가슴 속에 울려 퍼지고 있다. 뒤늦게 이 크고 놀라운 소리가 가진 의미를 안 일제는 성서조선 사건을 일으켰고, 선생은 투옥되고 「성서조선」은 폐간되었다. "아, 전멸은 면했나 보다!"를 외친 선생의 음성을 담은 "조와"는 식민지 시대 최고의 문학 반열에 올랐다. 〈삼일독립선언서〉, 이상화의 〈빼앗긴 들에도 봄은 오는가〉, 윤동주의 〈서시〉 등과 함께 식민지 시대 우리 민족의 고난을 표현한 걸작으로 오래오래 한국인의 가슴 속에 남아 있을 것이다.

편 역 자 해 제

100년 후에 다시 읽는 김교신

김교신은 44년의 짧은 생애 가운데 35년을 일제 강점기에 살았다. 유년 시절 몇 년 구한말 시대를 살았을 뿐 평생을 일제하에서 산 사람이었다. 그의 가장 중요한 경력은 양정고보 교사와 「성서조선」이라는 신앙 잡지의 주필 겸 편집자였다. 그리고 식민지 시대 저항의 역사에서 본다면 그는 삼일운동(3월 3일 함흥 장날 만세 시위) 당시 학생 주모자로 체포되었다가 기소유예 처분으로 풀려났다. 그리고 「성서조선」에 게재된 "조와"라는 글의 필화 사건(성서조선 사건)으로 1년여 옥살이를 한 바 있다.

그가 일제 식민지 시대 역사에서 크고 위대한 인물임을 그 누구도 부인하지 못할 것이다. 그러나 식민지 시대 이 땅과 교회의 역사 속에서 그보다 더 큰 인물들을 적지 않게 발견할 수 있다. 기독교를 배경으로 한 위인들만 살펴보아도 많은 분이 떠오른다. 국내 민족운동의 역사로 본다면 월남 이상재, 남강 이승훈, 도산 안창호, 고당 조만식, 유관순 등 거목들이 서 있다. 교육, 의료, 여성, 사회봉사, 문화, 학문 등의 영역에서 식민지 조선을 위해 힘쓰고 수고한 많은 인물이 있다. 주시경, 최현배, 백낙준, 김활란, 김마리아, 박서양, 최흥종, 최용신, 윤동주, 유일한 등이 하늘의 별처럼 빛난다. 교회의 역사를 보면 길선주, 김익두, 최봉석, 주기철, 손양원 목사, 언더우드, 어비슨, 마펫, 스크랜튼, 유진벨 선교사 등이 든든한 기둥처럼 버티고 있다.

이런 분들과 비교하면 김교신이 더 윗자리에 있는 것은 아니다. 민족운동사로 볼 때 김교신은 〈삼일독립선언서〉에 기독교 대표로 서명한 남강 이승훈 선생에 비할 수 없다. 한국교회의 역사 속에서 김교신은 순교자 주기철보다 윗자리를 차지할 수 없다. 학문과 남긴 작품으로 본다면 김교신은 최현배나 윤동주를 따를 수 없다. 그런데 왜 김교신은 그 모든 인물보다 더 많이 거론되고 있는가? 그가 뜻하지 않은 질병에 걸려 부르심을 받은 지 80여 년의 세월이 흘렀고, 척박한 식민지 땅에 「성서조선」의 기치를 올린 지 100여 년이 지났음에도 그를 다시 생각하는 이유가 무엇인가? 인공지능 챗봇이 인류 문명을 강타하고, 식민지 조선이 세계 10위권의 선진국으로 발돋움하고, 20세기 세계 선교의 기적이라 불리던 한국교회가 침체의 길을 걷고 있는 2020년대에 왜 우리는 김교신의 삶을 뒤돌아보고 그의 글을 다시 한번 생각해 보아야 하는가? 그 이유는 다음과 같다.

(1) 김교신은 시대정신(Zeit Geist)과 시대의 문제를 정확하게 이해한 사람이었다

김교신은 시대의 문제를 대하고 해결을 모색함에 있어서 시대를 초월한 보편성을 가진 인물이었다. 그는 일제 강점기를 살면서 식민지 조선의 시대정신이 나라의 독립임을 알았다. 아무리 역사의 어둠이 짙어가도 이 시대정신을 잃지도 않았고, 포기하지도 않았다. 사회운동, 교육 운동에 종사하던 많은 기독교 지도자들이 신사참배에 굴복하고 친일로 훼절(毁折)할 때도 그는 나라의 독립이라는 시대정신을 잃지 않았다. 그래서 그는 창씨개명을 거부하였고, 창씨개명한 학생들의 이름을 부르는 것이 싫어서 아예 출석을 부르지도 않았다. 그가 일제 말 흥남질소비료공장에서 일한 중요한 이유는 종전 후 나라의 독립을 준비하기 위함이었다. 그래서 그의 제자들에게 비료 공장 직원으로 들어오라고 권면하였다. 그는 역사의 어둠이 점점 깊어 가는 시절을 만나 조선 백성들이 수많은 고난을 당할 때도 나라의 독립과 조선의 회복을 의심하지 않았다. 그래서 그는 추운 겨울 얼어 죽은 개구리를 묻어 주면서도 아직 살아남은 개구리를 바라보며 "전멸은 면했나 보다"라는 외침으로 불굴의 투지를 보였다(조와). 대륙 세력과 해양 세력 사이에 끼어있는 한반도 조선은 식민지가 될 수밖에 없다는 반도 지리 결정론을 거부하면서 조선 반도는 세계의 역사에 공헌할 만큼 넉넉한 땅과 자원과 지세와 인구를 가졌음을 선언하였다(조선지리고).

김교신이 붙잡은 또 하나의 시대정신은 근대 한국을 세우는 일이었다. 그는 전통적인 유교 사상에 능통한 인물이었지만, 삼일운동의 좌절을 경험한 후 일본으로 건너가 근대 교육을 받았다. 처음에는 영어를 공부했지만 얼마 후 근대 문명의 토대가 되는 과학을 공부하였다. 그리고 교육자의 길에 투신하기 위하여 동경고등사범학교를 졸업하였다. 일본어와 구미 언어에 능숙하여 당시 발달된 서구 문명과 일본의 학문을 배우는 데 어려움이 없었다. (그의 언어 능력은 성경의 언어인 히브리어와 헬라어를 이해하는 데 큰 힘이 되었다.) 그가 가진 언어 능력과 과학 지식 그리고 교사직은 전통사회에서 근대사회로 넘어가던 시절 근대 한국의 시대정신과 잘 부합하는 것이었다.

나라의 독립과 발전된 근대 한국이라는 시대정신뿐 아니라 그것을 실현하기 위한 확실한 방법론을 가지고 있었다. 그것은 정신적 요소 (신앙, 도덕, 지식)를 강화하는 것이었고, 교육을 통해 후진들을 양성하는 것이었다. 정신적 요소의 강화라는 방법론을 투철하게 견지하였기 때문에 그는 무장투쟁이나 정치적 민족운동과 거리를 둘 수 있었다. 그래서 그는 혹독하고 억압적인 일본 식민지 체제 아래서 많은 정치적 사회적 민족운동가들이 좌절을 경험하고 민족해방의 꿈을 포기할 때도 나라의 독립, 민족해방이라는 시대정신을 끝까지 지킬 수 있었다. 그는 또한 농촌 진흥, 산업 활동 등에 투신하는 것이 아니라 교육을 통해서 근대 한국을 세우고자 하였다. 정치활동이나 경제활동은 국가 권력의 압력과 시대적 상황의 영향을 많이 받아 부침(浮沈)이 심한 법이다. 그러나 교육 활동은 상대적으로 흔들림이 덜하다. 그래서 그는 양정고보에서 교편을 잡고 평생 어둠의 시대를 헤쳐 나가면서 시대정신을 따라 살아갈 수 있었다.

그가 붙잡은 시대정신과 그것의 구현 방법은 보편성이 있었다. 나라의 해방과 독립은 공동체의 해방, 억압된 체제에서의 해방 등으로 확산되고 계승할 수 있는 시대정신이다. 무장투쟁, 정치 경제적 방법은 시대적 상황의 제약을 많이 받지만, 정신적 계몽과 강화는 정치·경제적 요소에 상대적으로 영향을 덜 받는다. 그뿐 아니라 시대와 제도의 변화 속에서도 그 의미와 가치가 더 오래 지속된다. "믿음과 사랑을 통한 죄에서의 구원"이라는 기독교의 정신적 가치와 방법론은

2,000년의 세월 동안 수많은 역사와 문명적 변화 속에서도 살아남았고, 현재에도 인류의 삶에 큰 영향력을 행사하고 있다. 김교신이 붙잡은 시대정신과 그 구현의 방법론은 그가 활동하던 시절에서 100여 년의 세월이 흘렀지만 지금도 유효한 보편성을 가지고 있다. 그래서 우리와 우리 후손들은 김교신의 삶을 되돌아보고 그의 글을 다시 읽는 것이다.

(2) 김교신은 온전한 신앙을 가졌고, 온전한 삶을 살았다

우리가 2020년대를 살면서 김교신을 다시 되돌아보는 것은 그의 시대정신과 구현의 방법 때문만은 아니다. 우리는 일제 강점기 기독교 지식인들 가운데 시대정신과 세계관의 측면에서 그만한 인물을 적지 않게 발견할 수 있다. 그렇지만 시대의 문제 앞에서 온전한 신앙과 온전한 삶으로 그것을 돌파해 나간 인물을 찾기는 쉽지 않다. 그러나 우리는 김교신에게서 온전한 신앙과 온전한 삶의 모습을 볼 수 있다. '온전하다'는 말은 신약성경의 언어 헬라어로 '텔레이오스'이다. 이 말은 '완성하다', '목표에 도달하다'는 말에서 왔다. 곧 온전하다는 것은 인격이나 능력이 완전무결하여 아무런 부족함이 없다는 뜻이 아니다. 그에게 주어진 사명, 역할, 기능을 잘 감당하여 완성에 이르고, 그에게 주어진 삶의 목표에 도달한 것을 말한다. 그 과정에서 넘어지기도 하고 실패의 아픔을 경험하기도 하며 인간적인 실수와 시행착오를 겪을 수도 있다. 그러나 일평생 자신에게 주어진 사명과 삶의 목표를 흔들림 없이 간직하면서 그 길을 향해 포기하지 않고 걸어간다면 그는 분명 온전한 사람이다.

이렇게 놓고 볼 때 김교신의 신앙은 온전한 신앙이요, 그의 삶은 온전한 삶이었다. 후대의 사람들은 민족과 나라를 사랑한 사람이요 참교육자요 사상가의 반열에 이른 김교신을 주목한다. 이러한 김교신의 모습은 참 신앙인의 모습이 반사되어 나타난 것이다. 그에게서 가장 중요하고 가치 있는 것은 하나님 아버지와 구주 예수 그리스도에 대한 공경과 믿음이었다. 그의 삶은 오직 이곳을 향하고 있었다. 그의 모든 삶과 활동은 이것을 위함이었다. 김교신의 최고 업적은 1927년부터 1942년까지 「성서조선」을 발간한 것이었다. 원고 작성, 편집, 교정, 배포에 이르는 잡지 발간의 모든 과정을 그 혼자서 거의 담당하는 초인적인 노력을 하였다. 이것이 가능했던 것은 그의 신앙 때문이었다. 그가 「성서조선」을 발간한 것은 생활비를 얻고자 함도 아니요, 어떤 명예를 얻고자 함도 아니었다. 그것은 신앙 행위였고, 매달 하나님 앞에 올려 드리는 신앙의 고백이었다.

김교신은 나라와 민족을 사랑한 참 애국자였다. 그의 민족 사랑, 나라 사랑의 삶은 민족주의와 같은 어떤 정치적 이념에서 나온 것이 아니었다. 그것은 그의 신앙에서 나온 것이었다. 그의 신앙에 비추어 볼 때 식민지 조선 백성에게 가장 필요한 것은 하나님의 말씀 성경이었다. 식민지 조선이 이 민족의 지배에서 벗어나 바로 서기 위해서는 성경의 진리 위에 나라를 세워야 한다고 확신했다. 그래서 그는 "조선에 성서를, 성서 위에 조선을" 하고 외쳤다. 이것은 애국자 혹은 민족주의자의 외침 이전에 참 신앙인의 부르짖음이었다. 김교신은 예레미야 선지자를 지극히 사랑하였고, 그 선지서를 깊이 묵상하였다. 예레미야가 처한 국가적 상황이 식민지 조선의 상황과 비슷하였고, 예레미야의 삶과 고뇌가 자신의 그것과 가장 비슷하였기 때문이었다. 그의 애국애족(愛國愛族)의 삶과 마음은 신앙에서 나온 것이었고, 신앙에 의한 것이었다.

김교신은 참 교사와 참 교육자였다. 그의 삶의 이력은 별세하기 전 몇 년의 비료공장 노무계장의 직 이외에 모두 교사였다. 양정고보에서 가장 오래 근무하였고, 경기고보, 송도고보에서 얼마 동안 근무하였다. 그는 양정고보에서 근무하며 걸출한 제자들을 많이 길러냈다. 1936년 베를린 올림픽 금메달리스트 손기정, 서울대 농대 교수를 하면서 덴마크를 배워야 한다고 외치며 『새역사를 위하여』를 저술한 유달영이 그의 제자였다. "무엇이 무엇이 똑같을까／젓가락 두 짝이 똑같아요", "얘들아 나오너라 달 따러 가자 / 장대 들고 망태 메고 뒷동산으로", "이슬비 내리는 이른 아침에 / 우산 셋이 나란히 걸어갑니다", "기찻길 옆 오막살이, 아기 아기 잘도 잔다", "아버지는 나귀 타고 장에 가시고 / 할머니는 건넛마을 아저씨 댁에" 등 전 국민이 익히 아는 동요를 작사한 윤석중, 경기고보 제자로서 실명 예방 활동에 크게 기여한 안과 의사 구본술 등은 일반인에게 스승 김교신보다 더 널리 알려진 제자였다.

김교신의 교육 활동이나 제자들과 관련된 일화들은 그가 얼마나 제자를 사랑하였으며, 교육을 통해 바른 나라, 바른 세상을 만들고자 얼마나 수고하였는지를 잘 보여준다. (손기정 군의 세계 마라톤 제패) 그러나 그가 참 교육자가 될 수 있었던 것은 그의 신앙 때문이었다. 그는 새벽마다 기도할 때, 그의 제자들 한 사람 한 사람의 이름을 부르면서 기도하였다. 그는 동경고등사범학교 출신으로 당대 최고의 실력 있는 교사였지만, 학생들에게 기독교 신앙을 전하는 데 주저함이 없었다. 그는 자신에게 주어진 학과를 학생들에게 가르치는 일에 소홀함이 없었지만, 자신의 제자들이 참 신앙인이 되도록 인도하는 일에 최선을 다했다. 일부 좌파 성향을 가졌던 제자 가운데 어떤 이가 불만을 터뜨리며 말한 것처럼 "5년 내내 성경과 기독교를 가르치는 일에 몰두한" 전도자였다.

김교신을 말할 때 신앙인이요, 성서 잡지 출간인이요, 위대한 교육자요, 민족주의자요, 무교회주의 운동가요, 문필가 학자라고 말하는 것은 완전히 틀린 말은 아니지만, 그가 누구인지를 정확하게 말하지 못한 것이다. 그는 온전한 신앙인이었다. 이것이 그의 참모습이고, 나머지 다른 모습들은 그의 신앙의 빛이 반사된 모습일 뿐이다. 김교신은 참 신앙인, 온전한 신앙인이었고, 그 신앙의 빛이 자신의 다른 삶에 아름답게 빛을 발했다. 한국기독교 140여 년의 역사 속에서 신앙과 삶이 그와 같이 온전히 일치되는 인물을 찾기가 쉽지 않다. 목사의 직업을 가지고 신앙의 자유와 가치를 인정받는 사회에서 산다면 신앙과 삶의 일치는 보다 쉬울 것이다. 그러나 그는 신앙을 지키기 어려운 시절, 교회에서 일하는 교역자가 아닌 일반 사회인으로서 일제 당국자에 의해 나라와 민족 사랑이 반국가적 행동으로 여겨지던 식민지에서 살았다. 이렇게 척박한 환경에서 그는 온전한 신앙인으로서 온전한 삶을 살았다. 이것이 김교신의 위대함이다. 그래서 그가 「성서조선」을 발간하면서 자신의 모습을 세상에 드러낸 지 100여 년 가까이 지났지만, 우리는 그의 삶을 돌이켜 보면서 그의 글과 생각을 다시 읽는 것이다.

(3) 김교신은 자신의 생각과 삶을 글로 남긴 사람이었다

식민지 시대 민족의식과 시대정신이 투철하고 온전한 신앙으로 그 것을 자신의 삶과 역사 속에서 구현하고자 한 그리스도인들이 많지는 않지만, 그렇다고 없는 것은 아니다. 그러나 그 모든 것을 글로 남긴 사람을 김교신 이외에 다른 사람에게서 찾는 것은 거의 불가능하다. 그는 1927년부터 1942년까지 15년여 성상(星霜)에 158호에 이르는 「성서조선」을 발간하였는데, 이 잡지에 게재된 글의 절반 이상이 김교 신의 글이었다. 그는 많은 글을 썼을 뿐만 아니라 그 글의 내용이 깊고, 그 문체가 수려하였다. 식민지 시대 교회 안팎을 모두 살펴보아도 「성 서조선」만큼 긴 세월 많은 호수로 발간된 잡지를 찾을 수 없다. 「성서 조선」은 일제강점기 그 양(量)에 있어서나 그 질(質)에 있어서나 신앙 잡지와 일반 잡지를 총괄하여 최고의 위치에 있다. 「성서조선」은 식민 지 조선이 낳은 최고의 문헌이었다. 그리고 이 잡지의 글 대다수를 김 교신이 썼다.

「성서조선」이 일제 식민지 시대 문헌사의 큰 봉우리를 차지할 수 있었던 것은 1차적으로 김교신의 열정, 의지, 헌신, 재능 덕분이었다. 45년의 짧은 생애를 살았던 김교신은 성장 후 15년의 세월을 「성서조 선」의 발간에 자신의 시간과 물질과 재능 모두를 바쳤다. 마치 최명희 작가가 『혼불』 하나 쓰면서 자신의 인생 전체를 불태운 것처럼. 그는 교사하면서 번 돈을 가지고 「성서조선」을 발간한 후 그 남은 것으로 10여 명의 가족을 먹이며 살았다고 하였다. 아무리 열정과 헌신이 있 어도 재능이 없으면 글을 쓸 수 없는 법이다. 김교신은 온전한 신앙과 깊은 지식과 사상을 가졌을 뿐 아니라 그것을 글로 표현할 수 있는 뛰어난 재능을 가지고 있었다. 식민지 시대 위대한 문헌 「성서조선」의 발간은 김교신 개인의 수고와 재능에 크게 의지하였다.

「성서조선」이 일제의 탄압과 검열 가운데서도 긴 세월 발간될 수 있었던 것은 그것이 순수 신앙 잡지였기 때문이었다. 「성서조선」에 실린 김교신의 글은 모두 신앙의 글이었다. 김교신의 내면에는 민족의식과 역사의식 그리고 애국애족의 마음이 가득하였지만, 그것을 글로 옮길 때는 신앙으로 정제된 표현을 사용하였다. 세계 정세를 이야기하면서도 여호와 하나님의 섭리의 손길을 간절히 구하는 기도의 형식을 사용하였다. 가슴속에 맺힌 눈물과 고통을 뛰어난 비유를 통하여 표현하였다. 「성서조선」의 폐간을 초래하였고, 많은 사람이 조사를 받고 옥고를 치른 「성서조선」 사건을 일으킨 "조와"(弔蛙)가 그 대표적인 글이다. 「성서조선」은 신앙 잡지로서 정치, 역사, 사회의 문제를 신앙으로 승화시켜 표현하였기 때문에 일제의 혹독한 출판 검열을 피할 수 있었고(물론 글이 검열에 의해 삭제된 경우가 자주 있었으며, 30년대 중반 이후에는 늘 폐간의 걱정에 시달렸다는 사실을 간과해서는 안 될 것이다), 긴 세월 잡지를 발간할 수 있었다.

김교신은 일제 식민지 시대 조선의 신앙인과 지식인 가운데 가장 글을 많이 남긴 인물이었다. 그 글은 성경 연구 보고서, 논단, 신앙 수필, 일기 등의 다양한 형식을 띠고 있다. 우리는 그의 글을 통해서 일제 강점기 시대상을 볼 수 있고, 교사직을 담당하며 서울(한양)에 사는 평범한 시민의 생활상을 볼 수 있다. 무엇보다도 우리 역사의 어둠이 짙었던 시절 온전한 신앙인과 지식인으로서 생명의 모든 에너지를 쏟아부으며 투철하게 살아가는 모습을 볼 수 있다. 더 나아가 평범한 듯하지만 가장 위대하였던 한 인간의 깊은 내면세계까지도 볼 수 있다. 그래서 우리는 그가 떠난 지 80년의 세월이 흘렀고, 식민지 조선이 세계 10대 경제, 정치, 문화 선진국으로 도약한 지금도 그의 글을 읽는 것이다. 시대의 아픔을 가장 잘 보여주면서도 시대를 초월한 믿음과 빛을 담고 있는 그의 글은 기독교 신자들에게는 말할 것도 없고 삶과 세상을 진지하게 고찰하는 모든 이들에게 깊은 감동을 줄 것이다.

이 책은 「성서조선」에 나온 김교신의 논단, 수필 가운데서 112편을 골라서 소개한 것이다. 김교신의 글 전체를 읽으면서 독자들이 읽기 쉽고 감동을 받을 수 있다고 여겨지는 글을 골랐을 뿐 선별의 특별한 기준은 없다. 김교신을 잘 아는 다른 연구자가 비슷한 편수의 글을 고른다면 상당 부분 본서와 일치할 것으로 여겨진다. 이렇게 선별된 글을 8개의 주제에 따라 분류하였다. 물론 한편의 글 속에 여러 내용이 들어 있어서 서로 다른 주제로 분류될 수도 있었다. 이때는 가장 중요하게 다루어진 주제를 기준으로 분류하였다.

제1장과 제2장은 믿음의 장이다. 김교신은 앞서 논의한 바 온전한 신앙인이었고, 그의 모든 삶의 모습은 그의 신앙의 빛이 반사되는 것이었다. 그래서 제1장에서는 믿음의 내면적인 측면에 초점을 맞춘 "믿음의 고백"과 관련된 글을 모았고, 제2장에서는 믿음이 외적으로 나타나는 "믿음의 태도"와 관련된 글을 모았다. 제3장에서는 일상적이고 개인적인 "생활과 삶" 속에서 경험하는 믿음의 경험에 대한 글을 모았다. 제4장은 그 당시 한국교회와 김교신 자신이 속한 성서 연구 공동체를 통해서 본 믿음의 길에 대한 글을 모은 것이다. 제5장에서는 교육자

요 현장에서 일하는 교사로서의 김교신이 가진 교육과 도덕의 문제에 대한 그의 신앙적 이해를 볼 수 있는 글을 모았다. 제6장에서는 그의 삶과 시간과 에너지와 물질을 가장 많이 쏟아부었던 「성서조선」의 발간과 관련된 이야기를 통해서 그의 신앙과 인격을 볼 수 있는 글을 모았다. 제7장은 신앙의 눈으로 묘사한 당시 사회상에 대한 글이며, 제8장에서는 역사와 민족에 대한 신앙인 김교신의 사상을 알 수 있는 글들을 모았다.

김교신 글 모음집에 대한 해제와 감상문을 쓰면서 신약성경 산상수훈(마태복음 5-7장에 나오는 예수님의 말씀)을 설교할 때와 비슷한 느낌이 들었다. 예수님의 말씀을 그냥 읽으면 이해가 되고 하늘의 음성을 들을 수 있는데, 공연히 사족(蛇足)을 다는 것이 아닌가 생각될 때가 있었다. 이와 마찬가지로 김교신의 글도 그냥 읽으면 되지 무슨 설명이 필요한가 하는 생각이 들기도 한다. 그래도 김교신을 이해하는 데 조금이라도 도움이 될까 해서 부족하나마 해제와 각 편에 대한 감상의 글을 썼다. 필자의 감상문이 김교신을 이해하는 하나의 거울이 되고, 우리 젊은 세대가 김교신과 조금 더 친숙해지는 다리가 되기를 소원한다. 이제 김교신의 글을 통해 그의 삶과 사상 가운데로 직접 들어가 보자.

2023년 가을
편역자 노치준 민혜숙

개구리의 죽음을 슬퍼하노라
— 온전한 그리스도인 김교신 글모음

2024년 1월 31일 처음 펴냄

지은이 | 김교신
편역인 | 노치준 민혜숙
펴낸이 | 김영호
펴낸곳 | 도서출판 동연
등 록 | 제1-1383호(1992년 6월 12일)
주 소 | 서울시 마포구 월드컵로 163-3
전 화 | (02) 335-2630
팩 스 | (02) 335-2640
이메일 | yh4321@gmail.com

Copyright ⓒ 노치준·민혜숙, 2024

이 책은 저작권법에 따라 보호받는 저작물이므로, 무단 전재와 복제를 금합니다.
잘못된 책은 바꾸어 드립니다. 책값은 뒤표지에 있습니다.

ISBN 978-89-6447-000-8 03230